이 책에 쏟아진 찬사

"짐은 관전자 입장에서가 아니라 현장 경험에서 나오는 독특한 시각을 제공한다. 오늘날의 소프트웨어 개발 형태를 이해하고 싶다면 이 책을 추천한다. 격동의 경력을 우아하고 스타일 있게 헤쳐 나가는 방법을 이해하고 싶은 독자들에게도 이 책이 적합하다. 회고록을 좋아한다면 마찬가지다. 1990년대에 그를 처음 만난 이래로 내게 짐은 꾸준하고 사려 깊은 리더의 모범이었다. 그의 이야기를 즐겨 보자."

켄트 벡, 머캐니컬 오처드(Mechanical Orchard) 수석 과학자, 《익스트림 프로그래밍》 지은이

"짐 하이스미스와 그의 길고 다양한 소프트웨어 경력을 설명하려면 '다 해 봤다'는 문구가 가장 잘 맞다. 짐은 훌륭한 이야기꾼이며 이 책은 우리 업계의 많은 리더에 대한 훌륭한 이야기를 들려준다. 재미있게 읽기 바란다!"

레베카 파슨스, 소트웍스(Thoughtworks) CTO

"지난 60년 동안 소프트웨어 분야에서는 어떤 일이 있었을까? 우리의 방법, 방법론, 사고방식은 어떻게 발전해 왔을까? 그 과정에서 누가 핵심적인 역할을 했으며 오늘날 우리는 어디로 향하고 있을까? 짐 하이스미스와 같은 베테랑 실무자, 업계의 전설, 뛰어난 이야기꾼, 애자일 선구자만이 이 이야기를 이렇게 상세하고 깊이 있게 전달할 수 있다."

조슈아 케리옙스키, 인더스트리얼 로직 CEO, 《Joy of Agility》 지은이

"1966년부터 2023년까지 60년에 가까운 기간 동안 폭발적으로 성장하는 소프트웨어 산업의 최전선에서 역사의 목격자가 될 수 있는 기회는 흔치 않다! 역사를 목격할 뿐 아니라 주도할 기회는 더 흔치 않다. 이 책은 우리 역사의 한 인물이 쓴 뛰어난 이야기다."

앨리스터 코번, 「애자일 선언」 공저

"집안 어른들의 역사 이야기를 듣는 것을 좋아하는가? 소프트웨어 개발 커뮤니티의 일원이라면 60년 동안 이 커뮤니티에 영향을 끼친 리더로부터 거친 시대의 놀라운 역사를 들을 수 있는 기회가 여기에 있다."

길 브로자, 《The Agile Mindset》 지은이

영감, 격려, 지원에 감사의 마음을 전한다.
손주들: 잭, 엘리, 루비
딸들: 니키, 데비, 대녀 에이미
내 인생의 동반자 웬디는 나를 주기적으로 책상에서 끌어내어
건강한 정신을 유지하게 해 주었다.

Wild West to Agile

Adventures in software development evolution and revolution

소프트웨어, 개발 방법론을 만나다

Wild West to Agile:
Adventures in software development evolution and revolution

by Jim Highsmith

소프트웨어, 개발 방법론을 만나다:
황무지에서 애자일까지, 더 나은 소프트웨어를 향한 대담한 모험

초판 1쇄 발행 2024년 12월 9일 **지은이** 짐 하이스미스 **옮긴이** 최종일 **펴낸이** 한기성 **펴낸곳** (주)도서출판인사이트
편집 송우일 **영업마케팅** 김진불 **제작·관리** 이유현 **용지** 유피에스 **인쇄·제본** 천광인쇄사 **등록번호** 제2002-000049호
등록일자 2002년 2월 19일 **주소** 서울시 마포구 연남로5길 19-5 **전화** 02-322-5143 **팩스** 02-3143-5579 **이메일**
insight@insightbook.co.kr **ISBN** 978-89-6626-457-5 **책값은** 뒤표지에 있습니다. 잘못 만들어진 책은 바꾸어 드
립니다. 이 책의 정오표는 https://blog.insightbook.co.kr에서 확인하실 수 있습니다.

일러두기
단행본은 《 》로, 시·노래·영화 제목 등은 〈 〉로, 단행본 이외의 신문·잡지·논문집 등은 『 』로, 기사·논문 제목은 「 」로 나
타냈다.

소프트웨어, 개발 방법론을 만나다

천공카드에서 애자일까지, 다사다난 소프트웨어를 향한 다이나믹 모험

짐 하이스미스 Jim Highsmith   최종일 옮김   인사이트

차례

옮긴이의 글

이 책의 지은이 짐 하이스미스는 소프트웨어 개발 세계에서 흔치 않은 독특한 경력을 쌓은 인물이다. 그는 60년 가까이 IT 업계에서 일하며 아폴로 프로젝트 참여, 구조화 방법론 개발, RAD 발전, 애자일 운동 창시 등 소프트웨어 발전 과정을 지속적으로 이끈 주요 인물 중 한 명이다. 그리고 여전히 디지털 혁신에 대한 통찰력을 보여 주며 활동 중이다.

하이스미스는 2021년 은퇴하고 나서 소프트웨어 개발 세계에 뛰어든 이후 자신의 경험을 돌아보면서 소프트웨어를 통해 더 나은 세상을 만들고자 했던 선구자들을 함께 소개하기 위해 회고록을 집필하기로 하고 이 책을 내놓기에 이른다.

이 책의 원제는 《Wild West to Agile》로 미국 역사에서 개척 시대 서부 황무지 같았던 소프트웨어 세상이 개발 방법론으로 체계화되어 가는 과정을 주로 다루고 있다. 소프트웨어 개발 방법론의 역사를 다룬다면 자칫 따분한 교과서처럼 느껴질 수 있는데, 지은이는 주먹구구식 소프트웨어 개발 현장에 방법론이 고안되어 도입되는 역사를 그 현장에 있었던 자신의 경험과 '직조'해 흥미진진하게 풀어 나간다.

1장 '모험의 시작'에서 지은이는 자신의 인생 방향을 잡게 되는 사건과 경력 개요를 설명한다. 그리고 소프트웨어 개발을 시대별로 분류하여 특징을 설명한다. 또한 자신이 60년간 지켜본 IT 영역의 변화를 차분하게 설명한다.

2장 '서부 개척 시대'에서는 1960년대 아폴로 프로젝트 이후 기술과 세상이 어떻게 변화했는지 보여 준다. 당시 IT 세상을 지은이는 체계적이지 못하고 통제되지 않았다는 의미로 '서부 개척 시대'라고 부른다.

3장 '구조화 방법과 모뉴멘털 방법론'에서는 1980년대에 등장한 구조적인 방법론과 이를 발전시키기 위한 다양한 노력을 설명한다. 이 시기에 등장하는 수많은 인물의 노력이 특히 매력적이다.

4장 '애자일 태동기'에서는 애자일 운동이 등장하기 이전 전환기를 보여 준다. 당시 구조화 방법론은 다양한 기업에서 가치를 인정받았지만 한편으로 그 경직성에 대한 도전을 받고 있었다. 이를 타개하기 위해 RAD, 복잡 적응계 사고방식 등 다양한 시도가 이루어지는 과정도 눈여겨볼 만하다. 태동기라는 특성상 이때 반복적 개발이라는 개념이 수립되었다.

5장 '애자일 시대'에서는 애자일이 본격적으로 적용되던 시기를 설명한다. 뛰어난 스타급 애자일리스트들이 등장하고 다양한 시도가 펼쳐진다. 이때 4가지 주요 가치와 12가지 원칙으로 이루어진 그 유명한 「애자일 선언」이 만들어진다. 다양한 인물들의 토론과 논쟁을 통해 하나의 새로운 흐름이 만들어지는 과정이 매우 흥미롭게 설명된다.

6장 '별동대'에서는 큰 흐름으로 정립된 애자일이 적용 범위를 넓혀가는 과정을 실제 사례로 설명한다. 현재 우리가 흔히 알고 있는 애자일 프로젝트 관리 방법론 등을 다룬다.

7장 '용기 있는 경영진'에서는 애자일 사상이 조직의 변화를 이끄는 과정 그리고 이를 용감하게 받아들인 경영진의 고민을 담고 있다.

8장 '디지털 트랜스포메이션'에서는 빠르게 변화하는 세상에 대응하는 데 필요한 조언이 가득하다. 기술이 비즈니스의 핵심 역량이라는 지은이의 통찰과 적용형 기업의 필요성을 보여 준다. 아울러 디지털 시대에 맞는 조직 구성과 리더십에 대한 그의 생각도 엿볼 수 있다.

9장 '미래 준비하기'에서 지은이는 애자일 방법론을 넘어서는 애자일 사고방식에 대한 그의 신념을 모험심, 불순응, 적응력으로 강조한다.

번역하는 동안 가장 많이 들었던 생각은 '내가 본 IT 서적 중에 이렇게 재미있는 책이 있었나?'였다. 너무나 흥미로운 이야기에 매료되어 순식간에 읽고 번역했다. 책 내용의 대부분이 지은이의 경험으로 채워지나, 그 경험이 소프트웨어 발전 역사와 정확히 일치한다. 그리고 지은이는 그 역사의 전환점에 항상 등장하며 더 나은 방향을 찾기 위해 노력한다.

번역을 마친 후 지은이의 삶을 떠올리며 가슴 한편에 꿈틀거림을 느꼈다. 다시 애자일의 미래를 도모하는 애자일리스트, 끊임없이 도전하는 불순응주의자, 통찰력을 나누는 어른, 여전히 소프트웨어의 미래에 헌신하는 영원한 청년. 포레스트 검프가 연상되는 그의 이야기에 가슴이 설렌다.

추천의 글

1990년대 후반 뉴질랜드 웰링턴에서 열린 소프트웨어 콘퍼런스 무대에서 짐을 처음 봤을 때가 아직도 기억난다. 익스트림 프로그래밍에 몰두하고 있던 나는 당시의 전통적인 소프트웨어 엔지니어링 프로세스에 익숙한 그에게 큰 기대를 걸지 않았다. 하지만 짐은 현대적인 소프트웨어 관리에 대한 내 생각에 공감을 불러일으키는 경험을 인용하고 믿을 만한 이유를 제시했다. 나는 신선한 사고로 가득 찬 강연을 경험했다.

　당시 짐의 콘퍼런스 약력을 보면 그때까지 그의 경력에 대한 정보, 즉 구조화 방법에 깊이 파고들었지만 약점도 아는 컴퓨터 초기 프로그래머라는 정보밖에 들어 있지 않았다. 그 강연이 있기 10년 전부터 그는 새로운 길을 적극적으로 모색하고 있었는데, 그 길은 내가 참여하는 여러 커뮤니티와 많은 면에서 비슷했다.

　뉴질랜드에서 보낸 그 시간 이후, 우리가 향하는 길은 자주 겹쳤는데 정작 살고 있는 나라에서는 거의 만나지 못한다는 농담을 자주 했다. 짐의 저서 《Adaptive Software Development》는 내 주변 사람들에게 많은 영향을 주었다. 몇 년 후, 우리는 스노버드에서 「애자일 소프트웨어 개발 선언(Manifesto for Agile Software Development, 이하 「애자일 선언」)」을 함께 작성했다. 그 후로 20년이 지났다. 우리가 주장하는 접근 방식은 생각했던 것보다 훨씬 더 진전되었지만, 깊은 이해보다 표면적인 인상을 선호하는 사람들의 일반적인 성향으로 인해 계속해서 장애물에 부딪히고 있다. 짐은 이 문제를 정면으로 해결하고, 두려운 프로젝트 관리 삼각형[1]을 다시 생각하고, 관리자에게 모호함을 감수하는 법을 가르치고, 새로운 세대의 소프트웨어 개발자가 이 새로운 스타일로 일하도록 멘토링해 왔다.

소프트웨어 업계에서 쌓은 짐의 경력은 그를 변화의 물결의 선두에 서게 했다. 나는 이 책의 초고를 읽으면서 그의 모든 이야기를 듣는 것이 즐거웠다. 이는 개인적인 책으로, 모험이 가치가 있지만 산에서 안전하게 내려오는 데 적절한 훈련과 장비가 필요하다는 것을 이해하는 사람만이 쓸 수 있는 책이다. 모뉴멘털(Monumental) 방법론의 중심부에서 일했지만 그 한계를 인식하고 새로운 길을 개척한 한 사람의 회고록을 읽으면서 나는 현재 세계에 영향을 미치는 많은 것을 배우고 있다. 나는 역사를 이해하는 것이 중요하다고 항상 생각해 왔다. 우리가 여기에 오기까지 어떤 길을 걸어왔는지 이해하지 못하면 현재 우리가 어디에 있는지 알기 어렵기 때문이다. 짐의 회고록은 이 역사를 즐겁고 명민한 오디세이로 풀어내고 있다.

— 마틴 파울러, 소트웍스 수석 과학자

나는 경력 대부분을 5개의 다른 C 레벨 직책을 맡아 6개의 서로 다른 비즈니스 모델을 총괄한 것을 비롯해, 근본적으로 다른 업무, 사고, 생존 방식을 채택하여 디지털 혁신을 주도하고 기업의 민첩성을 달성하기 위해 새로운 운영 및 업무 모델을 설계하는 사업을 이끌고 조언하는 데 보냈다. 짐과 마찬가지로, 때로는 빠르게 때로는 느리게 내가 배운 점은 '어떤 일이 일어나기를 기다리면서 적응 능력에 의존해도 좋지만, 지속 가능한 기업을 구축하기 위해 더 큰 적응 능력을 갖추는 편이

---

1 (옮긴이) 프로젝트 관리 삼각형은 프로젝트 결과물의 품질을 높은 수준으로 유지하기 위해 범위, 비용, 시간을 균형 있게 유지해야 하는 '세 가지 제약'을 말한다.

훨씬 더 낫다는 것'이다. 내가 장담하건대, 짐은 어떤 일이 일어나기를 기다리지 않았다. 그는 경력 내내 진정한 모험가이자 개척자였다.

이 책은 기억의 길을 따라 떠나는 특별한 여행이다! 짐은 60년이라는 긴 경력 동안 소프트웨어 개발의 여러 시대를 거치며 소프트웨어 방법(method), 방법론(methodology),[2] 사고방식의 진화를 세심하게 설명한다. 다작의 이야기꾼인 짐은 자신의 개인적인 경험과 그 과정에서 만난 모험적인 선구자들의 경험 그리고 이 시기의 기술 혁신과 경영 트렌드라는 렌즈를 통해 이 여정을 안내한다.

짐의 바로 전 저서인《EDGE: Value-Driven Digital Transformation》 (데이비드 로빈슨, 린다 루 공저)은 리더들이 애자일 개발의 잠재력을 발휘하는 데 도움이 되었다. 또한 리더가 혁신을 위한 역량을 구축하도록 돕고, 변화를 수용하고 주도할 수 있는 역량을 개발할 것을 요구했다. 이 책은 고객 가치를 일관되게 제공하고 기업 이익을 촉진하며 지속 가능한 기업을 구축하는 애자일 실천 방법이 어떻게 애자일 운동의 기둥으로 진화했는지 배우고 싶어 하는 우리 모두에게 도움이 될 것이다. 애자일 방법과 방법론은 계속해서 적응하고 진화하겠지만, 엔터프라이즈 애자일에 대한 필요성은 줄어들지 않을 것이다.

이 책에서 가장 인상 깊은 점은 과거로부터 배워서 미래를 준비하려는 짐의 노력이다. 그는 소프트웨어 개발의 선구자들을 기릴 뿐 아니라 우리 세대와 젊은 세대 모두에게 우리가 겪었던 사건과 놓쳤을지도 모르는 사건에 대한 통찰력을 제공함으로써 수십 년 전에 심고 싹을 틔운 애자일의 씨앗이 미래에도 계속 꽃을 피울 수 있도록 노력하고 있다.

---

2   (옮긴이) 이 책에서는 '방법'과 '방법론'을 구분해 사용한다. 자세한 내용은 3장에서 다룬다.

마지막으로 짐이 엮어 낸 이야기를 관통하는 근본적인 실마리를 꼭 언급하고 싶다. 소프트웨어 개발의 서부 개척 시대부터 애자일 시대를 거쳐 오늘날의 디지털 트랜스포메이션 시대에 이르기까지 이 모든 여정은 전적으로 사람들의 힘으로 이루어졌다. 이 아름다운 이야기를 공유하고 이 놀라운 여정에 함께한 사람들을 기리는 자리를 마련해 준 데 감사한다.

― 하이디 J. 머서, USAA 이사회 멤버, 이사회 고문,
경영 컨설턴트, 부사장 겸 CIO, 은퇴

머리말

왜 이 책을 집필했을까? 은퇴하고 손자들을 위한 가족 중심 회고록을 쓰기 시작하면서 전에는 해 보지 않았던 모든 것을 포용하는 방식으로 시간 여행을 하고 있다는 사실을 깨달았다. 집을 떠나 그동안의 경력 모험을 회상하는 여행을 하며 나를 드러내기도 하고 생각을 자극하기도 했다. 가끔씩 젊은 동료들에게 들러서 톰 더마코나 제리 와인버그, 켄 오어를 아는지 물어보았다. 그들은 알지 못했다. 애저와 루비, 애자일 실천 방법에 대해서는 알고 있었지만 소프트웨어 개발 역사에 대해서는 거의 알지 못했다. 기술이 앞만 보고 달려가다 보니 과거를 돌아볼 시간이 거의 없다.

나는 소프트웨어 개발의 역사에 대해 글을 쓰고 내 개인적인 경험을 덧붙이고 더 나은 소프트웨어를 개발해 세상을 더 나은 곳으로 만들기 위해 노력한 사람들, 즉 선구자들을 소개하고 싶었다. 1800년대 모피 사냥꾼 짐 브리저, 아폴로 우주 비행사, 구조적 소프트웨어 개발자 켄 오어, 애자일 방법론가 켄트 백 등 선구자들은 모험심, 적응력, 순응하지 않는 태도를 보여 주었다. 나는 이전 세대 동료들과 공유한 경험을 되살려서 최근 세대 동료들에게 새로운 관점을 제시하고 싶었다.

코로나-19. 봉쇄. 은퇴. 건축 프로젝트 완료. 침체. 이제 다음은? 2022년이 다가오면서 이런 생각이 머릿속을 맴돌았다. 오래된 이메일과 문서를 기억해 내고 조사하고 찾기 시작하면서 가족 회고록을 책으로 만들어야겠다는 생각이 구체화되기 시작했다. 소프트웨어 개발의 여러 시대를 중심으로 책을 구성하고 각 시대의 업무, 이야기, 경험, 관찰에 대해 글을 써야겠다는 생각이 들었다. 그렇게 이 책은 몇 가지 모호한 이야기 덩어리에서 조금씩 발전해 나갔다. 나는 소프트웨어 산업이 어떻게 해서 1960년대만 해도 임기응변식으로 코드를 끼적이던 형태에서 2022년 들어 다양한 방법, 방법론, 도구가 쇄도하는 모습으로 변화했는지 탐구하고 싶었다.

내 경력과 소프트웨어 개발 전반은 정보 기술(이하 IT)의 변화로 인해 큰 영향을 받았다. 간단한 예를 하나 들어 보겠다. 64GB 메모리가 탑재된 아이폰은 1970년대 초 내가 작업했던 IBM 360 메인 프레임 컴퓨터보다 25만 배 더 많은 바이트를 가지고 있다. 2021년에는 1GB 메모리 비용이 약 10달러였다. 기술의 서부 개척 시대(이하 서부 개척 시대)에는 기술적으로[1] 불가능했지만, 1GB를 만들려면 그 비용이 거의 7억 3400만 달러에 달했을 것이다![2] 우리는 각 시대의 문제를 해결하기 위해 방법, 방법론, 사고방식이 모두 진화했으며 당시 기술로 가능하기도 하고 제약되기도 했다는 사실을 기억해야 한다.

이 역사를 탐구하면서 이 책은 이야기를 엮은 창의적인 비소설 작품으로 발전했다. 그 이름에서 알 수 있듯이 소설과 반대되는 장르다. 나는 왜 이 장르에 뭔가가 아니라는 비(非)자를 붙였는지 항상 궁금했다. 기술 및 과학에 관한 책은 일반적으로 비소설이며, 유감스럽게도 연구자가 아닌 사람에게는 지루할 수 있다. '창의적' 비소설에 들어가면 작가들은 캐릭터, 이야기, 구조, 긴장감, 플롯 등의 문학적 요소를 사용하여 비소설을 읽기 쉽고 즐길 수 있게 만든다. 간단히 말해 '잘 전달된 진실의 이야기'다.

---

[1] 인기 있는 IBM 360/30에서 사용할 수 있는 최대 메모리는 64K였다.
[2] *https://ourworldindata.org/grapher/historical-cost-of-computer-memory-and-storage?country =~OWID_WRL*

이야기 직조(braided narrative)³는 비소설(또는 소설) 하위 유형에 부여되는 명칭이다. 한 가닥에서는 작가의 개인적인 이야기를 다루고, 다른 가닥에서는 환경이나 사회 정의 문제 또는 역사적 사건을 탐구한다. 이 두 가지 스토리 라인은 시간이 지남에 따라 서로 엮이면서 서로를 강화하여 응집력 있는 전체를 만들어 낸다. 이 책에서는 여러 가닥의 이야기를 엮어 보았다. 첫 번째는 네 시대에 걸쳐 소프트웨어 개발에서 일어난 전반적인 진화와 다양한 혁명을 포함한다. 두 번째는 각 시대마다 나 개인과 고객의 경험에 대해 설명한다. 세 번째는 모험적이고 혁신적인 선구자들에 대한 경의를 담았다. 네 번째와 다섯 번째는 기술 혁신과 경영 트렌드다.⁴

이야기 직조 장르로 글을 쓰면 범위와 이야기라는 두 가지 측면에서 이점이 있었다. 소프트웨어 개발의 '역사'에 관한 책이라면 내 관심사나 역량을 훨씬 뛰어넘는 내용이 될 것이다. 내가 참여한 일들로 범위를 제한하면서 범위가 상당히 좁아졌다. 내 경력은 진기 엔지니어로 일했던 초창기를 제외하고는 오로지 비즈니스 시스템과 관련된 것이었다.

나는 과학이나 공학적인 컴퓨팅에 관여한 적도 없고, 컴파일러나 운영 체제를 만든 적도 없으며, 복잡한 알고리즘을 작성한 적도 없고, 유닉스 시스템에서 작업한 적도 없다. 내가 작업한 것은 회계, 재무, 주문 처리, 재고 관리, 운송에 사용되는 시스템과 같은 비즈니스 시스템이었다. 내가 작업한 것은 소프트웨어 개발을 개선하는 방법과 방법론이었다. 기술, 프로젝트 관리, 조직, 리더십 문제도 다루었다.

용어는 어려운 문제였다. 오늘날의 인기 용어는 과거에는 인기 용어

---

3 (옮긴이) 여러 개의 서사를 엮어 하나의 통합된 이야기를 만드는 문학 기법을 말한다.
4 이 가닥에 대한 자세한 설명은 1장을 참고하라.

가 아니었을 수도 있다. 소프트웨어 개발, 소프트웨어 배포, 소프트웨어 엔지니어링이라는 용어를 사용해야 할까? 용어에 대한 논란은 과거에도 있었고 지금도 계속되고 있다. 소프트웨어 엔지니어링은 정말 엔지니어링일까? 소프트웨어 개발은 소프트웨어 엔지니어링의 하위 집합일까, 아니면 상위 집합일까? 이것들 외에도 더 있다. 처음에는 정의 논쟁에 뛰어들고 싶었지만 다시 한번 생각했다. '그건 광기로 가는 길이다!' 그래서 내 개인적인 취향을 고려하여 소프트웨어 개발이라는 포괄적인 용어를 사용하고, 적절하다고 생각될 때 소프트웨어 엔지니어링이라는 용어를 썼다. 이 책에서 내가 정의한 소프트웨어 개발은 제품 및 프로젝트 관리부터 요구 사항, 설계, 프로그래밍, 테스트, 배포에 이르는 모든 활동을 포괄한다.

또 다른 수수께끼는 주제의 타이밍이었다. 예를 들어 객체 지향 프로그래밍이라는 용어는 1960년대 중반에 처음 등장했지만 시장이 급격히 확장된 1990년대까지도 제한적으로 사용되었다. 기술 부채[5]도 비슷한 경로를 밟았다. 내 기준은 시장이 확장되는 시기의 주제를 탐구하는 것이었다.

두 세대에 걸쳐 소프트웨어 개발의 선구자들과 함께 일할 수 있었던 것은 행운이자 축복이었고 겸손해야 할 일이었다. 초창기에는 켄 오어, 톰 더마코, 팀 리스터, 에드워드 요던, 래리 콘스탄틴, 제리 와인버그와 같은 동료들과 일했다. 1999년에서 금세기로 접어들면서 애자일 전문가인 앨리스터 코번, 팻 리드, 켄트 벡, 마이크 콘, 켄 슈웨이버, 제프 서덜랜드, 마틴 파울러 등을 만나게 되었다.[6]

---

5 (옮긴이) 기간이 오래 걸리는 더 나은 방식 대신 쉬운 방식을 채택하여 추후에 재작업 비용이 발생하는 상황을 말한다.
6 이후 장에서 각 인물에 대해 자세히 알아보자.

이 책에 대한 내 목표는 다음과 같다.

- 소프트웨어 방법, 방법론, 사고방식의 진화와 혁신을 기록한다.
- 소프트웨어 개발의 선구자들을 기억하고 기린다.
- 과거로부터 배워 미래를 준비한다.
- 우리가 겪었던 사건을 회상할 수 있는 방법을 우리 세대에게 제공한다.
- 젊은 세대가 놓쳤을지도 모르는 사건에 대한 정보를 제공한다.

또한 손자들이 나에 대해 더 많이 알고 내 직업을 이해하고 그 목적을 탐구하기를 바랐다.

마지막으로 소프트웨어 개발 역사를 바라보는 내 관점에 대해 말하겠다. "관점은 개인이 역사적 사건을 바라보는 시각이다. … 모든 자료에는 관점이 있다."[7] 나는 나이, 학력, 경력, 지역뿐 아니라 인종, 성별, 성적 취향, 종교 등을 포함한 내 관점으로 이 역사에 접근했다. 뉴요커가 쓴 소프트웨어 역사와 실리콘 밸리 출신이 쓴 소프트웨어 역사는 다를 수 있다. 여성, 유색 인종, 성 소수자, 장애인 등 소외된 사람의 관점은 나와 매우 다를 것이다. 나는 내 관점, 내 렌즈로만 글을 쓸 수 있지만 다양성, 형평성, 포용성을 중심으로 중요해지는 목표를 인정하고 지지할 수 있다.[8]

이 책의 가닥들은 서로 엮여 하나의 이야기를 만든다. 등산가들은 단단하게 엮은 등산용 밧줄을 통해 서로 협력하고 스스로 조직하는 팀으로 뭉친다. 사람들을 하나로 묶는 끈에는 여러 가지 종류가 있다.

---

7 https://www.historyskills.com/2019/03/22/what-s-the-difference-between-perspective-and-bias/
8 '맺음말'에서 다양성에 대해 자세히 알아보자.

감사의 말

60년이라는 긴 시간에 대한 감사의 글은 어떻게 작성해야 할까? 내 해결책은 누구도 빠뜨리지 않기를 바라며 열심히 작성하는 것이었다. 나는 많은 사람에게 빚을 졌다.

수년 동안 새로운 방법, 방법론, 사고방식을 시도하기 위해 용감하게 노력해 준 컨설팅 고객들에게 특별히 감사한다. 최고의 제품은 공동의 노력에서 비롯된다. 이 책의 내용, 구조, 흐름은 Heidi Musser, Amy Irvine, Martin Fowler, Barton Friedland, Freddy Jandeleit, Pat Reed, Ken Collier, Mike Cohn의 귀중한 도움 덕분에 크게 나아졌다.

오랜 세월 함께 일해 온 업계 동료들인 Sam Bayer, Donna Fitzgerald, Jurgen Appelo, Josh Kerievsky, Ken Schwaber, Kent Beck, Anne Mullaney, Sanjiv Augustine, Scott Ambler, Linda Luu, Kevin Tate, Jerry Gordon, Morris Nelson, Lynne Nix, Steve Smith, Gary Walker, Jeff Sutherland, Chris Guzikowski, Mac Lund, Ken Delcol, Larry Constantine, Israel Gat, Tom DeMarco, Tim Lister, Ken Orr, Martyn Jones, Michael Mah, Ricard Vilà, Todd Little, Dave Higgins, John Fahlberg, Karen Coburn, Gil Broza, Alistair Cockburn, Ed Yourdon, Jerry Weinberg, Wendy Eakin에게 감사한다.

나는 2021년에 소트웍스에서 은퇴했지만 이 책에 기여한 많은 소트웍스 동료들에게 고마운 마음을 전한다. Chad Wathington, Rebecca Parsons, Angela Ferguson, Mike Mason, Neal Ford, Roy Singham, David Robinson, Marcelo De Santis, 郭曉(Guo Xiao) 등이다.

책의 그래픽에 내가 원하는 스타일과 톤을 제공해 준 그래픽 디자이너 Mustafa Hacalaki에게 감사를 표한다.

편집 및 제작 과정에서 나를 안내해 준 피어슨의 훌륭한 스태프들, 총괄 편집자 Haze Humbert, 기획 편집자 Adriana Cloud와 Sheri Replin, 교정 편집자 Jill Hobbs 그리고 제작 팀 모두에게도 감사드린다.

1

모험의 시작

 오리건주 캐스케이드의 제퍼슨산 북쪽 능
선, 7m 폭 얼음 경사면 위에 두 개의 작은
프런트 포인트가 있는 아이젠을 이용해 왼
쪽 발은 얼음을 딛고, 피켈은 머리 위 얼음에 5mm 깊이로 박고, 오른
발은 바위 조각에 걸치기 위해 쑤석거리는데, 뒤쪽으로는 제퍼슨 파크
빙하가 250m쯤 펼쳐져 있었다. "등반할 산을 잘못 고른 건가?" 스스로
에게 물었다.[1]

전날인 1987년 7월, 등반 파트너 두 명과 나는 포틀랜드에서 등반 시
작점까지 세 시간 동안 차를 몰고 가서 6km를 걸어 수목 한계선에 베
이스캠프를 설치했다. 그다음 날 새벽 4시에 일어나 빙벽화 끈을 묶은
후 졸린 상태에서 추위에 떨며 1200m 등반을 시작했다. 정오가 조금
지나자 얼음 경사면을 만났다. 정상까지 불과 150m 남았는데 우리는

---

[1] 이 이야기로 내 첫 번째 책 《Adaptive Software Development》[Highsmith, 2000]의 서문을 열
    었다.

등반을 포기했다. 도전을 완주하고 싶었지만 해가 지는 것을 염두에 두어야 했기 때문이다. 바위가 흩뿌려진 것처럼 보이는 빙하를 가로지르는 험난한 하산 끝에 자정 무렵 차로 돌아와 캠프를 정리하고 하산을 계속하다가 희미해지는 불빛 속에서 등산로가 눈에 덮이는 바람에 잠시 길을 잃었다.

나중에 이 여행을 떠올리며 모험이 직장과 가정 모두에서 내 삶의 초석이 되고 있다는 것을 깨달았다. 모험적이라는 용어는 "새로운 장소에 가서 흥미진진하거나 위험한 일을 하기를 열망하는 것"[2]을 의미하지만, 무모하지 않고 계산된 위험을 기꺼이 감수하는 것을 뜻하기도 한다.

이는 모험에 대한 내 접근 방식을 잘 보여 준다. 나는 로프나 보호 장비 없이 자유롭게 등반하는 단독 등반가가 아니다.[3] 안전장치를 원한다. 그럼에도 보호 장비가 느닷없이 망가지거나 바위가 갑자기 떨어질 위험이 있다. 따라서 내 모험은 위험할 수는 있지만 무모하지는 않다.

내 모험심은 얼음 협곡에서뿐 아니라 소프트웨어 개발이라는 흥미진진한 황야에서도 발동했다. 1980년 켄 오어는 내 직장 생활을 바꿔놓을 만한 파격적인 입사 제안을 했다. 나는 안전하고 편안한 근무 환경을 제공하는 전통적인 대기업에서만 일해 왔다. 켄은 불확실한 스타트업을 제안했다. 나는 소프트웨어 개발 담당자였다. 켄은 나에게 영업·마케팅 부사장 자리를 제안했다. 나는 조지아주 애틀랜타에서 캔자스주 토피카에 있는 사무실로 출퇴근해야 했다.[4] 당시는 내가 구조적 개발 방법을 막 사용하기 시작했을 때였다. 새로운 업무에는 다른

---

2 피어슨(Pearson)의 허가를 받아 전재, 《Longman Dictionary of Contemporary English》(2014), *www.ldoceonline.com/dictionary/adventurous*
3 단독 등반가는 지나치게 자주 자신의 한계에 도전한다.
4 (옮긴이) 3장에서 애틀랜타-토피카 장거리 통근에 대한 이야기가 다시 언급된다.

이들을 가르치는 일도 포함되었다. 그 일은 정말 흥미로워서 거절하기 어려웠고 위험 부담이 있지만 무모한 일은 아니었다.

이 사건들은 모험심이 내 일과 놀이를 이끌었음을 암시하지만 그 의미를 깨닫는 데는 몇 년이 걸렸다. 한동안 일과 놀이는 독립적인 경로를 따르다가 결국 합쳐졌고 이후 탐험이라는 일관된 주제로 발전했다. 모험심은 내가 삶에 접근하는 방식에 대한 아이디어를 초기에 제공했지만, 당시에는 내 직장 생활의 근본적인 이유에 대해서는 많이 생각하지 못했다. 그것 역시 발전할 것이었다.

내 경력은 1966년 노스 캐롤라이나 주립 대학교에서 전기 공학 학사 학위를 취득한 후 시작되었다. 학부 교과 과정에는 '컴퓨터'라는 단어가 거의 언급되지 않았고 새끼손가락 끝부분만 한 크기의 개별 트랜지스터, 축전기, 저항을 사용하여 회로를 설계했다. 2023년에 500억 개이상의 작은 트랜지스터가 들어 있고 각각 머리카락 굵기의 만분의 일밖에 안 되는 집적 회로를 광범위하게 사용하는 것은 아직 먼 미래의일이었다. 포트란 언어에 대해 들어 본 적은 있었지만 대학 시절에는프로그래밍 수업을 들어 본 적도, 컴퓨터 과학 교과 과정에 대해 들어본 적도 없었다.

대학을 다니면서 건설 현장 아르바이트와 여름 방학 아르바이트를병행한 나는 졸업 후 곧바로 정규직 일자리가 필요했다. 첫 엔지니어링 직장의 연봉은 6800달러라는 터무니없는 액수였다. 바다에서 한 블록 떨어진 플로리다 코코아 비치에 있는 가구가 딸린 침실 2개짜리 아파트의 월세만 135달러씩 들었다.

처음 이 분야에 뛰어든 지 거의 60년이 지난 지금 소프트웨어 개발, 소프트웨어 방법론, 관리, 글쓰기를 아우르는 내 경력을 되돌아볼 수 있게 되었다. 나는 소프트웨어 개발의 네 가지 주요 '시대'와 이 시대를 하나로 묶는 다섯 가닥의 끈(그림 1.1), 즉 주제를 찾아냈다. 때때로 우리는 지금에 너무 매몰되어 그다음으로 연결되지 않을 때가 있다. 이 책을 쓰면서 그때와 지금이 어떻게 연결되는지 생각해 보고, 미래를 준비하기 위한 방법으로 역사를 탐구할 수 있는 기회를 얻었다.

서부 개척 시대에서 애자일로의 첫 번째 가닥에서는 각 시대의 소프트웨어 개발 방법, 방법론, 사고방식의 진화를 살펴본다. 개별 방법(다이어그램, 사례)이 방법론(소프트웨어 배포 프로세스를 정의하는 방법의 조합)으로 진화하면서 사고방식(지침이 되는 가치, 원칙)을 명확히 하는 것이 가장 중요해졌다. 이 책의 두 번째 가닥에는 아폴로 계획 작업부터 초기 비즈니스 시스템 프로그래밍, 소프트웨어 프로젝트 관리, 애자일 운동의 촉발과 촉진에 이르기까지 내 경험과 성장이 담겨 있다. 나는 무엇이 일어났는지에 대한 이야기를 쓸 뿐 아니라 그런 일이 일어난 이유에 대한 통찰력도 제공하고 싶다. 예를 들어 Y2K에서 비롯

서부 개척 시대에서 애자일로의 가닥들

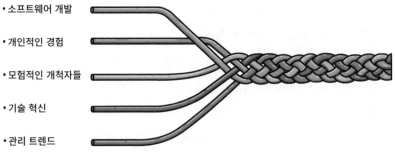

- 소프트웨어 개발
- 개인적인 경험
- 모험적인 개척자들
- 기술 혁신
- 관리 트렌드

그림 1.1 서부 개척 시대에서 애자일로의 가닥들

된 두려움을 겪으며 '나를 포함한 바보들은 왜 연도 필드를 두 자리로 만들었을까?' 하는 의문이 들었다. 그리고 데이터 흐름도는 왜 1980년대에 적합했을까? 그리고 애자일 운동은 왜 그 시기에 발전했을까? 이러한 사건의 이유를 이해하면 미래를 준비하는 데 도움이 될 것이다.

세 번째 가닥에서는 각 시대에 미지의 세계로 나아간 선구자들을 소개한다. 그들이 누구였는지, 무엇에 기여했는지, 이 선구자들과 혁신가들에게는 어떤 공통된 특성이 있었는지 알아본다. 이 가닥에서는 미지의 영역에 대한 나 자신의 변화와 모험에 대해서도 생각해 본다. 마지막으로 여러 방법과 내 경험 그리고 선구자들에게 영향을 준 두 가지 가닥은 폭발적인 컴퓨터 기술의 혁신과 진보적인 경영 트렌드다.

나는 운이 좋게도 적절한 시점에 적재적소에 배치되어 여러 시대의 최첨단을 달리는 일을 할 수 있었다. 복잡성 이론에 따르면(나중에 설명하겠다), 아마도 나는 이전의 결정과 행동에 의해 이러한 시대와 장소에 끌린 것[5] 같다. 1980년대 초 구조화 방법론 시대가 한창일 때 회사 생활에서 내 경력에 큰 영향을 끼친 켄 오어가 나를 채용했다. 소프트웨어 개발의 최첨단에 참여할 수 있는 기회는 너무나 흥미로운 일이라 놓칠 수 없었다.

1990년대에 래리 콘스탄틴이 나에게 컨설팅 일을 소개해 주었고, 그 덕분에 나는 RAD(rapid application development)에 뛰어들게 되었으며, 샘 베이어와 30년 우정을 쌓게 되었다. 1990년대 후반에는 뉴질랜드에서 소프트웨어 교육 콘퍼런스에 참여하여 발표하던 중 마틴 파울러를 만났다. 나중에 마틴은 켄트 벡을 소개해 주었고 결국 나는 애자일 선언을 탄생시킨 유타주 스노버드 회의에 참석하게 되었다. 이 모든 이들

---

5 복잡성 이론에서는 혼돈 시스템의 모호한 목표를 나타내기 위해 이상한 끌개(strange attractor)라는 용어를 사용한다.

과 다른 많은 이들이 소프트웨어 개발과 내 경력에 영향을 미쳤기 때문에 이 책의 뒷부분에서 소개하겠다.

경력 개요

내 또래의 많은 아이와 마찬가지로 나도 자전거를 타고 오후에 신문을 배달하는 일로 경력을 시작했고 대학 시절에는 건설 일을 했다. 공대를 졸업한 후에는 아폴로 프로그램에서 일했고, 장비 제조업체에서 컴퓨터를 설계했으며, 경영학 석사 학위를 취득하는 동안 플로리다주 탬파에서 시스템 분석가로 일했다.

여러 엔지니어링 직업을 거친 후 나는 엔지니어링에 더 깊이 파고들기보다는 경영 분야로 시야를 넓히기로 결심했고, 1970년 탬파에 있는 사우스 플로리다 대학교에서 경영학 석사 학위를 취득했다. 1970년대 초에는 텍사스에서 공인 회계사(CPA) 자격증을 취득했다.[6] 이 시기에는 IT 전문가가 일반적으로 CFO(chief financial officer)에게 보고하는 경우가 많았고 공인 회계사 자격증이 있으면 경력 발전에 도움이 되었다. 공인 회계사는 아니었지만 회계 기술을 익히는 것은 가치 있는 일이었다. 엔지니어링을 전공했기 때문에 엔지니어 및 기술자와 소통할 수 있었다. 비즈니스 및 재무에 대한 배경지식이 있었기 때문에 관리자 및 경영진과 소통할 수 있었다. 이 두 가지 능력은 내 경력 전체에 영향을 미쳤다.

---

6 당시 텍사스에서 공인 회계사를 취득하려면 회계 또는 산업 분야에서 근무한 경험이 필요했다.

대학원을 졸업하고 휴스턴으로 가서 6년간 엑손(Exxon)에서 비즈니스
시스템 분석가 및 회계 감독관으로 근무했다(경력 개요는 그림 1.2 참
고). 그 후 애틀랜타로 옮겨 몇 가지 시스템 업무를 맡았고 결국 전력
회사에서 시스템 개발 관리자로 일하게 되었다. 이 시기에 나는 구조
적 개발 컨설팅 및 교육 회사인 KOA(Ken Orr and Associates)의 영업·마
케팅 담당 부사장이 되면서 완전히 새로운 방향으로 경력을 쌓아 나갔
다. 애틀랜타에서 토피카까지 출퇴근하는 부담[7] 때문에 KOA를 떠나
독립 컨설턴트로서 30년 가까이 일했고 두 번의 짧은 정규직을 거쳤
다. 중간 휴식기 중 한 번은 옵티마(Optima)와 함께 CASE(computer aided
software engineering)[8] 도구 경쟁에 뛰어들었다. 나는 제품 관리자로 시작
하여 컨설팅 담당 부사장이 되었다.

독립 컨설턴트이기는 했지만 애자일과 관련된 대부분의 업무는 IT

---

7   (옮긴이) 비행기로 장시간 통근했던 부담으로 추측된다.
8   (옮긴이) 소프트웨어 개발 과정 일부 또는 전체를 자동화하기 위한 도구를 의미한다.

연구·컨설팅 회사인 커터 컨소시엄(Cutter Consortium)에서 애자일 프로젝트 관리 책임자 겸 펠로로 일하며 수행했다. 경력의 마지막 10년 동안은 세계적인 소프트웨어 제공 회사이자 IT 컨설팅 회사인 소트웍스

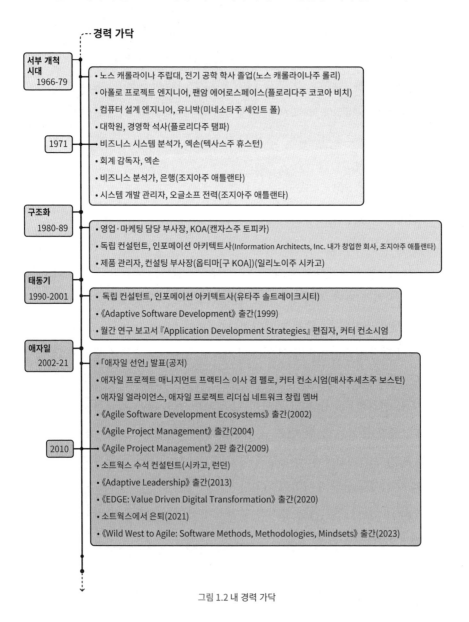

경력 가닥

서부 개척 시대
1966-79

- 노스 캐롤라이나 주립대, 전기 공학 학사 졸업(노스 캐롤라이나주 롤리)
- 아폴로 프로젝트 엔지니어, 팬암 에어로스페이스(플로리다주 코코아 비치)
- 컴퓨터 설계 엔지니어, 유니박(미네소타주 세인트 폴)
- 대학원, 경영학 석사(플로리다주 탬파)

1971
- 비즈니스 시스템 분석가, 엑손(텍사스주 휴스턴)
- 회계 감독자, 엑손
- 비즈니스 분석가, 은행(조지아주 애틀랜타)
- 시스템 개발 관리자, 오글소프 전력(조지아주 애틀랜타)

구조화
1980-89

- 영업·마케팅 담당 부사장, KOA(캔자스주 토피카)
- 독립 컨설턴트, 인포메이션 아키텍트사(Information Architects, Inc. 내가 창립한 회사, 조지아주 애틀랜타)
- 제품 관리자, 컨설팅 부사장(옵티마[구 KOA])(일리노이주 시카고)

태동기
1990-2001

- 독립 컨설턴트, 인포메이션 아키텍트사(유타주 솔트레이크시티)
- 《Adaptive Software Development》 출간(1999)
- 월간 연구 보고서 『Application Development Strategies』 편집자, 커터 컨소시엄

애자일
2002-21

- 「애자일 선언」 발표(공저)
- 애자일 프로젝트 매니지먼트 프랙티스 이사 겸 펠로, 커터 컨소시엄(매사추세츠주 보스턴)
- 애자일 얼라이언스, 애자일 프로젝트 리더십 네트워크 창립 멤버
- 《Agile Software Development Ecosystems》 출간(2002)
- 《Agile Project Management》 출간(2004)

2010
- 《Agile Project Management》 2판 출간(2009)
- 소트웍스 수석 컨설턴트(시카고, 런던)
- 《Adaptive Leadership》 출간(2013)
- 《EDGE: Value Driven Digital Transformation》 출간(2020)
- 소트웍스에서 은퇴(2021)
- 《Wild West to Agile: Software Methods, Methodologies, Mindsets》 출간(2023)

그림 1.2 내 경력 가닥

(Thoughtworks)에서 근무했다. 아주 잘 지냈다.

그리스어에서 유래한 메타모포시스(μεταμόρφωσις: metamorphosis)는 문자 그대로 '변형하다(transform)', '다르게 형성하다'라는 뜻이다. 로마의 시인 오비드가 쓴 시 〈메타모포시스〉는 그리스 신화를 바탕으로 등장인물들이 인격적인 변화를 겪는 일련의 이야기를 담고 있다. 1912년 프란츠 카프카는 괴물 벌레로 변신한 세일즈맨과 그 변신으로 벌어진 결과에 관한 소설 《변신》[9]을 썼다. 소프트웨어 산업, 사실 전체 기술 영역은 지난 60년 동안 변화를 주도하는 사람들에 의해 반복적으로 변화해 왔다. 내 개인적인 변화에 대한 통찰력을 제공함으로써 무엇이 다른 사람들의 변화를 이끌었는지 설명하고자 한다. 우리는 모두 나비가 되기 위해 애쓰는 애벌레들이다.

이 책을 쓰기 위해 되돌아보면서 나는 직업과 개인 생활 모두에서 내 원동력이 모험 추구라는 것을 깨달았다. 내 첫 번째 직업적 모험은 아폴로 달 탐사 임무에 참여한 것이었다. 첫 등반 모험은 노스 캐롤라이나주 한 산에서 7m 화강암 슬랩에서 벌어졌다. 내 변신이 시작되었다.

소프트웨어

소프트웨어를 정의하는 것은 무엇일까? 첫째, 1970년대 이야기인 '소프트웨어 무게 측정'에서 볼 수 있듯이 소프트웨어는 부드럽다. 소프트웨어에 대한 오해는 오늘날까지도 지속되고 있다. 하드웨어는 말 그대로 발로 차 볼 수 있다. 하지만 소프트웨어는 눈에 보이지도 않는다

---

9 카프카 《변신》의 영문판 제목이 《The Metamorphosis》 또는 《The Transformation》이다. 독일어 원제는 《Die Verwandlung》이다.

(결과는 볼 수 있지만). 이러한 혼란으로 인해 일반 대중뿐 아니라 비즈니스 리더들도 기술 전반과 특히 소프트웨어 개발을 제대로 이해하지 못해 당황했다.

> **소프트웨어 무게 측정**
>
> 남부 지역 대학의 한 소프트웨어 그룹은 공군 전투기용 비행 항공 전자 공학 소프트웨어를 개발하고 있었다. 모든 비행기의 중요한 사양 중 하나는 무게이므로 당연히 계측 엔지니어가 프로젝트에 참여했다. 어느 날 엔지니어가 소프트웨어 그룹 관리자에게 "소프트웨어의 무게가 얼마나 되나요?"라고 물었다. 돌아온 대답은 "무게가 전혀 나가지 않습니다."였다. 깜짝 놀란 엔지니어는 "1500만 달러인데 무게가 하나도 안 나간다고요!"라고 외쳤다(당시 1500만 달러는 큰 돈이었다). 그는 혼잣말을 중얼거리며 자리를 박차고 나갔다.
>
> 며칠 후 계측 엔지니어가 천공 카드 더미를 들고 돌아와 "이 카드들이 귀사 소프트웨어의 무게를 나타내므로 이 카드들의 무게를 측정하기만 하면 소프트웨어 무게를 알 수 있는 거죠?"라고 말했다. 소프트웨어 관리자는 "그런 셈이지만 카드에 있는 구멍의 무게도 측정해야 합니다."라고 대답했다.

나는 사람들이 이러한 무형의 차이를 이해하는 데 도움이 될 만한 비유를 항상 찾아왔다. 책에서 단어를 쓰는 것과 소프트웨어 코드를 작성하는 것을 생각해 보자. 《반지의 제왕》 3부작에는 약 57만 5000개의 단어가 포함되어 있다. 《반지의 제왕》 한 권을 20만 단어로 반올림하고 단어당 코드 줄(lines-of-code) 수가 3이라고 가정하면,[10] 권당 60만 줄

---

10 이는 가정이며 컴퓨터 언어에 따라 크게 달라진다. 단어당 코드 줄 수 3은 추정치이지만 이 예의 목적에는 잘 부합한다.

의 코드가 있는 셈이다. 보통 크기의 소프트웨어 시스템 코드가 3000만 줄이라고 가정하면 책 약 150권에 해당하는 양이다. 자율 주행 자동차 소프트웨어에는 코드가 수억 줄 있다.

소설 150편을 연재하는 프로젝트를 맡았다고 가정해 보자. 스태프를 어떻게 구성할 것인가? 얼마나 많은 스태프가 필요할까? 시간은 얼마나 걸릴까? 작가, 선임 작가, 줄거리 기획자, 캐릭터 개발자, 일관성 편집자, 콘텐츠 편집자, 교정 편집자, 스타일 검토자, 그래픽 디자이너 중 여러분은 어떤 역할을 맡을 것인가? 팀에 역할, 인력을 어떻게 배정할까? 팀 간에 어떻게 조율할까? 역할 그룹(예: 편집 그룹) 또는 복합 기능 팀(책에 필요한 모든 역할 담당) 중 어떤 조직 구조를 사용할 것인가? 누가 어떤 결정을 내릴까? 독자가 한 번에 전체 시리즈를 읽기를 원할까, 아니면 시간을 들여 한 권씩 순차적으로 책을 읽기를 원할까? 책을 쓰는 작업이 잘 진행되는지 확인하기 위해 잠재 독자와 어떻게 상호 작용할까? 책 150권에 대해 어느 정도 계획이 필요할까? 현재 책 1권과 책 150권의 계획 수준이 다를까? 이 150권짜리 프로젝트를 이끌고 조직하고 관리하는 것에 대해 생각해 보면 대규모 소프트웨어 개발 노력의 규모와 복잡성을 어느 정도 짐작할 수 있다. 또한 이러한 모든 질문에 대한 답은 시간이 지남에 따라 달라질 수 있다.

소프트웨어 개발

소프트웨어 경력을 쌓기 시작한 첫날부터 "무슨 일을 하세요?"라는 질문 때문에 어려움을 겪었다. 오늘날에는 기술이 보편화되어 이 질문에 답하기가 더 쉬워졌지만 여전히 어색하다. 사람들이 취미가 뭐냐고 물어볼 때와 비슷하다. 손가락 두 개만 사용해 수직 암벽에 매달려 있는

게 왜 재미있는지 설명하는 것도 어려울 수 있다.

스마트폰 앱부터 지구에서 100만km 떨어진 제임스 웹 우주 망원경 작동, 생명 공학 분야의 빠른 유전자 염기 서열 분석에 이르기까지 소프트웨어는 전 세계를 움직인다. 스마트폰을 손에 쥐고 있으면 제임스 웹 우주 망원경의 황금빛 날개를 볼 수 있고, 모니터에서 화면을 스크롤하면 AGCT[11]의 유전자 서열 조합을 관찰할 수 있다. 그러나 정작 소프트웨어는 눈에 보이지 않는다. 추상적이기 때문이다.

배우에게 대사가 있듯이 하드웨어에는 소프트웨어가 있다. 대본은 배우에게 무엇을 말하고 어떻게 움직여야 하는지 알려 준다. 코드 스크립트는 자동차 공장의 컴퓨터 로봇 팔에 다음 부품을 어디에 부착해야 하는지 위치를 알려 준다. 배우가 움직이게 하는 원동력은 보이지 않고 단지 움직임만 보인다. 마찬가지로 로봇 팔을 움직이는 원동력은 보이지 않고 움직임만 보인다.

> "우리 비즈니스는 갈색 상자에 들어 있는 물건이 아니라 갈색 상자를 배송하는 소프트웨어다."
>
> — 전 아마존 CEO 제프 베이조스

소프트웨어 명령은 컴퓨터가 수행해야 할 작업을 알려 준다. 소프트웨어는 운영 체제(유닉스, 리눅스, 윈도우)부터 애플리케이션(구글 지도, 마이크로소프트 워드)에 이르기까지 다양한 유형으로 분류할 수 있다. 컴퓨터 하드웨어 설계 로직에 기반한 컴퓨터 전용 기계어 코드는 고수준 언어와 연결된다. 하드웨어 핵심에 있는 '게이트'는 회로로 전류 흐름을 제어한다. 게이트는 켜짐과 꺼짐 두 가지 상태가 있다. 게이트는

---

11 아데닌(A), 구아닌(G), 시토신(C), 티민(T)

AND, OR, XOR, NOT(및 기타 몇 가지) 논리 게이트 배열에 따라 전류 흐름을 변경하는 트랜지스터로 구성되어 컴퓨터에 기능을 제공한다. 바이너리와 같은 기계어는 이러한 게이트 구조에서 파생되었다. 다행히도 오늘날에는 코드 한 줄이 기계어 코드 수백, 수천 줄로 변환될 수 있기 때문에 개발자가 기계어를 알아야 할 필요는 없다.

　소프트웨어 개발은 배우가 아닌 컴퓨터를 위해 대본을 작성하는 것이다. 하지만 영화 전체 대본을 생각해 보자. 영화에는 주제(선과 악, 가족 드라마, 로맨틱 코미디), 등장인물, 플롯, 액션 시퀀스, 갈등, 반전 등이 있다. 소프트웨어 개발에는 원하는 결과물, 기능 요구 사항, 데이터 설계, 특정 언어(코볼, 자바, 파이썬) 코딩이 있다. 영화 제작은 공동의 노력으로 이루어지며 소프트웨어 개발도 마찬가지다. 소프트웨어 개발의 핵심은 창의성, 조직력, 지식, 동기 부여, 기술 등 사람에 관한 것이다.

소프트웨어 개발 시대

소프트웨어 개발의 역사를 정리하기 위해 나는 60년을 4개의 시대로 나누었다. 내 경험을 바탕으로 시대별 이름을 붙이고 연대표를 작성했는데 업계에서 일어난 일들을 반영하고 있다. 이 중 두 시대는 다시 기간으로 나뉜다. 소프트웨어 개발 시대는 그림 1.3에 설명되어 있으며, 그림 1.4는 구체적인 방법과 방법론에 대한 타임라인을 제공한다.

- 서부 개척 시대(1966~1979)
- 구조화 방법과 모뉴멘털 방법론[12](1980~1989)

---

12 나는 '모뉴멘털 방법론'이라는 단어를 《Adaptive Software Development》[Highsmith, 2000]에서 처음 사용했다.

- 애자일 태동기(1990~2000)

  ◦ RAD

  ◦ 래디컬 애플리케이션 개발(RADical application development)

  ◦ 적응형 소프트웨어 개발(adaptive software development, 이하 ASD)[13]

- 애자일(2001~2021)

  ◦ 별동대(2001~2004)

  ◦ 용기 있는 경영진(2005~2010)

  ◦ 디지털 트랜스포메이션(2011~2021)

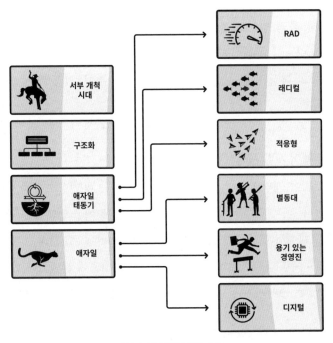

그림 1.3 소프트웨어 개발 시대

---

13 약어 표기 관례에 따라 방법론은 ASD로, 책 제목은 《ASD》로 표기한다. 비슷한 관례를 적용한 다른 책들도 있다.

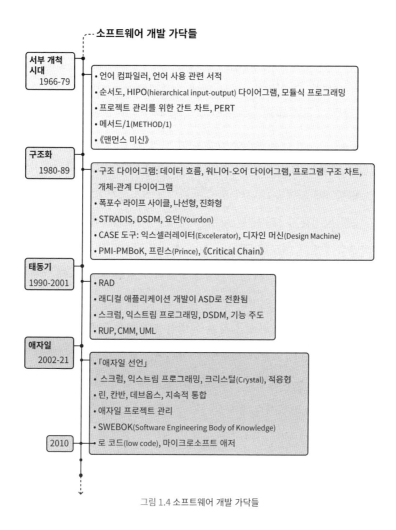

소프트웨어 개발 가닥들

서부 개척 시대
1966-79
- 언어 컴파일러, 언어 사용 관련 서적
- 순서도, HIPO(hierarchical input-output) 다이어그램, 모듈식 프로그래밍
- 프로젝트 관리를 위한 간트 차트, PERT
- 메서드/1(METHOD/1)
- 《맨먼스 미신》

구조화
1980-89
- 구조 다이어그램: 데이터 흐름, 워니어-오어 다이어그램, 프로그램 구조 차트, 개체-관계 다이어그램
- 폭포수 라이프 사이클, 나선형, 진화형
- STRADIS, DSDM, 요던(Yourdon)
- CASE 도구: 익스셀러레이터(Excelerator), 디자인 머신(Design Machine)
- PMI-PMBoK, 프린스(Prince), 《Critical Chain》

태동기
1990-2001
- RAD
- 래디컬 애플리케이션 개발이 ASD로 전환됨
- 스크럼, 익스트림 프로그래밍, DSDM, 기능 주도
- RUP, CMM, UML

애자일
2002-21
- 「애자일 선언」
- 스크럼, 익스트림 프로그래밍, 크리스털(Crystal), 적응형
- 린, 칸반, 데브옵스, 지속적 통합
- 애자일 프로젝트 관리
- SWEBOK(Software Engineering Body of Knowledge)

2010
- 로 코드(low code), 마이크로소프트 애저

그림 1.4 소프트웨어 개발 가닥들

서부 개척 시대는 이름에서 알 수 있듯이 야생의 시대였다. 소프트웨어 엔지니어링[14]은 초기 단계에 있었고 소프트웨어 개발을 '수행하는' 방법에 대한 지식은 미미한 수준이었다. 1960년대 중후반까지 초기 비즈니스 애플리케이션은 일반 장부 회계, 급여, 고정 자산, 미지급금 등

---

14 이 시대에는 소프트웨어 엔지니어링이라는 용어가 사용되었다. 서문에서 소프트웨어 개발과 소프트웨어 엔지니어링이라는 용어 사용에 대해 설명했다.

회계에 집중되어 있었다. 이러한 내부 애플리케이션의 가치는 생산성과 비용 절감에 있었다. 소프트웨어를 통해 기업은 필요한 작업을 더 빠르게 수행할 수 있었다. 이 시대에 소프트웨어는 난해한 예술이었다. 기업들은 '마술사'를 고용하여 코드를 작성했다. 이 시기에 내가 가장 보람을 느꼈던 프로젝트는 아폴로 달 탐사 임무 수행이었는데 잊을 수 없는 경험이었다. 서부 개척 시대에는 플로리다, 미네소타, 텍사스, 조지아 등 4개 지역을 다니며 14년 동안 7개 회사에서 일했다.

구조화 방법론과 모뉴멘털 방법론 시대는 1980년대에 걸쳐 있었다. 1970년대 후반에 이르러 '코딩하고 수정하는' 임시방편적인 개발 방식에서 벗어나고자 하는 개발자들에게 구조적 기법이 인기를 끌기 시작했다. 데이터 흐름 다이어그램, 워니어-오어(Warnier-Orr) 다이어그램[15], 개체-관계 모델, 구조 차트와 같은 기법을 활용하는 구조화 방법이 주류로 자리 잡았다. 이른바 폭포수 라이프 사이클은 이러한 구조화 방법론과 결합되어 모뉴멘털 방법론으로 발전해 진행 단계(phase), 광범위한 문서화 및 프로세스가 추가되었다. 나는 이 10년 동안 구조화 방법들과 방법론을 가르치고 컨설팅하고 배우고 홍보하고 집필하고 파는 데 많이 관여했다.

애자일 태동기에 규범적인 방법론들 그리고 그 방법론들의 유연성 및 속도 부족에 대한 반발이 시작되었다. 처음에는 RAD가, 그다음에는 스크럼, 익스트림 프로그래밍, 유럽의 DSDM(dynamic system development method: 동적 시스템 개발 방법), ASD 같은 새로운 방법론이 등장하면서 애자일 혁명의 씨앗이 뿌려졌다. 이 시대가 끝날 무렵, 인터넷 혁명은 소프트웨어 개발에 대한 새로운 사고를 요구했다. 나는 이 시대를

---

15 (옮긴이) 워니어-오어 다이어그램은 데이터 및 절차의 구성을 설명할 수 있는 일종의 계층적 순서도다.

구조화 방법에 몰두하며 시작했지만, 마지막에는 180도 방향을 바꿔 애자일 방법을 수용했다.

애자일 시대는 2001년부터 시작되어 20년 이상 번성해 왔다. 그해 2월 나는 유타주 스노버드 스키 리조트에서 16명의 다른 사람들과 함께 당시 '경량 방법론'이라고 불렸던 애자일의 미래에 대해 논의했다. 그리고 나머지는 사람들이 아는 역사 그대로다. 그 결과 「애자일 선언」이 탄생했고, 이 선언은 20년간의 발전을 뒷받침하는 가치로 자리 잡았다.

> 애자일은 소프트웨어 분야 너머에까지 영향을 미쳤다. 이러한 애자일 원칙은 거의 모든 산업과 시장에 도입되었다. 컨설팅 회사와 경영 대학원에서는 다양한 기업의 질병에 대한 해독제로 애자일을 처방하고 있다. 또한 책, 경영 세미나, 온라인 포럼을 통해 정기적으로 분석되고 있다. 창시자들이 소프트웨어 부문에 활력을 불어넣기 위해 시작한 프로젝트치고는 나쁘지 않은 성과이지만, 성공할 수 있을지 확신하지 못한 사람들도 있었다.
>
> 시간이 흐르면서 반대론자들이 틀렸음이 계속 증명되고 있는 것 같다. 많은 경영 유행어가 금방 사라지는 반면 애자일은 놀라울 정도로 끈질긴 생명력을 보여 주었다. 구글 트렌드 데이터에 따르면 '애자일' 및 '애자일 인증'과 같은 용어에 대한 관심은 2004년 이후 전 세계적으로 꾸준히 상승세를 유지하고 있다. 애자일은 최근 『포브스』, 『CIO』, 『글로벌 헬스케어』, 『하버드 비즈니스 리뷰』 등 다양한 출판물뿐 아니라 마케팅부터 인사에 이르는 다양한 부서에서 그 적용 가능성을 탐구하는 기사의 초점이 되기도 했다.[Thoughtworks, 2018]

변화의 60년

그림 1.4에 표시된 소프트웨어 개발 역사는 60년 동안 발생한 변화의 예를 보여 준다. 이러한 변화의 전반적인 규모는 다음 이슈를 살펴봄으로써 설명할 수 있다.

- 사람과 컴퓨터 간 상호 작용: 천공 카드부터 가상 현실
- 컴퓨터 성능: 기하급수적으로 증가하는 속도, 메모리 용량, 스토리지 옵션과 함께 급락하는 단가
- 조직 구조: 계층적이고 정적인 조직 구조에서 팀 네트워크와 유연성을 갖춘 조직
- 소프트웨어 개발 라이프 사이클: 연속적인 단계와 문서화에서 점진적인 가치와 빠른 학습을 제공하는 반복적인 단계

이러한 추세는 이 장에 설명되어 있으며 이후 시대에서 재검토할 예정이다.

1960년대 후반 미네소타주 세인트 폴에서 나는 기술주가 상승세를 타고 있을 때 투자에 뛰어들었고 주식 중개인이 되는 것을 잠시 고려했다. 그때부터 1990년대 중반까지 나는 '종이'에 인쇄된 정보를 분석한 내용을 바탕으로 중개인에게 전화를 걸어 구두 주문을 했다. 그러면 중개인은 천공 카드 입력 시트 또는 텍스트 기반 단말기(시대에 따라 다름)를 사용해 주문한 후 유선 전화로 결과를 알려 주고 종이 확인서를 우편으로 보내 주었다. 1990년대 중반에는 슈와브(Schwab) 같은 인터넷 중개업체가 다른 모델을 만들었다. 브로커가 주문을 입력하는 것이 아니라 내가 입력했다. 이제 온라인에서 주식 및 시장 정보를 즉시 확인할 수 있게 되었다.

그림 1.5와 1.6은 60년에 걸친 인간과 컴퓨터 인터페이스의 진화를 보여 준다. 첫 번째 그림은 1960년대 버전으로, 천공 카드 입력과 144자 인쇄 결과를 보여 준다. 그리고 입력과 출력 사이에 테이프 드라이브 스토리지가 달린 커다란 컴퓨터도 있다. 입력에서 출력까지 속도는 시간 단위로 측정되었다.

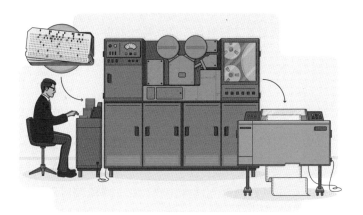

그림 1.5 서부 개척 시대의 사람과 컴퓨터의 상호 작용

그림 1.6 애자일 시대의 사람과 컴퓨터의 상호 작용

60년을 빠르게 이동하면 그림 1.6과 같은 모습을 볼 수 있다. 한 가정의 거실 내에서 인터넷에 연결된 노트북 컴퓨터, 텔레비전에서 스트리밍되는 넷플릭스 영화, 태블릿 PC, 게임 컨트롤러, 가상 현실 헤드셋과 컨트롤러, 와이파이, 디지털 로봇 고양이 등 모든 것이 즉시 사용 가능하다. 처리와 데이터 저장은 벽 뒤에 있는 대형 컴퓨터가 아니라 사이버 공간 어딘가에 떠 있는 클라우드에서 이루어진다. 이러한 컴퓨터 기술의 개인화 및 연결성 향상은 소프트웨어 개발의 진화에 큰 영향을 주었다.

컴퓨터 하드웨어 기술과 소프트웨어의 발전은 서로를 견인한다. 소프트웨어 방법의 진화를 이해하려면 표 1.1에 나와 있는 것처럼 각 시대의 기술을 이해해야 한다. 컴퓨팅 성능은 기하급수적인 속도로 향상되었다. 예를 들어 서부 개척 시대에서 애자일 시대로 넘어오면서 처리 속도는 1MHz에서 5GHz로 급증했다. 프로세서 속도, 스토리지, 연결성 등 각 영역의 성능 향상으로 인해 이 분야 초기 개척자들은 상상할 수 없을 정도로 사람과 컴퓨터 간의 연결이 확장되었다.

초창기인 1960년대와 1970년대에는 컴퓨터가 크고 특수한 공간에 보관되어 있었고 사람들과 상호 작용이 비인간적이었다. 오늘날 사람들은 개인 기기에서 수천 개의 애플리케이션에 접근할 수 있다. 소프트웨어 개발은 개인에 대한 관심 및 고객 중심 기술의 영향을 크게 받았다. 표 1.1은 지난 수년간 컴퓨팅 기술 성능이 어떻게 폭발적으로 발전해 왔는지 보여 준다(참고 문헌을 포함한 종합적인 표는 부록에 수록되어 있다).

엄청난 비용이 드는 컴퓨팅 성능으로 인해 사람의 능력보다 기계의

기술 영역	처리 속도	외부 스토리지	연결성	사람-컴퓨터 인터페이스
서부 개척 시대 (1966~1979)	kHz에서 MHz까지 인텔 8080(1974): 3.125MHz	마그네틱 코어에서 랜덤 액세스 IBM '미노(Minnow)' 플로피 디스크 드라이브 (1968): 80KB	전화 네트워크 활용 아르파넷(1969): 56Kbps	사람-컴퓨터 인터페이스 개념이 없었음 퐁(Pong) 아케이드 게임(1972)
구조적 (1980~1989)	16비트에서 32비트까지 인텔 80386(1985): 40MHz	GB를 향한 질주 시디롬(1982): 550MB	속도 향상 이더넷 2.94Mbps (1983)	이동성 향상 오스본(Osborne) 1 (1981)
태동기 (1990~2000)	MHz에서 GHz까지 인텔 펜티엄 프로 (1995): 200MHz	Kg에서 g으로 IBM 9345 하드 디스크 드라이브(1990): 1GB	무선 도입 월드 와이드 웹(1993): 145Mbps	애플 아이맥(1997)
애자일 (2001~2021)	단일 칩에서 분산형까지 인텔 코어 i7(2008): 2.67GHz	클라우드로 전환 아마존 웹 서비스, 클라우드 기반 서비스 출시(2006)	속도에서 압축까지 블루투스 3.0(2009): 전송 속도 23Mbit/s	터치를 통한 상호 작용 애플 아이팟과 아이폰 (2007): 터치 폰 도입

표 1.1 시대에 따른 컴퓨팅 성능

성능을 최적화할 수밖에 없었다. 애자일 시대에는 이러한 상황이 역전되어 이제는 비트와 바이트가 아닌 지식과 혁신이 비즈니스 성과를 주도한다.

네 가지 시대를 여행하면서 기술 발전이 소프트웨어 개발과 사람들의 컴퓨터 기술 경험에 어떤 영향을 미쳤는지 살펴볼 것이다. 또한 소프트웨어 개발 방법과 방법론이 그 시대의 비즈니스 문제를 해결하기 위해 어떻게 진화했는지도 살펴볼 것이다.

변화의 두 가지 추가 지표는 조직 구조와 소프트웨어 개발 라이프 사이클의 진화에서 확인할 수 있다.

먼저 그림 1.7의 위쪽에 있는 전통적인 조직도를 살펴보자. 기능적이고 예측 가능하며 정확하고 계층적이라는 말이 절로 나온다. 그런 다음 아래쪽에 있는 유르헌 아펠로의 언픽스 조직 모델을 살펴보자.[16] 레고를 닮았고 크루(팀의 형태) 중심이며 유연하고 네트워크화되어 있어 2020년대에 성공을 위한 티켓과 같다. 마찬가지로 그림 1.8은 폭포

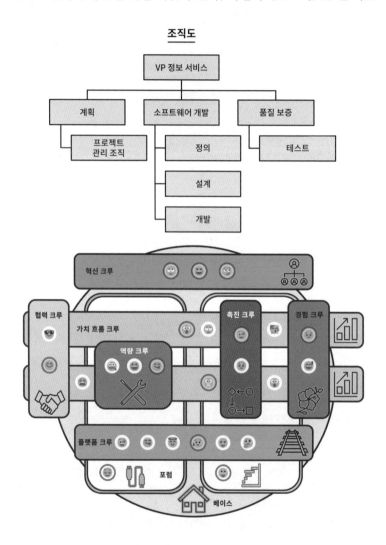

그림 1.7 당시와 현재의 조직도(하단 이미지 제공: 유르헌 아펠로)

16 8장에서 언픽스 모델에 대해 자세히 알아본다.

수 라이프 사이클의 선형적이고 피드백이 제한적이며 규범적인 모습과 적응형 라이프 사이클의 반복, 뚜렷한 학습 루프, 제품 비전 사이의 차이점을 잘 보여 준다. 이러한 극명한 대비는 지난 60년간의 변화를 잘 보여 준다.

폭포수 라이프 사이클

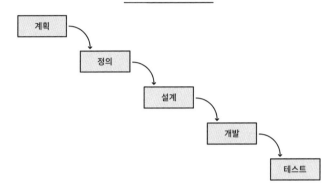

애자일 프로젝트 관리 라이프 사이클

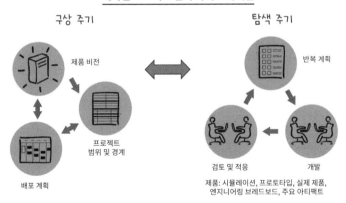

그림 1.8 진화하는 소프트웨어 개발 모델

소견

이 책을 위해 내 기억 은행을 파헤치면서 내 일과 취미를 관통하는 공통점이 있음을 깨달았다. 내가 근본적으로 모험심이 강한 사람이라는 점이다. 나는 대기업에서 일할 때의 안정감부터 스타트업에서 일할 때의 혼란스러움까지 모험적인 경력 전환을 했다. 산을 오르고, 자전거로 센츄리 레이스(century race)[17]를 하고, 요트 경주를 하고, 블랙 다이아몬드 코스[18]에서 스키를 탔다. RAD와 애자일 운동 같은 새로운 개념을 추진하는 것도 똑같이 위험했다.

위험과 순응하지 않는 태도는 서로에게 활력을 불어넣는다. 그리고 모험가들은 대부분 현실에 안주하지 않는 불순응주의자다. 호기심이 많은 나는 산에 갈 때마다, 심지어 등반이 끝난 오늘도 위를 올려다보며 어떤 길로 등반을 시도할지 계획을 세운다. 하지만 남들과 다르기 위해 다른 것이 아니라 표준을 벗어나더라도 나 자신에게 진정성을 갖는다는 의미에서 나는 불순응주의자이기도 하다. 나는 틀을 깨고 예상치 못한 것을 시도하기를 좋아한다. 한 번은 친구의 워크숍에서 대리 강사로 활동한 적이 있다. 수업에서 협업 팀에 대해 이야기했는데, 그 회사에서는 한 팀의 누군가가 다른 팀의 누군가와 이야기하고 싶으면 먼저 각자의 상사와 이야기해야 했다. 남자들은 화장실에 가거나 점심을 먹으러 갈 때도 재킷을 입어야 했다. 철저하게 순응적인 문화를 지닌 그들이 왜 내가 가르친 RAD와 협업 방식에 관심을 보였는지는 영원히 불가사의로 남을 것이다. 이 책의 뒷부분에서 만나게 될 제리 와인버그는 불순응을 포함한 모든 상황에 대해 다음과 같이 말했다. "당시 IBM 내에서 수염을 기르고도 해고되지 않는 것은 기술 천재라는 확

---

17 (옮긴이) 100마일(약 160.9km) 거리를 주행하는 경주를 의미한다.
18 (옮긴이) 외국에서 블랙 다이아몬드 코스는 검은색 마름모로 표시되며 상급자 코스를 의미한다.

실한 징표였다."[Weinberg, 1985]

　모험심. 불순응주의. 적응력. 이러한 행동은 각 소프트웨어 개발 시대에 더 깊이 탐구해야 할 핵심 메시지들이다.

2

서부 개척 시대

1966~1979

서부 개척
시대

"한 인간에게는 작은 한 걸음이지만 인류에게는 위대한 도약이다." 닐 암스트롱이 처음으로 달에 발을 내디디며 한 말이다. 1966년 대학 졸업 후 나는 펜실베이니아주 피츠버그의 웨스팅하우스, 뉴욕주 포킵시의 IBM, 플로리다주 코코아 비치의 팬 아메리칸(이하 팬암) 월드 에어웨이스 에어로스페이스 등 여러 회사에서 아폴로 달 착륙 프로그램의 전기 엔지니어링 일을 제안받았다. 선택 과정은 어렵지 않았다. 팬암은 미 공군과 계약을 맺고 케이프 커내버럴(나사 시설인 케네디 우주 센터가 아닌)에서 미사일 비행 작전을 관리하고 있었다. 그래서 아폴로의 작은 일부가 될 수 있는 기회에 바로 뛰어들었다.

아폴로

내 첫 번째 임무는 엔지니어링 도면을 검토하고 구성 요소 및 시스템의 평균 고장 시간(mean time to failure, MTTF)[1]과 평균 수리 시간(mean time to repair, MTTR)을 계산하는 것이었다. 한 번은 컴퓨터 메모리 업그레이드와 테스트를 감독하기 위해 대서양 한가운데 어센션섬에 있는 주요 단거리 미사일 추적 기지로 비행기를 타고 간 적이 있다. 이 출장에서 가장 기억에 남는 것은 공군 C-130을 타고 비행하는 불편함, 비행 중에 엔진이 꺼진 것, 안티구아에서 하룻밤을 보낸 것, 어센션의 장교 클럽에서 음료를 10센트에 주는 해피 아워였다.

아폴로가 설계되던 1960년대 초에는 전 세계 통신망이 불안정했기 때문에 함선 다섯 척에 레이더, 원격 측정, 관성 항법 시스템 및 나사 휴스턴 센터와 비슷하게 작동 가능한 소형 임무 통제 센터 장비를 장착했다. 이 함선들은 태평양에 배치되어 지구로 귀환하는 사령선 모듈을 회수하고 추적해야 했다. 나는 그림 2.1에 나온 것과 같은 함선 중 두 척에서 일했다.

그림 2.1 아폴로 저궤도 추적 함선[2]

---

1 (옮긴이) 첫 사용부터 고장이 나기까지 시간을 의미한다.
2 사진 제공: CPC 컬렉션/알라미 스톡 포토(Alamy Stock Photo)

'일'이라는 단어는 내 직업에 다소 어울리지 않았다. 실제로는 다른 사람의 작업을 검토하고 승인하는 일을 했다. 아폴로 미션에 참여한 조직 수는 나 같은 초보자에게는 놀라웠다. 예상대로 우주선 자체는 물론 앵커 체인부터 컴퓨터까지 모든 것에 대해 많은 계약 업체가 있었다. 내가 예상하지 못했던 것은 계약 관리 그룹, 즉 우주선을 건조하는 나사(NASA)의 주계약자, 주계약자를 모니터링하는 다른 계약자, 팬 암이 소속된 공군까지 포함되는 그룹이었다. 예를 들어 컴퓨터 테스트의 경우, 테스트를 실행하는 계약 업체와 여러 명의 감독관이 있을 수 있으며, 각 감독관은 테스트 성공 또는 실패에 대한 보고서를 각자의 상부에 제공했다.

코코아 비치 근처에 있는 패트릭 공군 기지는 머큐리 및 제미니 임무의 주요 발사 장소(그리고 타이탄과 같은 군용 차량의 주요 발차 장소)였으며, 아폴로 발사 단지는 패트릭 공군 기지 북쪽 메리트섬에 건설 중이었다. 내 사무실은 패트릭에 있었다. 어느 날 아침 친구와 함께 출근하면서 건물 앞에 있는 실물 크기 미사일 전시물 주변에 관광객들이 서 있는 것을 보았다(그림 2.2). 당시 우리는 흰색 셔츠와 얇고 짙은 색 넥타이 그리고 엔지니어의 상징인 펜이 꽂힌 주머니 보호대를 착용하고 있었다. 우리는 미사일 중 한 곳으로 걸어가 위아래 주위를 진지하게 살펴보고 반대 방향으로 달리면서 "10, 9, 8, …" 하고 외치기 시작했다. 우와, 관광객들이 날아가 버렸다! 사무실에 들어오는 내내 웃음이 끊이지 않았다.

내가 들어왔을 때는 머큐리 프로그램이 완료되고 제미니 프로그램이 진행 중이었으며 아폴로는 새턴 로켓 초기 시험 발사를 준비하고 있었다. 옆집에 사는 공군 촬영 기사가 있었는데 그는 나를 초대하여

그림 2.2 패트릭 공군 기지 외부의 미사일 모형[3](공군 우주·미사일 박물관 제공)

머리카락이 거의 그을릴 정도로 가까이에서 발사를 지켜보도록 했다.

우리는 뉴스 카메라 앞 약 1.6km 거리에 있었다. 나는 발사대에 있는 새턴 로켓 꼭대기까지 올라가 아폴로 사령선 모듈 내부를 들여다볼 수 있었다(안타깝게도 들어가지는 못했다). 새턴 로켓의 첫 번째 시험 비행(패트릭 기지에서)을 하는 동안 땅이 너무 심하게 흔들려서 주 컴퓨터 시설에 공급되는 세 개의 개별 전원 공급이 중단되었고 비행 첫 2~3분 동안은 컴퓨터가 다운되었다.

추적 함선에는 C-밴드 및 S-밴드 레이더, 데이터 다운로드를 위한 원격 측정 장비, 관성 항법 장비(당시에는 기밀이었으며 핵 잠수함에 사용되었고 GPS의 전신)가 탑재되었다. 이 컴퓨터는 해군 함정에서 사용되던 군용 컴퓨터를 크기를 줄이고 강화한 것이었다. 이 컴퓨터에는 빨간색 '전투' 버튼이 있어서 전투가 진행되는 동안 온도 제한을 초과하여 작동할 수 있었다(말 그대로 타 버릴 수 있었다). 이 8비트 컴퓨

---

3 https://afspacemuseum.org/sites/patrick-air-force-base-florida/

터는 32비트 워드 길이와 36K의 엄청난 메모리(당시에는 36K가 최대 치였다)를 가지고 있었다. 해상에서 프로그래밍 인터페이스는 천공 테이프(육상에서는 천공 카드)였다. 가로로 3~4열, 세로로 10~12열 정도 되는 제어판이 있었는데 각 교차점에는 다른 프로그램을 읽을 수 있도록 현재 필요하지 않은 프로그램을 메모리에서 롤아웃하라는 신호를 보내는 버튼이 있었다.

메모리와 처리 속도에 제약이 있는 상황에서 먼 수평선 너머로 귀환 중인 작은 사령선을 회수[4]하기 위해 복잡한 궤도 역학 계산을 프로그래밍한다고 생각해 보자. 레이더 및 항법 데이터 외에 또 다른 계산 입력은 사령선 추적 함선 굴곡 데이터였다.[5] 사령선 회수 계산은 매우 민감했기 때문에 계산에 함선 굴곡 데이터가 필요했으며 모두 36K로 프로그래밍되었다.

6개월 동안 나는 뉴올리언스의 한 조선소에서 임시 근무를 했는데 그곳에서 추적 함선 두 척이 건조되었다. 미시시피강을 따라 멕시코만까지 해상 시험을 나가서 비행기를 찾아 시스템을 테스트했다. 실제 임무에서 사령선은 시속 3만 8000km로 대기권에 진입한 후 역추진 엔진을 사용하여 시속 560km 이하로 속도를 줄였다. 우리의 타깃 비행기는 시속 수백km로 추적 함선 바로 위를 비행했다. 처음 몇 번의 테스트에서는 비행기를 찾지도 못했다.

아폴로 프로그램 전체가 거대했고 그 성공은 큰 비전, 창의성, 협업, 실패를 통한 배움, 엔지니어링 전문성, 관리 능력을 입증하는 증거였다. 재미있었지만 바쁜 시간이었고 이 프로젝트에서 작은 역할이라도

---

4 (옮긴이) 사령선은 우주인이 탑승하는 모듈을 말한다. 지구 귀환 시 바다에서 회수한다
5 레이저로 사령선의 굴곡을 측정하기 위해 레이더 사이의 좁은 터널에서 측정하여 얻은 데이터
   이다.

할 수 있어서 좋았다. 돌이켜 보면 내 경력의 모험을 시작하는 흥미진진한 과정이었다. 하지만 최초의 유인 아폴로 비행이 이루어졌을 무렵에는 통신의 발전으로 함선 용도가 변경되었다.

지나온 내 경력, 몇 가지 첨단 프로젝트, 소프트웨어 방법론의 상태 그리고 60년 동안 확립된 관리 맥락에 대해 계속 설명하기 전에 먼저 이 서부 개척 시대의 기술 무대가 어떤 모습이었는지 보여 줄 필요가 있다.

기술과 세상

아폴로는 서부 개척 시대 초기에 확장된 세상을 대변하는 역할을 했는데 이 시대에는 비틀즈, 베트남 전쟁, 꽃의 아이들[6], 반전 시위, 리처드 닉슨 대통령과 워터게이트, 인플레이션 같은 사건들이 발생했다. 전 세계적으로 지정학적, 사회적으로 큰 변화가 있었지만 비즈니스 리더들은 이전과 크게 다르지 않았다. 그러다 1973~1974년과 1979년 석유 위기로 경제가 타격을 입고, 이로 인해 임금 및 물가가 급격히 상승하여 비즈니스 성장이 둔화되는 등 큰 영향을 받았다. 이러한 상황이 맞물리자 스태그플레이션이라는 용어가 등장했다. 소매 판매는 급감했고 기업 수익률은 악화되었다.

일부 대기업은 어려움을 겪었다. 특히 제너럴 모터스나 포드 같은 제조 대기업은 연비는 더 높고 가격은 더 낮은 유럽 및 일본 자동차 제조업체에 밀려 설 자리를 잃었다. 하지만 또 다른 새로운 트렌드가 등장했다. 나이키(1964), 스타벅스(1971), 마이크로소프트(1975), 애플(1976) 같은 신생 기업은 작고 민첩한 기업도 미래가 있다는 것을 보여 주었다.

6 (옮긴이) 히피(hippie)를 의미한다.

1950년대는 향후 50년간의 기업의 근시안성(corporate myopia)[7]이 조성된 시기였다. 경제는 호황을 누렸고, 사람들은 일자리를 얻었으며, 번영은 필연적으로 보였고, 미래는 거대한 사업으로 펼쳐져 있는 것처럼 보였다(물론 여성, 유색 인종, 성 소수자 또는 장애인이 아니라면 말이다). 기업 경영진은 예측 가능하고 선형적인 발전이 이루어질 것처럼 미래를 계획했다. 그러나 어떤 상황은 변했기 때문에 기업은 수용 가능한 범위 내에서 적응해야 했다. 이처럼 예측할 수 있다는 가정은 사업 계획부터 프로젝트 관리에 이르기까지 모든 것에 영향을 미쳤다. '계획대로 일하고 계획대로 작업하라'는 것이 회사의 구호였다. 이러한 예측 가능성과 내부 집중은 목표에 의한 관리(management by objectives, MBO), 비용 및 일정을 프로젝트 관리의 주요 목표로 삼는 추세로 이어졌다. 1980년대 중반까지만 해도 대기업에는 대규모 기획 부서가 있었다.

1960년대 후반과 1970년대 내내 IBM은 메인 프레임 비즈니스 컴퓨터 시장을 지배했다. 그 이전까지 IBM은 고객 요구를 처리하는 능력에 따라 다양한 컴퓨터 제품군을 제공했다. 안타깝게도 1620과 7064 같은 명칭이 붙은 컴퓨터들은 호환되지 않아서 한 규모에서 다음 규모로 업그레이드하기가 어렵고 비용이 많이 들었다. 1964년에 출시된 IBM 360/30은 많은 혁신 중에서도 공통 운영 체제를 갖춘 최초의 360 시리즈 컴퓨터였다. 이러한 초기 시스템에는 자기 테이프 드라이브가 외장 스토리지 역할을 했다.

1970년대부터 IBM은 360 컴퓨터와 함께 랜덤 액세스 디스크 드라이브를 제공하기 시작했다. 저장 용량이 146MB인 소형 구성의 IBM

---

7 (옮긴이) 기업들이 단기적인 이익에만 초점을 맞추고 장기적인 비전과 전략을 간과하는 경향을 가리키는 용어다.

2314 디스크 드라이브가 17만 5000달러[8]에 판매되었다(오늘날 이 정도 스토리지는 인플레이션을 감안하지 않는다면 약 0.5센트에 불과하다). 디스크 드라이브 발전에 발맞춰 IBM은 IMS(Information Management System)라는 초기 데이터베이스 관리 시스템을 도입했다. 랜덤 액세스 드라이브와 IMS는 소프트웨어 개발에 새로운 복잡성과 기회를 가져왔다.

미니컴퓨터의 부상은 1970년대에 시작되어 1980년대까지 이어졌으며, 1960년대 후반에 PDP-8을 출시한 DEC(Digital Equipment Corporation)의 주도로 확장되었다. DEC는 더욱 강력한 미니컴퓨터를 개발했고 또 다른 주요 제조업체인 데이터 제너럴(Data General)은 1980년 슈퍼미니컴퓨터 이클립스를 출시했다. 치열한 이클립스 개발 노력은 퓰리처상 수상작인 트레이시 키더의 《The Soul of a New Machine》(1981)에 기록되어 있다. 하지만 이 시기에도 IBM 메인 프레임 컴퓨터는 비즈니스 컴퓨팅을 지배했다.

이 시기 컴퓨터와의 상호 작용은 원시적이고 기계적이었다(그림 1.5). 대형 메인 프레임 컴퓨터는 바닥이 높고, 머리 위에 전선 통이 있으며, 냉방 시설이 잘 갖춰진 특수한 공간에 있었다.[9] 컴퓨터 운영자는 카드 데크를 입력하고, 테이프와 디스크 드라이브를 장착, 분리하고 출력물을 수집, 배포했다. 디스크 스토리지가 매우 비쌌기 때문에 대부분의 시스템에서 대용량 데이터에는 자기 테이프를, 저용량 데이터에는 디스크를 조합하여 사용했다. 온라인 시분할 시스템[10]은 유닉스를

---

8 1970년 2314 드라이브의 성능 및 비용은 IBM 아카이브 참고: *https://web.archive.org/web/2023 1211000504/www.ibm.com/ibm/history/exhibits/storage/storage_2314.html*
9 당시에는 에너지 비용이나 환경에 미치는 영향에 대해 걱정하는 사람이 아무도 없었다.
10 (옮긴이) 여러 명의 사용자가 사용하는 시스템에서 컴퓨터가 사용자들의 프로그램을 번갈아 가며 처리하는 방식을 말한다.

사용하는 미니컴퓨터 및 일부 메인 프레임 시스템에서 사용할 수 있었지만 주로 학술 및 엔지니어링 애플리케이션용으로만 사용되었다.

기업 경영진은 소프트웨어를 제대로 이해하지 못했다. 그들은 거대한 컴퓨터는 볼 수 있었다. 그러나 소프트웨어는 숨겨져 있었다. 게다가 이 시기에 공급업체가 제공하는 소프트웨어는 대부분 하드웨어 가격에 포함되어 있었기 때문에 소프트웨어는 무료인 것처럼 보였다!

감사보다는 설계와 개발을 하고 싶었던 나는 팬암을 그만두고 미네소타주 세인트 폴로 이주하여 해군 및 아폴로 우주선용 컴퓨터를 제조하는 유니박 연방 정부 시스템 사업부에서 일했다. 그곳에서는 컴퓨터용 게이트와 레지스터를 설계하고 초기 통신 모뎀 설계에 참여했다. 두 번의 엔지니어링 직업을 거친 후 나는 스스로를 전문가라기보다는 제너럴리스트라고 생각하기 시작했고, 미네소타 대학교의 야간 학교에 다니며 회계학 및 경제학 필수 과정을 수강하면서 MBA 학위를 취득하기로 결심했다. 미네소타의 추운 날씨는 예상했지만 어느 날 아침 체감 온도 영하 26도의 강추위 속에서 차창 얼음을 깨고 출근하는 게 너무 힘들었다. 한 번의 겨울 추위를 견뎌 내고 나는 그곳을 떠나기로 결심했다.

따뜻한 남쪽 탬파로 돌아와 1970년 사우스 플로리다 대학교에서 경영학 석사 학위를 받았다. 석사 프로젝트에서 나는 탬파에서 미시시피 강을 따라 항구로 가는 바지선 교통량을 분석하는 시뮬레이션 애플리케이션을 개발했다. 지역 회사에서 인턴으로 일하던 중 이 모델이 유용하다는 것이 입증되었고 관리자들은 그 결과에 만족해했다. 이 시뮬레이션은 GPSS(General Purpose Simulation System)라는 패키지를 활용했다. 이 소프트웨어는 새로운 것이었기 때문에 교수 중 누구도 도움을 줄 수 없었다. 불완전한 매뉴얼과 시행착오를 통해 어떻게 작동하는지 배웠다. 아직 천공 카드와 인쇄물 시대였기 때문에 처리 속도가 느렸고 나는 많은 저녁 시간을 학교 컴퓨터 센터에서 보냈다. 그런데 내 분석에 결함이 있었고 관리자 한 명이 최종 프레젠테이션에서 그 결함을 발견했다. 데이터 테이블 하나에 잘못된 데이터가 포함되어 있어서 최종 결과가 약간 엉망이 된 것이다. 잘못된 데이터를 받았지만 더 꼼꼼히 검토했어야 했다. 이후 프로젝트에서 나는 팀원들이 큰 그림만큼이나 세부적인 부분도 중요하게 생각하도록 했다. 팀원들이 업무를 수행하고 팀 성과를 최적화하는 데 필요한 다양한 기술을 갖출 수 있도록 노력했다.

에소 비즈니스 시스템

경영 대학원을 갓 졸업한 1970년, 나는 휴스턴 동쪽에 있는 텍사스주 베이타운으로 이사해 에소(Esso)[11] 정유 공장에서 비즈니스 시스템 분석가로 일했다. 하지만 분석 업무만 하지는 않았다. 설계, 프로그래밍, 테스트, 문서화 작업을 했고 중요한 시기에는 메인 프레임 컴퓨터 운영자 역할도 수행했다.

내가 참여했던 첨단 프로젝트 중 하나는 훗날 경영 정보 시스템이라고 부를 만한 것이었다. 대부분 MBA 출신으로 구성된 젊은 연구 팀이 경영진의 요구 사항을 파악하기 위한 분석 작업을 수행했다. 당시 팀에 있던 동료 존 폴버그[12]가 2022년 통화에서 자세한 내용을 상기시켜 주었다. 존이 가장 먼저 떠올린 기억은 금요일 밤에 당시 새로 지어진

---

11 에소는 내가 그곳에서 일하는 동안 엑손이 되었다.
12 존은 타깃(Target)의 CFO와 여러 실리콘 밸리 스타트업의 CEO를 역임했다.

갤러리아 호텔 최상층 바에 모여서 장시간 근무와 경영진에 대한 불만을 토로한 정기적인 회식 자리에 관한 것이었다. 프로젝트 보고서가 제출되고 승인되었을 때 나는 어떤 팀에서 소프트웨어 시스템을 구축했는데, 이 시스템은 코볼과 마크 IV(Mark IV: 고급 보고용 언어) 코드로 구성되었고, 다양한 운영 시스템에서 데이터를 추출하여 새로운 보고서를 생성했다. 이 시스템의 덩치는 컸지만 제대로 작동했고 경영진은 데이터를 통해 많은 혜택을 얻었다. 이 정보에는 생산된 정유 제품 배럴, 직원 수준, 유지 보수 활동, 비용 및 기타 재무 분석이 포함되었다. 적어도 베이타운 지사에서 여러 운영 체제에서 데이터를 추출하여 관리를 위해 통합한 것은 이번이 처음이었다. 이전에는 관리자가 운영 체제에서 트랜잭션 데이터를 받았지만, 통합된 방식으로 시스템 간 데이터를 받은 적은 없었다.

나는 프로그래밍을 처음 접했고 정식 교육을 받은 적도 없었기 때문에 내가 짠 코볼 프로그램을 유지 보수하는 일은 악몽이었을 것이다. 기본 파일을 트랜잭션 파일로 업데이트하는 등 몇 가지 패턴 같은 모델이 있었는데, 모두 자기 테이프에 저장된 시리얼 데이터를 포함하고 있었다. 파일의 마지막 레코드에 파일 종료 표시(end-of-file)로 9가 포함되어야 했던 시대였다.[13] 당시 유일한 상호 작용 도구는 천공 카드 입력과 인쇄된 보고서뿐이었다. 프로그램을 실행하고 테스트하는 데 보통 하룻밤이 걸렸다. 한 번 시도할 때마다 12시간씩 여러 번 반복해야 깔끔하게 컴파일되는 경우가 많았다. 프로그램 외에도 필요한 데이터 파일 및 테이프 드라이브와 일련의 프로그램을 연결하려면 난해한

---

13 9로 구성된 레코드가 없으면 파일 읽기 처리가 마지막 레코드를 지나서 읽으려고 할 때 오류를 일으키며 중단된다.

IBM JCL(Job Control Language)에 대한 지식이 필요했다.

> "JCL은 배우기 어렵고 불일치로 가득 차 있으며 조금이라도 상식이 있고 대안
> 에 접근할 수 있는 사람이라면 누구나 피하는 어설프고 번거로운 시스템이다."
>
> —Mainframes.com

당시 테스트는 여행과도 같았다. 테스트 도구는 존재하지 않았다. 컴
파일이 완료되면 테스트 데이터를 개발하여 카드에 키 펀칭하고 JCL을
수정한 후 테스트를 실행했다. 물론 파일이 80자를 초과하는 경우에는
먼저 여러 장의 카드를 확장 파일 형식으로 결합하는 프로그램을 실행
했다. 놀랍게도 많은 트랜잭션 파일의 길이가 80자였다. 운이 좋으면
테스트 결과가 인쇄되어 분석되었다. 운이 좋지 않은 경우(처음에는
대부분 그랬다) 실행이 종료되어 코어 덤프가 발생했다. 전체 컴퓨터
메모리를 십육진수[14]로 한 줄당 144자씩 출력하는 이 출력은 '01 A9 34
5A D2 88 88'과 같이 여러 페이지에 걸쳐 계속 이어졌다. 프로그램이
어디서 시작되었는지 알아낸 다음 실행 경로를 추적하는 것은 정말 재
미있었다!

   당시에는 경영진이 원하는 비전이 있었지만 기술적인 한계가 심각
했다.

서부 개척 시대 이야기

에소에서 내 동료이자 초기 멘토였던 에드워드는 60대였다. 그의 책상, 선반, 바
닥은 천공 카드 덱으로 넘쳐 났다. 사무실에 뭔가 놓을 수 있는 곳에는 대학 교수
의 책이 쌓여 있는 대신 컴퓨터 출력물로 덮여 있었다. 에드워드는 회계 시스템

---

14 컴퓨팅에 사용되는 십육진수(hex) 번호 체계는 표준 십진수(기수 10) 체계가 아닌 16개의 기호
(기수 16)를 사용한다. 16개 기호는 0-9 및 A-F다.

유지 관리를 담당했다. 그는 매년 연말 재무 장부를 작성하기 위해 '비밀' 일회용 '카드' 덱을 한 상자씩 가지고 있었다. 에드워드를 위한 백업은 없었다. 그가 없으면 장부가 마감되지 않았지! 그 당시에는 우리 중 누구도 백업이 없었다. 정말 IT의 서부 개척 시대나 다름없었다.

나는 새로운 회계 시스템 구현을 관리했는데 이 시스템으로 소프트웨어 애플리케이션과 전체 계정 코드 시스템을 모두 교체할 예정이었다(소프트웨어는 다른 팀이 개발했다). 새로운 코드 시스템으로 인해 급여 관리와 같은 운영 시스템에서는 한 달 동안 새로운 코드를 사용하기 시작했다. 결과적으로 기존 월 마감 시스템을 끄고 새 시스템을 켜면 되돌릴 수 없었다. 이 프로젝트에는 많은 하위 시스템을 수정하고 통합하는 작업이 포함되었기 때문에 9개월에 걸쳐 프로젝트가 진행되었다.

프로젝트 관리자로서 내가 이룬 혁신은 기존 하위 시스템(급여, 미지급금, 비용 할당)의 출력과 신규 또는 수정된 하위 시스템의 출력을 비교하는 테스트 프로그램을 구축한 것이었다. 내가 만든 비교 프로그램은 회계 애플리케이션에 데이터를 공급하는 운영 시스템의 모든 데이터에 대한 매핑을 포함했기 때문에 복잡했다. 다른 하위 시스템(예: 유지 보수 비용 시스템)이 준비되고 새 코드를 생성하기 시작하면, 테스트 프로그램에서 새 코드를 이전 코드에 다시 매핑하고 나서 올바른 매핑과 비교해 수많은 오류를 발견할 수 있었다. 그때 테스트가 얼마나 중요하고 어려운 일인지 처음으로 깨달았다.

두려운 전환 날짜가 다가오면서 야근과 주말 근무를 하며 컴퓨터 센터 운영자를 도와 테이프 드라이브를 장착하고, 카드 덱을 즉석에서 수정하고, 시스템을 다시 실행하는 일을 자주 했다. 그 후 몇 년 동안 감사 팀의 '직무 분리' 통제로 인해 개발자의 업무 참여가 금지되었다.

프로젝트가 끝나 가던 어느 날 저녁, 팀원들이 저녁 식사를 마치고 돌아왔고 나는 임원 전용 자리에 주차했다. 밤새 일하느라 주차를 완전히 잊고 있었다. 그다음 날 아침, 동료 한 명이 큰 문제가 생겼으니 서둘러 임원을 만나러 가야 한다고 알려 주었다. 그는 까칠한 전형적인 임원이었기 때문에 나는 긴장한 상태에서 사무실에 들어가 사과하고 밤새 일한 이야기를 했다. 그가 친절하게도 "24시간 연속 근무한 사람은 아무 데나 주차할 수 있어요. 차는 빼지 않아도 됩니다."라고 이야기해서 나는 놀랐다. 그는 나와 팀원들의 노고에 대해서도 감사를 표했다.

새 시스템으로 한 달 회계 장부를 마감하는 데 사흘 밤이 걸렸다.[15] 첫날이 지나고 다음 날 아침, 상황이 좋지 않았다. BUPS(Burden, Utilities, and Plant Services: 부담금, 유틸리티 및 플랜트 서비스)라는 이름의 무시무시하고 복잡한 원가 회계 시스템[16]이 제대로 작동하지 않았다. 이 시스템을 잘 아는 사람이 두세 명밖에 없었기 때문에 우리는 작은 회의실에서 해결책을 찾기 위해 머리를 맞댔다. 당시 내 매니저는 구식의 마이크로매니저였는데 회의실에 들어와서 문제를 '해결'하려고 노력하기 시작했다. 이틀 동안 거의 잠을 자지 않고 일했기 때문에 그의 간섭을 참

---

15 컴퓨팅 자원이 비싸서 24시간 동안 작업 부하를 조정하는 게 필요했다. 그에 따라 회계 같은 운영 시스템 작업은 밤사이에 돌아갔다.
16 이 시스템은 직원 수, 창고 공간의 평방미터 등 다양한 요소를 기준으로 관리 비용을 생산 단위에 할당하여 최종적으로 제품(예: 휘발유, 난방유) 비용에 반영하는 최첨단 비용 할당 시스템이었다. 그러나 생산 부서에 할당되기 전에는 관리 그룹 간에 관리 비용이 할당되었는데, 예를 들어 회계 비용이 IT에 할당되고 그 반대 경우도 마찬가지였다. 이 단일 시스템을 IBM 360 컴퓨터에서 실행하는 데 서너 시간이 걸렸다.

을 수 없었지만 직접 상대하지 않을 정도의 감각은 있었다. 나는 내 매니저와 같은 직급에 있던 친구 존 폴버그에게 찾아갔다. "이성을 잃기 전에 그를 내보내 주세요." 나는 다소 정중하게 말하려고 했다. 존은 점잖은 사람답게 평소처럼 매니저를 방 밖으로 데리고 나가 팀에서 문제를 해결하도록 설득했고 얼마 지나지 않아 문제를 해결했다.

프로젝트는 큰 성공을 거두었고 9개월 동안 주당 60~80시간씩 근무한 후였으니 모두가 안도하게 되었다. 내 친구 존은 팀원들과 소중한 사람들을 위한 파티를 계획했다. 파티 비용을 낮추라는 상사의 말을 무시하고 그는 해산물과 육류 안주로 가득한 최고급 이벤트를 준비했다. 프로젝트 팀의 엄청난 초과 근무 시간을 고려하면 이는 사소한 혜택이었다.

이 작업에서 내 직책은 프로젝트 관리자였지만 나는 간트 차트가 어떻게 생겼는지 외에는 프로젝트 관리에 대해 전혀 몰랐다. 프로그래밍과 마찬가지로 나는 정규 교육을 받은 적도 없었고 관련 자료도 거의 없었다. 하지만 다른 팀원들은 프로그래밍 경험이 있었고 시스템을 잘 알고 있어서 내가 세세하게 관리할 필요가 없음을 알고 있었다. 마감 기한은 정해져 있었고 해야 할 일은 많았기 때문에 팀에는 전체적인 전략만 있으면 되었다. 프로젝트 관리의 황무지나 다름없었지만 나는 관리 스타일에 대해 어느 정도 감을 잡기 시작했다.

이 기간 동안 대부분의 시스템 사용자들은 아무것도 몰랐다. 우리 대부분이 컴퓨터의 선구자라고는 했지만 미미하게 더 아는 수준이었다. 정유사 유지 보수 부서와의 프로젝트는 그런 생각을 하게 된 계기가 되었다. 그곳 관리자들은 유지 보수 티켓을 추적할 수 있는 기본적인 시스템을 원했다. 나는 유능한 분석가답게 현재 수작업으로 작업을 수행하고 있는 유지 보수 담당자 몇 명과 이야기를 나누고 몇 가지 사양을 기록한 다음 약 3개월 만에 마크 IV에서 시스템을 개발하여 테스트했다. 관리자들에게 다양한 보고서를 보여 주고 관리자들이 마음에 들어 하자, 입력 양식을 작성하고 키를 입력하는 데 필요한 양식을 보여 주었다. "그만"이라는 반응이 돌아왔다. "이 양식들을 작성해야 한다고요?" 나는 보고서를 작성하려면 입력 데이터가 필요하다고 설명하려고 했다. 그들은 만족하지 못하고 결국 작업을 포기했다. 양측 모두 컴퓨터에 대한 지식과 이를 효과적으로 활용하는 방법에 대한 지식이 초기 단계였기 때문이다.

성공적인 회계 시스템 구축 덕분에 나는 급여, 미지급금, 자재 회계 등을 담당하는 회계 그룹의 관리자로 첫 관리직 승진을 하게 되었다. 당시 내 나이는 28세였고 그룹에서 그다음은 45세였는데 모두 노조원이었다. 나는 이 역할을 맡으면서 IT 부서에서 일하는 것과 비즈니스 부서에서 일하는 것의 차이점을 배웠다. IT 부서에서는 항상 비즈니스 사용자의 업무에 대해 배울 수 있는 시간이 필요했고, 이를 통해 그들의 업무를 지원하는 시스템을 구축할 수 있었다. IT 프로젝트 기간은 오래 걸리기 때문에 일상적인 스트레스가 항상 있지는 않았다. 물론 마지막에는 예외였다. 비즈니스 사용자 입장에서는 급여, 회계 마감, 인보이스 결제 기한을 맞추기 위해 매일 스트레스를 받았다. 나는 이러한 상호 작용의 다양한 역동성을 결코 잊지 않았다.

한 직원이 무례한 벤더가 대금을 즉시 지불하라고 요구한 것에 대해 불만을 제기하자(기한이 지나지 않았음에도) 나는 벤더 부사장에게 전화를 걸었다. 나는 벤더사에서 무례한 태도를 다시 한번 보인다면 앞으로 엑손과 거래하지 못할 거라고 말했다. 물론 나는 그런 권한이 없었지만 그는 그런 사실을 몰랐고 우리 직원들은 좋아했다. 이 에피소드는 내 초기 관리 스타일에 또 다른 변화를 가져다주었다. 바로 모든 사람을 동등하게 존중해야 한다는 것이다.

1970년대 초 엑손 정유 공장은 총 7개가 있었는데 대형 정유 공장 4개와 소규모 정유 공장 3개였다. 대형 정유소의 비즈니스 시스템 그룹은 독립적으로 시스템을 개발했으며, 앞서 언급한 회계 시스템은 업무 공통성을 확립하기 위한 초기 단계였다. 각 지사마다 고유한 업무 방식이 있었고 변화를 꺼렸기 때문에 이러한 차이점을 조정하기는 쉽지 않았다.

정유 부서 전체의 IT 시스템 합리화를 지원하기 위해 휴스턴에 있는 정유 컨트롤러 사무실에 비즈니스 시스템 코디네이터 직책이 신설되었다.[17] 당시 많은 기업에서와 마찬가지로 IT는 컨트롤러에게 보고했다. 이후 IT가 비즈니스의 필수적인 부분이 되면서 IT 조직은 CIO에게 보고하고, CIO는 다시 CEO에게 보고하게 되었다. 나는 코디네이터 직책을 수락하면서 비즈니스 시스템을 통합하기 위해 노력했고, 그중 회계 시스템이 시작점으로 좋았다. 소프트웨어 시스템 통합은 결국 정유 공장 컴퓨터 시설 통합으로 이어졌고 이는 당시로서는 큰 성과였다.

컨트롤러 조직에 속해 있었기 때문에 이따금 분기별 정유사 재무 보고서를 통합하는 업무를 해야 했다. 어느 날 정유, 탐사, 생산 등 모든 부서의 보고서를 통합하는 회사 관계자로부터 전화를 한 통 받았다. "축하합니다, 수치가 10억 달러밖에 차이가 나지 않네요." 나는 "아, 큰 차이는 아니네요."라고 대답했다.[18]

---

17 당시 가장 중요한 애플리케이션은 회계 및 재무 중심이었기 때문에 대부분의 IT 부서는 컨트롤러 (현재는 CFO라는 용어를 사용함)에게 보고했다.
18 (옮긴이) 비꼬는 말에 비꼬는 말로 대답한 것으로 보인다.

이 일은 관리 업무가 아닌 영향력을 행사하는 업무였다. 각 정유 공장의 비즈니스 시스템 감독자들은 나와 직접적으로 일하지는 않았다. 그렇기는 하지만 나는 정유 공장 IT 시스템을 어느 정도 표준화하기 위해 그들의 도움이 필요했다.

엑손에서 오글소프까지

엑손에서 거의 6년간 근무한 후 1976년 애틀랜타로 이사했고, 몇 번의 단기 근무를 거쳐 오글소프 전력 회사에서 소프트웨어 개발 관리자로 일하게 되었다.

애틀랜타 은행에서 잠시 일하는 동안 있었던 일이다. 그곳 컴퓨터 운영 직원들은 매일 대량의 컴퓨터 출력물을 은행장 책상에 쌓아 놓았다. 나는 그들의 첫 국제 은행 시스템을 개발하는 업무를 맡았다. 이 프로젝트에는 뉴욕의 씨티은행을 방문하여 DEC 슈퍼미니컴퓨터에서 실행되는 최첨단 국제 은행 시스템을 조사하는 일도 포함되었다. 씨티 은행에서 배운 지식과 국제 은행가들과의 토론에서 얻은 지식을 결합하여 외환, 신용장 및 기타 국제 은행 거래를 처리하기 위한 새로운 국제 은행 시스템을 추진하는 데 필요한 제안서를 작성했다. 국제부 직원들과 함께 일하는 것이 좋았는데 그들이 은행원들처럼 여유로웠기 때문이다.

그러나 보수적인 은행에서 표준과 절차를 준수해야 하는 상황에 직면했을 때 알게 된 것인데 다른 사람들은 그렇게 느긋하지 않았다. 내 출장비와 제안서 비용이 예산의 10% 한도를 초과한 것 같았다. 예산이 있는지도 몰랐는데 회계 담당자로부터 독촉장을 받았다. 회계 장부에서 5~6쪽을 복사하여 편지에 스테이플러로 붙이지 않았다면 그냥 무시하고 넘어갔을 것이다. 나는 그 사람을 내 사무실로 초대하여 이야기를 나누었다.

"내 벽에 저게 뭘까요?" 나는 액자 하나를 가리키며 물었다.

"공인 회계사 자격증으로 보이네요." 그가 대답했다.

"당신도 갖고 있나요?"가 내 두 번째 질문이었다.

"아니요."

"그렇다면 자격증을 딸 때까지 회계 장부 문서를 더는 보내지 마세요!"

국제 은행 시스템 개발에 대한 내 제안은 호평을 받았지만, 그 무렵 내 불순응적인 면이 은행 업무와 충돌해서 문화가 덜 경직된 회사로 얼른 옮겼다.

오글소프 전력은 조지아주 시골 전력 회사에 서비스를 제공하는 신생 발전·송전·배전 협동조합[19]이었다(나는 학부 과정에서 전력 시스템 공학을 전공했다). 소프트웨어 개발 관리자 직책은 직원을 구성하고 업무 방식을 수립해야 했기 때문에 스타트업 직책과 비슷했다.

내 부서 관리자가 과거에 앤더슨 컨설팅(Andersen Consulting)[20]에서 근무한 적이 있어서 앤더슨 컨설팅의 메서드/1 방법론을 채택했는데 당시로서는 진보적이었다. 메서드/1은 소프트웨어 프로젝트를 위한 프로젝트 관리 도구로 고안되었지만 구체적인 개발 방법은 포함하지 않았다. 예를 들어 '파일 형식 정의', '파일 레이아웃 양식 완성' 같은 작업은 포함했지만 실제로 정의하는 방법은 없었다.

나는 요던사(Yourdon, Inc.)에서 구조적 기법에 대한 몇 가지 과정을

---

19 (옮긴이) 38개 소규모 전력 회사들이 회원으로 가입하여 공동으로 발전·송전·배전 영역을 협업하는 협동조합이다.
20 아서 앤더슨은 원래 회계 회사였다. 앤더슨 컨설팅 그룹은 성장하여 결국 액센추어로 분사했다.

수강한 적이 있었는데, 이를 우리 회사 개발 프로세스에 통합하고 싶었다. 앤더슨 컨설턴트 중 한 명과 구조적 기법에 대해 논의하던 중, 그는 요던의 접근법 외에 워니어-오어의 접근법도 살펴보자고 제안했다. 그 후 나는 켄 오어를 초빙하여 그의 방법론과 기법을 배웠다. 이 방법은 프랑스인 장 도미니크 워니어가 처음 만들었지만, 켄 오어가 원래 아이디어에 몇 가지를 추가하여 미국에서 대중화했다. 다이어그램은 계층, 순서, 반복, 선택 등의 구성을 보여 주었다. 이 방법론은 결과물에서 시작하여 그 결과물을 만들어 내는 흐름을 파악하는 데 중점을 두었다. 입력보다는 출력을 강조하는 이 개념은 내게 계속 남아 애자일 시대의 결과 개념으로까지 확장되었다.

우리 직원들은 워니어-오어 접근법을 받아들였고 이를 사용하여 여러 애플리케이션을 제공했다. 또한 CASE 도구의 선구자인 켄의 소프트웨어 패키지 스트럭처(스)(Structure(s))를 구입하여 사용했다. 직원 중 한 명이 흥분했다. 숙련된 프로그래머였던 그는 "처음부터 끝까지 컴파일러 오류가 발생하지 않은 코볼 프로그램을 작성한 것은 이번이 처음입니다."라고 말했다. 이 시스템은 워니어-오어 기법을 라이프 사이클 전체에 사용한 첫 번째 시스템이었다. 이 시스템은 성공적이었고 잘 설계되었다. 하지만 마음 한구석에 작은 의심의 씨앗이 뿌려졌다. "예상보다 개발 시간이 더 오래 걸렸다."

1978년 『Management Information Systems Quarterly』[21]에 「Solving Design Problems More Effectively」라는 제목의 글을 발표하면서 내 글쓰기 경력은 시작되었다. 흥미롭게도 이 글은 소프트웨어 개발에 관한 것이 아니라 그룹 문제 해결을 위한 프로세스에 관한 것이었다. 1970년대와 1980년대에는 『Management Information Systems Quarterly』,

---

21 (옮긴이) 경영 정보 시스템 및 IT에 대한 연구를 다루는 계간 동료 심사 학술지다.

『Auerbach Reports』, 『Datamation』[Highsmith, 1981], 『Business Software Review』[Highsmith, 1987]에 다른 글도 게재했다.

소프트웨어 개발

서부 개척 시대 초기에는 소프트웨어 프로세스, 도구, 참고 서적, 교육이 부족했다. 나는 IBM 코볼 매뉴얼을 보고 배웠고, 에드(에소 출신)의 사무실로 자주 달려가 질문했다. 대부분의 지식 습득은 좋은 경험이든 나쁜 경험이든 경험을 통해 이루어졌다. 에드의 조용한 스타일 탓에 대화가 어려웠지만, 그의 경험 덕분에 그는 내게 귀중한 초기 멘토가 되었다.

엑손 비즈니스 그룹에 기술 시스템 부서에서 전근된 프로그래머가 있었다. 그는 포트란[22]으로 프로그래밍을 해 왔고, 첫 번째 비즈니스 애플리케이션인 급여 시스템을 코볼로 작성했는데, 포트란과 비슷한 데이터 이름을 사용했다. 포트란 프로그래머들은 언어 제한으로 인해 'Employee-Pay-Rate2' 같은 코볼 데이터 이름보다는 'EMPRT2' 같은 데이터 이름을 사용하는 데 익숙했다.[23] 포트란 데이터 이름을 사용하는 그의 코볼 프로그램은 그가 이직했을 때 엄청난 유지 보수 문제를 야기했다. 실제 서부 개척 시대보다 더한 혼란이었다.

악명 높고 사람을 함정에 빠뜨리며 심지어 위험하기까지 한 코볼 문이 이 시대의 특성을 잘 보여 주는데 바로 ALTER 문이다. Go To CALC-Pay-Status라는 프로그램 문장을 생각해 보자. 자, 아직까지는 특별한 게 없어 보인다. 이제 재미있는 부분이 나온다. 프로그램 출

---

22 포트란은 과학 및 공학 응용 프로그램에 사용된 초기 컴퓨터 언어.
23 포트란에서 변수 이름은 여섯 자리로 제한되었으며 a-z 및 0-9로 구성되었다. 이 제한 때문에 대형 시스템에서 이상한 변수 이름이 만들어졌다. 또한 코볼은 비즈니스 시스템을 위해 설계된 파일 중심 언어라면 포트란은 과학 및 공학 계산을 위해 설계된 변수 중심 언어다. IBM이 포트란과 코볼을 모두 대체할 수 있는 단일 언어 솔루션으로 PL/1을 제공했지만 널리 사용되지는 않았다.

력물의 세 페이지 아래(당시에는 종이 출력만 가능했음을 기억하자), 어떤 변수를 기반으로 하는 ALTER 문이 초기 GO TO 대상을 Go To ALT-CAL-PAY-STATUS와 같은 내용으로 수정한다. 우와! 이제 이러한 ALTER-GOTO 구조체 50개가 포함된 1000개의 문장으로 구성된 코볼 프로그램과 그 로직을 따라가기가 얼마나 어려운지 생각해 보라. 따라 잡으려면 최소 25개의 손가락이 필요했을 것이다. 이러한 프로그램의 유지 보수는 정말 끔찍했고 대개는 불쌍한 다음 사람에게 넘겨졌다.

랜덤 액세스 데이터베이스 이전의 시리얼 테이프 파일 시대에는 변수에 따라 단일 데이터 필드에 여러 데이터 유형을 할당하는 등의 기술(이를테면 레코드 유형)을 사용했다. 필드 4는 레코드 유형이 'commercial'인 경우 '색상'에, 'retail'인 경우 '크기'에 사용될 수 있다. 날짜 필드는 두 자리 숫자인 경우가 많았는데 이는 30년 후 Y2K 문제를 촉발했다. 왜 그랬을까? 프로그래머들은 왜 이런 유지 보수 악몽을 만들었을까?

오늘날 피처폰에도 128MB 메모리가 있으며 저렴한 비용으로 테라바이트 클라우드 데이터에 접근할 수 있다. 1971년에 출시된 최초의 인텔 칩은 클록 속도가 1MHz도 안 됐다.[24] 오늘날 칩 클록 속도는 5GHz를 초과할 수 있다.[25] 서부 개척 시대에는 컴퓨터 속도는 빙하처럼 느렸고 메모리 가격은 엄청나게 비쌌다. 이 시기 프로그래머들은 가능한 한 모든 바이트와 헤르츠를 아껴 써야 했다. 어떤 코볼 문이 빠르고 느린지 알아야 했다. 이 때문에 ALTER 문이 빠르다는 이유로 과도하게 사용되었다.

---

24 초당 주기로 측정하는 주파수를 의미한다. 1MHz는 100만Hz, 1GHz는 1000MHz 또는 10억Hz에 해당한다.
25 2022년 오크리지 내셔널 랩(Oakridge National Labs) 슈퍼컴퓨터가 1PHz를 돌파했다(1×10^{15}Hz).

이 기간 동안 개발 도구로 순서도와 HIPO 다이어그램이 사용되었다. 1970년대 중후반에는 데이터 흐름 다이어그램과 기타 구조화 방법이 등장했다.[26]

1978년 톰 더마코의 저서인 《Structured Analysis and System Specification》(1978)을 읽고 스티브 맥메나민이 강의하는 구조적 분석에 관한 요던 수업에 참석했다.[27] 나는 요구 사항을 발견하고 문서화하는 이 체계적인 접근 방식에 순식간에 빠져들게 되었다. 이 '엔지니어링' 접근 방식은 내 열정에 불을 지폈다. 오글소프에서 소프트웨어 개발 관리자로 일하게 되었을 때 나는 이러한 방법을 통합하는 것이 내 임무의 일부라고 생각했다.

관리 동향

내가 경영학 학위를 취득한 것은 소프트웨어 개발 맥락에서 경영과 리더십에 대해 더 잘 이해하고 싶다는 호기심과 생각이 커지면서부터였다. 소프트웨어 개발 방식은 초창기뿐 아니라 그 이후 시대에도 계속 일반 관리와 프로젝트 관리 동향에 의해 영향을 받았다.

서부 개척 시대에는 계획과 그 실행에 초점을 맞춘 계층적이고 지휘통제[28]가 지배적인 융통성 없는 문화가 일반적이었다. 엔지니어링 분야에서 큰 진전이 이루어지고 있었고, 엔지니어링의 예측 가능성이 경영 사고에 스며들었다. 비즈니스는 언제나 그랬듯이 보편적으로 월 스트리트가 주도하는 재무적 관점에서 측정되었다. 소프트웨어 프로젝트의 성공은 완성도와 비용으로 측정되었다. 소프트웨어를 납품하기

---

26 이러한 다이어그램은 3장에서 설명한다.
27 이 주제에 대한 자세한 내용은 3장에서 확인할 수 있다.
28 (옮긴이) 관리자가 모든 것을 지시하고 직원들에게 결정권을 주지 않는 것을 의미한다.

만 해도 성공으로 간주되었지만 일정도 프로젝트에 필수였다. 물론 비용도 중요했지만 시스템을 가동하고 운영하는 데 있어서는 부차적인 문제였다.

비즈니스는 세상이 명목상 예측 가능하다는 전제하에 운영되었고, 계획이 실현되지 않으면 계획이 아니라 실행이 문제였다. 유능한 관리자와 경영진은 일을 완수하면 끝이었다. 초창기 IT 세계는 예측 가능성이 낮았고 일반 관리자는 컴퓨터와 소프트웨어의 실험적 특성을 거의 감안하지 않았기 때문에 IT 관리자는 곤경에 처했다.

관리 방법의 진화가 소프트웨어 개발에 어떤 영향을 미쳤는지 살펴보면 산업 발전, 업무 유형, 관리 방식, 작업자 범주 등 네 가지 요인이 중요한 것으로 나타났다.

20세기 초 산업 시대가 꽃을 피우면서 프레더릭 윈즐로 테일러와 같은 연구자들은 정확한 측정과 엄격하고 규범적인 직무의 미덕을 찬양하며 과학적 관리라는 용어를 도입했다. 조직을 기계로 보는 관점이 경영 문화에 자리 잡게 되었고, 이러한 기계를 최적화하는 것이 핵심 경영 목표가 되었다.

이후 경영 이론은 더글러스 맥그리거와 피터 드러커 같은 사람들의 연구를 바탕으로 변화하기 시작했다. 다양한 부문에서 '역대 최고'에 대한 이야기를 듣지만 문학 부문에서는 어떤 책을 꼽을 수 있을까? 누구의 목록을 사용하느냐에 따라 다르겠지만, 대체로 마르셀 프루스트의 《잃어버린 시간을 찾아서》라는 의견이 지배적이다.[29] 경영 이론에 역대 최고가 있다면 피터 드러커일 것이다. 피터 드러커는 생전에 책을 39권 썼고, 1959년 지식 노동이라는 용어를 만들어 냈다. 현대 경영학의 아버지라 불리는 그는 경영을 다음과 같이 정의했다. "경영이

---

29 어느 구글 목록에 동의하는지에 따라 달라진다.

란 사업을 관리하고 관리자를 관리하며 근로자와 일을 관리하는 다목적 장치다."[Drucker, 1954] 이 간결한 정의는 업무가 변하고 근로자가 변하고 관리자가 변하고 관리자의 관리자가 변함에 따라 시간의 흐름에 따른 변화를 평가하는 데 도움이 된다. 드러커가 지식 노동이라는 용어를 만든 것은 일 자체가 변화하고 있다는 신호였다.

'기계로서의 조직'이라는 과거 산업 시대 이미지는 경영에 긴 그림자를 여전히 드리우고 있다. 리타 맥그래스는 2014년『하버드 비즈니스 리뷰』기고문에서 관리자들은 안정이 정상적인 상황이고 변화는 '비정상적인 상태'라고 생각했다고 썼다. 맥그래스는 경영의 세 가지 시대, 즉 실행, 전문성, 공감을 구분한다. "조직이 실행 시대에는 규모를 창출하고 전문성 시대에는 고급 서비스를 제공하기 위해 존재했다면, 오늘날 많은 사람은 완전하고 의미 있는 경험을 창출하기 위해 조직을 찾고 있다."[McGrath, 2014] 이러한 관리 스타일 범주는 소프트웨어 개발 시대에 대한 논의에 또 다른 차원을 가져다준다.[30]

안타깝게도 맥그래스의『하버드 비즈니스 리뷰』기사 외에 다른 맥그래스 관련 자료를 찾지 못했다. 게다가 공감 스타일에 대한 논쟁도 있다.[31] 그럼에도 나는 맥그래스가 경영 시기를 분류하는 데 사용한 단어가 마음에 들었다. 지휘 통제라는 라벨은 전통적인 경영에 자주 적용되었지만, 최근 스타일 중 '그' 용어로 등장한 것은 없다. 리더십-협업, 적응형 리더십, 애자일 리더십, 매니지먼트 3.0, 서번트 리더십 등의 이름은 모두 지난 20년 동안 등장했다. 그래서 나는 맥그래스의 '공감'을 현대 경영에 가장 잘 어울리는 이름으로 꼽고 싶다.

---

30 맥그래스 스타일은 8장에서 다시 살펴본다.
31 "현재 가장 논쟁의 여지가 많은 주제 중 하나인 리더십의 공감 능력 향상 추세에는 두 가지 매우 논쟁적인 측면이 있다."(*www.business.com*)

세계 경제 포럼(World Economic Forum)의 CEO인 클라우스 슈와브는 업무의 진화를 바라보는 한 가지 방법을 제안했다. 슈와브가 제시한 네 가지 시대는 과학과 기술 발전을 중심으로 한다.

- 첫째: 기계 생산 시대
- 둘째: 과학과 대량 생산 시대
- 셋째: 디지털 혁명
- 넷째: 상상력의 시대

과학과 대량 생산 시대[32]가 진행되면서 조직은 점점 더 커졌고, 말단 감독자부터 임원까지 다층적인 조직을 관리할 방법이 필요해졌다. 표준화된 프로세스, 품질 관리, 노동력 전문화와 같은 관행이 널리 적용되었다. 효율성, 일관성, 측정 가능성, 예측 가능성 등 최적화가 목표였다. 지휘 통제 관리라고 불리는 이 접근 방식은 실행 시대를 정의했다. 이 시기는 산업 노동자들이 육체적 작업을 수행하던 시대였다.

디지털 혁명과 함께 컴퓨터 기술이 메인 프레임에서 미니컴퓨터, 개인용 컴퓨터로 발전하면서 컴퓨팅 성능에 대한 접근성이 확대되었다. 심리학, 사회학 등 다른 학문의 개념이 경영 이론에 도입되기 시작했지만 이 시대에는 주로 리엔지니어링, 식스 시그마[33], 목표에 의한 관리 등의 개념으로 대표되는 전문성이 중요하게 작용했다.

이 시기 소프트웨어 개발에 폭포수 방법론과 모뉴멘털 방법론이라는 고유한 용어가 추가된다. 소프트웨어, 의약품, 컴퓨터, 소재, 컴퓨팅 장치 등 기술 사용이 폭발적으로 증가하면서 지식 노동자에 대한

---

32 소프트웨어 개발과 관련이 없기 때문에 첫 번째 시대는 설명하지 않았다.
33 (옮긴이) 기업에서 전략적으로 완벽에 가까운 제품이나 서비스를 개발하고 제공하려는 목적으로 정립된 품질 경영 기법이다.

필요성도 커졌다. 지식 노동이 확대되면서 직원들은 기존의 관리자와 부하 직원 관계에 반기를 들었고, 초기 애자일주의자들은 사람 중심 업무 환경을 구축하는 데 집중하게 되었다. 이러한 변화를 반영하여 《ASD》[Highsmith, 2000]에서는 이전의 '지휘-통제'와 대조적으로 '리더십-협력' 관리라는 용어를 사용하여 이 시대의 관행을 특징짓고 있다.

슈와브는 그의 저서에서 상상력과 혁신에 대해 언급하기는 하지만 4차 산업 시대의 기간을 정하지 않았고 이를 상상력의 시대라고 명시적으로 명명하지도 않았다. 그는 이 시대를 변화의 '속도', 기술의 급속한 진화와 통합으로 인한 변화의 '폭과 깊이', 국제 사회학적 시스템을 언급하는 '시스템 영향'으로 정의한다. 이 시대에 성공하려면 '일'을 다시 정의하고, 지식 노동자와 혁신 노동자의 차이점을 이해하며, 상상력과 창의성을 장려하는 공감적 방식으로 이끌고 조직하고 관리하는 방법을 알아야 할 것이다.

상상력의 시대는 인공 지능, 생명 공학, 로봇 공학, 양자 컴퓨팅, 로보틱스 등의 기술이 세상에 통합되면서 창의력과 상상력이 경제적 가치를 창출하는 주체가 되는 디지털 혁명 이후의 시대로서, 이 시대에는 창의력과 상상력의 중요성이 더욱 커질 것이다.

> "우리는 우리가 살고 일하고 서로 관계를 맺는 방식을 근본적으로 변화시킬 기술 혁명의 문턱에 서 있다. 그 규모와 범위, 복잡성 면에서 이 변화는 인류의 이전 경험과는 비교할 수 없을 것이다."
>
> — 클라우스 슈와브, 2016년 1월 14일

결국 노동자는 산업, 지식, 혁신의 세 가지 유형으로 분류되었다. 업무 성격이 변화함에 따라 필요한 노동자의 유형도 달라졌고, 이에 따라 관리자와 경영진(관리자의 관리자)이 인력을 바라보고 상호 작용하는 방식도 달라졌다.

코로나-19 범유행병 이전에 미래의 불확실성에 대해 어떻게 느꼈는지 기억하는가, 지금은 어떤가? 범유행병의 파급 효과는 아직 알려지지 않았으며 그 영향이 완전히 나타날 때까지는 대체로 알 수 없다. 사실 이러한 변화의 대부분은 2020년 이전에 이미 나타나고 있었으며 범유행병으로 인해 더욱 가속화되었을 뿐이다. 불확실성이 증가함에 따라 사람들은 불확실성을 모델링할 방법을 이론화하고 이를 관리할 수 있는 도구와 방법을 고안하기 시작했다.

IBM 어드밴스트 비즈니스 인스터튜트(Advanced Business Institute)에서 근무했던 스테판 H. 해켈은 1993년 『하버드 비즈니스 리뷰』에 기고를 했고, 1999년에 《Adaptive Enterprise》라는 저서에서 자신의 아이디어를 더욱 자세히 설명했다. 그의 메시지는, 조직은 미래를 위해 계획하고 실행하는 방식에서 감지하고 대응하는 방식으로 전환해야 한다는 것이다. 감지와 대응을 통해 조직은 외부 세계를 감지하고 신속하게 대응하며 피드백을 사용하여 다음 주기를 시작할 수 있다. 계획 후 실행에 전념하는 조직은 계획에 너무 집착하여 계획에서 벗어나는 것을 기회가 아닌 실수로 간주한다.

코닥은 왜 디지털 카메라 위협에 대응하지 않았을까? 디지털 카메라가 하루아침에 등장한 것일까, 아니면 코닥이 시장의 신호를 놓친 것일까? 넷플릭스가 블록버스터를 몰아낼 수 있었던 이유는 무엇일까?[34] 블록버스터는 넷플릭스의 영화 대여 시장 점유율 상승에 주목하지 않

---

34 (옮긴이) 미국 비디오 대여 업계 1위였던 블록버스터는 차별화된 운영 방식과 마케팅, 저렴한 가격 정책을 앞세운 넷플릭스와의 경쟁에서 패해 2010년 파산했다.

았을까? 빠르게 변화하는 비즈니스 및 기술 환경에서 감지는 매우 어려울 수 있다. 노이즈란 무엇인가? 누적된 소음이 언제 경보 수준으로 높아질까? 맥그래스는 자신의 최근 저서 《Seeing Around Corners: How to Spot Inflection Points in Business Before They Happen》(2019)에서 이 어려운 질문에 대한 통찰력을 제공한다. 데이터 스트림을 분류하고 분석할 때 어떤 분야에서 어떤 역할을 하고 있는지에 대한 콘텍스트가 필요하다.

데이브 스노든은 의사 결정을 지원하는 맥락에서 불확실성에 대해 생각할 수 있는 방법을 고안했다. 1999년에 스노든은 복잡성 이론 연구에서 파생된 커네빈(Cynefin) 모델을 소개했다. 스노든의 모델은 애자일 커뮤니티에서 수용되어 널리 사용되고 있다. 스노든은 변화의 각 범주에 따라 사용할 수 있는 실행 유형을 제안했다. 그의 모델은 변화의 다섯 가지 범주 또는 유형을 식별한다.

• 당연한(obvious) 상황: 모범 사례로 충분한 경우
• 복합적(complicated) 상황: 우수 사례가 사용되는 경우
• 복잡한(complex) 상황: 긴급 사례가 필요
• 혼돈(chaotic) 상황: 새로운 사례가 필요한 경우
• 무질서(disorder) 상황: 사례를 알 수 없는 경우

경제, 비즈니스, 기술이 1980년대에 다소 복잡해졌다가 2000년대에는 혼란스러운 상태로 변화함에 따라 스노든의 프레임워크는 불확실성에 대한 대처가 구조적 개발에서 애자일 개발로 전환하는 과정에서 어떤 역할을 했는지 이해하는 데 도움이 된다. 이 책에서는 비즈니스 및 기

술 세계의 전략적이고 높은 수준의 변화를 나타내는 지표로 커네빈 모델을 사용할 것이다. 전술, 프로젝트, 제품 수준에서는 6장에서 탐색 요소(exploration factor)를 소개할 것이다. 이 두 가지 '방법'인 커네빈과 탐색 요소는 불확실성을 관리하기 위한 도구를 제공한다.

표 2.1은 네 가지 소프트웨어 개발 시대에 걸쳐 이러한 요소의 변화를 요약한 것으로, 방법과 방법론이 왜 그렇게 진화했는지 이해하는 데 도움이 된다. 구조화 방법론에서 애자일 방법론으로 진화하는 동안 이러한 프레임워크는 업무에 유용한 맥락을 부여하는 데 도움이 되었다.

핵심 요소 및 사상가				
소프트웨어 시대	관리 스타일 (맥그래스)	작업 유형 (슈와브)	노동자 범주 (드러커)	변경 유형 (스노든)
서부 개척 시대	실행	과학 및 대량 생산	산업	확실함·복합적
구조화	실행·전문성	디지털 혁명	지식	복합적
애자일 태동기	전문성	디지털 혁명	지식	복잡한
애자일	공감	상상력	혁신	혼란·무질서

표 2.1 관리 및 업무 진화

서부 개척 시대 후반부로 접어들면서 나는 프로젝트 관리 관행에 대해 깊이 파고들기 시작했다. 프로젝트 관리는 역사가 오래되었지만 소프트웨어 개발과 관련된 관행은 1950년대와 1960년대에야 등장했다. 간트 차트(작업 및 일정)는 1930년대 초 후버 댐과 같은 프로젝트에서 성공적으로 사용되었다. 초기의 이러한 다른 대형 프로젝트에는 1940년대 핵폭탄 개발을 위한 맨해튼 프로젝트도 있다. 미 공군에 복무하던 버나드 슈리버는 1954년 프로젝트 관리라는 용어를 창안한 공로를 인정받았다.

현대 프로젝트 관리 기법의 초석은 해군이 폴라리스 잠수함 건조에 성공적으로 사용하면서 대중화된 PERT(program evaluation and review technique: 프로그램 평가 및 검토 기법)였다. 1958년 듀퐁에서 발명된 PERT와 크리티컬 패스 분석법(critical path method, CPM)은 미국 항공 우주·건설·방위 산업에서 사용되기 시작했다. 업무 분류 체계(work breakdown structures, WBS) 사용은 1960년대 초에 시작되었다. PMI(Project Management Institute)는 프로젝트 관리 관행을 연구하고 홍보하기 위해 1969년에 설립되었다. 1960년대에 수행된 가장 유명한 프로젝트는 나사가 6번의 달 탐사 임무를 성공적으로 이끈 아폴로 프로젝트(1963~1972)였다. 나는 아폴로 임무에서 극히 작은 역할을 맡았지만, 이 경험을 통해 행복한 한마디를 남겼다. "내 첫 번째 프로젝트는 성공적이었다."

시대 소견

1960년대와 1970년대는 소프트웨어 개발의 다음 시대를 위한 발판을 마련했다. 컴퓨터 성능이 기하급수적으로 향상되기 시작했다. 랜덤 액세스 저장 장치가 증가했다. 코어 메모리가 나오면서 작업자가 수동으로 작은 토로이드 '도넛'[35] 세트를 통해 전선을 공급하는 방식에서 벗어났다. 사람과 컴퓨터의 상호 작용이 꾸준히 진화하기 시작했다.

이 시대 초기에는 소프트웨어 개발을 '애드혹(ad hoc)'이라고 칭하기도 했지만, 선구자들은 엔지니어링 분야로 발전할 수 있는 방법을 연구했다. 이 시대가 끝날 무렵에는 구조화 방법과 프로젝트 관리 방법론을 이용해 소프트웨어를 제공하는 프로세스에 더 나은 조직과 제어 기능을 제공하기 시작했으며, 이를 '고급 애드혹'이라고 부를 수 있다.

---

35 (옮긴이) 전자를 가속하기 위해 사용하는 도넛 모양 진공 용기다.

다음 시대는 이러한 기반 위에 구축될 것이었다.

서부 개척 시대에는 컴퓨터 자원 최적화가 인적 자원 최적화보다 우선시되었다.[36] 컴퓨터 처리 주기, 코어 메모리, 외장 메모리 비용은 지금과 비교하면 엄청났다. 하드웨어는 무어의 법칙[37]에 따른 성능 개선 행진을 시작했다. 초창기에는 컴퓨팅 성능이 인건비에 비해 비쌌기 때문에 타협이 필요했고, 그중 일부는 몇 년 동안 문제를 일으켰다(예: Y2K 문제). 오늘날 디지털 혁명에 휩싸인 세상에서는 상황이 역전되었다. 컴퓨터 자원에 비해 인건비가 높다.

서부 개척 시대에는 소프트웨어 개발이 초기 단계였지만 가치 있는 솔루션이 제공되었다. 이러한 시스템 중 일부는 반복적으로 수정되어 오늘날에도 여전히 존재한다. 오늘날의 기준으로 보면 원시적인 시스템이었지만 작동은 했다.

---

36 이 개념을 제공한 《EDGE》 책의 공동 저자인 데이비드 로빈슨에게 감사를 표한다.
37 1965년 인텔 공동 창립자인 고든 무어는 "집적 회로의 트랜지스터 수는 2년마다 두 배로 늘어난다"라는 추세를 발견했는데 이는 무어의 법칙으로 알려지게 됐다.

3

구조화 방법과 모뉴멘털 방법론

1980~1989

 소프트웨어를 정말 빠르게 개발하고 싶은
가? 1분은 어떤까? 완전한 데이터 독립성(출
력은 입력과 무관함), 경영진은 정보에는 관
심이 없고 오직 행복에만 관심이 있다는 개념, 속도가 행복으로 이어
지는 1분 라이프 사이클 등 흥미로운 개념을 바탕으로 켄 오어는 1980
년대 초 소프트웨어 방법론의 판도를 뒤흔들었다. 켄이 1984년 자비로
출판한 풍자 소설 《The One Minute Methodology》[1]는 재미있을 뿐 아
니라 예언적이었다. 켄의 책은 진지한 문제를 너무 진지하지 않게 논
의하는 그의 스타일을 반영했다.

내 경력에서 가장 큰 변화는 1980년대 초에 일어났는데 켄 오어와의
관계에서 시작됐고 계속되었다. 켄은 소프트웨어 개발 분야의 유명 인
사였다. 그는 내 친구이자 동료이자 멘토였다. 그와 나는 1980년대에

---

1 이 책은 1984년에 자비 출판되었다가 1990년에 도싯 하우스(Dorset House)에서 재출판되었다.
   (옮긴이) 본문의 '흥미로운 개념'은 소설 내용을 가리키는 것으로 보인다.

다양한 분야에서 함께 일했고, 1990년대에는 서신과 대화를 나누었으며, 2000년대 초반 10년 동안에는 커터 컨소시엄의 비즈니스 기술 위원회 펠로로서 긴밀히 협력했다. 안타깝게도 켄은 2016년에 세상을 떠났다.

켄은 수학과 물리학 학사 학위와 철학 석사 학위를 받았다. KOA를 설립하기 전에는 캔자스주 정보 시스템 책임자를 역임했다. 켄은 소탈한 성격을 지녔지만 소프트웨어 공학을 개선하기 위한 노력에도 적극적이었다. 그의 철학적 성향 덕분에 우리의 대화는 더욱 풍성해졌다.

켄은 선구자였다. 그는 주변 사람들을 흥분시킬 수 있는 명확한 비전을 제시하는 데 탁월했다. 업계를 예리하게 관찰한 켄은 업계가 어디까지 왔고 어디로 가고 있는지 명확하게 설명했다. 의견이 항상 일치하지는 않았지만 다양한 주제에 대해 그와 토론하는 것은 언제나 즐거웠다.

켄은 단 4개의 슬라이드로 한 시간 동안 청중을 매료시킬 수 있었다. 동료 연사라면 절대 그의 다음 순서로 연단에 오르고 싶지 않을 것이다. 그는 철학자이자 예리한 관찰자, 비판적 사상가로서 프로그래밍에서 아키텍처에 이르기까지 모든 소프트웨어 주제에 대해 몇 시간 동안 대화할 수 있는 사람이었다.

그는 구조화 방법을 지지하는 대표적인 사람 중 한 명이었다. 톰 더마코나 에드워드 요던 같은 '경쟁자'에 대해 이야기할 때면 켄은 항상 "우리의 진짜 경쟁자는 이런 사람들이 아닙니다. 우리의 진짜 경쟁자는 어떤 방법론도 사용하지 않는 무관심입니다."라고 말하고는 했다. 나는 애자일 운동이 전개되는 동안 이 생각을 계속 지녔다. 초기 애자일 운동에서 진정한 경쟁은 스크럼 대 익스트림 프로그래밍 대 크리스털이 아니라 애자일 접근 방식을 사용하지 않는 무관심이었다.

1980년 초 켄이 내게 전화를 걸어 토피카로 와서 당시 연 매출이 100만 달러가 조금 넘는 작은 회사였던 KOA의 영업·마케팅 담당 부사장이 되어 줄 수 있는지 물었다. 아내와 나는 딱히 캔자스로 이사하고 싶지 않았고 당시에는 좋은 직장을 다니고 있었기 때문에 어려운 결정이었다.

하지만 그 결정이 내 경력의 전환점이 되었다. 내 결정은 한 가지 질문에 대한 답으로 귀결되었다. "되돌아보았을 때 켄의 입사 제안을 받아들였어야 했는데 하고 후회할까?"라는 질문이었다. 내 대답은 단호하게 "그래서는 안 되지."였다. 이 직책을 맡으면서 내 인생에 다섯 가지 중요한 변화가 생겼다.

- 소프트웨어 개발 관리자에서 영업·마케팅 부사장으로 역할이 바뀌었다. 이는 또한 익숙한 기술 세트에서 10년 전 석사 과정에서 거의 다루지 않았던 기술로의 전환을 의미하기도 했다.
- 전통적인 지휘-통제 관리 방식의 '안전한' 대기업에서 비전통적이고 유연한 관리 방식을 활용하는 소규모 스타트업으로 회사 스타일이 바뀌었다.
- 출장이 잦지 않은 사무직에서 매주 출장을 다니는 길 위의 전사(戰士)로 직업을 바꿨다. 당시 아내는 델타 항공 신입 승무원이었기 때문에 그녀의 일정에는 주말 근무가 포함되어 있었다. 한 번은 금요일 저녁에 아내의 경유지인 멤피스로 날아갔다. 저녁 식사 후 나는 집으로 돌아갔고 그녀는 비행을 계속했다.
- 애틀랜타에서 토피카로 근무지를 옮겼다. 나는 애틀랜타에 계속 살

왔기 때문에 토피카 사무실까지 비행기와 자동차로 다섯 시간씩 이동해야 했다. 일주일에 나흘을 집을 비우는 셈이었다.

• 학습자에서 구조화 방법의 강사로 바뀌었다.

돌이켜 보면 이 전환은 분명 모험적인 결정이었으며, 내 불순응적인 여정을 더 높은 단계로 끌어올린 계기가 되었다.

KOA 사무실은 토피카 시내에서 철로 반대편에 있었다. 작고 독립적인 건물은 다른 건물이 아닌 초원으로 둘러싸여 있었다. 우리는 이 건물에 '초원의 집'[2]이라고 애칭을 붙였다.

> 켄에게는 훌륭한 아이디어가 있었다. 그는 아이디어의 진정한 샘과도 같았다. 그는 하루에도 몇 번씩 한 가지 이상의 아이디어를 가지고 내 사무실에 들렀고 나는 성실히 메모를 했다. 곧 압도당한 나는 '아이디어'에 대한 전략이 필요했다. 그래서 며칠 후 그가 내 사무실에 왔을 때 나는 "켄, 새로운 아이디어가 떠오르면 내가 메모해 둘게요. 하지만 같은 아이디어를 세 번 가져오기 전까지는 어떤 것도 실행에 옮기지 않을 생각이에요."라고 말했다. 이 전략은 효과가 있었다.

많은 소규모 스타트업과 마찬가지로 나는 적어도 세 가지 역할을 하고 있었다. 나를 포함해 세 명으로 구성된 '엄청난' 영업·마케팅 부서를 감독했다. 전화를 통한 콜드 콜(cold call)[3]부터 마케팅 브로셔 디자인, 콘퍼런스 부스 직원 배치까지 모든 일을 했다. 내게는 영업 사원이 두 명 있었는데 각자 전국의 절반씩 담당했다. 비교 대상으로 켄은 시카

---

2 또한 로라 잉걸스 와일더의 소설 제목이자 1974년부터 1983년까지 방영된 마이클 랜든 주연의 텔레비전 드라마 시리즈이기도 하다.
3 (옮긴이) 잠재 고객에게 먼저 연락하는 아웃바운드 영업 방식을 말한다.

고에 IBM 영업 담당자 친구가 있었는데, 그의 영업 지역은 시어스 타워(Sears Tower) 15층에 불과했다.

나는 워크숍에서 강연했고 컨설팅을 하고 새로운 워크숍을 개발하기도 했다. 나는 기술적인 측면에서 완전히 벗어나고 싶지 않았고 켄도 내가 그러길 원하지 않았다. 기술적인 제품을 판매하고 있었기 때문에 내가 계속 손을 대는 것이 적절했다.

마지막으로 나는 켄 그리고 다른 사람들과 긴밀히 협력하여 모뉴멘털 방법론의 우리 회사 버전을 개발했는데 데이터 구조화 시스템 개발(data structured systems development, 이하 DSSD)이라고 불렀다. 필요한 문서 분량이 많았지만 10cm 바인더 4개 분량으로 줄일 수 있었다. 내 일반적인 주중 근무 시간(만약 그런 것이 있었다면 말이다.[4])은 다음과 같은 식이었을 것이다.

- 월요일 아침 9시에 토피카 사무실에 도착하는데, 우리 팀 직원들보다 먼저 출근한다(나는 애틀랜타에서 통근했다).
- 영업 및 고객 대상 전화 통화를 몇 통 한다.
- 어떤 이유인지 계속해서 서로의 영역을 침범하며 끊임없이 언쟁을 펼치는 두 영업 사원 사이를 조율한다.
- 샌프란시스코로 날아가 하루 동안 가장 큰 고객과 이야기를 나누는데 그곳에는 우리 컨설턴트 6~10명이 상근으로 근무하고 있다. 컨설턴트들과 협력하여 프로젝트 진행 상황을 파악하되, 주로 본사에 귀를 기울여 의견을 제시한다.
- 내가 구상한 구조적 계획에 관한 수업을 진행한다.
- 월간 뉴스레터에 게재할 기사 초안을 작성한다.

---

4   (옮긴이) 장거리·장시간 통근과 광범위한 업무로 인해 일정하지 않았음을 뜻한다.

- 목요일에 돌아오는 것이 가장 좋지만 금요일 오후에 돌아오는 경우도 많다.

정말 즐거웠다(눈 내리는 추운 일요일 자정에 캔자스시티 공항 주차장에서 차 시동이 걸리지 않은 것만 빼고)!

영업·마케팅 역할을 맡고 영업 업무의 압박감에 대해 배웠다. 미국 서부 해안의 한 대기업에서 DSSD 방법론·교육·컨설팅을 대규모로 구매하고자 하는 IT 관리자, 구매 에이전트, 변호사 한 명과 함께 회의 테이블에 둘러앉았다. '다음 달 급여를 지급하려면 이 거래를 성사시켜야 한다'는 생각이 불현듯 머릿속을 스쳤다. 전에도 시간 압박을 받으며 일한 적은 있었지만 심각하게 영업 압박을 받은 것은 그때가 처음이었다.

데이브 히긴스는 경력 대부분을 KOA에서 보냈으며 사실 켄에게 최고의 동료였다. 두 사람 모두 소프트웨어 개발을 중요하게 생각했기 때문에 때때로 의견이 충돌하기도 했다. 가끔 데이브가 자리를 비울 때도 있었지만 항상 다시 돌아오곤 했다. 나는 2022년에 데이브와 이야기를 나누며 구조화 시대의 방법론 전쟁에 대해 물어보았다.

그가 기억하는 것은 다음과 같았다.

> "우선 요던의 실무자들과 다른 사람들과 함께 모였을 때 차이점보다는 공통점이 더 많다는 것을 금방 깨달았다. 우리 모두는 당시의 모범 사례를 확립하고 문서화하려고 노력했다. 우리는 규칙이 없는 상태에서 효과적인 소프트웨어 공학 분야로 나아가고 있었다. 소프트웨어의 가변성 때문에 규칙을 엔지니어링으로 전환하는 데 어려움이 있었다."

이야기를 나누던 중 컴퓨터 인터페이스 발전에 대한 주제가 나왔다.

> "그 시대는 녹색[5] 화면 단말기를 사용자 인터페이스로 사용했다. 당시 키보드에는 엔터 키가 아닌 리턴 키가 있었다.[6] 수동 타자기에는 단어 줄 바꿈 기능이 없었기 때문에 캐리지 리턴을 눌러 수동으로 다음 줄로 넘어가야 했다. 기술은 많은 문제를 문제가 아닌 것으로 바꾸지만 또 다른 문제를 만들어 내기도 한다."

시대 개요

구조화 시대는 많이 겹치는 세 단계로 구성된다. 방법 단계에서는 많은 사람이 구조적 혁명에 참여했다. 모뉴멘털 방법론 단계에서는 구조화 방법이 프로젝트 관리 관행과 통합되어 개발 단계, 세부 작업 및 문서화 요구 사항을 포함하는 소프트웨어 라이프 사이클 관리 방법론으로 발전했다. 이러한 방법론이 모뉴멘털 방법론으로 성장함에 따라 그 다음 단계로 그래픽 다이어그램과 필수 문서를 자동화하는 것으로 발전했다. 이 마지막 단계는 CASE 도구 단계라고 불렀다.

이 장에서는 이 세 단계를 구조화 방법의 예시, 여러 고객 사례, 기술 및 관리의 발전 그리고 향후 수십 년간 사고를 지배하게 될 개념인 폭포수 라이프 사이클에 대한 심층적인 조망과 함께 설명한다.

1980년대 초 전 세계는 높은 인플레이션과 경기 침체, 이란 인질 사태 그리고 진보적인 땅콩 농부 지미 카터가 할리우드 배우 출신의 공화당 소속 로널드 레이건에게 미국 대통령 자리를 내주면서 보수주의로 정치적 전환이 일어나 어려움을 겪고 있었다. 영화 인디아나 존스

---

5   IBM 단말기의 검정색 배경에 나타나는 문자 색상을 의미한다.
6   (옮긴이) 초창기 컴퓨터에서 사용하던 용어로 타자기에서 유래했다. 커서를 문서 왼쪽으로 되돌린다는 뜻의 캐리지 리턴(carriage return)을 줄여서 리턴 키라고 했다.

시리즈의 첫 작품인 〈레이더스〉에 대중은 열광했지만 오스카상 심사위원들은 그렇지 않았다. 1980년대 후반에는 베를린 장벽이 무너지고 마돈나의 인기가 상승했다. 새로운 컴퓨터 기술이 등장하고 블록버스터 영화와 MTV가 대중 문화를 재편했다. 변화의 시기였지만 그 속도는 여전히 완만하여 우수 사례가 지배적이었던 커네빈 모델의 복합적 단계에서 다른 관행이 필요한 복잡한 단계로 접어들고 있었다.

1980년대 초 오리건주 포틀랜드에서 근무하던 중 제리 고든을 만났는데 그는 내게 워싱턴주 아담스산 경사면 등반을 소개해 주었다. 그 후로 나는 일과 더불어 매년 여름 워싱턴 캐스케이드 산맥에서 몇 주 동안 등산과 암벽 등반을 즐겼다.

나의 첫 등산 모험

(아내를 설득해 함께 간) 첫 번째 산행 장소는 워싱턴 남부 아담스산이었다. 산행은 힘들었지만 기술적인 문제는 없었다. 첫날에는 '런치 카운터'에 도착해 텐트 없이 비비 색(bivy sack)[7]에서 야영을 했다. 둘째 날에는 정상에 도착하기 전에 체력이 다 떨어졌지만 등반 입문으로는 좋은 경험이었다.

제리 고든과 함께한 두 번째 산행은 오리건주에 있는 후드산 등반이었다. 새벽 2시, 영하 15도의 날씨에 눈이 내리는 강풍 속에서 우리는 어둠 속에서 산에 올라 버려진 실콕스 산장에서 잠시 휴식을 취했다. 등반을 재개한 지 얼마 지나지 않아 아내는 나를 향해 "재미없어!"라고 말했다. 아내는 정상에서 결혼식을 마치고 내려오는 하객들과 함께 하산했다. 아내는 야외 활동을 좋아했지만 테크니컬 클라이밍은 별로 좋아하지 않았다. 고든과 나는 둘째 날 다시 도전했고 나는 처음으로 산 정상에 올랐다. 수려한 경치, 해발 고도가 낮은 지대에 펼쳐진 울창한 초목과

---

7 (옮긴이) 1인용 야영 장비의 일종

넓게 펼쳐진 바위 봉우리와 빙하, 수천 미터의 고도를 오르는 데 필요한 체력, 로프·아이젠·피켈을 사용하는 기술 등은 그 후 20년 동안 내 상상력을 사로잡았다.

소프트웨어 방법

2011년, 넷스케이프 공동 창업자인 마크 앤드리슨은『월 스트리트 저널』에「Why Software Is Eating the World」라는 제목의 글을 기고했다. 소프트웨어가 세상을 먹어 치울 수도 있지만, 반대로 세상을 망칠 수도 있다.

1980년대 후반, 의료 기기인 세락-25(Therac-25)가 오작동해 환자에게 치명적인 양의 방사선을 쏘았다. 조사 결과, 교육을 제대로 받지 않은 프로그래머가 기계의 운영 체제를 조작하여 작업자의 실수를 유발할 수 있는 환경을 조성한 것으로 밝혀졌다.
1960년대와 1970년대에 만들어진 Y2K 버그는 1990년대에 전 세계 조직이 소프트웨어 개선에 수십억 달러를 쏟아붓게 만들며 큰 혼란을 야기했다.

소프트웨어 개발자와 소프트웨어 개발 작업은 빠르게 변화하고 복잡해지는 세상의 과제를 해결하기 위해 진화해야 했다. 소프트웨어를 더 가치 있고 안전하게 만들어야 했다. 소프트웨어 엔지니어들은 합법성을 확보하기 위해 노력했고, 결함을 제거하는 것이 구조화 시대의 목표 중 하나였다.

요구 사항·설계·프로그래밍을 위한 구조화 방법은 1970년대의 열정을 바탕으로 구축되었다. 1980년대에 접어들면서 구조적 개발·컨설팅·교육 분야의 선두 기업은 1974년에 설립된 요던사였다. 에드워드 요던, 스티브 맥메나민, 톰 더마코, 팀 리스터는 모두 소프트웨어 개발의 선구자들로 나는 요던사에서 일하며 수년간 이들과 친구로 지낼 수 있는 영광을 누렸다.

구조화 방법은 일련의 다이어그램과 방법으로 구성되어 있으며, 이를 통해 소프트웨어 개발에 질서와 기술을 동시에 가져왔다. 이 다이어그램들은 주문 처리, 재고 관리, 회계 등 조직에서 발생하는 프로세스를 그래픽으로 묘사하는 방식이었다. 다이어그램은 자동화할 수 있는 부분에 대한 생각을 문서화하는 방법이었다. 이 방법은 비즈니스 기능의 필요성으로부터 물리적으로 구현된 시스템을 이끌어 내도록 설계된 일련의 분석 다이어그램과 문서를 개괄적으로 설명했다.

그림 3.1에 표시된 것처럼 더마코의 요구 사항 분석 방법(1978)[8]은 데이터 흐름도(data flow diagram, DFD)를 사용하여 4단계를 개괄적으로 설명했다.

1. 현재 물리적 비즈니스 프로세스 흐름을 분석한다.
2. 현재 물리적 흐름을 현재 논리적 흐름으로 변환한다.
3. 현재의 논리적 흐름을 검토하고 개선된 비즈니스 흐름을 제안하고 미래의 논리적 흐름을 생성한다.
4. 미래의 물리적 모델을 만든다.

구조적 분석의 초기 단계는 시스템 사용자와의 인터뷰를 통해 데이터 흐름도를 사용하여 '있는 그대로' 비즈니스 프로세스를 문서화하는 것이었다. 분석가의 노트에는 다음과 같은 내용이 기록될 수 있다. "미지

---

8 톰의 책과 요던의 워크숍은 구조화 방법과 방법론에 대한 소개를 제공했다. 나는 아직도 1978년에 나온 책의 원본을 가지고 있다.

데이터 흐름도

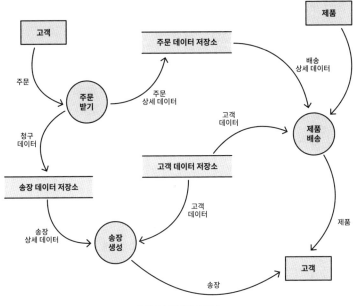

그림 3.1 데이터 흐름도

급금 담당자인 존은 송장을 받고, 공급업체 계좌가 있는지 확인하고, 계좌 번호를 할당하고, 사본을 만든 다음 원본을 결제 그룹에 보낸다." 분석가는 흐름을 그린 다음 다이어그램을 적절히 수정하면서 프로세스를 간소화하려고 노력한다. 예를 들어 급여 금액 계산과 같은 논리와 계산은 논리 다이어그램, 의사 결정 트리 또는 순서도를 사용하여 문서화했다. 데이터 흐름도에는 버블, 흐름을 나타내는 버블 사이의 화살표, 데이터 저장소가 포함되었다.

데이터 저장소는 양변이 열린 좁은 직사각형 상자로 묘사되었다. 분석가는 송장을 검토하면서 데이터 필드를 메모하고 데이터 저장소에 할당했다. 물리적 데이터 흐름도가 분석되어 논리적 데이터 흐름도로 변환되면, 분석가는 새로운 논리적 데이터 흐름도를 생성하여 수동 시스템을 개선하는 새로운 프로세스와 데이터를 추가할 수 있었다. 마지막 프로세스 단계에서는 새로운 논리적 데이터 흐름도의 어느 부분을 자동화할지 결정했다. 당시 기업들은 회계, 주문 처리, 재고 관리와 같은 내부 비즈니스 기능을 자동화하는 데 많은 투자를 하고 있었다.

마지막으로 모든 정보가 명세(specification) 패키지로 수집된다. 물리적에서 논리적으로, 논리적에서 물리적으로 전환은 과도한 작업처럼 보일 수 있지만 실제로는 생각해야 할 과정이었다. 나는 보통 데이터 흐름도 하나로 작업하면서 각 단계에 따라 적절하게 수정했다. 다른 사람들은 이 과정을 너무 문자 그대로 받아들여 데이터 흐름도가 산더미처럼 쌓이는 경우도 있었다. 켄 오어가 한 고객 프로젝트 팀을 방문한 적이 있었는데, 그 팀은 데이터 흐름도로 뒤덮인 회의실 벽을 보여주었다. "어떻게 생각하세요?" 그들은 켄에게 물었다. 켄은 "길을 잃은 것 같습니다."라고 대답했다.

1978년에 출간된 더마코의 구조적 분석 책을 훑어보다가 이 구절의 '기민한 특성'에 깊은 인상을 받았다.

> 인간의 마음은 반복적인 처리기다. 처음부터 어떤 일을 완벽하게 해내는 경우는 없다. 주어진 작업을 불완전하게 구현하고 이를 개선하는 데 특히 능숙하다. 이 작업을 반복해서 수행하여 매번 더 나은 결과를 도출할 수 있다.(p. 79)

톰의 글은 반복적 개발이 규범적인 순차적 개발보다 더 바람직할 수 있음을 일찍이 시사한 것이다.

이 초기 작업은 데이터베이스 관리 시스템(DBMS)과 랜덤 액세스 디스크 스토리지가 널리 사용되기 전에 이루어졌다. 데이터베이스 관리 시스템 사용이 증가함에 따라 피터 천이 처음 개발한 개체-관계 다이어그램(ER 다이어그램, 그림 3.2)이 데이터베이스 요구 사항을 모델링하는 데 사용되었다. 이 기간 동안 기업들은 회계, 주문 처리, 재고 관리와 같은 내부 비즈니스 기능을 자동화하는 데 많은 투자를 하고 있었다는 점을 기억하자.

그 과정에서 방법론에 대한 어리석은 논쟁도 있었다. 예를 들어 분석가는 데이터 흐름도에서 원형 버블을 사용해야 할까, 아니면 직사각형 버블을 사용해야 할까? 다양한 구조화 방법들 사이에서도 관점 차

개체-관계 다이어그램

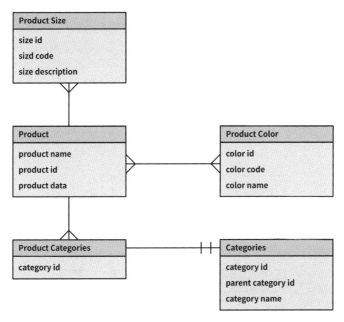

그림 3.2 개체-관계 다이어그램.

이가 있었다. 이름에서 짐작할 수 있듯이 데이터 흐름도는 비즈니스 프로세스 흐름에 우선 초점을 맞춘다. 데이터 흐름도는 흐름 단계를 원으로, 데이터 저장소를 직사각형으로 표시하지만 우선순위는 흐름이다. 켄 오어의 DSSD는 원하는 시스템 출력에 초점을 두고, 그 출력을 생성하는 과정은 그다음에 고려하는 식으로 분석에 접근하는 방법이 달랐다.

시스템 구조도와 프로그램 구조도는 모두 그림 3.3의 구조도와 비슷하다. 로직에는 그림 3.4에 표시된 것과 같은 워니어-오어 다이어그램을 비롯한 많은 다이어그램이 사용되었다.

프로그램 구조도

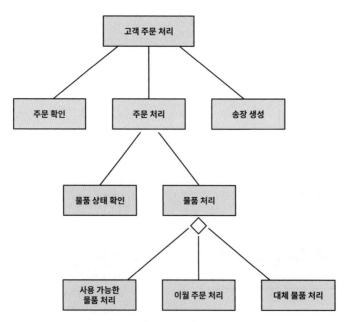

그림 3.3 프로그램 구조도

워니어-오어 다이어그램

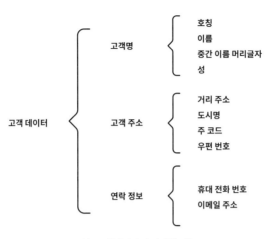

그림 3.4 워니어-오어 다이어그램

출력 우선(오어) 아니면 프로세스 우선(요던)? 결국에는 둘 다 필요했지만 내게는 출력 중심 분석이 더 매력적이었다. 1980년대에 나는 워크숍에서 강연하고 다양한 방법론에 대해 컨설팅을 했다. 오늘날의 애자일 방법론과 마찬가지로 차이점보다는 유사점이 더 많았다.

이러한 구조적 접근 방식은 요구 사항에서 설계로, 설계에서 코드로 변환하는 데 많은 노력이 여전히 필요했다. 프로그래머가 다이어그램을 사용하는 방법을 항상 잘 알고 있는 것은 아니었다. 분석가와 디자이너는 이러한 변환이 당연하다고 생각했다. 초창기에는 모든 역할을 한 개인이 했기 때문에 이 문제에 대해 별로 논쟁이 없었다. 나중에 폭포수 라이프 사이클, 대규모 프로젝트, 사일로[9]화된 개발 그룹으로 바뀌면서 이러한 격차는 더 큰 문제로 드러났다.

---

9 (옮긴이) 조직의 부서들이 다른 부서와 소통하지 않고 내부 이익만 추구하는 부서 간 이기주의 현상을 뜻하는 용어로 사용된다.

소프트웨어 개발자들은 터미널을 통해 사용자와 상호 작용하고 랜덤 디스크 액세스를 통해 트랜잭션 처리를 학습하는 새로운 방식을 다루고 있었다. 배치 업데이트에서 시리얼 테이프 파일로 전환하여 이제 거의 즉각적인 단일 트랜잭션 업데이트를 수행할 수 있게 되었다. 내가 협업한 조직 중 하나가 이 새로운 거래 환경을 위해 시스템을 재설계할 때 회계 시스템 백업 절차를 사용했다. 이 절차는 직전 자정 기준으로 주(primary) 파일을 사용하는 것이었기 때문에 직원들은 그 이후에 생성된 모든 거래 데이터를 다시 입력해야 했다. 당연히 회계 담당 직원들은 이 절차를 별로 좋아하지 않았다.

방법, 방법론, 사고방식

방법과 방법론이라는 단어가 모호하다고 느껴진 적이 있는가? 솔직히 나도 두세 번 정도 모호함을 느낀 적이 있다. 과학 연구에서 연구자의 방법론(전략)과 데이터 수집 단계(방법)는 연구 과정과 이후 발표되는 논문 모두에서 초기에 정의되는 경우가 많다.

소프트웨어 방법(method)은 선택한 방법론에 따라 제시된 결과물을 제공하기 위한 세부 단계를 정의한다. 리팩터링은 코드 품질을 개선하기 위한 기술이다. '코드 검토와 개선'이라는 방법론에 높은 수준의 프로세스가 있을 수 있다. 그렇다면 리팩터링은 그 프로세스를 달성하기 위한 하나의 기술 또는 방법일 수 있다.

소프트웨어 방법론(methodology)은 전략을 정의한다. 소프트웨어 작업을 활동 또는 단계로 나누며, 각 단계에는 특정 결과물의 정의(요구 사항 문서) 및 결과물(데이터 흐름도)이 포함될 수 있다. 소프트웨어 개발 라이프 사이클(software development life cycles, SDLC)는 폭포수, 나선형, 반복과 같은 이름을 가진 가장 높은 수준의 프로세스 순서를 정의한다.

이러한 구분에서 혼란이 생긴다. 예를 들어 익스트림 프로그래밍은 간단한 설계, 테스트, 리팩터링을 비롯한 12가지 실천법으로 구성되어 있다. 리팩터링에는 여러 가지 방법이 있는데 리팩터링은 방법인가, 아니면 방법론인가? 과학자들은 연구 초기에 이러한 용어를 정의하므로 이 책에서는 여러 개발 단계를 포괄할 때 방법론이라는 용어를 사용하겠다. 전통적인 예로는 메서드/1, STRADIS(STRuctured Analysis, Design and Implementation of Information Systems), DSSD가 있고 애자일의 예로는 스크럼, 익스트림 프로그래밍, 크리스털이 있다.[10] 방법에는 데이터 흐름도, 리팩터링 또는 데이터 모델링이 포함될 수 있다.

사고방식(mindset)은 세상을 이해하는 데 사용하는 태도이자 일련의 신념이다. 사고방식은 특정 관점에서 문제를 생각하고, 사건에 대해 감정을 가지며, 그에 따라 행동하게 한다. 소프트웨어 개발에서 신중한 사고방식을 지닌 사람은 모험적인 사고방식을 지닌 사람과 사건을 다르게 해석할 것이다.

소프트웨어 개발의 진화와 혁명을 살펴볼 때 방법, 방법론, 사고방식은 모두 각 시대의 문제를 해결하기 위해 발달했으며 당시 기술에 의해 가능하기도 했고 제약을 받기도 했다는 사실을 기억해야 한다. 내 경험상 모든 방법론이 성공한 경우와 동시에 모든 방법론이 실패한 경우를 다 보았다.

---

10 이 모든 방법론은 이 책의 뒷부분에서 설명한다.

시카고 증권 거래소와 통신사

첫 번째로는 시카고 증권 거래소(CSE), 두 번째로는 플로리다의 한 통신 회사(텔코)와 일한 경험을 바탕으로 구조적 시대에 직면한 소프트웨어 개발 문제를 설명하려고 한다.

1980년대 중반 나는 증권 거래소 고객에게 DSSD에 대해 컨설팅을 하기 위해 시카고로 자주 출장을 다녔다. 소프트웨어 개발 그룹과 긴밀히 협력하는 한편, 때때로 엔터프라이즈 데이터베이스 그룹을 돌아다니기도 했다. 후자의 그룹 관리자는 개발 그룹이 자신의 엔터프라이즈 데이터 모델 생성을 지원하지 않을 때(너무 비현실적이라는 이유로) 불만을 토로했고, IT 부사장은 대개 개발 관리자 편을 들었다. 데이터 관리자와 그의 직원들은 바로 사용할 수 있는 애플리케이션을 구입하지 않고 맞춤형 데이터 사전을 구축하는 데 시간을 허비하다가 크게 짜증이 난 상태였다. 나는 여러 차례 데이터 관리자와 함께 앉아 관찰한 내용을 공유했다.

"당신의 그룹은 개발 관리자의 신뢰를 얻지 못하고 있습니다. 당신은 여러 가지 복잡한 기업 데이터 모델을 계속 밀어붙이지만, 개발 관리자는 오늘 시스템을 제공해야 하는 압력을 받고 있습니다. 현재 진행 중인 프로젝트에서 데이터 디자인 지원을 개발 팀에 제공하여 신뢰를 쌓을 것을 제안드립니다. 그렇게 함으로써 당신의 팀은 신뢰를 얻을 뿐 아니라 시스템 수준의 데이터에 대한 이해를 쌓을 수 있으며, 이는 높은 수준의 데이터 모델에 유용할 것입니다."

물론 자신의 자존심과 이기심, 자신이 '옳다'는 생각 때문에 데이터 관리자는 내 조언을 받아들이지 않았다. 결국 그는 좌절감에 빠져 조직을 떠났다. 소프트웨어 개발 조직과 데이터 조직 간의 이러한 분열은 앞으로도 계속될 것이며 여러 가지 방식으로 나타날 것이다.

거래소에서 일하면서 흥미로웠던 일은 로직을 모델링할 때 널리 사용되는 구조 차트나 순서도 대신 워니어-오어 다이어그램을 사용했다는 것이다. 브로커로부터 주문이 들어오면 이를 라우팅하는 알고리즘이 매우 복잡해서 17쪽 분량의 워니어-오어 다이어그램이 필요했다. 워니어-오어 다이어그램은 효율적이고 시각적이며 사용자와의 협업에 탁월한 다이어그램이었다.

또 한 번은 플로리다주 탬파의 한 통신사를 대상으로 워크숍을 진행한 적이 있었다. 여러 지역 담당자들이 공통 장비 유지 보수 시스템을 설계하고 있었다. 통합 시스템은 모든 지역에서 사용해야 했지만, 지역별로 관련 보고서를 생성할 수 있는 기능도 필요했다. 이들은 먼저 "어떤 데이터 엔터티와 속성이 필요한가?"라는 질문을 통해 설계에 접근한 다음, 개체-관계 다이어그램을 사용하여 결과를 모델링했다.

나는 참가자들에게 "이 데이터 모델 구조에서 모든 보고서를 생성할 수 있을까요?"라고 물었다.

"그럼요."라는 대답이 돌아왔다.

나는 이들을 지역 그룹으로 구성하고 각 그룹이 해당 지역에 필요한 우선순위가 높은 보고서를 몇 개씩 작성하도록 했다. 그런 다음 18개 정도의 보고서가 데이터 모델에서 생성될 수 있는지 여부를 결정했다. 성공적인 보고서의 총 개수는 0이었다. 어느 정도 데이터 불일치가 있을 것이라고 예상했지만 결과에 놀랐고 대부분 충격에 빠졌다. 출력부터 데이터베이스 그리고 입력까지 거꾸로 설계하는 것에는 이점이 있었다.

구조화 선구자

'소프트웨어 선구자'라는 키워드를 검색하면 알고리즘, 언어, 운영 체제, 실시간 제어 시스템 등 내가 엔지니어링 애플리케이션이라고 부르는 것에 치우친 결과가 나올 것이다. 또 E. W. 데이크스트라, 니클라우스 비르트, 그레이스 호퍼 제독과 같은 이름이 자주 언급된다. 엔지니어링 시스템과 대조적으로, 비즈니스 시스템 분야에서 내가 선구적이라고 생각하는 사람과 책으로는 에드워드 요던의 《Design of On-Line Computer Systems》(1972), 톰 더마코의 《Structured Analysis and System Specification》(1978), 크리스 게인과 트리시 사슨의 《Structured Systems Analysis: Tools and Techniques》(1980), 켄 오어의 《Structured Requirements Definition》(1981), 래리 콘스탄틴의 《Structured Design》(에드워드 요던 공저, 1975), 스티브 맥메나민[11]과 존 팔머의 《Essential Systems Analysis》(1984) 등이 있다. 지나치게 단순화한 것일 수도 있지만 기술 또는 엔지니어링 분야 선구자들은 도구를 만들었고, 비즈니스 분야 선구자들은 이러한 도구를 비즈니스 시스템을 분석, 설계, 프로그래밍, 테스트하는 데 적용했다.

톰 더마코는 구조화 방법 시대의 주요 공헌자이자 일찍이 개발에서 사람의 측면을 강조했으며 IT 발전에 관해 신중한 목소리를 냈다. 1990년 대 후반에 내가 톰과 그랬던 것처럼 영웅과 친구가 될 수 있는 기회는 흔치 않았다. 톰은 처음에는 기술[DeMarco, 1978]로, 그다음에는 사람[DeMarco, 1987]으로 소프트웨어 개발을 변화시켰다. 또한 그는 매력 있는 연사이자 통찰력 있는 회의 진행자이기도 했다. 나는 이 책을 집필하기 위해 톰과 여러 차례 이메일을 주고받으며 여러 가지 질문을 던졌다.

11 '구조화'에 내가 공식적으로 입문한 것은 스티브 맥메나민이 강의한 요던 분석 수업이었다.

《Structured Analysis》책 출간 전에 요던과 어떤 일을 같이했나?

대규모 온라인 뱅킹 시스템을 관리했다. 소프테크(SofTech)에서 데이터 흐름 기술을 소개하는 프레젠테이션을 진행했는데, 이전에는 접해 보지 못했던 그래픽에 매료되었다.

구조화 아이디어는 어떻게 생겨나고 발전하게 되었나?

나는 벨 연구소에서 분산형 실시간 시스템을 연구하면서 경력을 시작했는데, 이는 데이터의 흐름이 시스템의 제어 흐름보다 훨씬 더 강력한 힌트를 제공한다는 것을 의미했다. 나는 일찍이 이 사실을 이해했지만 아이디어를 전달할 수 있는 그래픽을 개발하는 데는 아직 미숙했다.

당시 소프트웨어 개발 현황은 어땠으며 체계적인 개발을 장려했던 건 무엇이었나?

지나친 말일 수도 있지만 당시 소프트웨어 개발은 코드와 디버그에 관한 것이 전부였다. 설계라는 개념은 없었지만 어떤 사람의 코드가 다른 사람의 코드보다 훨씬 더 보기 좋고 이해하기 쉽다는 것은 모두 알고 있었다. 그리고 전혀 이해할 수 없는 코드를 작성하는 사람들도 있었기 때문에 우리 중 많은 사람이 '코드를 이해하기 쉽게 만들려면 어떻게 해야 할까' 하는 문제에 대해 역으로 생각했다. 그래서 우리는 해서는 안 되는 코딩 목록을 만들기 위한 방법을 고안해 냈다.

벨 연구소[12]에서 내가 집중했던 분야 중 하나는 주석과 관련된 것이었다. 나는 코드에 주석을 허용하지 않으면 사람들이 더 나은 코드를 작성하려고 할 것이라고 제안했다.[13] 주석에 의존한다면 다음과 같은 코드를 쓸 것이다.

---

12 벨 연구소(1925~1984)는 컴퓨팅 초창기 혁신의 산실이었다. 벨 연구소 연구원들은 트랜지스터와 레이저를 개발한 공로를 인정받고 있다. 컴퓨팅 영역에서는 유닉스 운영 체제와 프로그래밍 언어인 C, C++, 스노볼(SNOBOL) 등을 개발했다. 벨 연구소에서 수행된 연구로 노벨상 수상자 9명이 배출되었다.

13 켄트 벡은 수십 년 후 그의 익스트림 프로그래밍에서 가독성 있는 코드를 작성하고 주석을 대부분 제거할 것을 주장했다. 소프트웨어 개발에는 세대를 거듭하면서 나온 좋은 아이디어가 몇 가지 있다. 하지만 안타깝게도 나쁜 아이디어가 훨씬 더 많다.

```
ADT turnip, 1 * increment the relay matrix index
```

주석을 쓰지 않는다면 앞에 나온 코드 대신 온전한 상태를 유지하기 위해 자연스럽게 다음과 같이 쓰게 될 것이다.

```
ADT RelayMatrixIndex,1
```

지금은 당연해 보이지만 주석을 없애는 것만으로도 코드가 크게 개선되었다. '순무(turnip)'의 예는 내가 실제로 접한 코드에서 나온 것으로, 모든 데이터 이름이 채소였다.

이로 인해 필연적으로 함수 개념이 놀랍도록 새로워졌다. 많은 설명이 필요한 긴 섹션을 프로그램 중간에 넣는 대신 매우 설명적인 이름의 함수를 정의하고 주요 코드 라인에서 호출하면 됐다. 이로써 주요 코드 라인을 주석 없이 쉽게 이해할 수 있게 되었다. 이전에는 함수가 재사용될 수 있는 코드를 설명하는 데만 사용되었지만, 우리는 그렇게 하지 않고 함수를 사용하여 루틴의 최상위 수준을 더 이해하기 쉽게 만들었다.

당신에게 영향을 준 사람은 누구인가?

내게 많은 영향을 준 사람은 에드워드 요던이다. 에드가 요던사를 설립하기 몇 년 전부터 맨데이트 시스템스(Mandate Systems)에서 함께 일했다. 그리고 내가 '그림 명세'라는 아이디어를 생각하게 만든 사람이 에드였다. 그는 사물을 그림으로 표현하는 데 열중했다. 그렇다면 명세서도 그렇게 해 보면 어떨까 생각했다.

구조적 개발의 주요 이점은 무엇이라고 생각하나?

좌뇌 사고에서 우뇌 사고로의 전환이다. 당시 우리 모두는 줄리안 제인스의 책 《The Origin of Consciousness in the Breakdown of the Bicameral Mind》에 매료되었다(이 책을 내 손에 처음 쥐어 준 사람이 에드 요던이었다). 우리는 이 책을 통해 본질적으로 다차원적인 문제에 좌뇌적 방법을 사용한다는 것이 당시 소프트웨어 개발 접근 방식의 비극적인 결함이었다는 생각을 하게 되었다.

사람·조직이 구조적 기술을 어떻게 오용했을까?

어떤 시스템은 데이터 흐름에 집중하고 어떤 시스템은 데이터 구조에 집중한다. 즉, 데이터 항목 자체의 흐름에 주의를 기울여야 가장 적절하게 설명할 수 있는 시스템이 있는 반면, 데이터 항목 간의 관계에 주의를 기울여야 더 적절하게 설명할 수 있는 시스템도 있다. 일반적인 데이터베이스 시스템은 리포지터리로 들어오고 나가는 흐름이 있지만 많은 것을 알려 주지 않는다. 반면에 분산 및 실시간 시스템은 데이터 구조는 거의 없지만 흐름은 많다. 내 생각에 데이터베이스 시스템에 데이터 흐름 방법을 적용하는 것은 오용이다. 데이터베이스 설계의 큰 발전은 구조화 방법이 성행하던 시기와 거의 동시에 이루어졌다. 그리고 특정 시스템에서 얼마나 잘 작동하는지는 거의 고려하지 않고 둘 중 하나를 선택한 사람이 많았다.

대략 1980년대 구소화 시대에 대힌 일반적인 의견이 있다면 어떤 것인가?

이 시기는 이상하게도 기술 문서 작성의 르네상스 시대였다. 소프트웨어 산업은 연간 100억 달러 규모를 넘어섰지만, 어떻게 작업을 진행해야 하는지에 대한 기록은 거의 없었다(1960년대에는 주로 언어 명령어에 대한 설명이 대부분인 다니엘 맥크라켄이 쓴 프로그래밍 책이 대표적이었다). 그러다 갑자기 통찰력을 얻기 위해 참고할 수 있는 책이 생겼다. 다시 말하지만 에드워드 요던은 이러한 추세의 초기 멤버였다. 에드는 타자하는 속도로 글을 썼는데 내가 만난 사람 중 가장 빠른 타자수였다. 우리는 때때로 사무실을 같이 사용했는데 그가 타자를 시작하면 마치 기관총 옆에 앉아 있는 것 같았다. 그리고 그가 작성한 텍스트는 가독성이 뛰어나고 재미있었으며 통찰력이 가득했다. 그는 우리 모두에게 표준을 제시했다.

《피플웨어》[DeMarco, Lister, 1987]와 《슬랙》[DeMarco, 2001]을 보면 쓴 기술 관행에서 사람 관행으로 강조점을 바꾸었는데 그 계기는 무엇인가?

팀 리스터와 함께 호주 시드니로 향하는 비행기에서 우리는 첫 번째 피플웨어 세션을 함께 준비하고 있었다. 우리는 실제로 좌석에서 OHP(overhead projector) 슬라이드를 그리고 있었다. 우리 중 한 명(둘 다 그 말을 처음 한 사람을 기억하지 못한다)이 소프트웨어 개발의 주요 문제는 기술적인 측면보다 사회적인 측면이 더 크다고 말했다. 이 말은 우리의 구호, 몇 년 동안 함께 불러왔던 〈Battle Hymn of the Republic〉[14]이 되었다. 이 말은 그때나 지금이나 여전히 유효하다고 생각하지만, 지금은 소프트웨어뿐 아니라 훨씬 더 다양한 주제에 훨씬 더 광범위하게 적용될 수 있다고 생각한다.

《슬랙》은 비슷한 관찰에서 비롯되었다. 조직의 규칙 기반은 설계되는 게 아니라 변하게 되어 있으며 그 변화는 초과 근무, 과로, 불가능한 마감일, 죽음의 행군 프로젝트, 규범적 방법론과 같이 매력적이지만 파괴적인 막다른 골목으로 이끄는 경향이 있다는 사실이다.

두 책에는 공통된 주제가 있다. 바로 사람들을 간섭하지 않는 것이 개선의 큰 비결이 될 수 있다는 것이다.

래리 콘스탄틴은 오늘날에도 여전히 사용되고 있는 결합도(coupling)와 응집도(cohesion)[15]라는 기본 설계 개념을 창안했다. 하지만 그의 이력서는 이러한 업적을 훨씬 뛰어넘는다. MIT에서 경영학 학위를 취득한 후 래리는 MIT 원자력 연구소에서 프로그래머로 일했다. 1980년대 중반

---

14 (옮긴이) 미국 남북 전쟁(1861~1865) 기간 동안 북부 연방군과 시민들이 불렀던 군가로 미국의 국가 정체성과 역사에 깊은 영향을 미친 곡이다. 이 문장에서는 핵심적인 주제를 의미한다.
15 (옮긴이) 결합도는 소프트웨어 코드의 한 요소가 다른 것과 얼마나 강력하게 연결되어 있는지, 또한 얼마나 의존적인지 나타내는 정도다. 응집도는 모듈에 포함된 내부 요소들이 하나의 목적을 위해 연결된 정도다.

에는 터프츠 대학교의 정신과 임상 조교수가 되어 가족 치료에 관한 책을 저술하기도 했다. 리오 샘슨이라는 필명으로 소설을 16권 출간하기도 했다. 나는 래리를 당시의 다른 선구자들처럼 잘 알지는 못했지만 그는 내 경력에 여러 가지 영향을 미쳤다. 그에 대해서는 이후 장에서 설명하겠다. 나는 래리와 이메일을 주고받으며 몇 가지 질문을 던졌다.

초기 경력은 무엇이었으며 이후 그 경력이 구조화 아이디어에 어떻게 영향을 주었나?

1963년 MIT 핵 과학 연구소에서 처음으로 정규직으로 프로그래밍을 시작하면서 이러한 아이디어를 연구하기 시작했다. 당시 나는 미리 계획된 서브루틴으로 프로그래밍하는 체계적이지만 비형식적인 접근법을 사용하던 해리 루들로 밑에서 일했다. 진정한 핵심은 1963년 후반에 워싱턴 D.C.에 있는 C-E-I-R에서 근무하면서 켄 맥켄지, 데이브 재스퍼, 버드 비토프 등과 함께 점심시간에 가진 회의에서 결합도와 응집도에 대한 개념을 발전시킨 데서 비롯되었다. 다이어그램을 사용한 모델링은 1965년 MIT로 돌아와서 1966년 첫 회사(Information & System Institute)를 설립한 후 급속도로 발전했다.

구조적 설계의 핵심(브랜딩이 아니라)은 1968년에 내가 속한 회사가 '내셔널 심포지엄 온 모듈러 프로그래밍(National Symposium on Modular Programming)'을 후원한 시기에 거의 완성되었다. 이 심포지엄은 현재 모듈식 프로그래밍이 확립된 중요한 기점으로 인정되고 있다. 내 논문은 핵심 개념과 이론의 완전한 개요를 처음으로 출판한 것이었지만, 이 아이디어에 대해 여러 해 동안 글을 썼다. 물론 1974년에『IBM Systems Journal』에 실린 기고문은 IBM이 강조한 브랜딩으로 '운동'을 일으켰다.

당시 소프트웨어 개발 현황은 어땠으며 구조적 개발이 장려된 이유는 무엇이었나?

사람들은 그냥 코드를 작성했다. 거의 대부분 그랬다. 일부는 까다로운 알고리즘을 플로차트로 만들기도 하고, 일부는 시스템 수준의 프로세스 흐름을 만들기도 했지만 대부분은 시간 낭비라고 생각했다. CASE 도구는 없었고 IBM의 플라스틱 차트 형판만 있었다(그림 3.5). 프로그래밍을 시작하기 전에 시스템 구조를 매핑 하는 아이디어는 있었지만 거의 실행되지 않았다.[16]

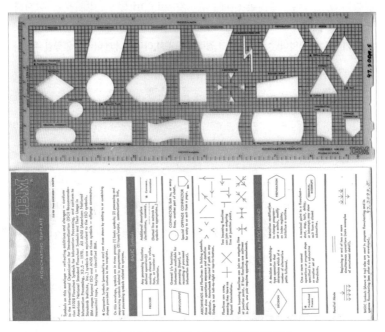

그림 3.5 1970년 구식 프로그래밍 템플릿[1](이미지 제공:
스미소니언 박물관, 국립 미국 역사 박물관 의학·과학부)

당신의 생각에 영향을 준 사람은 누구인가?

앞서 언급한 C-E-I-R의 삼인조 외에도 내가 MIT를 졸업하기도 전에 와튼 스쿨에 서 강의하게 해 준 제임스 에모리를 꼭 언급해야겠다. MIT에서 나는 시스템 사고 에 몰두했기 때문에 훗날 제리 와인버그 등 이 분야의 고전적인 저술가들을 모두 만나게 되었다. 에드워드 요던은 아이디어를 전파하는 데 큰 역할을 했으며, 그의

---

16 www.si.edu/object/ibm-gx20-8020-1-um010-flowcharting-template%3Anmah_694227

기업가적 기지와 나의 공동 저술이 아니었다면 이 아이디어는 빛을 보지 못했을 지도 모른다. 그는 뛰어나고 훌륭한 친구였다.

구조적 개발의 이점은 무엇인가?

그 점은 이미 여러 번 논의되었다. 어떻게 구성되어 있는지 알기 전에 어떻게 코드를 짤 수 있을까? 가장 크게 도움이 된 것은 사실 그 이후 수백 건의 연구를 통해 검증된 기본 이론에 있었다. 바로 결합도와 응집도다. 다이어그램이나 프로세스, 프랙티스가 아니라 구성 요소를 단단하고 간결하며 독립적으로 유지하고 올바르게 연결하고 빌드하는 법을 파악하는 것, 바로 이것이 핵심이다. 애자일, RAD, 객체 지향, 함수형 등 이론은 동일하다.

사람들과 조직들은 어떻게 구조적 기술을 오용했을까?

'폭포수'를 둘러싼 열렬한 관심은 모두 엉터리였다. 에드와 나는 이 모델을 일종의 '보조 바퀴'로 생각했지만, 이 관심은 경영진과 함께 시작되었고 객체 지향과 애자일이 등장하면서 공격의 빌미가 되었다. 바로잡자면 객체 지향과 애자일은 구조적 개발의 실패에서 진화한 것이 아니다. 구조적 개발은 실패한 것이 아니라 수십 년 동안 크고 작은 수많은 프로젝트에서 문서화된 성공을 거둔 것이다. 일부 조직은 특히 CASE가 등장한 후 다이어그램의 횡포에 시달렸지만 이 모델은 항상 사고를 외부화, 구체화, 문서화하는 도구이자 방법일 뿐이었다. 흥미롭게도 데이터 흐름도는 장기적으로 승자가 되어 왔으며 여전히 전 세계에서 가르치고 사용되고 있다.

나는 래리의 평가에 동의한다. 구조화 방법론, RAD, 애자일 방법론은 모두 그 당시에는 소프트웨어 애플리케이션을 성공적으로 제공했다. 이러한 방법론이 공식적인 대규모 방법론에 포함되면서 문제가 발생했다. 결합도, 응집도, 데이터 흐름도와 같은 일부 아이디어는 오늘날에도 여전히 사용되고 있다.

구조화 방법은 1960년대에 개발되었지만 1970년대 후반과 1980년대에 그 인기가 높아졌다면 애자일의 씨앗은 1990년대에 뿌리를 내리고 2000년대에 번성했다. 구조화 방법론의 이러한 진화는 래리의 초기 글에서 확인할 수 있다.[17]

인포메이션 아키텍트사

2년 반이 지난 후, 매주 미국 전역으로 출퇴근하는 데 지친 나는 켄 오어에게 독립 계약자로서 워크숍을 진행하고 고객과 상담하는 일을 계속하면서 동남부 지역에서 KOA 제품의 판매 대리인이 되겠다고 말했다. 나는 인포메이션 아키텍트사라는 회사를 새로 설립해 다른 일도 추진했다. 나는 직원 한 명과 함께 조지아 공대 창업 인큐베이션 센터에 입주해 영업·마케팅 애플리케이션을 가지고 소프트웨어 기업가로서의 운명에 도전했다. 컨설팅 업무를 통해 스타트업에 자금을 마련하기는 했지만 다른 자금이 확보되지 않아 포기해야 했다.

내가 맡은 컨설팅 업무 중 하나는 애틀랜타에 있는 한 보험 회사의 프로젝트를 감사하는 일이었다. 이 리뷰에 공동 작업자로 함께 참여한 사람은 전직 대기업 IT 관리자였다. 이 회사의 내부 보험 처리 시스템은 하니웰(Honeywell) 메인 프레임[18]에서 실행되고 있었으며 대규모 업그레이드가 필요했다. 이 회사는 다양한 생명 및 상해 보험 상품과 독립 판매 대리점 네트워크를 보유하고 있었다. 대대적인 점검이 필요한

---

17 [Constantine, 1967]; "Control of Sequence and Parallelism in Modular Programs," 1968; "Segmentation and Design Strategies for Modular Programming," 1968; "The Programming Profession, Programming Theory, and Programming Education," 1968; "Integral Hardware/Software Design," 1968-1969; [Constantine, Donnelly, 1967.10]; [Constantine, Stevens, Myers, 1974]; [Constantine and Yourdon, 1975]

18 (옮긴이) 제너럴 일렉트릭에서 개발한 메인 프레임 컴퓨터

시기였다.

IBM에서 범용적인 보험 처리 시스템을 판매했기 때문에 IBM 소프트웨어를 하니웰 하드웨어용으로 변환하기로 결정했다. 중요한 작업이었다. 변환 비용을 줄이기 위해 IT 관리자는 변환된 소프트웨어를 하니웰 컴퓨터를 사용하는 다른 회사에 판매하기로 결정했다. 변환 전 사전 판매가 몇 건 있었지만 보험 회사의 90~95%가 IBM 하드웨어를 사용하고 있었기 때문에 변환된 시스템의 잠재 시장은 작았다. 우리 프로젝트의 검토 목표는 이 회사가 프로젝트를 포기해야 하는지 말아야 하는지 권고하고, 두 경우 모두에 대한 추가 조치를 제안하는 것이었다.

몇 년이 지나고 수백만 달러를 투자했지만 진전이 없는 상황이었다. 테스트는 계속 진행되었다. 나는 회사 CEO와 함께 검토를 시작했다.

"어떤 작업을 하셨고 진행 상황을 어떻게 모니터링하시나요?" 내가 물었다.

"아," 그가 대답했다. "나는 프로젝트 예산을 승인했습니다. 그런데 그 예산이 크게 초과되었습니다. 그렇지만 그 외에는 개입하지 않았습니다. 제품 라인 부사장들과 얘기해야 할 거예요."

그래서 부사장들과 면담했다. 그런데 그 결과가 어땠을까? 그들도 관여하지 않았다. 그들은 내게 관리자들을 만나 보라고 제안했고, 관리자들은 내게 현장 주임들과 이야기해 보라고 제안했다. 그리고 계층 구조를 따라 내려가면서 프로젝트 목표를 제대로 이해하지 못하고 좌절하는 보험 사무원, 프로그래머와 이야기를 나누게 되었다. 당시에는 일반적으로 사용자들이 패키지 프로세스를 채택하기보다는 자신의 프로세스에 맞게 시스템을 수정하기를 원했기 때문에 개발 팀은 수정 작업에 골머리를 앓았다. 당연히 수정 작업으로 인해 패키지 소프트웨어의 이점이 줄어들었고, 관리 계층은 무슨 일이 일어났는지 전혀 파악하지 못했다. 우선순위는 실무자와 프로그래머에 의해 설정되었다.

개발자에게 커스터마이징을 즉시 중단하고, 경영진을 참여시키고, 선임 IT 관리자 중 한 명에게 프로젝트 관리를 맡기고, 3개월 내에 완료할 수 없는 경우 프로젝트를 취소할 것을 권고했다. 감사 보고서에서는 하드웨어에 대한 더 큰 문제도 제기했다. 거의 모든 보험업계가 IBM 컴퓨터를 사용하고 있다면 고객은 소프트웨어 변환이 아닌 하드웨어 교체, 즉 하니웰에서 IBM으로 교체하는 것을 진지하게 고려해야 했다. 향후 구매되는 애플리케이션은 아마도 IBM 하드웨어를 사용할 것이었다.

이 고객은 IT 부서 인력을 일부 변경하고 관리자를 CIO로 승진시킨 후 소프트웨어 변환 노력을 중단하고 하드웨어 전환을 시작하기로 결정했다. 나는 이 작업을 위해 고객과 1년 이상 작업했다.

이 이야기는 이 시대의 네 가지 IT 트렌드를 보여 준다. 첫째, 공급업체에서 제공하는 소프트웨어 애플리케이션 패키지 사용이 증가했다. 이러한 애플리케이션은 자주 내부에서 개발한 1세대 애플리케이션을 대체했다. 회계, 주문 처리, 재고 관리 등을 위한 표준 내부 시스템에 비해 공급업체는 더 저렴한 가격에 더 빨리 구현해 위험 요소를 줄인 솔루션을 제공했다.

또 다른 고객사에서는 인사 부서에서 IT 부서에 불만을 품고 IT 부서 개입 없이 HR 애플리케이션을 구입한 후 애플리케이션 실행을 위해 IT 부서에 문의했다. 돌아오는 대답은 "죄송합니다."였다. "괜찮은 애플리케이션처럼 보이지만 우리 회사에는 없는 컴퓨터 장비에서 실행

됩니다." 이 사건은 IT 부서와 현업 사용자 간의 지속적인 갈등과 이를 스스로 해결하려는 현업 사용자의 대응을 보여 주었다.

둘째, 기업들은 패키지 소프트웨어를 '커스터마이징'하거나 공급업체가 이를 수행하도록 하여 많은 이점을 잃었다. 공급업체가 소프트웨어를 개선할 때마다 커스터마이징을 다시 수행해야 했다. 새로운 기능이 필요하지 않더라도 기업은 다음 업데이트를 배포하기 위해 패키지를 최신 상태로 유지해야 했다.

이러한 커스터마이징 열풍은 방법론으로까지 확장되었다. 나는 중서부의 한 대형 보험 회사가 워니어-오어 기술 관행을 메서드/1에 통합하는 것을 도왔다. 새로운 프로세스와 양식으로 가득 찬 새 매뉴얼을 막 출판할 준비를 하고 있을 때 무슨 일이 일어났을까? 앤더슨이 메서드/1의 새로운 버전을 발표했다! 그 당시에는 워드 프로세서가 널리 사용되지 않았기 때문에 매뉴얼을 완전히 다시 타자해야 했다.

셋째, 경영진은 비용에 내해 불평하는 것 외에는 IT에 대해 자세히 알아보기를 꺼렸다. 경영진은 기술이나 그 영향력을 이해하지 못했다. 이러한 단절은 부분적으로 소프트웨어의 무형성 때문에 발생했다. 경영진은 새로운 제조 공장 건설은 가시적인 것으로 이해했고, 직접 눈으로 진행 상황을 모니터링할 수 있었다. 하지만 소프트웨어는 그렇지 않았다.

넷째, 패키지 소프트웨어 회사가 생겨나기 시작하면서 IT 임원진은 '우리도 멋진 소프트웨어 회사가 될 수 있다'고 생각하며 애플리케이션 자산 포트폴리오를 살펴보기 시작했다. 이러한 사고 프로세스에서 비롯된 대부분의 투자는 처참한 실패로 이어졌다. 내부 IT 부서를 운영할 수 있다고 해서 치열한 소프트웨어 제품 전쟁에서 살아남을 수 있는 것은 아니었다. 소프트웨어를 개발할 수 있다고 해서 마케팅, 영업, 영업 지원, 고객 서비스 조직을 구축할 수 있는 것은 아니었다. IT 부서는 상대적으로 위험을 기피했지만 소프트웨어 기업은 그렇지 않았다. 이러한 유행은 금방 사라졌다.

기술

1980년대를 대표하는 기술 기기는 언제 어디서나 음악을 들을 수 있는 휴대용 카세트 플레이어인 소니 워크맨이었다. 워크맨은 휴대용 음악 기기의 시초로 이후 아이팟과 아이폰으로 이어졌다. 워크맨의 무게는 450그램에 육박하여 첫 아이팟보다 3배나 무거웠고, 카세트당 담을 수 있는 노래는 36곡으로 아이팟의 7000곡에 비해 훨씬 적었다.[19] 휴대용 음악 장치들은 그 이후 40년 동안 성공적이었다.

메인 프레임 컴퓨터가 비즈니스 컴퓨팅의 주축으로 남아 있으면서 미니컴퓨터가 더욱 강력해지는 동안, 새로운 장치들이 등장해 개인에게 컴퓨터를 제공하는 트렌드가 시작되었다. 1914년부터 1956년까지 IBM CEO를 역임한 톰 왓슨 시니어는 1943년 "전 세계 컴퓨터 시장의 수요는 5대 정도라고 생각합니다."라고 말한 것으로 유명하다. 왓슨의 말을 잘못 인용한 것 같다는 의견도 있지만, 정확한 인용이든 아니든 1940년대부터 1970년대까지 시계 전화로 통화했던 만화 속 명탐정 딕 트레이시(1931~1977)를 제외하고는 그 누구도 앞으로 컴퓨팅 장치가 확산될 것이라고 꿈꾼 사람은 없었다. 나는 애플 워치로 전화를 받을 때마다 트레이시를 떠올린다.

IBM은 획기적인 PS/2를 출시했고 컴팩은 IBM 호환 휴대용 컴퓨터

---

19 용량은 연도, 모델, 곡 길이 등에 따라 달라지기 때문에 비교가 까다로울 수 있으므로 절대적인 수치가 아닌 상대적인 수치로 고려해야 한다.

(약 12kg)을 출시했다. 나는 내 컴퓨터를 비행기에 정말 자주 가지고 다녔다. 그래픽 사용자 인터페이스(이하 GUI)가 애플 매킨토시와 리사 컴퓨터에 등장했고 맥에는 최초의 마우스가 장착되었다. 객체 지향 프로그래밍 언어인 C++가 주목받기 시작했고, 1990년대까지 많이 뒤처져 있던 마이크로소프트에서 윈도우를 출시했다.

초기 사용자 인터페이스의 번거로움

1980년대 후반, 애틀랜타에서 아내와 나는 거실 의자를 구입하기 위해 쇼핑을 했다. 스타일, 색상, 가격, 편안함을 모두 고려해야 했기 때문에 여러 매장을 방문했다. 드디어 우리는 딱 맞는 의자를 발견하고 판매원에게 사겠다고 알렸다. 판매원은 판매 전표를 작성하고 회사 판매 시스템에 거래를 입력했다. 수표(옛날에 비용을 지불할 때 작성하던 작은 직사각형 종이)를 작성하고 의자를 차에 실어 달라고 요청했다.

"미안하지만 내일 다시 와서 의자를 가져가셔야 합니다." 판매원이 말했다.

"의자가 바로 저기 있으니 지금 실으면 되죠." 나는 불만스럽게 대답했다.

"정말 죄송합니다." 판매원이 다시 말했다. "재고 관리 시스템이 밤 사이에 피킹 티켓[20]을 인쇄하기 때문에 티켓을 받기 전에는 의자를 출고할 수 없습니다."

이 이야기가 1980년대 컴퓨터 시스템이 돈을 내는 손님을 대하는 방식을 드러낸다고 한다면, 내부 사용자가 어떤 상황에 직면했는지 상상할 수 있을 것이다. 고객 친화적인 디자인이 부족했던 이유는 내부 사용자에 대한 집중, 기술적인 한계, 상호 작용 디자인 가이드라인의 생소함 때문이었다.

---

20 (옮긴이) 피킹 티켓은 주문을 처리하거나 상품을 찾아내기 위해 사용되는 문서다. 보통 물류 또는 창고 작업에서 주문된 상품의 위치를 확인하거나 상품을 포장하기 위해 사용한다.

그림 3.6은 1980년대에 널리 보급된 인간-컴퓨터 인터페이스를 보여 준다.[21] 비즈니스 시스템 사용자와 소프트웨어 개발자 모두 천공 카드와 출력물에서 비그래픽 문자 기반 단말기로 나아갈 수 있었다. 이로 인해 처리 속도가 크게 빨라졌다. 컴퓨터(메인 프레임)에서 단말기로의 연결은 컴퓨터 센터와 그 너머의 대규모 케이블 박스에 거미줄처럼 얽힌 유선 이더넷[22] 케이블로 이루어졌다.

그림 3.6 구조화 시대 인간-컴퓨터 인터페이스

모뉴멘털 방법론

구조화 방법은 소프트웨어 개발에 규칙과 그래픽 도구를 가져다주었다. 이는 사고 도구이자 조직화 도구였다. 데이터 흐름도는 비즈니스 프로세스를 자동화해 효율성을 높이고 비용을 절감하는 것이 중요했던 시대에 유용했다. 개체-관계 다이어그램은 데이터 구조를 그래픽으로 분석하고 문서화할 수 있는 훌륭한 도구였다.

---

21 세대 차이를 상징하는 일인데 내 그래픽 디자이너가 이 그림을 처음 스케치할 때는 마우스를 포함시켰다. "이 시대에는 마우스가 없었다."(문자 기반 화면을 사용하는 비즈니스 시스템의 경우)
22 이더넷은 컴퓨터 장치를 연결하기 위해 로컬 네트워크에서 일반적으로 사용되는 유선 컴퓨터 네트워킹 기술이다. 1980년에 상업적으로 도입되어 1983년에 표준화되었다.

이러한 그래픽 다이어그램과 방법들은 모뉴멘털 방법론에 통합되어 방대한 문서로 발전했다. 규칙이 없는 서부 개척 시대에서 규칙과 공식적인 접근 방식으로 전환을 시도한 모뉴멘털 방법론은 잘못된 것, 즉 프로세스와 문서에 지나치게 집중했다. 나를 포함한 우리 그룹은 형식을 규칙으로 착각했다. 소프트웨어 프로젝트를 더 잘 조직하고 관리하기 위해 형식적인 프로세스, 단계별 검토, 문서화를 시도하면서 관료주의가 더해져 구조적 기법의 이점이 가려졌다. 한 친구가 농담처럼 말했다. "할 만한 가치가 있는 일이라면 과도하게 하는 것도 가치가 있다." 과도함이 넘쳤다. 하지만 모뉴멘털 방법론을 규칙으로 삼은 사람들은 허둥지둥했고, 상황에 적응하기 위한 지침 정도로 모뉴멘털 방법론을 사용한 사람들이 훨씬 더 잘 해냈다. 효과적인 방법론 구현에는 이러한 규칙 대 지침 접근 방식이 계속 중요할 것이다.

몇 가지 요인이 모뉴멘털 방법론의 진화를 주도했다. 첫째, 소프트웨어 공학[23]의 등장은 소프트웨어 분야를 합법적이고 전문적인 수준으로 끌어올리고자 하는 열망에 일부 기반했다. 토목 공학 등 다른 공학 분야에서는 엄격한 인증 절차를 거쳐 '전문' 엔지니어가 되기 위한 자격증을 취득하여 전문성을 인정받았다. 소프트웨어 공학 지지자들도 이와 비슷한 수준의 정당성을 원했다.

둘째, 일반 경영진은 지휘-통제 방식이 통하던 실행 시대에 여전히 머물러 있었다. '통제력'을 확보하는 것이 주요 경영 성과의 척도였다. IT 프로젝트는 일반적으로 통제할 수 없는 것으로 간주되었다. 비즈니스 관리자들은 소프트웨어 개발에 대해 거의 알지 못했고, 소프트웨어 개발은 창고 건설과 비슷하다고 생각했으며, 미래를 정확하게 예측해

---

23 '소프트웨어 공학'이라는 이름은 1968년 나토에서 소프트웨어와 관련된 문제를 해결하기 위해 개최한 회의에서 처음 등장했다.

결과를 통제할 수 있다고 가정했다. IT 시스템의 가치를 제대로 파악하지 못했기 때문에 비즈니스 생산성은 향상되었는데 비즈니스 경영진은 '통제 불능' 상태의 비용과 일정 초과에 초점을 맞추었다.

세 번째 요인은 프로젝트 관리에 대한 관심이 높아진 것인데 이는 부분적으로는 PMI 주도로 이루어졌다. 많은 프로젝트 관리 관행이 제조업(예: 선박, 제조 공장)에서 발전했기 때문에 프로젝트 관리자는 순차적인 폭포수 프로세스에 익숙해져 있었다.

네 번째 요인은 이후 나오는 그림 3.7에서 볼 수 있듯이 소프트웨어 개발에 폭포수 라이프 사이클이 도입된 것이다. 폭포수 라이프 사이클은 소프트웨어 개발에서 수많은 변화를 가져온 분수령이었다. 나중에 그 개념과 문제를 자세히 다루겠다.

이 네 가지 요소가 폭포수, 통제 중심, 프로세스 및 문서 중심의 모뉴멘털 방법론을 구성하고 확산하는 데 기여했다. 모뉴멘털 인증은 SEI(Software Engineering Institute)의 역량 성숙도 모델(capability maturity model, 이하 CMM)로부터 나왔다. 이러한 방법론은 경영진이 개발 직원에게 지시하여 하향식으로 도입되었다. 개발자들은 구조적 기법을 사용하는 것 외에 문서화 및 프로세스를 도움이 아니라 부담으로 여겼다. 경영진은 모뉴멘털 방법론 사용을 지시하고 개발 직원은 탁월한 방식으로 프로세스 우회법을 찾아냈다.

1990년대에 나는 플로리다에 있는 한 회사에서 미국과 유럽의 중견 기업에 금융 소프트웨어를 판매하는 일을 했다. 이 회사의 유럽 고객들은 이 회사가 국제 표준화 기구(이하 ISO) 인증을 유지하도록 요구

했다.[24] 필요한 문서, 프로세스, 승인 관행을 따른다고 해서 진전이 있으리라는 보장이 거의 없었기 때문에 직원들은 이를 우회할 방법을 찾았다. 주기적으로 이루어지는 ISO 감사에서 문제점이 발견되면 대응으로 몇 시간 동안 작업을 해야 했다. 이는 무한 반복되는 악몽과 같은 상황이었다. ISO 지침에 따라 승인된 관행에 대한 수정이 허용되었지만, 회사는 추가적인 ISO 검토가 필요하기 때문에 승인된 관행을 수정하기를 꺼렸다.

모뉴멘털 방법론 중 가장 엄청났던 것은 제임스 마틴과 클라이브 핀켈스타인이 창시한 정보 공학이었다. 정보 공학은 IT에 대한 궁극적인 하향식·장기적 계획의 접근 방식이었다. 이 접근법은 긴 전략 계획 프로세스를 수립한 다음, 식별된 모든 시스템을 지원하는 엔터프라이즈 데이터 모델을 만들고, 이러한 시스템을 프로젝트에 패키징한 다음, 2~3년 후에 구현을 시작해야 한다고 주창했다. 대부분의 구조화 방법론가들에게 정보 공학은 혐오스러운 것이었다. 그럼에도 빠르게 증가하는 IT 예산에 대한 통제와 이해를 갈망하는 IT 및 고위 비즈니스 경영진은 정보 공학 워크숍에 줄지어 참석했다.

폭포수

윈스턴 로이스의 1970년 논문은 일반적으로 '폭포수' 트렌드의 시초로 알려져 있다. 실제로 로이스는 단순한 프로젝트 이외의 일에 대해서는 반복 개발을 주장했다. 당시의 순차적인 '하드웨어' 사고방식을 고려하면 그가 논문에서 그 위험성을 설명했는데도 그의 순차적인 폭포수 다이어그램이 어떻게 자리를 잡았는지 쉽게 알 수 있다.

---

24 품질 관리에 대한 사고가 반영되었다.

래리 콘스탄틴은 "에드와 나는 이 모델을 일종의 '보조 바퀴'로 생각했지만 경영진이 많이 채택했습니다."라고 말했다. 래리에게 폭포수 라이프 사이클에 대한 종합적인 의견을 물었을 때 그는 로이스의 논문을 알지 못했다. 당시 폭포수 같은 단계가 경영 관행에 널리 사용되고 있었기 때문에 소프트웨어 개발에서 폭포수 사용이 늘어나는 것은 놀라운 일이 아니었다. 래리와 에드가 폭포수 접근 방식을 대형 프로젝트에 사용하는 것이 아니라 신규 소프트웨어 개발자를 위한 '보조 바퀴'로 생각했다는 점도 흥미롭다.

폭포수 사고가 소프트웨어를 넘어서 다양한 분야에 확장되면서 반복적인 방법으로 전환이 어려워졌다. 그림 3.7은 이 기법과 관련된 소프트웨어 폭포수 라이프 사이클 및 조직 구조 다이어그램을 보여 준다. 폭포수 라이프 사이클은 기능적 조직 계층 구조와 프로젝트 관리에 대한 순차적 접근 방식이라는 당시 시대적 분위기에 큰 영향을 받았다. 폭포수는 바로 여기에 적합하다. IT는 요구 사항 그룹, 디자인 그룹, 프로그래밍 그룹 등 폭포수 구조에 맞춰 기능 그룹으로 조직되었다. 시간이 지남에 따라 이러한 그룹은 다른 그룹과 고립되었고 지정

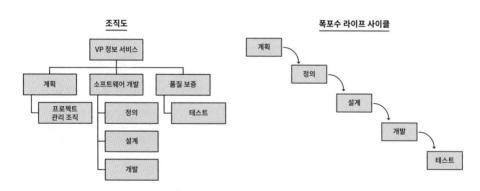

그림 3.7 폭포수 라이프 사이클 및 계층적 조직도

된 그룹 내에서는 일이 잘 돌아갔지만 그룹 간에 장벽을 세우게 되었다. 분석가는 설계자와 불화를 겪었고, 프로그래머는 테스터와 불화를 겪었으며, IT 부서 외부의 모든 사람은 IT 부서와 불화를 겪었다.

폭포수 사고의 전제는 문서가 그룹 간 의사소통에 충분하다는 것이었다. 문서 또는 도면은 추가 설명이 필요 없이 완전하고 정확할 수 있다는 믿음이었다.[25]

1990년대 초 전화 문의 한 통을 받았다. 개발 관리자가 "요구 사항 정의 교육이 필요합니다."라고 말했다.

내가 제공하는 교육에 포함된 내용을 단순히 얘기하는 대신 "이 교육이 왜 필요한가요?"라고 물었다.

"글쎄요." 관리자가 말했다. "우리는 인도에 개발을 아웃소싱하고 싶고 요구 사항이 완벽한지 확인해야 합니다."

"현재 요구 사항은 얼마나 완성되었죠?" 내가 물었다. "그리고 프로그래밍을 아웃소싱하려면 어느 정도 완벽해야 한다고 생각하세요?"

"현재 50% 정도 완료된 것 같고 80% 이상을 달성하고 싶습니다."

"몇 가지 업계 연구와 제가 경험한 바에 따르면 말씀하신 비율은 과대평가되어 있습니다. 마지막 질문이 있습니다. 귀사의 신입 사원이 생산성을 발휘할 수 있을 만큼 회사 환경에 대해 충분히 학습하는 데 걸리는 시간은 얼마나 되나요?"

"우리 환경은 매우 복잡하기 때문에 6개월 정도 걸립니다."라는 답변이 돌아왔다.

"요구 사항의 정확도와 완성도가 기껏해야 20~25%이고 직원들이

---

25 1990년대에 요구 사항의 정확성 및 완전성 문제를 다룬 콘퍼런스 발표를 본 적이 있다. 연구 자료나 연구자는 기억나지 않지만 "요구 사항 문서의 평균 완성도는 20% 미만, 정확도는 10% 미만이다"라는 내용이 기억에 남아 있다. 이 수치는 너무 낮다고 생각하지만 그럼에도 놀라운 수치다.

사무실에 앉아 일련의 요구 사항에 대한 맥락을 파악하는 데 6개월이 걸린다면, 이 맥락을 인도 직원에게 어떻게 전달하고 불가피한 질문에 답할 수 있을까요?"

그는 "그런 문제는 생각해 본 적이 없는데요."라고 말했다. 전화를 끊고 다시 연락을 받지 못했다. 나는 더 나은 요구 사항 문서를 작성한다고 해서 그의 문제가 해결되지 않을 것이라고 생각했다.

이러한 일을 겪고 나서 나는 기능적 사일로, 문서의 효율성, 협업의 필요성에 대해 생각하게 되었다. 나는 이러한 고민을 다음 태동기 시대로 이어 나갔다.

폭포수 라이프 사이클에 내재된 의사소통 문제로 인해 솔루션 매트릭스 관리 및 교차 기능 팀이 생겨났다. 프로젝트 관리자는 프로젝트 관리 사무실에 보고하지만 프로젝트 팀(일반적으로 IT 조직에서는 여러 팀)도 관리했다. 1970년대에 매트릭스 관리가 대중화되었고, 1980년대에 특히 프로젝트 관리 분야에서 매트릭스 관리가 확대되었다. 매트릭스 조직에서는 한 직원이 두 명(또는 그 이상)의 관리자를 가질 수 있다. 소프트웨어 프로젝트에서 프로젝트 팀원은 분석, 데이터베이스 설계, 프로그래밍, 테스트, 프로젝트 관리와 같은 기능 조직 출신일 수 있다. 팀원은 프로젝트 관리자에게 업무 과제 및 결과를 보고하고 성과 검토, 급여 인상, 교육 등 인사 항목에 대해서는 기능 관리자에게 보고한다.

특히 애자일 시대가 시작되면서 이러한 조직적 접근 방식이 어떻게 문제가 되었는지는 쉽게 알 수 있게 되었다. IT 부서에는 프로젝트 관리자와 데이터베이스 관리자가 만성적으로 부족했기 때문에 프로젝트 관리자는 여러 프로젝트를 감독하고 데이터베이스 관리자는 여러 팀의 주제별 전문가(subject matter expert, SME) 역할을 담당했다. 개발자는 여러 팀에 배정되어 지속적인 유지 보수를 담당하기도 했다. 이러한 조직적 솔루션은 책임이라는 관점에서 악몽이었다. "데이터베이스 관리자가 다른 프로젝트 때문에 바빠서 Y 작업을 완료할 수 없었어요" 같은 말이 나왔다. 기능 그룹에 대한 충성심은 높았으나 프로젝트 범위, 일정, 비용, 고객 가치에 대한 충성심은 훨씬 낮았다.

IT 부서 외의 부서에서는 폭포수 같은 순차적인 사고방식에 맞게 업무를 조정했다. 법무 부서는 특정 문서의 순차적 전달을 기반으로 계약서를 작성했다. 회계 부서는 순차적인 모델을 기반으로 운영 비용과 자본 비용을 분류하는 기준을 수립했다. 구매 및 인사 부서도 그 뒤를 따랐다.

소프트웨어에서 폭포수식 개발에 대한 의존도는 1980년대 후반 배리 뵘의 나선형 모델과 톰 길브의 진화적 모델이 도입되면서 변화하기 시작했다. 길브는 '진화적'이라는 용어를 사용하여 작고 잘 계획된 개발 주기를 가진 반복적인 접근 방식을 설명했다. 뵘의 나선형 모델에는 리스크를 기반으로 개발을 추진한다는 개념이 명시적으로 통합되었다. 둘의 라이프 사이클은 모두 반복적이고 작은 단계를 수행하고 결과를 테스트하여 불확실성을 해결한다. 각 단계의 결과물은 전체 프로젝트 계획에 포함되며, 이 계획은 일반적으로 이후 반복 작업 시 개정된다.

폭포수 라이프 사이클에는 몇몇 개인이 찾아낸 숨겨진 결함이 있었다. 폭포수 라이프 사이클의 각 단계에는 상자(프로세스)와 다음 프로세스로 가는 화살표가 있다. 그러나 각 화살표의 중간에는 그림 3.8과 같이 '여기에 마법이 있다'는 문구가 적힌 삼각형 상자가 있어야 한다.

요구 사항에서 설계, 프로그래밍으로의 전환은 알고리즘적이지 않으며 모뉴멘털 방법론과 CASE 도구는 이 논의되지 않은 결함으로 인해 어려움을 겪었다. 어쩌면 기념비적인 신화(Monumental Mythologies)라고 불러야 했을지도 모른다.

숨겨진 폭포수 결함

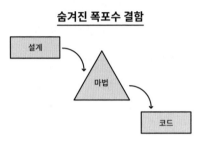

그림 3.8 숨겨진 폭포수 결함

설계를 코드로 변환하는 것은 정의하고 자동화할 수 있는 프로세스가 아니라 '생각'이 필요한 경험적인 과정이다. 이 결함을 극복하려면 마법이 필요하다. 애자일 전문가인 켄 슈웨이버는 나중에 경험적 프로세스와 정의된 프로세스를 조사하면서 이러한 차이점을 지적했다. 정의된 프로세스는 알고리즘이지만 경험적 프로세스는 그렇지 않다. 톰 더마코는 나와 이야기를 나누면서 이 문제에 대해 언급했다. "본질적으로 다차원적인 문제에 좌뇌적 방법을 사용하는 것은 당시 소프트웨어 개발 접근 방식의 비극적인 결함이었어요."

경험적 프로세스에 알고리즘에 의한 전환을 강요하는 것은 재앙으로 이어진다. 이러한 이유로 나는 정의된 프로세스에서 사용되는 반복 가능한(repeatable)이라는 용어 대신 애자일 방식에서는 신뢰할 수 있는(reliable)이라는 용어를 사용해야 한다고 주장해 왔다. 마법은 큰 도움이 되겠지만 해리 포터에게만 해당되는 이야기다.

정의의 경계를 벗어나고 있는지도 모르지만 이 '마법' 삼각형은 소프트웨어 엔지니어와 소프트웨어 개발자 간의 핵심적인 차이를 정의할 수도 있다. 고객 요구 사항을 소프트웨어 애플리케이션으로 변환하는 과정에서 기술은 '마법의 틈'을 크게 줄이는 수단을 제공해 왔는데, 1970년대 주요 도구인 컴파일러부터 오늘날 마이크로소프트 애저와 같은 완비된 플랫폼까지 발전했다. 소프트웨어 엔지니어들은 언젠가는 이 마법 차이를 없앨 수 있다고 믿는 것 같지만, 소프트웨어 개발자들은 그렇게 생각하지 않는다. 나는 개발자들과 동일한 입장이며, 이 책에서 그 용어를 선호하는 이유 중 하나다.

따라서 순차적 사고는 소프트웨어 관리의 발명품은 아니었지만 당시 관리자들의 사고에 스며들어 있었다. 안타깝게도 이는 애자일 구현을 방해하는 장애물이기도 했기 때문에 조직은 이를 해결해야 했다.

관리

1980년대에는 경영 스타일이 실행에서 전문성으로 전환되기 시작했다. 생명 공학, 컴퓨터, 재료 과학, 의료 기술 및 기타 모든 분야에서 지식 노동이 늘어남에 따라 지식 노동자에 대한 필요성이 증가했다. 디지털 혁명이 도래하면서 이러한 유형의 근로자가 급증함에 따라 이들을 관리하는 방법을 수정해야 할 필요성이 대두되었다. '직장을 구하고 그 직장에 머무르는' 경력 모델이 무너지고 있었다. 지식 노동자들은 고용주보다 자신의 직업에 대한 충성도가 높아지기 시작했고, 다양한 고용 기회를 갖게 되면서 전통적인 직업에서 벗어나기 시작했다. 신기술 기업의 급부상과 스톡옵션으로 인한 큰 보수에 대한 전망은 이러한 변화를 촉진하는 데 도움이 되었다. 한 회사에서 평생 일할 수 있다는 기대가 프로젝트에 따라 '일자리'가 결정되는 21세기형 긱 경제(gig economy)[26]로 바뀌면서 고용주와 직원 관계에도 변화가 일어나고 있다.

구조화 시대에 프로젝트 관리는 소프트웨어 개발에서 점점 더 많이 사용되었다. 나는 프로젝트 관리에 대해 읽고 공부하기 시작했고, 내가 배운 내용을 내 경험과 통합하기 시작했다. 점점 더 많은 프로젝트 관리 관행이 모뉴멘털 방법론에 녹아들면서 나는 DSSD와 관련된 기초적인 프로젝트 관리 워크숍을 열고 가르치기 시작했다.

당시 소프트웨어 개발과 관련된 가장 유명한 책은 프레드 브룩스의 《맨먼스 미신》(1975)이었다. 브룩스는 IBM/360 컴퓨터 라인의 운영체제 개발 관리자였으며, 이는 아마도 지금까지 가장 큰 소프트웨어 프로젝트였을 것이다. 여러 운영 체제 프로젝트의 성과를 분석한 후 그는 가장 유명한 결론에 도달했다. "지연되는 프로젝트에 인력을 추가하면 프로젝트가 더 지연될 뿐이다." 관리자들이 이러한 오류를 반복하는 경향이 있다고 지적한 그는 자신의 책이 소프트웨어 엔지니어링의 바이블이라고 불리는 이유에 대해 "모든 사람이 인용하고, 일부 사람은 읽고, 소수의 사람은 구매하기 때문"이라고 말했다. 이러한 정서는 오늘날의 애자일 방법론 구현에도 동일하게 적용될 수 있다.

서부 개척 시대와 구조화 시대에 사용되던 프로젝트 관리 관행은 초기에는 건설형 프로젝트와 같은 유형의 제품에 가장 적합했으며, 이러한 프로젝트에는 순차적인 접근 방식이 효과적이었다. 소프트웨어가 더 유연하다는 사실은 프로젝트 관리 방식에 영향을 주지 않았고, 사실 초기 소프트웨어 개발은 너무 유연하지 않았다. 프로젝트 관리자들

---

26 (옮긴이) 기업이나 사용자가 필요에 따라 임시로 계약을 맺고 노동력을 공급하고 대가를 지불하는 경제 형태를 말한다.

은 사람들과 팀의 역동성보다는 작업에 초점을 맞췄다.

1980년대 프로젝트 관리자는 위험 및 이슈 관리와 같은 관행을 통합했다. 최초의 PMBoK(Project Management Body of Knowledge)[27]는 1987년 PMI에 의해 발표되었으며, 이는 소프트웨어 개발 방법론과 함께 프로젝트 관리 모뉴멘털 방법론으로 이어졌다. 그 후 얼마 지나지 않아 1989년에 PRINCE(PRojects IN Controlled Environments) 방법론[28]이 발표되어 유럽 대부분의 지역에서 표준 프로젝트 관리 방법론이 되었다.

한 가지 중요한 새로운 프로젝트 관리 이론이 엘리야후 골드랫의 《The Goal: A Process of Ongoing Improvement》(1984)라는 소설에서 나왔다. 그의 제약 이론에 따르면 가치를 창출할 때는 주요한 '병목' 하나가 늘 있으며, 이를 줄이거나 제거하면 처리량이 증가한다. 물론 첫 번째 병목 현상을 제거하면 다음 병목 현상을 발견할 수 있다. 이 원칙에 따라 병목 현상이 발생하지 않는 활동을 수행하는 사람들은 다소 비효율적이더라도 병목 현상이 발생하는 활동에 종사하는 사람들의 업무량을 최소화하기 위해 가능한 한 모든 노력을 기울여야 했다. 골드랫은 이 접근 방식을 '크리티컬 체인(critical chain)'이라고 불렀는데, 기존의 크리티컬 패스 분석법과 달리 처리량을 제한하는 제약을 식별하고 제거하는 데 중점을 두었다. 골드랫은 이러한 실천법을 프로젝트 관리에 적용한 《Critical Chain》(1997)을 저술했다.

골드랫의 이론은 나중에 애자일 커뮤니티에서 받아들여져 「애자일 선언」의 단순성 원칙에 영향을 주었다. "작업하지 않아도 되는 작업의 양을 극대화하는 것이 중요하다."[29] 애자일 방법론은 기능들의 백로그

---

27 (옮긴이) 프로젝트 관리 지식 체계로 프로젝트 관리를 위한 일련의 표준 용어 및 지침을 의미한다.
28 (옮긴이) '통제된 환경에서의 프로젝트'라는 의미로 구조적 프로젝트 관리 방법이다. 버전 2가 나와 있다.
29 (옮긴이) 낭비 제거의 중요성을 강조하는 원칙이다.

를 생성하고, 각 반복마다 릴리스할 몇 가지 기능을 선택하는 것을 포함한다. 기능 릴리스의 우선순위를 결정할 때 특히 중요 체인에 있는 팀에 과부하가 걸리지 않아야 한다. 1990년대에 부서 프로젝트가 지지부진하다고 한탄하는 한 개발 관리자와 이야기를 나눈 적이 있다. 나는 그에게 프로젝트가 몇 개인지, 인력이 몇 명인지 물었다. 프로젝트는 43개, 인원은 42명이라는 답을 들었다. 진행 중인 '목록'은 많지만 결과물은 거의 없다는 것을 쉽게 짐작할 수 있었다. 모두가 진행 중인 작업 목록을 쌓느라 바쁘게(생산적으로) 일하고 있었지만, 가치 있는 처리량은 없었다.

이 10년은 또한 프로젝트 관리 소프트웨어가 개인용 컴퓨터로 옮겨지기 시작한 시기였으며, 1984년에는 마이크로소프트 프로젝트(Microsoft Project)의 첫 상용 버전(도스[30]용)이 출시되었다.

지난 60년 동안 소프트웨어 개발 성공의 척도는 완성도에서 고객 가치로 진화해 왔다. 조직이 성공을 측정하는 방식이 변화를 주도하는 가장 큰 요인인데, 이러한 측정 방식을 변화시키기가 가장 어렵다. 투자 수익률(ROI)과 고객 가치가 조직에 영향을 미치는 방식은 다르다. IT 조직에서는 일정이 특정 행동을 유도한다. 초기에는 프로젝트를 완료하기만 해도 성공으로 간주했지만, 세기가 바뀔 무렵에는 다른 척도가 지배적이었다. 내가 함께 일한 한 회사에서는 프로그래머의 성과는 제출한 코드 라인 수로, 테스터의 성과는 찾은 버그[31] 수로 측정했다. 프

---

30 윈도우 이전에 개인용 컴퓨터 세계를 지배했던 마이크로소프트 운영 체제
31 버그는 코드의 결함을 나타내는 용어다. 원래는 그레이스 호퍼 제독이 하드웨어 문제를 설명하려고 1946년에 고안했는데 소프트웨어 개발에서는 책임 회피를 위한 수단으로 사용되었다. 결함이라는 표현이 개발자의 책임을 부각시키는 반면, 버그(벌레)는 스스로 코드에 들어간 것처럼 느껴진다.

로그래머에게는 코딩 생산성에 대한 보상이 주어졌지만 품질에 대한 보상은 입에 발린 말 외에는 거의 없었다. 테스터는 버그를 발견한 것에 대한 보상을 받았기 때문에 더 나은 품질의 코드를 요구할 동기가 없었다. 또한 이러한 조치는 두 그룹 간 협업에도 불리하게 작용하여 피드백 루프가 최소화되었다. 다행히도 대부분의 테스터와 프로그래머는 내부적 동기를 가지고 있어 품질 좋은 제품을 제공하려는 욕구가 있었고, 이러한 부적절한 활동 기반 인센티브 구조가 방해가 된다고 자주 느꼈다.

예측이 가능했던 과거 세계에서는 소프트웨어 개발의 성공 척도를 제조업의 통계적 품질 관리 이론에서 차용했다. 제조 공장에서 금속과 플라스틱으로 부품을 만드는 공정은 항상 엄격한 허용 오차를 준수하면서 반복할 수 있어야 했다. 앞으로 살펴보겠지만 소프트웨어는 부품과 다르다.

성과 트렌드가 진화함에 따라 산업 시대에 적합했던 생산성과 같은 활동 기반 측정 방식은 지식 시대에는 거의 통하지 않았고 혁신 시대에는 혐오스러운 것이 되었다.

CASE 도구

폭발적으로 늘어나는 다이어그램과 문서에 대한 해결책은 무엇일까? 당연히 자동화다. IT 부서는 비즈니스 프로세스를 자동화하는 임무를 맡았으니 자체 프로세스를 자동화하면 어떨까? 이전에도 CASE 도구 공급업체가 있었지만 개인용 컴퓨터가 기업에서 보편화되면서 매사추세츠주 케임브리지에 있는 인덱스 테크놀로지스(Index Technologies)가 IBM PC용 익스셀러레이터 제품을 마케팅하기 시작하면서 시장이 급

속도로 확장되었다. 익스셀러레이터는 CASE 도구 시장의 리더가 되었다. 이 제품은 데이터 흐름도 및 개체-관계 다이어그램과 같은 구조적 그래픽을 지원하고, 데이터 저장소에 대한 세부 정보를 위한 데이터 리포지터리가 있었으며[32], 로직 세부 정보를 제공했다.

1990년대 초까지 거의 100개에 달하는 공급업체가 존재했던 CASE 시장에서 앤더슨 컨설팅의 파운데이션(Foundation), 요던의 어낼러리스/디자이너(Analysis/Designer) 툴킷, 리어먼스 앤드 버쳇 매니지먼트 시스템스(Learmonth & Burchett Management Systems)의 오토메이트 플러스(Automate Plus), 나스텍 코프(Nastec Corp)의 디자인에이드(DesignAid) 등이 이름을 알렸다. 이러한 CASE 도구들은 기능이 비슷했지만, 일부는 구조적 그래픽(예: 익스셀러레이터와 어낼러리스/디자이너)에 치우쳐 있었고, 다른 일부는 문서 캡처(예: 파운데이션과 오토메이트 플러스)에 치우쳐 있었다. 모두가 폭발적으로 성장하는 시장의 선두 주자가 될 기회에 뛰어들었고 실제로 폭발적으로 성장했다. 방법론 업계의 모든 사람이 자체 CASE 도구를 서둘러 개발하기 시작했고, 우리는 KOA에서 디자인 머신이라는 버전을 만들었다(자세한 내용은 나중에 설명한다).

CASE 도구의 매력은 분명했지만 현실은 달랐다. 수많은 문제를 안고 있었다. 첫째, 이 시대와 그다음 시대에 경영진과 관리자들은 모든 IT 문제를 한번에 해결할 수 있는 전설에 나오는 '은 총알(silver bullet)'[33]을 찾고 있었다. CASE 도구에 대한 기대치는 비현실적이었고 비용도 비쌌다. 구매 비용과 사용을 위한 직원 교육 비용이 모두 비쌌다. 수용 가능한 투자 수익률을 달성하기도 어려웠다.

---

32 (옮긴이) 데이터 저장소는 주로 실제 데이터의 저장과 관리에 중점을 두며, 데이터 리포지터리는 데이터에 대한 메타데이터와 구조를 관리한다.
33 (옮긴이) 전설에서 늑대 인간을 처치할 수 있는 무기로 쓰인다. 오늘날 은 총알은 모든 문제를 한 번에 해결하는 만병통치약 같은 방안을 뜻한다.

둘째, 표준 부재 때문에 문제가 발생했다. 어떤 다이어그램을 사용해야 하는지, 심지어 어떤 다이어그램의 스타일을 수용해야 하는지에 대해 모두가 각자 생각을 가지고 있는 것 같았다. 객체 지향 접근 방식에 대한 관심이 높아지면서 새로운 다이어그램이 등장하자 문제는 더욱 복잡해졌다. 이후 통합 모델링 언어(unified modeling language, 이하 UML) 개발로 차세대 도구에서는 이 문제가 해결되었다.

셋째, 가장 널리 사용되던 도구인 익스셀러레이터는 대부분의 기간 동안 네트워크에 연결되지 않은 IBM PC에서 실행되었기 때문에 사람마다 데이터와 그래픽 버전이 달랐다. 방법론, 도구, 공급업체, 다이어그램 차이로 인해 통합되지 않고 혼란스러운 결과가 초래됐다. IBM은 AD/사이클(AD/Cycle) 시스템을 통해 이러한 문제에 대한 통합 솔루션을 제안했지만, 개발 범위가 광범위하고 시간이 너무 오래 걸리는 바람에 그 노력은 수포로 돌아갔다.

넷째, 1990년대에 배포 기술이 매우 빠르게 전환되어 CASE 도구 회사들은 기본 연결에서 클라이언트-서버 아키텍처(PC와 같은 개별 장치를 네트워크로 연결하려는 아키텍처) 그리고 인터넷으로 빠른 전환 등 큰 혼란을 겪었다.

다섯째, 폭포수 라이프 사이클을 계속 사용하고 전체 개발 프로세스를 세부적으로 지정할 수 있다는 믿음은 요구 사항을 지정한 후 버튼 하나만 누르면 나머지는 자동화할 수 있다는 잘못된 가정으로 이어졌다.

마지막으로 데이브 히긴스가 CASE 도구 시대의 급격한 부상과 그에 따른 몰락에 대해 이야기할 때 제기한 문제가 있었다. 데이브는 말했다. "프로그래머의 업무가 자동화될 수 있다는 가망 없는 기본 가정이 CASE 도구 시대에 종말을 가져왔다고 생각합니다. 우리는 프로그래머에게 스스로를 대체할 시스템을 구축하고 구현하라고 요구했어요! 오늘날에도 로 코드(low-code) 기술은 개발자를 대체하겠다고 위협하고 있죠. 하지만 이는 과거에도 몽상이었고 지금도 그렇고 앞으로도 그럴 거예요. 우리에게는 개발자가 항상 필요할 겁니다."

은 총알 문제를 생각하면 한 교사가 비행기 여행 중에 나눈 대화에 대한 이야기를 떠올리게 된다. 그녀의 옆자리 승객이 "우리 공교육 문제에서 해결할 한 가지는 무엇이라고 생각하세요?"라고 물었다.

이에 그녀는 즉시 "우리 공교육 문제를 해결할 수 있는 한 가지 방법이 있다고 생각하는 사람들이요"라고 대답했다.

우리는 복잡한 문제에 은 총알 해결책을 사용하려 하면 실패할 것이다.

> "은 총알은 없지만 때때로 론 레인저는 있다."
> —[Weinberg, 1994]

나는 사물(총알)에 대한 강조와 사람(론 레인저라는 드라마 등장인물이기는 하지만)에 대한 강조를 명확히 구분하기 때문에 와인버그의 문장을 인용하기를 좋아한다. 나는 와인버그의 말에서 한 걸음 더 나아가 보겠다.

> "은 총알은 없지만 각기 다른 상황에 맞는 총알을 갖고 있는 론 레인저들이 있다."
> —[Highsmith, 2000]

대부분의 경우 어려운 부분은 다양한 유형의 총알과 각각이 명중할 가능성이 가장 높은 상황을 이해하는 것이다.

켄 오어는 대규모 컨설팅 고객의 자금을 일부 지원받아 디자인 머신이라는 자체 CASE 도구를 구상했다. 제품 이름 자체가 소프트웨어 개발의 규범적 성격을 내포하고 있었다. 모든 모험이 성공하는 것은 아니듯이, 이 문제와 다른 문제들로 인해 회사가 문을 닫게 되었다. 성공뿐 아니라 실패도 기록한다는 정신으로 이 여정에 대해 조금 더 자세히 설명하겠다.

KOA는 교육 및 컨설팅 포트폴리오에 디자인 머신 제품을 추가하면서 제품 개발, 판매, 마케팅을 위한 추가 투자금이 필요했다. 벤처 캐피털 투자를 유치하는 데는 조직 개편이라는 조건이 따라왔다. 새로운 경영진이 영입되었고, 켄이 제품 개발을 담당하는 최고 기술 책임자가 되었으며, 새로운 이름의 회사 '옵티마(Optima)'가 설립되었고, 일반 사무실은 시카고로 이전하고 켄과 디자인 머신 개발 직원은 토피카에 남게 되었다.

문제가 바로 나타났다. 새로운 경영진은 대부분의 수입을 창출하는 개발 직원이나 현상 컨설턴트와 잘 어울리지 못했다. 회사는 영업·마케팅 직원을 확충해 여러 영업 사무소를 새로 열었다. 안타깝게도 아직 많은 영업 인력이 필요할 만큼 제품이 완성되지 않았다. 1986년 켄은 내게 회사로 돌아와 정규직으로 일하자고 제안했다. 내 공식 직책은 제품 관리자였고 비공식적인 역할은 각 파벌 간 중재자였다. 나는 컨설턴트들의 우정과 존경을 받았으며 새로운 경영진과도 좋은 업무 관계를 맺고 있었다. 나는 매주 애틀랜타에서 시카고로 출퇴근하기 시작했다. 하지만 시간과의 싸움이었다.

새로운 임원, 새로운 영업 직원, 멋진 새 사무실로 인해 자본금이 빠르게 고갈되었다. 모든 혁신적인 소프트웨어 제품 개발이 그러하듯 디자인 머신 일정도 꼬였다. 어느 순간 나는 토피카에서 시스템 설계 공개 워크숍을 나흘간 진행해야 했다. 디자인 머신 팀의 여러 개발자가 워크숍에 참석했다. 그들의 질문을 듣고 그 개발자들이 우리 방법론의 기본 개념을 제대로 이해하지 못하고 있다는 사실을 깨달았을 때 내 머릿속에 적신호가 켜졌다. 디자인 머신에는 이전 단계의 변경 사항을 피드백할 수 있는 기능이 거의 없었다! 그것은 규범적인 순차적 폭포수 프로세스를 자동화하는 데 있어 필수적이었다.

벤처 캐피털은 회사를 바로잡기 위한 마지막 노력으로 새로운 경영진을 해고했다. 켄이 사장으로 돌아왔고 나는 컨설팅 담당 부사장을 맡았다. 하지만 자본금이 너무 많이 빠져나갔고 6개월 만에 옵티마는 문을 닫았다. 몇 번의 '내부자' 판매를 제외하고는 CASE 도구 시장에 디자인 머신을 납품한 적이 없었다. 켄이 사임했고 이 사태를 수습하기 위한 마지막 노력의 일환으로 벤처 캐피털리스트가 내게 사장 겸 CEO 자리를 제안했다. 순간적으로 기분이 좋아졌지만 손해 보는 제안임을 알고 거절했다.

KOA-옵티마 이야기는 자금 조달 압박을 많이 받고 있던 스타트업 기업의 가마솥 속으로 뛰어든 내 모험이었다. 스타트업이 실패하는 방법에는 여러 가지가 있고 성공할 수 있는 길도 몇 가지 있다. 하지만 빛나는 황금 반지에 손을 뻗지 않기는 어렵다. 결국 내 스타트업 성적은 0승 2패였다. 다행히도 실패를 통해 많은 것을 배울 수 있었다.

CASE 도구 공급업체의 경우 클라이언트-서버, 인터넷, 객체 지향과 같은 기술 변화로 인해 투자금이 급격히 증가해야 했다. 제기된 다른 문제와 함께 첫 번째 CASE 도구 라운드는 실패로 돌아갔다. 하지만 다음 단계의 소프트웨어 개발 도구를 위한 기반을 확립했다.

옵티마 이후 10년 중 마지막 몇 년 동안 나는 맥도널드 더글러스 오토메이션(McDonald Douglas Automation)에서 근무하며 STRADIS 방법론에 대한 교육과 컨설팅을 담당했다. DSSD에서 STRADIS로의 전환은 간단했다. 다이어그램은 바뀌었지만 기본 방법론은 비슷했다. 나는 요구사항, 설계, STRADIS 개요, 프로젝트 관리의 조합을 가르쳤다. 또한 시스템 사고 워크숍을 가르치기로 계약했다. 애자일 태동기에 시스템 사고에 대한 이러한 기반은 내 사고방식을 모뉴멘털 방법론에서 신속하고 적응력 있는 애자일 개발로 전환하는 데 영향을 미쳤다.

시대 소견

구조화 시대에는 소프트웨어 엔지니어링의 궁극의 경지에 이르기 위해 열심히 나아갔다. 개발 프로세스에 질서와 통제를 도입하고, 엔지니어링 분야로 인정받기 위해 노력했다. 관리 이론은 지휘-통제 모델에 고착되어 있었고, 관리자들은 소프트웨어 프로젝트에 대한 통제가 부족해서 만족하지 못했다. 구조적이라는 시대적 흐름에 걸맞게 구조화 방법론은 널리 퍼졌다. 물론 실제로는 "우리는 매일 스탠드업과 스프린트 계획을 수행하기 때문에 애자일이 되었다."라고 말하는 것처럼 다이어그램 몇 개 그리고서는 구조적이라고 주장하는 사람이 많았기 때문에 행동보다 말이 더 많았다.

이 시대가 끝날 무렵 사람 중심의 경영 관점을 주장하는 새로운 목소리들이 등장했고, 이는 공감 시대의 시작으로 꽃을 피웠다. 제럴드 와인버그는 고전적인 《프로그래밍 심리학》(1971)을 출간했다. 1998년에 25주년 기념판이 출간되었을 때, 나는 와인버그에게 편지를 보내 축하 인사를 전하고 1971년 책의 원본을 아직 가지고 있다고 말했다. 톰 더마코와 팀 리스터는 《피플웨어》를 1987년에 출간했다. 《피플웨어》는 수십 년 동안 베스트셀러 자리를 지켰다.

경영 이론의 선구자로는 《The Human Side of Enterprise》(1960)를 저술한 더글러스 맥그리거가 있다. 그는 자신의 저서에서 개인에게 동기를 부여하는 요인에 관한 X 이론과 Y 이론[34]을 경영 이론에 도입했다. 1990년대에는 비즈니스와 기술의 인간적 측면을 더욱 강조하는 이론이 등장했다.

항상 그렇듯이 한 시대의 성공과 실패는 다음 시대의 기반이 된다. CASE 도구는 더 나은 도구의 필요성을 알렸지만, 도구 개발의 어려움도 함께 드러냈다. 구조적 다이어그램이 넘쳐 나면서 표준화 필요성이 강조되었고 UML이 탄생했다. 더 빠르고 안정적인 연결성에 대한 비전은 인터넷 시대를 열었다.

변화를 위한 끊임없는 싸움에서 새로운 제품이나 방법론을 만들고 판매하려면 모험적인 불순응이 필요하다. 이러한 특성을 보여 주는 가장 상징적인 사례 중 하나가 이 시기에 만들어졌다는 사실은 매우 흥미롭다.

애플은 역사상 가장 유명한 텔레비전 광고를 제작했는데 바로 매킨토시 컴퓨터를 소개한 1984년 슈퍼 볼(Super Bowl) 광고다. 이 광고의 콘셉트는 조지 오웰의 디스토피아 소설 《1984》에서 사람들이 빅 브라더에게 무의식적으로 복종한다는 내용에 기반을 두었다. 검은 옷을 입은 군중은 남녀 구분이 없는 자동인형 같은 무리로 묘사된다. 그러다 컬러로 표현된 여주인공이 등장해 화면을 부수고 맥과 애플의 불순응적이고 당당한 성격을 소개한다. 또한 이는 IBM에 대한 은근한 조롱이기도 했다. 이 강렬한 광고는 오랫동안 기억에 남았다.

---

34 (옮긴이) X 이론과 Y 이론은 인간의 노동 동기 부여와 관리에 관한 이론이다. X 이론은 감독 강화, 외부 보상 및 처벌의 중요성을 강조하는 반면 Y 이론은 직무 만족도의 동기 부여 역할을 강조하고 노동자가 직접적인 감독 없이 작업에 접근하도록 장려한다.

4
애자일 태동기
1990~2000

 2000년 5월 《ASD》[Highsmith, 2000]가 출간된 지
약 6개월 후, 나는 중서부 지역의 한 CEO로
부터 다음과 같은 이메일을 받았다.

몇 달 전에 당신의 책을 구입했고 그 이후로 메모하면서 읽고 있습니
다. 처음 몇 장에서 ASD가 현재 진행 중인 제 프로젝트에 적합하다는
것을 명확하게 보여 주었기 때문에 책을 구입했습니다. 당신의 서술
방식 덕분에 ASD를 쉽게 이해할 수 있었고, 더 세밀하게 이해하기 위
해 다시 읽고 있습니다. ASD가 실제 제품 개발과 같기 때문에 동료들
에게도 이 책을 추천했습니다. 지는 긍정적인 목표와 필요한 환경 제
약을 설정하면서 직원들의 고삐를 풀어 주었고 이전 프로젝트보다 더
나은 결과를 얻었습니다. ASD 접근 방식을 통해 팀원들은 항상 예상
치 못한 문제에 대한 솔루션을 개발하면서도 제품을 제시간에 출시할

수 있었습니다. 이 책은 제 신제품 전략, 마케팅, 관리, 개발, 제공 방식에 영향을 미쳤습니다.

이 이메일은 내가 이 시대의 모험을 시작하고 지속하게 된 원동력인 '왜'라는 질문의 한 요소를 결정적으로 보여 주었다. 또 다른 RAD 같은 기회가 올지 궁금했던 적도 있었다. 첫 번째 책인 《ASD》를 완성하지 못할 거라고 절망했던 적도 있었다. 이제 이 고마운 메일을 통해 내가 이 기간을 어떻게 이겨 냈는지 설명할 수 있게 되었다. 내가 깨달은 것은 '요즘 시대에 어울리는 혁신적인 리더십 스타일을 장려하는 것, 즉 개인과 팀이 관료적인 장애물을 극복할 수 있도록 돕는 스타일'이 내 '왜'의 한 부분이라는 점이다. 두 번째 '왜'는 더 나은 소프트웨어 제공과 관련이 있지만, 내 버전을 완전히 설명하려면 10년이 더 걸릴 것이었다.

45세에 내게는 두 가지 모험적인 전환이 있었다. 첫 번째는 애틀랜타에서 유타주 솔트레이크시티로 근무지를 옮긴 것이었다. 두 번째는 구조화 방법에서 RAD로 지적인 진화를 이룬 것이었다. 첫 번째 변화는 수많은 야외 활동으로 이어졌고, 두 번째 변화는 결국 나를 애자일 운동의 중심부에 자리 잡게 했다. 1990년대 소프트웨어 선구자들이 보여 준 느리지만 끈질긴 모험심이 없었다면 애자일 혁명은 없었을 것이다. 모험적인 것에 대한 내 정의를 반복해서 말하겠다. 바로 "새로운 장소에 가서 흥미진진하거나 위험한 일을 하고 싶어 하는 열망"[1]과 무모하지 않고 계산된 위험을 기꺼이 감수하는 것이다. RAD는 위험했지만 결국 성공했다.

---

1 피어슨의 허가를 받아 전재, 《Longman Dictionary of Contemporary English》(2014), *www.ldoceon line.com/dictionary/adventurous*

시대 개요

태동기는 여러 가지 면에서 혁신적이었다. 소프트웨어 개발 방법론은 결정론, 최적화, 폭포수 방법론에 대한 우려에 대응하기 시작했다. 인터넷은 흥미진진한 새로운 가능성을 열어 주었다. 경영진은 직원과의 관계를 바꾸기 시작했다. 새로운 소프트웨어 개발 선구자들이 등장했다. 바쁜 10년이었고 이 장은 그 비즈니스를 반영한다. 나는 태동기를 세 시기로 나누었는데 이 구분은 내 사고의 발전과 직접적으로 연관되어 있다. 그림 4.1은 업계가 아닌 내 자신의 변화를 드러내는 태동기를 보여 준다.

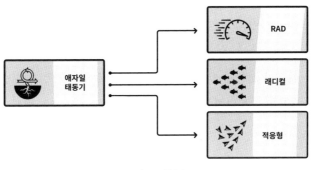

그림 4.1 태동기

이 장에서는 구조화 시대에서 애자일 시대로의 내 여정 외에도 내 생각을 확인하고 확장한 여러 고객 업무, 첫 번째 책 집필, 복잡 적응계 (complex adaptive systems, CAS) 이론 시도, 새롭게 떠오른 다른 애자일 방법론에 대해 살펴본다.

1990년대는 미국과 소련이 수십 년에 걸친 냉전을 종식하고 인터넷의 부상으로 비즈니스와 개인적 상호 작용에 영향을 미치는 새로운 의사소통 시대가 열리면서 상대적으로 평화와 번영을 누린 10년으로 기억된다. 빌 클린턴의 10년, 힙합 음악, 초당파적 정치의 기원 시기이기도 했다. 〈쥬라기 공원〉은 〈죠스〉(1970)를 제치고 자연 관련 영화에서 가장 무서운 괴물을 선보였다.

1989년 아내가 델타 항공 승무원 본부 관리자로 일하게 되어 우리 부부는 솔트레이크시티로 이사했다. 나는 여행용 가방을 들고 다니며 일했으니 집은 어디든 상관없었다. 게다가 비행기를 타고 40분만 가면 등산과 스키를 즐길 수 있는 서부에 산다는 생각은 내게 필요한 모든 동기를 부여했다. 야외 모험이 일상이던 시절, 나는 소프트웨어 개발과 등반의 유사점을 발견하기 시작했다.

테크니컬 클라이밍에는 위험이 수반되지만 유연성을 유지하면 이러한 위험을 완화할 수 있다. 등반 계획은 날씨와 조건에 따라 끊임없이 변한다. 등반가는 산의 상황에 적응해야 하는데, 소프트웨어 프로젝트에서는 현실이 계획에 맞게 조정되기를 기대한다는 사실을 깨닫기 시작했다. 이 10년을 맞이할 때 등반과 소프트웨어 개발을 별개 트랙에서 시작했지만 이 둘은 곧 같은 여정에서 만나게 되었다.

1992년 6월, 나는 에드 요던의 『American Programmer』 저널에 기고한 「Software Ascents」라는 제목의 글에서 이 둘을 비교했다. 에드는 저널 서두에 "짐 하이스미스가 소프트웨어 프로젝트를 등산에 비유한 멋진 글을 보내 주었다. 여러분도 이 글을 읽어 보면 좋을 것 같다."라고 썼다. 이 글은 등반 계획이 지형과 기상 조건에 따라 수시로 바뀌듯이 방법론을 예측 과정에서 '조종'하는 과정으로 생각하게 된 내 사고 과정의 진화를 보여 주었다.

기업들은 전사적 품질 경영(total quality management, TQM)과 비즈니스 프로세스 리엔지니어링 같은 규범적 관행에 끌리기 시작했지만 동시에 《The Wisdom of Teams》[Katzenbach, 1992], 조직적 학습[Senge, 1990]의 성공을 통해 나타난 것처럼 팀에 대한 관심도 높아지고 있었다. 비즈니스 프로세스 리엔지니어링 옹호자들은 자동화된 결정론적 프로세스를 믿었고 사람을 기계의 톱니바퀴로 간주했다. 또한 제조업에서 효과적인 생산성 향상을 위해 사용되던 린 원칙과 실천 방법이 지식 기반 업무, 특히 소프트웨어 개발 분야에 적용되었다.

RAD에 대한 구조화 방법

"너무 오래 걸리고 비용이 너무 많이 들고 우리의 요구를 충족시키지 못한다." 경영진은 시장 요구에 대응하기 위해 노력하면서 IT 소프트웨어 프로젝트에 대해 한탄했다. 나는 이 10년 동안 독립적인 컨설팅과 워크숍을 통해 구조적 기법과 DSSD, STRADIS[2] 같은 폭포수 방법론을 가르쳤다. 하지만 이 10년이 끝나 갈 때, 나는 이 둘 모두를 포기한 상태였다. 경영진의 도와 달라는 요청에 따라 소프트웨어 개발자들은 RAD 방법론을 실험하기 시작했다. 나는 기술 팀을 이끌고 STRADIS의 RAD 버전을 제작하는 프로젝트를 진행했는데, 여기저기서 문서 및 프로세스 요구 사항을 제거하는 잘못된 접근 방식이었다. 하지만 더 빠른 개발에 대한 요구가 커지는 상황에서 이러한 초기 시도에는 폭포수 라이프 사이클이나 사고방식의 수정이 포함되어 있지 않았기 때문에 근본적인 변화가 필요했다.

나는 기존 개발 방식에 의문을 품기 시작했는데 이는 부분적으로 내가 일하는 방식이 아니었기 때문이다. 분석가, 프로그래머, 테스터 등 다양한 역할을 수행하면서 규범적인 프로세스가 아닌 반복적인 프로

---

2 예를 들어 STRADIS는 프로세스, 문서, 설계 다이어그램을 매우 상세하게 정의한 7개의 큰 공책으로 구성된다.

세스를 사용했던 서부 개척 시대와 그 시절의 즐거움이 떠올랐다.

1980년대 후반 한 사건이 폭포수 라이프 사이클과 문서화에 대한 회의론에 불을 지폈다. 나는 미주리주 세인트루이스에서 STRADIS 요구 사항 정의 및 설계 과정을 가르치고 있었다. 5일간 진행된 이 수업은 일반인에게 공개되었고 호텔 회의실에서 진행되었다. 당시 수업 진행에는 체력과 정신력이 모두 필요했다.

첫째, 강사가 교육 환경을 확인해야 했다. 둘째, 학생용 교재를 준비해야 했다. 호텔 직원이 자주 교재가 도착하지 않았다고 주장했지만 나는 그럴 리가 없다고 주장했고 우편실을 뒤진 끝에 교재를 찾을 수 있었다. 다음은 오버헤드 프로젝터가 준비되어 있고 작동하는지 확인하는 것이었다. 당시에는 수업 정보를 표시하기 위해 21×26cm 투명 필름(얇은 호일 플라스틱 시트처럼 생긴)을 사용했다. 나는 7cm 노트북 바인더 두 개에 '호일'을 꽉 채워서 큰 가죽 가방에 넣고 다녔다. 다른 강의 도구까지 포함하면 가방이 무거웠다. 휴대용 컴퓨터인 컴팩 러거블(Compaq luggable)이 무거운 가방을 대신하기도 했다. 하지만 한동안은 러거블의 신뢰성이 의심스러웠고 호텔(또는 고객)에 호환되는 프로젝터나 올바른 연결 케이블이 있는지 알 수 없었기 때문에 두 가지를 모두 들고 다녀야 했다. 이런 사항들이 준비되어야 수업을 진행할 수 있었다.

STRADIS 수업에서는 참가자 12명이 데이터 흐름도, 구조 차트, 개체-관계 다이어그램으로 벽을 가득 채웠다. 마지막 날 나는 참가자들에게 "이 다이어그램을 보면 코딩하는 방법을 알 수 있겠죠?"라고 질문했다. 강의실은 멍한 눈빛으로 가득 찼다. 그들은 알지 못했다! 내가 칠판에 다이어그램과 코볼 프로그램의 각 부분을 연결하자 그들 눈에 불이 켜졌다. 그러자 그림이 없는 문서만으로도 다음 단계 작업에서 필요한 모든 정보를 전달할 수 있었다.

코드 유지 보수를 담당하는 프로그래머들은 문서가 오래되었다는 것을 알기 때문에 항상 코드를 읽고 이해하려고 노력했다. 관리자를 포함한 모든 사람이 이러한 불일치를 알고 있었지만 기존 방식을 계속 따랐다.

이 10년의 초반에는 IT 고객도, 나도 만족하지 않았다. 변화가 필요한 시점이었다.

그 무렵 래리 콘스탄틴에게 전화가 왔다. 그는 암달(Amdahl: 메인 프레임 컴퓨터 제조업체)의 RAD 방식 개발을 도와 달라는 요청을 받았다. 그는 (IBM과 컨설팅을 하고 있었기 때문에) 마찰을 우려해 거절했고 내게 관심이 있는지 물었다. 이것이 내가 RAD 세계에 입문하게 된 계기이자 샘 베이어와 수십 년간 이어진 우정의 시작이었다.

암달의 문제는 고객이 제품을 이해하지 못해 판매 주기가 길어지는 것이었다(때로는 18개월이 걸리기도 했다). 샘은 마케팅 관리자로서 도와줄 사람을 찾고 있었다. 내가 공학과 경영학을 복수 전공한 것처럼, 샘은 마케팅과 화학 박사 학위를 취득한 두 가지 배경을 가지고 있었다(화학이 마케팅에 필요한 교육인지는 모르겠지만). 우리는 금세 친구이자 동료가 되었다. 샘은 휴런(Huron)이라는 메인 프레임 RAD 소프트웨어 도구에 대한 마케팅 전략을 찾고 있었다.

샘은 판매 주기를 단축하고 잠재 고객에게 이 제품이 얼마나 빠르게 가치를 창출하는지 보여 주고 싶었다. 메인 프레임 소프트웨어는 비싼 가격을 고려할 때 쉽게 판매할 수 있는 제품은 아니었다. 샘과 나는 반복적인 RAD 방법론을 만든 다음, 이를 사용하여 4주 만에 고객 애플리케이션을 구축했다. 우리는 고객을 방문하여 다양한 암달 및 고객 담당자로 구성된 소규모 팀을 구성해서 매주 작동하는 소프트웨어를 제공하고, 매주 금요일마다 '고객 포커스 그룹'을 조직하여 고객 담당자에게 기능을 시연하고 피드백을 받았다. 4주가 끝나면 몇 배나 향상된 생산성과 품질을 보여 주는 통계와 함께 완전한 애플리케이션을 제공했다. 하지만 프로젝트는 간혹 고착화된 조직 장벽으로 인해 어려움을 겪었다. 뉴욕시의 한 은행에서 우리는 은행에 필요한 애플리케이션을 4주 만에 제공했지만, IT 운영 부서로부터 6개월 정도 후에나 애플리케이션을 설치할 수 있다는 답변을 들었다! 본격적인 어려움이 닥치기 전 이런 일이 일어나곤 했다. 샘과 나는 이러한 프로젝트를 수십 차례 수행했지만 단 한 번도 실패한 적이 없었다.

1994년 6월, 샘과 나는 『American Programmer』 저널에 「RADical Software Development」라는 제목의 글[Bayer, Highsmith, 1994]을 게재했다.[3] 샘은 나중에 회사 전체에 애자일 방식을 사용하는 코어비스트의 창업자 겸 CEO가 되었다.

나는 내게 펼쳐진 그대로 이 10년에 걸친 소프트웨어 방법론의 진화를 설명해 보려고 노력했다. 이 모든 것은 거의 2년 동안 샘과 함께 일하면서 시작되었다. 고객과 함께 수행한 RAD 프로젝트 수를 세어 보지는 못했지만 아마 수십 개가 되지 않았을까 싶다. 1년짜리 프로젝트를 진행하면(당시에는 드문 일이 아니었다) 특정 방법을 한 번씩 연습할 수 있다. 한 달짜리 프로젝트를 20개 수행하면 각 방법을 20번 연습할 수 있다. 샘과 나는 각 프로젝트에서 배운 것은 무엇이든 다음 작업에 적용했다.

---

3   이 책을 쓰느라 이 기사를 검토하면서 저자 약력에 내 첫 번째 이메일 주소(73030.432@compuserv.com)가 포함된 것을 발견했다.

이 10년의 초기에 RAD에 대한 글을 읽었지만 처음에는 일시적인 유행일 것으로 여겼다. 하지만 샘과 몇 년 동안 짧은 RAD 프로젝트를 함께 진행하면서 그 가능성을 깨닫기 시작했다. 매주 고객에게 실행 중인 기능을 발표하고, 소규모 협업 팀으로 작업하고, 일주일 단위 반복 작업을 통해 그 방법이 어떻게 작동하는지 확인하면서 모든 것이 잘 맞아떨어지기 시작했다. 내가 우려했던 점 중 하나는 많은 RAD 지지자가 기존에 입증된 기술 관행을 포기하는 것 같다는 점이었다. 앞서 언급한 「RADical Software Development」에서 샘과 나는 "신속한 개발 방법을 지지하는 일부 사람들은 이를 소프트웨어 엔지니어링 기술을 대체할 수 있는 방법이라고 생각한다. 하지만 고품질 시스템 구축에 대해 우리가 배운 내용을 포기하는 것은 정답이 아니다."라고 썼다.

마이크로소프트

1990년대 초 워싱턴주 레드먼드에 있는 마이크로소프트에서 5년간 워크숍 강의를 했는데, 당시 직원 수는 약 4000명이었다. 프로젝트 관리 워크숍을 몇 차례 진행하기는 했지만, 내가 주로 가르친 것은 소프트웨어 품질 역학(Software Quality Dynamics)이라는 과정이었다. 이 워크숍은 제리 와인버그가 마이크로소프트에 소개했고, 잠시 혼선을 겪은 후 린 닉스가 초대되어 계속 진행되었다. 린은 프로젝트 관리의 대부분을 담당했고 린의 초대를 받은 나는 소프트웨어 품질 과정을 담당했다. 제리가 맡았던 품질 강좌는 4권으로 구성된 그의 책《Quality Software Management》시리즈에 있는 자료를 바탕으로 했으며 강의는 즐거웠다. 제리는 학습에 영감을 주고 워크숍 참가자들에게 재미를 선사하는 게임과 시뮬레이션(하우스 오브 카드, 비즈 구슬 게임)을 설계하는 독특한 능력을 가지고 있었다.

하우스 오브 카드 게임으로 참가자들은 팀 역학을 직접적으로 연습할 수 있었다. 80열 천공 카드(오늘날은 찾기 어려워졌다)를 사용하여 구조물을 만드는 방식으로 진행되었다. 높이, 윗면과 아랫면의 비율 그리고 미적 요소에 대한 명세와 점수가 있었다. 연습 중간에는 한 팀의 구성원을 빼내 다른 팀에 배치했다. 새로운 팀원을 소개하면서 그 사람이 집짓기에 뛰어난 능력을 지녔다고 덧붙였다. 그러나 내가 말하지 않았던 것은, 각 치수에는 점수가 있었지만 각 팀의 점수 계산 방식이 다르다는 점이었다! 한 팀은 건물 아래가 크고 위가 작은 경우 점수를 획득했고, 다른 팀은 반대 척도를 사용하여 점수를 계산했다. 중간에 들어온 새로운 팀원은 다른 점수 표로 작업하던 사람이었기 때문에 당연히 디자인을 변경하려고 하면서 갈등이 발생하게 되었다. 게임이 끝나면 각 건물에 미적 점수를 매겼다. 이런! 참가자들은 항상 내 편견, 불공정 그리고 자의적인 점수에 대해 불평하며 점수에 대해 야유를 보냈다. 내 대답은 "고객들이 제품에 대한 평가를 자의적으로 하는 경우가 많다고 생각하지 않나요?"였다.

게임은 재미있었고 모두가 의자에서 일어나 와자지껄하게 문제에 대해 토론했다. 연습 시간의 마지막 30~35분은 참가자들이 배운 내용에 대해 다양한 질문을 하면서 토론하는 데 사용했다. 토론의 대부분은 사람과 사람 간의 상호 작용에 관한 것이었다.

10년 동안 구조화 방법과 폭포수 라이프 사이클로 일하면서 처음에 든 생각은 마이크로소프트가 전부 잘못하고 있다는 것이었다. 그다음에 든 생각은 '하지만 그들은 매우 성공적이다'였다. 폭포수 라이프 사이클 지지자들은 프로그래밍과 테스트가 대부분 '기계적인' 활동이라고 생각하면서 프런트엔드 요구 사항과 디자인에 집중했지만, 마이크로소프트는 프로그래밍과 테스트가 창의적인 부분이라고 생각하면서 역으로 강조점을 바꿨다. 그 이후 몇 년 동안 마이크로소프트의 프로세스에 대해 배우면서 나는 샘 베이어와 함께 개발하던 RAD 방법론이 확장 가능할 것이라는 확신을 갖게 되었다.

RAD에서 래디컬로

래디컬 소프트웨어 개발은 내가 만든 RAD 버전이고 이름만 더 근사하다는 것 그 이상의 차이점이 있다.[4] 하지만 그때는 그 차이가 무엇을 의미하는지 제대로 이해하지 못했던 것 같다. RAD는 속도에 관한 것이었다. 래디컬은 가치, 품질, 속도, 리더십, 협업에 관한 것으로 '프로페셔널 RAD'라고 부를 수 있다. 우리는 속도뿐 아니라 여러 측면에서 래디컬해야 했다. [Bayer, Highsmith, 1994]에서 샘과 나는 이 방법론의 다섯 가지 핵심 측면을 강조했다.

- 라이프 사이클은 정적인 문서 중심 프로세스에서 동적이고 진화하는 제품 중심으로 전환되어야 했다.
- 프로젝트 관리는 짧은 '타임박스'[5] 기법을 활용해야 했다.
- 진화적[6] 라이프 사이클이 필요했다.
- 래디컬에는 전담 팀이 필요했다.
- 뛰어난 엔지니어링 기술이 필수적이었다.

우리는 이 기사에서 '사고방식'이라는 단어를 사용하지 않았지만 에드

---

4 (옮긴이) 래디컬은 '근본적인', '급진적인'이라는 뜻이 있다.
5 (옮긴이) 타임박스 기법은 일정 시간 내에 특정한 작업을 끝내겠다는 목표를 세우는 것을 말한다.
6 이 기간 동안 나는 반복적이라는 단어 대신 진화적이라는 단어를 사용했다.

요던이 소개 글에서 이 단어를 사용했다. 이 기사의 마지막 문장은 현실이 되기까지 10년이 걸렸지만 미래를 예고하는 말이었다. "IT가 기업 리엔지니어링의 핵심이라면 이제 엔지니어 리엔지니어링에 대해 진지하게 고민해야 할 때다."

포틀랜드 모기지 소프트웨어

초기 고객이었던 포틀랜드 모기지 소프트웨어(Portland Mortgage Software)는 오리건주 포틀랜드에 있었다. 이 회사는 50개 주에서 모두 사용되는 담보 대출 처리 소프트웨어를 개발했는데, 각 주마다 담보 대출 처리 규정이 약간 또는 크게 차이가 있었다. 또한 연방 담보 대출 규정도 소프트웨어에 통합해야 했다. 이 회사는 대형 금융 회사를 위한 제품군과 소규모 금융 회사를 위한 개별 제품을 판매했다.

물론 일반적인 조직에서와 마찬가지로 법률, 회계, 소프트웨어 개발 등 각 전문 분야는 건물의 다른 구역에 자체적인 사일로화된 조직이 있었다. 사일로화된 그룹 간 의사소통은 개선의 여지가 많았다.

내 고객은 이 부서들의 납품 실적을 개선할 수 있도록 도와 달라고 요청했다. 나는 이들을 신속한 개발 과정에 참여시키는 것 외에도 교차 기능 제품 그룹으로 재편하여 팀으로 함께 배치하자고 제안했다. 한동안 변화가 진행된 후, 나는 개발 담당자에게 새로운 조직과 프로세스는 어떻게 운영되고 있는지 물었다.

"이전보다 더 나은 제품을 더 빨리 출시하고 있습니다."라고 그는 말했다.

"부정적인 점은 없나요?" 내가 물었다.

"아, 제품 팀들이 서로 충분히 소통하지 않는다고 불평한 적이 있습니다."라고 그가 대답했다.

"문제 해결 방안이 처음보다 더 많은 문제를 일으키지 않기를 바랄 뿐이다"라는 오래된 시스템 이론이 떠오른다. 변화에는 항상 좋은 결과와 좋지 않은 결과가 존재한다. 포틀랜드 모기지 소프트웨어와 함께 일하면서 솔루션은 프로세스, 조직, 성과 측정 등 무수히 많은 조합으로 제공되며 각 조직마다 필요한 솔루션은 다르다는 내 믿음을 확인했다. 내 생각은 '한 가지 크기가 모든 것에 맞다'는 모뉴멘털 접근 방식에서 '한 가지 크기는 한 가지에 맞다'로 계속 변화했다.

이 프로젝트를 통해 소프트웨어 제공 조직의 핵심으로서 교차 기능적이고 협력적인 팀에 대한 이해와 신념이 더 깊어졌다. 고객이 소프트웨어 회사였기 때문에 제품 관점에서 납품에 대해 알게 되었다.

IT

내가 RAD 작업을 진행하던 당시 기술은 빠르게 발전하고 있었다. 1990년에 월드 와이드 웹이 소개되었고, 같은 해에 윈도우 3.0이, 1993년에 모자이크 브라우저가, 1994년에 온라인 서점 아마존이 등장했으며, 1998년에 구글 검색 엔진이 데뷔했다. 윈도우는 95 버전으로 대대적인 업그레이드가 이루어졌다. 리누스 토르발스는 오픈 소스 소프트웨어 운동의 시발점이 된 리눅스를 소개했다. 윈도우는 마이크로소프트 오피스 제품군과의 조합 덕분에 IT 시장의 큰 부분을 차지하기 시작했다. 오피스 제품군이 개별 애플리케이션 시장을 잠식하면서 로터스, 워드퍼펙트, 노츠는 모두 몰락하고 말았다.

인터넷은 기업과 개인의 삶에 상상할 수 없는 연결성을 가져다주었고, 컴퓨서브와 아마존 같은 새로운 비즈니스의 성공을 가능하게 했으며, 기하급수적으로 성장할 개인 간 상호 작용 시대를 열었다. 컴퓨터에 능통한 기업가들이 사이버 세계를 이해하기 위해 고군분투하는 기존 사업을 압도하면서 연결성이 근본적인 변화를 주도했다.

객체 지향 프로그래밍의 발전과 주류 진입이 1990년대에 이루어졌으며, 1980년대의 절차적 언어(예: 코볼)에 대한 대안을 제공했다. 1960년대에 이 용어를 고안한 객체 지향 프로그래밍의 창시자 앨런 케이는 객체 지향 프로그래밍이 변화에 대한 적응성과 탄력성이라는 이점을 제공한다고 생각했다. 이 시기에는 스몰토크, 자바, C++와 같은 객체 지향 프로그래밍 언어 지지자들이 우위를 차지하기 위해 경쟁했다. 사용자 친화적인 GUI를 갖춘 윈도우와 맥, 새로 개발된 브라우저를 통한 인터넷 연결 그리고 객체 지향 프로그래밍이라는 세 가지 기술은 소프트웨어 개발의 방향을 전환하는 계기를 만들었다.

이 10년 동안 우리 고객은 포틀랜드 모기지 소프트웨어 같은 소프트웨어 회사 그리고 나이키 같은 기업의 대규모 IT 조직이었다(이 장의 뒷부분에서 나이키에 대해 자세히 설명한다). 당연히 나는 IT 조직이 어떤 문제에 직면하고 있는지, 그 문제를 해결하기 위해 어떤 시도를 하고 있는지 파악해야 했다. 기업들은 '시간이 너무 오래 걸리고, 비용이 너무 많이 들고, 우리의 요구 사항을 충족하지 못하는' 문제를 해결하기 위해 다양한 솔루션을 시도하고 있었다. 몇몇이 RAD를 시도할 때 대부분은 전통적인 방법론을 고수했지만 RAD에 대한 관심이 높아지면서 새로운 접근 방식이 필요하다는 것을 알 수 있었다. 다른 접근 방식과 마찬가지로 RAD에 대한 비판도 많았고 그 비판 중 한 가지는 옳았다. RAD 개발자들은 애플리케이션이 점점 더 빠르게 노후화되고 있다고 가정했다. 시스템 폐기가 얼마 남지 않았기 때문에 품질보다는 속도에 중점을 두었다. 안타깝게도 이러한 가정은 잘못된 것이었고 소프트웨어 유지 보수에 대한 고민만 가중시켰다.

이러한 IT 분야의 문제 외에도 기술 부채에 대한 이해가 증가하고 있었지만 여전히 미약한 수준이었다. 일반 관리자와 IT 관리자 모두 예측 가능성과 엄격성에 매료되면서 유형적인 장치와 무형적이고 유연한 소프트웨어의 근본적인 차이를 잊었다. 장치는 공장에서 한 번 나오면 변하지 않는다. 소프트웨어는 변할 수 있고 실제로 변한다. 이러한 근시안적 사고는 기술 부채라는 심각한 문제를 야기하여 가변적 특성이 있는 소프트웨어를 고비용에 엉망진창으로 만들었다.

IT 영역 내에서는 이러한 모든 문제를 해결하기 위해 아웃소싱 및 엔터프라이즈 패키지 소프트웨어 도입 전략이 많이 알려져 있다. 나는 이러한 두 영역과 관련이 없었지만, 이 방식들은 확실히 IT 조직에 영향을 미쳤고 해당 조직이 규범적 솔루션(prescriptive solution)[7]으로 기울게 했다. 또한 기다리느라 지친 비즈니스 사용자들은 최종 사용자 컴퓨팅(end-user computing)[8] 솔루션을 채택하기 시작했다.

1990년대에 기업들은 '모든 것을 인도로 보내라'는 말로 요약할 수 있는 만트라[9]를 따르는 방식으로 부분적으로 대응했다. 이러한 추세의 한 부분은 소프트웨어 유지 보수 및 대규모 개발 프로젝트의 프로그래밍 단계를 해외로 아웃소싱하는 것이었다. 소프트웨어 아웃소싱의 이면에는 최소한의 의사소통으로 숙련도가 낮고 비용이 적게 드는 프로

---

7 (옮긴이) 패키지 솔루션은 사전 구축된 비즈니스 프로세스와 로직을 포함하고 있다. 그런 의미에서 규범적 솔루션은 문제나 상황에 대해 명확한 지침이나 규정을 제시하는 해결책을 의미한다.
8 (옮긴이) 기업 내에서 컴퓨터 시스템을 사용하여 실제로 업무를 하는 사람(최종 사용자)이 적극적으로 시스템 구축, 운용, 관리에 참여하는 것을 의미한다. 외부 업체나 IT 팀에만 의지하면 정말로 업무에 도움이 될 만한 시스템을 구축하기가 어렵다는 의견이 최종 사용자 컴퓨팅을 낳았다.
9 (옮긴이) 만트라는 원래 힌두교, 불교에서 수행에 쓰이는 '참된 말, 진리의 말'을 의미하지만 영어권에서는 종교적 의미와 상관없이 '구호' 또는 '주문'이라는 뜻으로 쓰인다.

그래밍을 수행할 수 있다는 가정이 깔려 있었다. 많은 아웃소싱이 예측 가능성과 규범적 관행이라는 잘못된 전제를 바탕으로 이루어졌고, 인도 기업들은 엄격한 CMM 표준 준수를 홍보하기 위해 서둘렀다.[10]

1세대 운영 비즈니스 소프트웨어[11]는 이제 투박하고 시대에 뒤떨어졌다. 기업들은 노후화된 레거시 시스템을 현대화하고자 할 때 사내에서 직접 구축하거나 패키지를 구매해야 하는 두 가지 어려운 선택에 직면했다. 두 가지 옵션 모두 비용이 많이 들고 위험했지만 많은 기업이 대규모 전사적 자원 관리(enterprise resource planning, 이하 ERP) 시스템과 고객 관계 관리(customer relationship management, 이하 CRM) 시스템을 구매, 설치, 도입하기로 결정했다. ERP와 CRM 구현은 각각 몇 년이 걸렸으며 대형 컨설팅 회사에서 관리하는 경우가 많았다. 대규모 패키지 소프트웨어 애플리케이션을 아웃소싱하고 구현하는 과정에서 IT 팀은 다가오는 인터넷 격변기에 필요한 전문성을 잃게 되었다. 이러한 다년간의 구현 프로젝트 중에 인터넷이 폭발적으로 성장하면서 재작업이 필요하게 되었고, 이러한 운영 시스템을 외부 고객과 연결하기 위해 투박한 방식이 사용되었다. 샘 베이어의 코어비스트 같은 소규모 기업은 ERP 시스템에 정교한 고객용 애드온 솔루션을 제공함으로써 성공을 거두었다.

RAD 방식을 주도한 요인은 또한 최종 사용자 컴퓨팅이라는 유행을 낳았다. 증가하는 사용자 요구, 모든 사람의 책상 위에 놓인 PC, 스프레드시트 및 RAD 도구의 정교함이 합쳐져 최종 사용자 컴퓨팅 개발이

---

10 CMM은 SEI의 산물이다. CMM은 학습을 장려했지만 '성숙도' 수준을 얻기 위해 구현해야 하는 문서와 프로세스의 눈보라 속에서 사용자는 길을 잃었다. 이 책에서는 CMM과 CMMI(integration)의 차이점에 대해서는 다루지 않겠다.

11 (옮긴이) 기업의 일반적인 업무를 지원하고 개선하는 소프트웨어다. 회계 및 재고 관리 자동화, CRM, 영업 애플리케이션, 워크플로, 데이터 통합 기능을 제공한다.

가능해졌지만 장점뿐 아니라 단점도 있었다. 이러한 최종 사용자 애플리케이션은 빠르고 응답성이 뛰어날 수 있다. 하지만 복잡한 스프레드시트를 개발하는 재무 부서 분석가에게는 테스트 기술이 거의 없었기 때문에 버그가 자주 발생했다. 서던 뱅크(Southern Bank)의 한 '생산성' 컨설턴트는 담보 대출 처리 서비스 가격을 책정하기 위해 이러한 스프레드시트를 개발했다. 은행은 이 스프레드시트를 1년 동안 사용하다가 오류로 인해 향후 15~30년 동안 모든 담보 대출에 대해 손실을 입는다는 사실을 알게 되었다. 당시에는 PC 스토리지가 사용하기 쉽거나 안정적이지 않았기 때문에 백업 및 복구도 큰 문제였다. 1990년대 초반 한 시기에 내 백업 방법은 3.25인치 디스켓 20개를 사용하는 것이었다. 얼마나 자주 백업했을지 추측해 보라.

스프레드시트 개발자의 동료들은 스프레드시트를 복사해 주로 직접 수정했다. 사용자는 온라인에서 데이터를 조회하고 스프레드시트에 수동으로 데이터를 입력했다. 이제 네다섯 가지 버전의 스프레드시트가 떠돌아다녔다. 재무 부서 관리자는 모든 스프레드시트 버전을 통합하고, 여러 사용자를 위해 애플리케이션을 확장하고, 보안 조치를 적용하고, 운영 시스템에서 데이터를 추출하여 스프레드시트를 채우고, 버그를 수정해 달라는 요청을 IT 부서에 전달했다. IT 부서 소프트웨어 개발자는 일반적으로 스프레드시트에 대한 경험이 없었고, IT 부서에는 다른 업무도 쇄도하고 있었기 때문에 이러한 요청에 대한 일반적인 답변은 "자신이 만든 건 자신이 직접 고치세요."였다. 이러한 태도는 비즈니스 부서에서 IT 부서에 대해 내리는 평판에 좋지 않은 영향을 미쳤다.

모든 기술이나 방법론에는 효과적이고 유익한 '최적의 지점'이 존재한다. 하지만 처음에는 명확하지 않은 함정도 있다. 과거가 현재를 알려 주는 예로, 1990년대 최종 사용자 컴퓨팅과 2020년대 초 '로 코드' 또는 '노 코드' 도구 사용 사이에 유사점이 있을까?

1990년대 중후반 인터넷의 급속한 성장은 의사소통에 즉각적인 영향을 미쳤고 아마존과 같은 기업의 부상에 큰 영향을 미쳤다. 하지만 모든 기업에도 지속적이고 중대한 영향을 미쳤다.

> 인터넷은 소프트웨어 개발의 초점을 내부 비즈니스 시스템에서 외부 고객 대면 시스템으로 전환했다.

오늘날 우리는 주 정부 온라인 시스템에서 운전면허증을 갱신하고, 은행 온라인 시스템에서 청구서를 지불하고, 휴대 전화로 주식을 사고, 트위터에 최근 일상을 게시하는 것을 당연하게 여긴다. 이전에는 고객이 주문 처리 담당자에게 전화를 걸어 요청하면 담당자가 주문 입력 시스템에 주문을 입력했다. 그러다가 1990년대에 들어서면서 기업들은 고객 대면 애플리케이션, 즉 사람이 직접 대면하지 않고도 주문을 처리할 수 있는 애플리케이션을 구축하기 시작했다.

이러한 변화는 인터넷, GUI, 개인용 컴퓨터 사용 확대와 성능 발전에 의해 주도되었다. 그림 4.2에서 볼 수 있듯이 이제 개인은 GUI, 마우스, 유선 전화용 음향 결합 모뎀을 통해 외부 통신에 접근할 수 있게 되었다. 출장 시 호텔 방에서 음향 결합기[12]를 사용하여 인터넷에 연결하려다 낭비한 총 시간을 추정해 본 적은 없지만 내 경험에 비추어 볼 때 상당할 것이다.

IT 시스템 내부 고객의 경우, 기술적인 제약으로 인해 인터페이스 디

---

12 (옮긴이) 전화선으로 오는 전기 신호를 소리로 변환하고 소리를 전신 타자기 등 단말에 필요한 전기 신호로 변환하는 인터페이스 장치다. 위키백과 한국어판 '음향 결합기' 페이지에서 실물 사진을 볼 수 있다.

그림 4.2 태동기 상호 작용

자인이 형편없는 경우가 많았다. 1980년대 후반에는 터미널이 문자 기반이었기 때문에 사용자 화면이 데이터 필드로 가득 차 있었고, 디자인 목표에 사용자 편의성은 거의 포함되지 않았다. 주문 처리 담당 직원의 경우 하루에 주문 수백 건을 입력해야 했기 때문에 입력 속도가 가장 중요했다. 하지만 외부 사용자는 주문 처리 건수가 많지 않았기 때문에 '사용자 친화적인' 인터페이스가 필요했다. 그래픽 인터페이스 초창기에는 디자이너가 이 두 사용자 그룹을 혼동하여 내부 사용자에게 '친화적인' 인터페이스를 제공하는 바람에 속도가 현저히 느려지기도 했다! 좋은 디자인에 대한 인센티브와 가이드라인은 아직 초기 단계에 머물러 있었다. 하지만 상황이 곧 바뀌었다. 이제 기업들은 고객의 클릭을 얻기 위해 경쟁하기 시작했고, 인터페이스 디자인은 성공의 핵심 요소로 급부상했다. 애플, 아마존, 마이크로소프트의 GUI 개발자들은 인터페이스 디자인에 투자하고 이를 전문 역할로 인식했지만, 대부분의 IT 조직은 그 필요성을 깨닫는 데 시간이 걸렸다. 1980년대에는 문자 기반 단말기만 사용할 수 있었고 트랜잭션 처리 시스템의 기능이 제한적이었기 때문에 정말 형편없는 사용자 인터페이스가 일반적이었다. 이 시기에는 내부 직원이 이러한 디자인을 감수해야 했기 때문에 부실한 디자인이 큰 문제가 되지 않았다. 하지만 1990년대에는 외부 고객이 더 나은 인터페이스를 요구하거나 다른 경쟁사로 이동하면서 상황이 뒤집혔다.

새로운 '인터넷' 기업들은 너무 느리고 혁신에 도움이 되지 않으며 재미도 없는 모뉴멘털 방법을 기피했다. 처음에는 인터넷 기업과 기존 기업 사이에 이러한 차이가 나타났다. 나중에는 인터넷 시스템을 개발하는 그룹이 기존 시스템 개발 그룹에서 분리되면서 기업 내부에 틈이 생기게 되었다. 기존 그룹은 인터넷 애플리케이션 개발자를 '장난감 시스템'을 개발한다고 무시했고, 인터넷 그룹은 기존 개발자를 공룡으로 취급했다.

이러한 새로운 애플리케이션의 경우 요구 사항이 모호했다. 과거 주문 처리 자동화 시기에는 분석가가 주문 처리 부서에 가서 직원들에게 업무 처리 방법을 물어보곤 했다. 작업은 복잡할 수 있지만 확실한 시작점이 있었다. 하지만 새로운 기술이 등장하고 요구 사항이 변화했는데 고객 사용자 인터페이스는 초기 단계에 있었다. 폭포수 라이프 사이클은 이러한 수준의 불확실성을 다루기에 적합하지 않았다.

인터넷의 부상과 그에 수반된 혁신은 규범적인 방식의 추진을 뒤엎는 데 도움이 되었다. 초기 애자일 전문가 중 상당수(켄트 벡, 앨리스터 코번, 마틴 파울러, 론 제프리스, 로버트 마틴)는 1990년대 중반에 객체 지향 프로그래밍 전문가였다. 나와 이메일을 주고받으면서 마틴 파울러가 다음과 같이 지적했다. "나는 첫 직장에서부터 폭포수에 대해 매우 회의적이라고 배웠기 때문에 애자일에 대해 이미 준비되어 있었습니다. 또한 나는 항상 진화적 설계를 강하게 선호하고 있었고, 이를 실행할 수 있는 이론적 도구와 소프트웨어 환경(이를테면 스몰토크)을 갖춘 객체 지향 세계에서 일을 시작했습니다. 반면에 당신은 우리 객체 지향 개발자보다 주류 사고에 훨씬 더 가까웠어요."

구조적 방식에서 래디컬로 전환하는 데는 어려움이 따랐다. 기업이 새로운 제품을 출시하기 위해 기존 제품을 카니발라이징[13]하는 방법을 배워야 하듯이 나는 타이밍에 대해 배웠다. 나는 구조적 작업을 충분히 해 오다가 래디컬 작업을 위해 처음부터 다시 시작해야 했다. 콘퍼런스 강연에서 많은 사람을 끌어모았지만 내 서비스를 구매한 사람은 많지 않았다. 프로젝트를 실험할 수 있게 해 준 사람들에게는 영원히 감사할 따름이다.

나이키

내가 구조화 방법에서 래디컬 방법으로 전환하는 데 있어 또 하나의 큰 전환점이 된 것은 오리건주 비버튼에 있는 나이키와 함께 일한 것이었다. 나이키는 운동선수들이 사방에서 뛰어다니는 곳이었으며, 마이클 조던과 같은 유명 운동선수의 이름을 딴 건물과 잘 알려지지 않은 운동선수의 이름을 딴 회의실도 있었다. 빌딩 C, 13-002호에서 만나자고 초대를 받은 것이 아니라 마이클 조던 빌딩, 피트 마라비치[14] 룸으로 초대받았다.

나이키에서 몇 년 동안 일하면서 첫 번째 래디컬 프로젝트 구현, 래

---

13 (옮긴이) 한 기업의 신제품이 기존 주력 제품의 시장을 잠식하는 현상을 의미한다. 자기 잠식 현상이라고 한다.
14 (옮긴이) 1970~80년까지 활약한 미국 프로 농구 슈팅 가드. 1977년 2월에 열린 시합에서 한 경기 68득점이라는 기록을 세우기도 했다. 심장 마비로 40세의 나이에 세상을 떠났다.

디컬 개발 및 촉진에 관한 워크숍 교육, 대규모 엔터프라이즈 데이터 프로젝트 관리 등 세 가지 영역에 집중했다. 이 일을 하면서 래디컬 실천 방법에 대한 자신감이 커졌다.

내게 등산을 소개해 준 친구 제리 고든이 나이키에서 일하게 되었는데, 고위 임원에게 래디컬을 소개해 달라고 내게 의뢰했다. 한 부서의 프로젝트가 정상 궤도를 벗어난 상태였다. 요구 사항 문서를 작성하는 데만 18개월이 걸렸고 그러고 나면 이미 구식이 되어 있었다. 해당 부서 부사장은 진척이 없어 답답해하고 있었다. 나이키의 자유로운 분위기를 고려할 때 임원 면접에 어떤 옷을 입어야 할지가 가장 큰 고민이었다. 캐주얼한 비즈니스 복장에 빨간색 나이키 운동화를 신었더니 임원진의 눈에 띄어 일을 맡을 수 있었다.

샘과 내가 개발한 방법론을 사용하여 한 달 반복 주기로 6개월 만에 구동하는 애플리케이션을 제공했다. IT 직원들의 마음을 사로잡은 기법 중 하나는 비즈니스 요구 사항과 소프트웨어 기능을 신속하게 파악하기 위해 IT 직원과 고객 직원을 모두 포함한 팀 세션을 활용하는 것이었다. 이러한 그룹 세션은 회고에도 사용되었다. 나는 이러한 JAD (joint application development) 기법에 대한 여러 워크숍을 진행하면서 나이키가 퍼실리테이터[15] 팀을 구축하는 데 도움을 주었다.

나이키 프로젝트의 한 가지 난관은 다른 기능 부서와 반복 개발 방식으로 일하는 것이 지속적으로 문제가 된다는 점이었다. 첫 번째 반복이 끝난 후, 나는 사흘간의 래디컬 워크숍에 참석했던 프로젝트 데이터베이스 관리자와 함께 앉아 두 번째 반복에 필요한 데이터베이스 변경 사항을 정리했다.

---

15 (옮긴이) 단순 진행자와는 달리 워크숍 참여자들이 창의적인 의견을 제시할 수 있도록 분위기를 조성하고 효율적인 의사 결정을 통해 조직의 목적을 달성할 수 있도록 돕는 사람이다.

"아, 아니에요." 그가 말했다. "이해를 못하시네요. 데이터베이스 분야에서는 데이터베이스를 한 번에 설계하고 구현해야 합니다. 모든 엔터티와 속성을 정의하고 나서 한 번만 구현하면 됩니다."

나는 "반복 주기를 한 번 마칠 때마다 애플리케이션이 나오기 때문에 데이터베이스 설계도 변경해야 한다고 워크숍에서 얘기했는데 기억 못 하시나요?"라고 말했다.

그가 반박했다. "하지만 우리 부서에서는 그런 식으로 일하지 않습니다. 반복 설계는 개발자를 위한 것이라고 생각해요. 우리는 당신 방식대로 할 수 없어요."

"알겠습니다."라고 나는 대답했다. "이전에 아무런 결과도 내지 못했기 때문에 제품 라인 부사장님이 이 RAD 스타일의 프로젝트를 승인했습니다. 저와 함께 부사장님 사무실로 가서 당신의 표준 작업 방식을 설명해 드리시죠."

잠시 머뭇거리던 그는 "이 프로젝트에서만이라도 할 수 있는 방법을 찾아볼 수 있을 것 같습니다."라고 말했다. 그리고 그는 해냈다.

첫 번째 반복이 끝날 때 고객 포커스 그룹 기능 시연에 고객 부사장이 참석했다. 부사장은 작동하는 기능 시연을 본 후 자리에서 일어나 그룹에 감사를 표하며 "정말 훌륭합니다. 다시는 IT에 대해 부정적인 말을 하지 않겠습니다!"라고 말하며 마무리했다. IT 팀은 자신들이 들은 이야기가 믿기지 않았다.

라이프 사이클의 어느 부분을 반복할 수 있고 어느 부분을 반복할 수 없는지에 대한 논쟁은 애자일 태동기 후반과 애자일 초기에 반복되었다. 순차적인 폭포수 접근 방식은 조직 설계에 영향을 미쳤을 뿐 아니라 더 넓은 IT 산업으로 확장되었다. 기업 내 사일로와 비슷하게 업계에도 사일로가 존재했다. SEI 콘퍼런스에는 모뉴멘털 방법론가들이, 소프트웨어 디벨롭먼트(Software Development) 콘퍼런스와 같은 소프트웨어 콘퍼런스에는 전통적인 개발자들이, 객체 지향 프로그래밍 콘퍼런스에는 객체 지향 프로그래머들이, 데이터베이스 관리 콘퍼런스에는 데이터베이스 설계자들이 참석했다. 콘퍼런스 종류에 따라 해당 지지자들이 참석했다. 데이터베이스와 소프트웨어 개발 그룹 사이에 가장 큰 불화가 있었다. 동료 스콧 앰블러와 켄 콜리어는 수년간 데이터베이스 커뮤니티가 애자일 방식을 수용하도록 노력했기 때문에 이런 상황을 잘 알고 있었다.

나는 6개월 동안(매주 솔트레이크시티에서 출퇴근하며) 나이키의 프로젝트를 관리했다(프로젝트에 참여한 유일한 비나이키인이었다). 이 프로젝트에서 나는 협업과 자기 조직화 팀 방식을 사용했다. 이 엔터프라이즈 아키텍처 프로젝트는 여러 비즈니스 부서와 관련이 있었기 때문에 접근 방식을 결정해야 했다. 팀은 현재 시스템의 심각하고 부정적인 결과에 대한 이야기에 집중하자는 아이디어를 생각해 냈다. 나는 시간 낭비라고 생각해서 이 접근 방식이 마음에 들지 않았지만 팀원들이 좋아해서 계속 진행했다. 내가 틀렸었다. 이 분석은 비즈니스 관리자에게 문제의 심각성을 설명하는 데 결정적인 역할을 했고, 우리의 권장 사항을 추진하기로 합의하는 데 큰 도움이 되었다.

또한 기존의 규범적인 업무 계획과 달리 유동적이고 적응적인 계획에 대해 다양한 반응을 목격했다. 중요한 기여를 한 팀장 한 명이 직원 회의에서 모호한 계획에 불안해하는 모습을 보였다. 나는 그를 위해 일련의 작업을 메모하고 그룹과 함께 논의했다. 회의가 끝난 후 다른 팀장 한 명이 "그렇게 일하면 안 될 것 같아요."라고 말했다. 나는 "동의합니다."라고 대답하면서 "하지만 구체적인 무언가를 일시적으로 제공해서 그의 불만을 잠재울 필요가 있었습니다."라고 말했다.

또 다른 학습 사례는 의사 결정과 관련이 있었다. 포커스 그룹 세션을 진행하기 위해 여러 팀원이 출장을 가야 했다. 나는 무엇이 필요한지 고민한 후 세 명에게 업무를 주었다. 여기에는 매력적인 유럽 사무소 출장도 포함되었다. 사소한 결정이라고 생각했지만 팀원들은 동의하지 않았다. 그들은 누가 선발되었는지에 동의하지 않는 것이 아니라 내가 아닌 팀이 결정했어야 하는 일이라고 생각한다고 알려 주었다. 자율적으로 조직되는 팀을 구성할 때 누가 어떤 결정을 내리느냐에 따라 자율 조직이 촉진될 수도, 저해될 수도 있다. 이 사건을 되돌아보면서 누가 결정을 내리는지도 중요하지만, 그에 못지않게 팀이 편안하게 문제를 제기하는 것도 중요함을 깨달았다.

프로젝트 관리 서적과 PMBoK을 살펴보면서 의사 결정 관행에 대한 언급이 거의 없다는 사실을 발견했다. 《ASD》에서 의사 결정에 대해 여러 번 언급하기는 했지만, 더 자세한 논의는 내가 쓴 《Agile Project Management》[Highsmith, 2009]에서 찾아볼 수 있다.

컨설턴트 캠프와 제리 와인버그

1990년대 중반, 나는 린 닉스의 초대를 받아 콜로라도 야생화의 수도라고 할 수 있는 크레스티드 뷰트 산악 마을의 노르딕 롯지(Nordic Lodge)에서 열리는 연례 수련회 형식의 컨설턴트 캠프에 참가하게 되었다. 이 행사의 주최자(다른 사람들도 기획에 참여)였던 제리 와인버그는 매년 여름 다양한 그룹을 모아 무거운 주제에 대해 토론하고 장거리 산행을 하는 행사를 기획했다. 나는 이 행사를 통해 '참가자가 직접 기획하는' 콘퍼런스를 처음 접했다. 이 회의와 여타 비슷한 회의로는 '오픈 스페이스'[16] 개념을 사용한 초기 사례가 있었다.

첫날 아침 그룹이 모이고, 사람들이 발표할 세션을 제안하고, 그룹이 세션을 선택하고 일정을 잡고 나서 사람들이 신청했다. 제리는 항상 몇 가지 아이디어를 제시했다. 내가 자기 조직화에 입문하게 된 계기이기도 했다. 제리는 내 적응형 연구에서 나오는 리더십 스타일과 일치하는 방식으로 지도하고 격려했다. 이런 새로운 경험을 되돌아보며 캠프에 자주 참가했던 스티브 스미스는 2022년의 대화에서 다음과 같이 언급했다.

> 우리가 무엇을 하고 있는지 전혀 이해하지 못한다는 것을 알았습니다. 자기 조직화 부분은 제게 정말 이상했습니다. 그리고 세션에 무엇을 기대해야 할지 몰랐어요. 세션에서 무엇을 제공받을지 몰랐죠. 제리는 크나큰 영향력을 지닌 사람이었어요. 제리는 어떤 것도 강요하지 않고 그냥 분위기를 조성해 주었어요. 가끔 결정을 강요할 때도 있었지만 그게 필요했을 수도 있죠. 뭐라 말하기 어렵네요.

캠프 참가자 중 다수는 제리와 대니 와인버그가 만든 문제 해결 리더십 워크숍의 졸업생이거나 강사였다. 참가자들은 문제 해결 리더십 워크숍에 대해 탁월하고 혁신적인 소셜 학습 경험이라고 극찬했다. "정말 큰 영향을 받았어요."라고 스티브는 말했다. 내 할 일 목록에도 오랫동안 올라와 있었지만 어떻게 된 일인지 문제 해결 리더십 워크숍에는 참석하지 못했다.

키가 큰 스티브 스미스와 나는 격렬한 하이킹을 하며 그날 주제에

---

16 (옮긴이) 미리 정해진 주제나 일정 없이 참가자들이 원하는 주제에 대해 함께 토론하고 합의하는 것을 의미한다. 조직 내 의사 결정력과 창의성을 높이는 데 도움이 된다.

대한 대화를 나누었으나, 사실 가쁜 숨을 몰아쉬느라 대화는 조금 뒷전으로 밀렸다. 스티브와 나는 연락을 계속 주고받았고, 그는 내 첫 번째 책에 중요한 도움을 주었다. 또한 캠프에서 데이비드 로빈슨을 처음 만났는데, 20년 후 그는 나와 함께 《EDGE: Value-Driven Digital Transformation》[Highsmith, Luu, Robinson, 2020]을 공동 집필했다. 그리고 스리(III)가 있었다.

스리(그의 법적 이름이다)는 우드스톡이나 버닝 맨 페스티벌[17]에서나 볼 수 있는 사이키델릭한 1970년대식 폭스바겐 밴을 타고 매년 여름 컨설턴트 캠프에 도착했다. 불순응주의자 그룹에서도 스리는 반항적이고 상징적인 인물이었다. 그는 머리가 길었고 사진 찍는 것을 기피했는데, 우리는 그 이유가 어느 정도는 그가 지닌 영성이나 독특함 때문이 아닐까 추측했다. 하지만 스리는 사교적이고 웃음이 많았으며 함께 있으면 즐거운 사람이었다. 흥미롭게도 그의 모험적인 삶의 방식은 전통적인 업무 방식에 영향을 미쳤다. 구조적 시대의 배경을 지닌 그는 사람과 사람 사이의 상호 작용, 특히 퍼실리테이션에 매력을 느꼈다. 그는 프로젝트 그룹 세션을 진행하고 퍼실리테이션 워크숍에서 가르쳤다. 그의 모험적인 생활 방식과 신중한 업무 스타일은 서로 잘 어울렸다. 그의 수업은 재미있고 유익한 연습으로 가득 차 있었고, 그의 태도는 참가자들이 평소와는 다른 방식으로 기여하도록 격려했다. 버튼다운 셔츠와 정장 차림의 강사가 슬라이드에 요점이 가득한 내용을 설명하는 것에 비해 소박하고 히피처럼 생긴 스리가 진행하는 재미있고 연습이 많은 수업에 어떤 식으로 마음을 열게 될지 상상해 보라.

스리는 프로젝트 시작 프로세스에 대해 단호했는데, 그는 차터링이

---

17 (옮긴이) 미국 네바다주 블랙록 사막에서 개최되는 행사다. 버닝 맨이라는 이름은 사람 모양의 조형물 더 맨(The Man)에 불을 붙여 완전히 소각하는 데서 유래했다.

라고 부른 방법이 효과적임을 알고 그것을 고수했다. 한 고객이 참여한 스리와의 협업에서 내가 몇 가지를 바꾸려고 애썼던 기억이 난다. 스리는 꿈쩍도 하지 않았다. 결국 누가 이겼는지는 기억나지 않지만 분명 스리였을 거다. 이후 몇 년간 스리를 몇몇 고객과의 협업에 참여시키려면 신중한 선택이 필요했다. 일부 고객이 그의 외적인 모습을 극복하는 데 어려움을 겪었기 때문이다. 자기들 손해였다. 그러나 일단 업무를 시작하면 고객들은 그의 스타일에 긍정적으로 반응했다.

캠프에서는 격렬한 논쟁이 많았다. "사랑을 측정할 수 있는가?"라는 질문에 대한 스티브의 고전적인 대답이 생각난다. 많은 엔지니어가 무엇이든 측정할 수 있다고 믿었다. 진화적 개발의 창시자인 톰 길브와 테스트 전문가인 제임스 바크가 맞섰다. 톰은 갈바닉 피부 반응(피부 전기 전도 변화)으로 '사랑'을 측정할 수 있다고 주장했다. 대표적인 베스트셀러인《갈매기의 꿈》[Bach, 1970][18]을 쓴 아버지(리처드 바크)를 둔 제임스는 전혀 동의할 수 없었다. 톰은 자존심이 강했다. 제임스는 지는 것을 싫어했다. 논쟁은 오후 내내 계속되었고, 구경꾼들이 방 안팎을 돌아다니며 가끔 한두 마디씩 던지기도 했다. 지는 것을 싫어하는 두 명의 똑똑하고 독단적인 아이콘이 맞붙는 전형적인 캠프 토론 질문이었다. 유쾌한 통찰력과 훌륭한 엔터테인먼트!

'르네상스 맨'은 제리 와인버그에 대한 적절한 표현일 것이다. 그는 소프트웨어 개발과 일반 시스템 이론에 관한 글을 썼지만, 사람과 변화에 대한 이해가 그의 강점이었다. 그는 아이디어와 우정으로 내 경력

---

18 《갈매기의 꿈》은 『뉴욕타임스』 베스트셀러 목록에서 2년 동안 1위를 차지한 경이로운 베스트셀러였다. 이 책은 개인의 힘과 자신의 길을 찾는 기쁨을 찬양했다. 제임스 바크가 사랑에 대해 측정할 수 없다는 관점을 지닌 것은 당연하다.

을 발전시킨 동료였다. 동료 컨설턴트였던 제임스 바크는 2018년 제리가 세상을 떠난 후 감동적인 추모 글을 썼다. "제리가 내게 보여 준 것은 잔인하지 않으면서 진정성을 갖는 방법, 비열한 세상에서 정직성을 갖는 방법, 불확실성 속에서 자신감 있게 살아가는 방법, 스승에게 배우면서 토론하는 방법, 학생에서 동료로 전환하는 방법, 다른 사람의 동의를 구하지 않고 스스로 주체성을 갖는 방법 등이다."[19]

스티브 스미스는 다음과 같은 말을 했다.

> 제리에게 배운 한 가지는 누군가 관찰자가 되어 실습 중에 본 것을 그룹에 보고하도록 하는 것이었다. 간단하지 않은가? 세션 중에 일어난 일에 대해 외부인의 관점을 갖는 것은 매우 중요하다. 하지만 대부분의 사람이 알려 주려고 한 건 자신의 해석이었다. 내가 매우 구체적인 지시를 내렸을 때도 사람들은 해석 모드로 전환했다. 그러면 나는 여러분의 임무는 듣고 본 것을 기록하는 일이지, 해석하는 일이 아니라고 말했다. 법정 기자와 같다고 말이다. 그런데 몇 년에 걸쳐 그런 일이 반복해서 일어났기 때문에 표준 패턴이 되었다. 명시적인 지시가 있어도 사람들은 여전히 해석 모드에 들어갔다.

제리는 이러한 의사소통 패턴에 대해 이야기하는 것만으로는 충분하지 않음을 알고 있었다. 그런 패턴은 직접 경험해 봐야 했고 제리는 이 장의 앞부분에서 언급한 하우스 오브 카드 게임과 같은 경험적 연습의 달인이었다. 몇 년 후 내가 참석했던 애자일 전문가 회의에서 바로 이 해석상의 문제가 발생했다. 한 참가자는 회의 '기록자'가 플립차트의 '데이터'를 기록하지 않고 자신의 해석을 기록한다는 사실을 알게 되었

---

19 제임스 바크의 제리에 대한 헌사는 그의 웹사이트(*www.satisfice.com*)에서 확인할 수 있다.

다. 그녀는 자신이 기록 작업을 맡겠다고 부탁했고, 자신의 해석보다 언급된 내용을 기록하는 데 집중했다.

제리는 다양한 주제에 대해 많은 책을 썼다. 그의 《프로그래밍 심리학》[Weinberg, 1971]은 내 서재에 아직도 보관되어 있다. 그가 쓴 《프로그래밍 심리학》과 《An Introduction to General Systems Thinking》[Weinberg, 2001]은 모두 고전이다. 도싯 하우스에서 두 권 모두 '실버 에디션'으로 재발간했다.

제리는 격언을 좋아했다. 일련의 '법칙'으로 제시되는 이 격언은 복잡한 아이디어를 간결하게 표현한 것이었다. 다음은 몇 가지 예다.

- 쌍둥이의 법칙: 대부분의 경우, 아무리 많은 노력을 기울여도 큰 의미가 있는 사건은 일어나지 않는다(예: 쌍둥이는 얼마나 자주 태어날까?).
- 5분 법칙: 고객은 문제를 해결하는 방법을 늘 알고 있으며 처음 5분 안에 해결책을 항상 알려 준다.
- 소프트웨어가 작동하지 않아도 된다면 언제든지 다른 요구 사항을 충족할 수 있다.
- IQ가 높다는 것은 CPU의 컴퓨팅 속도가 엄청나다는 것과 같다. 문제가 많은 입력 또는 출력을 포함하지 않는 한 문제 해결에 큰 자산이 된다.

제리는 《Weinberg on Writing》[Weinberg, 2006]이라는 책에서 글쓰기에 대해 쓰기도 했다. 이 방법은 그 이후로 내 글쓰기의 초석이 되었다. 어떤 작가는 처음부터 시작해서 앞에서부터 글을 써 나간다. 나는 절대 그렇게 할 수 없다. 나는 제리가 제안한 대로 글을 쓴다. 먼저 내 러티브의 덩어리를 쓴 다음 어떻게 배열할지 고민한다. 제리가 내 첫 번째 책인 《ASD》를 검토해 주고 구성안에 대한 훌륭한 힌트를 주어서 책 구성을 많이 조정하고 큰 개선을 이룰 수 있었다.

제리의 컨설턴트 캠프에서 나와 생각이 같은 새로운 그룹을 만났고 그들은 내 발전에 기여했다. 여기서 나는 고객과의 관계에서 자주 사용하는 자기 조직화 팀과 변화를 위한 사티어 모델을 소개받았다.

래디컬에서 적응형으로

래디컬에서 적응형으로 전환하는 데는 사고방식을 명시적으로 식별하고 사용하는 일이 수반되었다. 마침내 나는 래디컬 방식의 틀이 복잡 적응계 이론과 통한다는 점을 이해했다. 이 발견을 계기로 나는 내 접근 방식을 래디컬에서 적응형으로 바꾸게 되었고, 내 사고방식에서 협력적이고 자기 조직적인 팀 측면을 강화하게 되었다. 나중에 다른 「애자일 선언」 저자들도 복잡 적응계 이론을 사용한다는 것을 알게 되었다. 세 가지 실타래를 엮어 ASD를 만들었다.

- 래디컬 소프트웨어 개발 방법론
- 협업
- 복잡 적응계 사고방식

태동기에는 소프트웨어 개발에 대한 전통적인 접근을 넘어서야 했다. 계획을 세우고 최소한의 편차로 실행할 수 있으리라는 생각, 알고리즘적인 절차를 정할 수 있으리라는 생각, 미래를 예측할 수 있으리라는 생각, 프로세스가 불필요한 변화를 제거할 수 있으리라는 생각, 사람들이 프로세스 기계 안의 부품이라는 생각은 유효하게 작용하지 않았다. 엄격한 프로세스 엔지니어링 방법은 불확실성에 대응하기 위해 사람들에게 확신을 더 가지라고 권하는데, 그 효과는 에베레스트산에 폭풍이 몰아치는데 그치라고 말하는 것이나 다름없었다.

1990년대 초부터 선구적인 과학자와 관리자가 유기체와 조직이 어떻게 진화하고 변화에 대응하며 성장을 관리하는지에 대한 관점에 큰 변화를 가져왔다. 화학 반응의 티핑 포인트[20], 새의 군집, 개미의 군집 행동에 대한 과학자들의 연구 결과는 조직의 협업과 변화에 대한 통찰을 제공했다.

협업

폭포수 라이프 사이클은 기능적 조직 구조와 그 사이의 간극을 메우기 위해 문서화를 강조하는 결과를 낳았다. 앞서 소개한 5일간의 STRADIS 교육에 대한 이야기는 말이 아닌 다이어그램을 사용해도 잘못된 의사소통이 생긴다는 내 우려를 잘 보여 주었다. 1990년대 중반에 있었던 두 번의 다른 프로젝트 때문에 이런 내 걱정은 깊어졌다.

피닉스에 있는 고객사 교육 세션에서 프로젝트 시스템 아키텍트가 아키텍처를 문서화하기 위해 UML 다이어그램을 사용하기로 결정했다. 그는 두 달이 걸릴 것이라고 말했다. 나는 "좋아요. 2주만 드릴게요."라고 말했고, 그 후 그는 개발자들에게 한 시간 동안 프레젠테이션을 했다. 그리고 "이 다이어그램을 보면 코딩하는 방법을 알 수 있죠?"라고 질문했다. 개발자들이 다시 멍한 표정을 지었다. 다행히도 이 아키텍트는 코딩 방법을 알고 있었다. 그가 앉아서 개발자들에게 아키텍처를 올바르게 코딩하는 방법을 보여 주자, 나는 개발자들이 알겠다는

---

20 (옮긴이) 처음에는 아주 미미하게 진행되던 어떤 현상이 어느 순간 균형을 깨고 예기치 못한 일들로 폭발적으로 확대되는 시점을 말한다.

표정을 짓는 모습을 볼 수 있었다. 여담이지만 이 아키텍트는 아키텍처를 만들 시간이 2주밖에 없다고 투덜거렸다. 프로젝트에서 네 번의 반복 이후에 그가 나를 찾아왔다. "아키텍처의 주요 부분을 다시 만들어야 했습니다. 하지만 두 달 전만 해도 아무리 많은 시간을 주셨어도 지금의 아키텍처를 고려하지 않았을 겁니다. 이제야 아키텍처에서도 반복적인 접근 방식을 이해할 수 있게 되었습니다."

미국 동부 대서양 연안 지역에 있는 한 금융 회사의 기업 아키텍처 그룹이 아키텍처 표준 문서를 막 전달했다. 개발 그룹의 반응은 이랬다. "그것들을 이해하지 못했고 무시했습니다." 나는 아키텍트들과 이야기를 나누면서 "개발자들에게 당신의 산출물을 설명하기 위해 어떤 회의를 했었나요?"라고 물었다. "문서에 있는 내용을 설명하는 시간을 두지 않았습니다."라고 그들은 대답했다. "문서 내용이 명확하니까요." 하지만 그렇지 않았다.

복잡 적응계

내 사무실 책상 위에는 완전히 독립적이고 밀폐된 살아 있는 생태계인 생태 교육 키트가 놓여 있다. 12cm 높이의 생태 교육 키트에는 해조류, 작은 새우와 달팽이, 수많은 미세 박테리아가 들어 있다. 이것들은 모두 서로 물질을 교환하거나 빛을 생화학 에너지로 변환하여 살아간다. 한편 생태 교육 키트 옆 모니터에서는 디지털을 주고받는 디지털 존재들의 숲이 있다. 디지털 존재들은 살아간다. 그 속에서 서로 먹고 짝짓기를 하고 출산하고 진화하고 죽는다. 아니면 그곳은 실리콘으로 만들어진 인공 생명의 바다라고 할 수도 있다. 나는 이 복잡계에 대한 새로운 사고방식을 끊임없이 떠올리는 데 실제와 인공이라는 이 두 가지 삶의 비전을 이용했다.[Highsmith, 1998]

구조적 방식에서 애자일 방식으로 전환하는 과정에서 결정적인 '아하'의 순간은 복잡 적응계 이론을 발견한 때였다. 소프트웨어 개발에 대한 초기 접근 방식은 방법에 관한 것이었다. 물론 사고방식은 존재했지만 이를 명확하게 표현하는 사람은 거의 없었다. 태동기에 사람들이 소프트웨어 개발에 대한 명시적인 '사고방식'의 중요성과 의미를 이해하기 시작하면서 상황이 바뀌었다.

실제로 이 시기에 내게 영향을 준 사람들은 소프트웨어 개발자보다는 과학자가 더 많았다.[21] 내가 복잡 적응계 이론에 입문한 계기는 정확히 기억나지 않지만, 아마도 브라이언 아서의 1996년 『하버드 비즈니스 리뷰』 기사와 그다음으로는 내가 가장 좋아하는 책 중 하나인 조지 존슨(1996)의 《Fire in the Mind》일 것이다. 그다음으로는 존 홀랜드(1995), 노벨 물리학상 수상자 머레이 겔만(1995), 미첼 월드롭(1993), 마거릿 휘틀리(1992) 등의 저서가 뒤를 잇는다.

나는 의사소통과 협업 문제가 ASD를 실행 가능한 방법론으로 만드는 데 매우 중요한 부분임을 깨닫기 시작했고 책의 부제를 'A Collaborative Approach to Managing Complex Systems'로, 제목의 첫 단어를 'RADical'에서 'Adaptive'로 바꾸었다. 또한 ASD 라이프 사이클은 나중에 살펴볼 그림 4.3에서처럼 '추측-협업-학습'으로 나타났고, 협업은 내 책 《ASD》의 주요 초점이 되었다. 복잡 적응계 이론이 이론적 개념을 제공했다면 컨설턴트 캠프는 고객과의 작업과 마찬가지로 이러한 개

---

21 재미 삼아 《ASD》에서 참고 문헌 수를 세어 보았다. 순수 과학 19권, 경영 및 리더십 38권, 기술 및 소프트웨어 개발 7권이었다.

념의 실제 구현을 제공했다.

양자 물리학이 예측 가능성에 대한 개념을 바꾸고 홀랜드가 진화에 대한 관점을 바꾼[22] 것처럼, 복잡 적응계 이론은 사고의 틀을 바꿨다. 급격한 변화의 시대에 우리는 주변 세계를 감지하고 이에 대응하기 위한 더 나은 모델이 필요했다. 생물학자가 생태계와 개별 종을 모두 연구하는 것처럼, 경영진과 관리자는 회사가 경쟁하는 글로벌 정치·경제 생태계를 더 잘 이해해야 했다.

복잡 적응계는 생물학적이든 경제적이든 정보를 기반으로 상호 작용하고, 단순한 규칙에 따라 행동하며, 시간이 지남에 따라 진화하고, 돌발적인 결과를 자주 만들어 내는 개체들의 조화다. 조직의 조화에는 팀원, 고객, 공급업체, 경영진 및 서로 상호 작용하는 기타 참가자가 포함될 수 있다. 개체의 행동은 일련의 내부 규칙에 의해 주도되며, 개미 군집이나 프로젝트 팀에서 단순한 규칙 집합은 복잡한 행동과 결과를 생성할 수 있다. 이에 비해 복잡한 규칙은 자주 관료적으로 변한다.

디 호크는 질서와 혼돈의 경계에서 균형을 이루는 적응력 있는 조직을 설명하기 위해 카오딕(chaordic)[23]이라는 단어를 만들었다. 비자 카드의 전 CEO였던 호크는 이 단어를 간결하게 설명한다.

> 단순하고 명확한 목적과 원칙은 복잡하고 지적인 행동을 낳는다. 복잡한 규칙과 규정은 단순하고 어리석은 행동을 낳는다.[Hock, 1999]

복잡 적응계 이론의 근간이 되는 과학을 살펴본 다음에는 "소프트웨어

---

22 (옮긴이) 존 홀랜드는 유전 알고리즘의 선구자다.
23 (옮긴이) 무질서를 뜻하는 카오스(chaos)와 질서를 뜻하는 오더(order)의 합성어로 무질서와 질서의 결합 또는 혼란과 안정의 조화를 의미한다.

개발에 어떻게 적용될 수 있을까?"라는 질문을 던져야 한다. 내가 공감한 비유는 다음과 같다.

- 적응
- 혼돈의 가장자리
- 적자도래(arrival of the fittest)
- 간단한 규칙
- 창발성

적응은 혼란스럽고, 불안으로 가득 찬, 흥미진진하고, 활기차고, 기운이 넘치고, 중복되는 과정으로 혼돈의 측면에 가깝지만 완전한 혼돈은 아니다. 적응형 조직은 고객, 공급업체, 직원, 경쟁사 등 주변 환경에 귀를 기울이고 프로세스 규칙이 아니라 그들이 배운 것에 따라 대응한다. 통제 지향적인 관리자는 구조를 즐기고, 협업적인 관리자는 연결성과 현실 세계의 모호함을 즐긴다.

무작위성과 구조 사이에 놓인 혼돈의 가장자리를 찾으면 혁신과 학습이 극대화된다. 연결과 정보는 안정과 혼돈의 두 심연 사이를 오가는 데 필요한 원동력이 된다. 쇼나 브라운과 캐슬린 아이젠하트[Brown, Eisenhardt, 1998, p. 29]는 "어떤 종류의 시스템(예: 벌집, 비즈니스, 경제)이 너무 많은 구조와 너무 적은 구조 사이의 경계에 놓여 있을 때, 그들은 '자기 조직화'해 복잡한 적응 행동을 만든다."라고 말한다. 구조가 너무 많으면 문제 해결과 혁신이 감소하고, 너무 적으면 혼란과 비효율이 발생한다. 엄격함을 준수하기 위한 내 가이드라인은 '충분한 것보다 조금 더 적은 것'이다.

존 홀랜드는 《Hidden Order: How Adaptation Builds Complexity》

(1995)의 저자다. 그의 전제는 다윈의 적자생존 이론이 생명의 복잡성을 설명하기에 불충분하다는 것이었다. 홀랜드는 이를 토네이도가 폐차장을 휩쓸고 지나가면서 보잉 747을 조립할 확률에 비유했다. 그는 또 다른 개념, 즉 세포, 동물, 사람 등의 개체가 협력하여 다음 단계의 개체를 형성하는 적자도래[24]라는 개념이 작동하고 있다는 가정을 세웠다. 의사소통 실패와 적자도래 개념에 대해 생각하면서 나는 적응형 개발의 핵심 요소인 협업에 집중하게 되었다.

창발성은 부분(자기 조직화 개체 행동)의 상호 작용에서 전체(시스템 행동)의 더 큰 속성을 만들어 내는 복잡 적응계의 속성이다. 창발성의 결과는 일반적인 인과 관계로는 예측할 수 없지만, 이전에 비슷한 결과를 만들어 낸 패턴을 통해 예측할 수 있다. 창의성과 혁신은 잘 작동하는 애자일 팀이 만들어 내는 돌발적인 결과다.

적응형 소프트웨어 개발 서적

책을 쓰는 것이 내 버킷 리스트에 있었고 이제 그런 프로젝트를 고려할 만한 충분한 배경지식과 경험을 갖추게 되었다. 또 샘과 나이키 등에서 함께 일하며 실제 프로젝트에 대한 경험을 쌓을 수 있었다. 나는 뉴멕시코주 산타페에서 열린 두 차례의 과학 저술가 워크숍에 참석해 글쓰기 능력을 키우기 위해 노력했는데, 그중 하나는 『뉴욕타임스』 필자인 조지 존슨이 강의한 것이었다. 조지는 산타페 연구소[25]와 긴밀한 관계를 맺고 있었으며, 나는 워크숍을 통해 복잡 적응계와 글쓰기에 대한 이해가 더욱 깊어졌다. 수많은 기사를 기고하면서 내 글쓰기 역량이 강화되었지만, 기사 작성과 책 집필은 완전히 다르다는 사실을 배웠다.

---

24 (옮긴이) 적자생존을 확대한 용어다. 이 개념은 단순히 생존을 넘어서 협력과 진화가 복잡계를 형성하는 데 중요하다는 것을 강조하기 위해 사용한다.
25 (옮긴이) 복잡계 연구를 위해 1984년 설립된 연구소

나는 1990년대 중반 'RADical Software Development'라는 제목으로 책 작업을 시작했다. 작업하면서 뭔가 빠진 느낌이 계속 들어 그 부분을 '3장'이라고 표시했다. 복잡 적응계 이론은 내가 찾던 바로 그 내용이었다.

> "혼돈의 가장자리에서만 복잡계가 번성할 수 있다."
>
> — 마이클 크라이튼,[26] 《잃어버린 세계》, 1995

ASD 방법론은 지식, 실험, 사고방식, 비유의 네 가지 요소로 구성된다. 소프트웨어 방법과 방법론에 대한 지식이 있었기에 새로운 방법을 실험하고 그로부터 배울 수 있었다. 지식은 실험의 위험을 줄여 주었다. 등산은 사람들이 새로운 방법을 이해하는 데 도움이 되는 육체적이고 본능적인 비유를 제공했다. 복잡 적응계 개념은 적절한 사고방식의 변화를 위한 비유를 제공했다. 그림 4.3은 ASD의 적응형 라이프 사이클, 세 가지 주요 구성 요소(추측, 협업, 학습) 그리고 각 구성 요소 내의 주요 프로세스를 보여 준다.

《ASD》 책의 내용은 쉽게 전개되지 않았다. 처음에 3장에는 배경이 되는 복잡 적응계 이론이 전부 포함되어 있었다. 다행히도 제리 와인버그가 모든 이론을 한 장에 넣으면 독자들이 지루해할 수 있다고 제안했다. 그의 의견에 동의하여 이론적 논의를 책 전체에 걸쳐 재구성하고 분산시켰다. 대대적인 개편이었고 그 외 작은 개편도 많아서 책을 완성하거나 출판할 수 있을지 절망할 정도였다. 결국 출판 여부와 상관없이 나를 위해 책을 완성해야 한다는 것을 깨달았다.

나는 뉴욕의 도싯 하우스에 책의 초고를 보냈다. 도싯은 소프트웨어

---

26 (옮긴이) 마이클 크라이튼은 미국의 소설가이자 텔레비전·영화 프로듀서다. 그의 대표작은 스티븐 스필버그가 영화화한 〈쥬라기 공원〉(1991)이다.

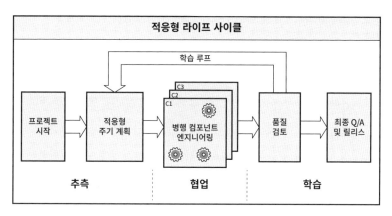

그림 4.3 적응형 라이프 사이클

엔지니어링 서적을 출판하는 소규모 전문 출판사로 내가 존경하는 업계 저명인사들이 그 출판사와 함께 책 집필 작업을 했다. 도싯 하우스 사장인 웬디 이킨이 이 책을 출판하고 싶다며 내게 연락했다. 1997년 7월 나는 첫 원고를 보냈다. 1999년 크리스마스 직전에 페덱스 트럭이 그해 나와 내 아내가 받았던 것 중 최고의 선물을 배달해 주었다(그림 4.4).

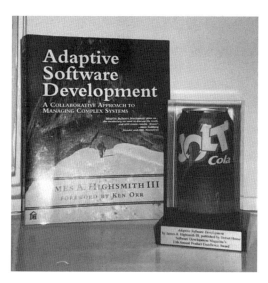

그림 4.4 《Adaptive Software Development》 책과 졸트상

할 수만 있다면 대규모 시스템 개발에 관여하는 모든 사람, 즉 최종 사용자, 관리자, IT 전문가, 특히 IT 프로젝트 관리자에게 짐 하이스미스의 책을 한 권씩 선물하고 싶다! 짐의 메시지는 간단하지만 매우 중요하다. 대규모 정보 시스템은 그렇게 오래 걸릴 필요도 없고, 비용이 많이 들 필요도 없으며, 실패할 필요도 없다는 것이다. 안타깝게도 짐의 메시지는 간단하지만 대부분의 대규모 조직에서 이를 실현하는 것은 매우 어려운 일이다.

— 켄 오어, 《ASD》 추천사 중에서

《ASD》가 한 해 최고의 소프트웨어 엔지니어링 서적에 수여하는 졸트상(2000년)을 받게 되어 감격 그 이상이었다. 과거 소프트웨어 디벨롭먼트 콘퍼런스에서 졸트상 수상자들이 상을 받는 모습을 지켜본 적이 있는데, 나도 그들과 비슷하게 인정받게 되어 매우 기뻤다.

나는 항상 유익하면서도 재미있게 읽을 수 있는 글을 쓰기 위해 노력해 왔다. 나는 고객 이야기, 대화, 비유, 비공식 만남, 인터뷰 등을 사용했다. 《ASD》에서는 복잡계와 등반의 비유를 사용했는데 둘 다 모험심이 필요한 일이다.

1980년대에는 등산 여행을 위해 노스 캐스케이드로 트레킹을 떠났다. 1990년대에는 협곡마다 등반용 암벽이 있는 솔트레이크시티에 살면서 암벽 등반을 선택했다. 왜 산을 오르나? 등반가들의 진부한 대답은 '그곳에 있기 때문'이다. 내게는 몇 가지 이유가 있다.

• 짜릿함
• 재미

- 책상에서 벗어나 자연과 함께하기
- 집중력 강화
- 적응 장려

등산을 소프트웨어 개발에 비유한 이유는 무엇인가? 기본적으로 두 가지 모두 즐겁다. 하지만 기술, 위험, 사고방식이라는 세 가지 핵심 이유가 있다. 등반에는 다양한 기술이 필요하다. 등반에는 암벽 및 빙벽 기술, 보호 장치 구비, 로프 다루기, 일기 예보, 루트 계획 등이 필요하다. 또한 위험 평가 및 완화 기술도 필요하다. 등반을 계속해야 할 때와 물러나야 할 때를 알아야 하고, 자신의 기술 수준에 맞는 등반과 그렇지 않은 등반을 구분할 줄 알아야 한다. 이러한 기술은 산, 지형, 날씨, 체력 수준에 대한 감각을 익히고 경험을 해야만 배울 수 있다. 아무리 많은 독서나 계획을 세워도 경험을 대신할 수는 없다. 마지막으로 적응력 있는 사고방식이 필요하다. 분명한 목표가 있지만 경로가 바뀔 수도 있다. 시간과 조건이라는 제약이 있다. 미시적 수준(주변 환경)과 거시적 수준(물러설지 말지에 대한 전반적인 평가) 모두에서 끊임없이 조정해야 한다. 규범적인 사고방식으로 큰 산에 도전하면 부상을 입거나 더 나쁜 결과를 초래할 수 있다.

 이러한 기술, 위험, 마음가짐이라는 요소는 소프트웨어 개발자와 조직 문화에도 동일하게 적용된다. 당장 산에 오르라는 말은 아니지만 모험심을 자극할 수 있는 활동을 찾아보라고 권하고 싶다.

1999년, 《ASD》 출판이 임박했을 때 나는 참석할 만한 흥미로운 콘퍼런스를 찾던 중 커터 컨소시엄의 연례 서밋 콘퍼런스(Summit Conference)를 알게 되었다. 나를 매료시킨 연사와 주제가 있었고 연사 명단에는 내가 존경하는 인물들, 즉 에드 요던, 톰 더마코, 팀 리스터, 켄 오어가 포함되어 있었다. 나는 커터에서 배포한 여러 기사를 집필한 적이 있었기 때문에 에드 요던에게 이메일을 보내 내가 콘퍼런스에서 강연해야 하는 이유를 설명했다. 에드는 이메일을 보내 연사 자리가 꽉 찼다며 토론 패널 중 한 자리를 내게 제안했다. 그렇게 내 경력의 또 다른 변곡점이 시작되었다.

콘퍼런스 시작 전날 저녁 모든 연사, 주최자, 패널은 보통 커터 CEO인 캐런 코번의 집에 모여 저녁 식사를 했다. 집안 곳곳에 저녁 식사가 놓여 있는 비공식적인 분위기에서 나는 커터의 마케팅 담당 부사장인 앤 멀래니 옆에 앉게 되었다. IT 업계의 여러 측면에 대해 이야기를 나누던 중 나는 출판을 앞둔 책이 있고 글쓰기를 좋아한다고 말했다. 이것은 복잡계 이론의 이상한 끌개 사건처럼 보이는 별이 정렬하는 순간과 같았다.[27] 에드 요던은 커터에서 매달 소프트웨어 개발 연구 보고서를 작성하고 있었는데 다른 일을 하고 싶었다. 앤은 내가 그 보고서를 작성하는 데 관심이 있는지 물었다.

나는 흔쾌히 승낙했고 매달 마감일이 정해져 있는 첫 번째 글쓰기 업무를 맡게 되었다. 개발의 특정 측면에 대한 16쪽 분량의 보고서를 작성하려면 매달 주제를 정하고 조사하고 보고서 초안을 작성하고 편집자와 협력해 수정해야 했다. 그렇게 해서 커터는 매달 우편으로 보고서를 발송할 수 있었다. 처음에는 「Application Development Strategies」라는 제목으로 보고서를 작성했다가 「e-Business Application Development」로 바꿨다. 재미있었고 훌륭한 학습 경험이었지만 불안감이 일었고 동시에 부담스러웠다. 1998년부터 2000년까지 2년 동안

---

27 (옮긴이) 복잡계 이론에 나오는 이상한 끌개는 예측 불가능하고 이해하기 어려운 현상을 의미한다. 이 글에서는 전혀 예상하지 못했던 희박한 기회를 잡았음을 의미한다.

나는 아웃소싱, 분산된 팀 관리, 애플리케이션 서버, 지식 관리 등 다양한 주제에 대해 글을 썼다. 연구 보고서 필진의 일원으로 콘퍼런스에 참석하면서 그렇지 않았다면 교류하지 못했을 사람들을 만날 수 있었다. 이후 10년 동안 커터에서 일했다.

추가적인 애자일 기원[28]

1990년대 중반 나는 혼자가 아니라는 사실을 깨달았다. 1995년 켄 슈웨이버와 제프 서덜랜드가 쓴 초기 스크럼 논문인 「Scrum Development Process」를 발견했다. 제프와 켄의 연구는 1986년 『하버드 비즈니스 리뷰』에 실린 다케우치 히로타카와 노나카 이쿠지로의 「New New Product Development Game」('New'를 두 번 쓴 게 맞다)이라는 논문을 기반으로 하고 있었다.

1990년대 초 '애자일 매뉴팩처링' 컨소시엄이 있었다. 소프트웨어 커뮤니티에서 '애자일'이라는 단어를 처음 사용한 것은 아니라는 점을 제외하고는 자세히 알아보지는 않았다.

제프 델루카는 1997년에 싱가포르의 한 대형 은행에서 15개월 동안 50명이 참여한 소프트웨어 개발 프로젝트에서 일한 경험을 바탕으로 FDD(feature-driven development)를 만들었다. 호주 사람인 제프는 수년간 간소화된 경량 프로세스 프레임워크를 사용해 왔다. 프로젝트의 객체 모델을 개발하기 위해 영입된 피터 코드는 세분화된 기능 지향 개발(feature-oriented development) 프레임워크를 주장해 왔지만, 특정 프로세스 모델에 이를 포함시키지는 않았다. 이 프로젝트에서 제프와 피터, 이 두 사람이 힘을 합쳐 FDD를 만들었다. 나는 FDD와 싱가포르 프로

---

28 애자일 방법론에 대한 자세한 내용은 《Agile Software Development Ecosystems》[Highsmith, 2002]에서 확인할 수 있다.

젝트에 대해 제프와 여러 차례 이야기를 나눴다.

1999년 가을 나는 켄트 백과 원고를 교환했다. 내 책《ASD》원고를 주고 그의 《익스트림 프로그래밍》(2000) 원고를 받았다. 우리는 즉시 공통점을 찾아냈고 「애자일 선언」 회의의 전신인 오리건주 로그 리버에서 열린 익스트림 프로그래밍 회의에 켄트의 초대를 받게 되었다. 새로운 친구를 사귀고 애자일 운동을 출범시킨 이 만남은 그 후 10년의 좋은 시작을 알리는 징조였다.

DSDM은 1990년대 초중반에 등장한 RAD 관행을 체계화한 것이었다. DSDM은 또 다른 '전문' RAD 방법론이었다. 영국에서 시작되어 유럽에서 인기를 얻었지만 미국에서는 그다지 광범위하게 채택되지 않았다. DSDM은 많은 기업에서 실행 가능한 방법론으로 입증되었다.

DSDM이 발전함에 따라 단어의 의미도 바뀌었고, 결국 DSDM 컨소시엄은 각 글자가 무엇을 의미하는지에 대한 설명 없이 그냥 DSDM이라고 쓰기로 결정했다. 처음에 내가 데인 포크너[29]와 나눈 대화에 따르면 첫 번째 'D'는 'dynamic'으로 즉석에서 변화에 적응하는 능력을, 'S'는 비즈니스 'solution'에 중점을 둔다는 점을 반영했다고 한다. 「애자일 선언」이 작성될 당시에는 DSDM 컨소시엄의 이사회 멤버인 아리 판베네큄이 DSDM을 대표했다.

나는 나중에야 앨리스터 코번의 크리스털 방법을 알게 되었지만, 그의 아이디어의 시작은 린 개발과 마찬가지로 태동기 10년에 시작되었다. 다른 개인과 팀도 애자일 초기에는 '경량'이라는 표현을 사용하고 있었지만 아직은 거의 주목받지 못했다.

1997년 뉴질랜드 웰링턴에서 열린 소프트웨어 디벨롭먼트 콘퍼런

---

29 데인 포크너는 당시 북미 DSDM 컨소시엄 의장(2001년)이자 DSDM 교육 및 컨설팅 서비스를 제공하는 미국 회사인 서지웍스(Surgeworks) 사장이었다.

스(동명의 잡지사에서 주최)에서 나는 소프트웨어 에듀케이션(Software Education)의 CEO인 마틴 존스(Martyn Jones)를 만났다. 마틴은 1997년 가을에 열린 자신의 소프트웨어 콘퍼런스에 나를 기조연설자로 초청했다. 그와 그의 직원들은 함께 일하기 즐거운 사람들이었고, 이 방문을 계기로 10년간 뉴질랜드와 호주를 오가며 소프트웨어 에듀케이션 고객과 함께 일하고 콘퍼런스에서 연설하는 일이 시작되었다. 마틴은 애자일 방식을 '남반구'에 전파한 초기 주창자였으며, 지금까지도 동료이자 친구로 남아 있다. 1997년 콘퍼런스에서 마틴 파울러(Martin Fowler)도 만났는데(Martyn과 Martin을 틀리지 않게 쓰려면 신경 써야 한다), 이 우연한 만남이 애자일 운동에 예기치 못한 결과를 가져다준 또 하나의 만남이었다. 2002년 소프트웨어 에듀케이션 콘퍼런스에서 존스, 파울러, 스티브 맥코넬 그리고 내가 함께 모였다(그림 4.5).

그림 4.5 소프트웨어 에듀케이션의 2002 콘퍼런스 브로셔(스킬스 컨설팅 그룹 유한 회사 제공)

시대 소견

1990년대에는 소프트웨어 개발 방법과 절차가 여전히 결정론적이고 형식적이었지만, 특히 빠르게 성장하는 인터넷 애플리케이션을 위해 RAD와 반복적 개발이 조금씩 도입되기 시작했다. 연속적인 폭포수 구조가 비즈니스와 IT를 지배했지만, 흥미롭고 새로운 팀 구조가 실험되고 있었다. 사람을 기계의 톱니바퀴로 생각하는 사고방식이 유기적이고 스스로 조직하는 팀으로 대체되고 있었다. 애자일 운동의 씨앗은 이제 막 싹을 틔우는 단계에 있었다.

모뉴멘털 방법론을 탄생시킨 사고방식, 즉 사람을 프로세스 기계의 톱니바퀴로 보는 관점을 보여 주는 예는 도이치 뱅크 AG(Deutsche Bank AG)의 자회사인 도이치 소프트웨어 인디아(Deutsche Software India)의 CEO 아쉬토시 굽타가 한 말에서 살펴볼 수 있는데 『컴퓨터월드』 기사 [Anthes, 2001](온라인에서 더 이상 볼 수 없음)에 실려 있다. 다음 기사는 2001년에 발표되었지만 1990년대에 애자일 전문가들이 불평하던 문화를 잘 보여 준다.

> "소프트웨어 개발은 개인의 노력에 크게 의존하는 창의적인 노력이라는 통념이 있습니다." 교통 체증으로 꽉 막힌 마하트마 간디 도로의 소음 속에서 사무실에 설치된 에어컨 소리까지 요란한 가운데 굽타가한 말이다. "사실은 그렇지 않습니다. 초기 프로젝트 정의 및 사양 단계가 지나면 매우 노동 집약적이고 기계적인 작업일 뿐입니다."[Anthes, 2001]

이 애자일 태동기에 등장한 한 가지 문구는 '소프트웨어 공장' 구축이었다. 이 말은 애자일 시대가 바꾸고자 했던 소프트웨어 개발에 대한 전통적인 접근 방식, 즉 결정론적이고 사람을 기계의 톱니바퀴처럼 여기는 계층적인 접근 방식을 상징적으로 보여 준다. 그런데 이 방식은 21세기 초의 역동적이고 불확실하며 빠르게 변화하는 기술 호황기에 적합하지 않았다.

어떤 것을 근본적으로 새롭게 제안할 때는 저항해야 할 대상이 필요하다. 초기 애자일리스트들에게는 그 대상은 폭포수 라이프 사이클과 모뉴멘털 방법론이었으며, 이를 기사와 책에서 반대하며 비판했다. 한 콘퍼런스에서 CMM에 대해 부정적인 말을 했다가 비난을 받았던 기억이 난다. 애자일리스트들의 수사에 따르면 구조적·모뉴멘털 방식은 유용한 것을 절대 제공하지 못한다고 결론을 내릴 수 있지만 이는 틀린 생각이다. 나는 이 시대에 개발자 팀과 함께 일하면서 우리가 엄청난 가치를 제공했음을 알고 있다. 시스템이 충분히 빠르게 제공되지 않았고, 생각만큼 유용하거나 유지 보수가 쉽지는 않았지만, 실무자들은 확실히 다음 두 시대를 위한 기반을 구축했다.

새로운 아이디어를 받아들이게 하려면 새로운 아이디어의 장점을 선전하고 기존 아이디어의 단점을 지적해야 한다. 구조화 방법론가들은 구조가 없는 것의 결함을 지적한다. 애자일리스트들은 너무 많은 구조에 반대했다. 칸반 지지자들은 애자일 스프린트를 반대했다.

애자일 선구자들은 모험적인 정신을 필요로 했다. 다시 말해 그들은 새로운 경험과 생각을 추구하며 실험을 통해 배우려 했다. 모험적인 시도는 혁신으로 이어지지만 그 과정에서 계획이 틀어지거나 미지의 영역으로 들어서기도 한다. 켄트 벡은 '익스트림 프로그래밍'이라는 미지의 세계로 모험을 떠나는 프로그래머 세대를 활기차게 이끌었다. 그는 위험을 감수하고 비판을 마주했지만 끝까지 해냈다. 제프 서덜랜드와 켄 슈웨이버는 자체적인 모뉴멘털 방법론 비즈니스를 뒤엎고, '스크럼'[30]이라는 기묘한 이름을 가진 비교적 규범이 없고 경험에 기반한 접근 방식을 주창했다. 이들과 다른 애자일리스트들은 현재 상황에 만족하지 않고 조직 안팎의 고객에 집중하려고 했다. 그래서 소프트웨어 개발에 대한 그들의 이상한 접근법을 설명하는 데 도움을 준 개념적 기초로서 과학적 특이점인 복잡 적응계의 개념에 집착하는 것은 놀라운 일이 아니다.

> "확실성은 없고 모험만 있을 뿐입니다."
>
> — 로베르토 아사졸리, 이탈리아 정신과 의사, 인본주의 및 초개인적 심리학 분야의 선구자

과거를 돌아보면 1990년대는 기술과 소프트웨어 개발 모두에 있어서 중요한 시기였다. 컴퓨터와 네트워크 기술이 반복적으로 발전함에 따라 개발자들은 효과가 큰 방식으로 대응해야 했다. 2011년에 출간된 혁신적인 책《린 스타트업》의 저자 에릭 리스는 '방향 전환'을 '비전은 변하지 않으면서 전략을 바꾸는 것'으로 정의한다. 방향 전환은 작은 문제가 아니라 큰 문제가 발생했을 때 필요한 적응 전략이다. '문제'가 생기면 자신의 주머니와 자존심을 손상시키기 때문에 이는 어려운 행동이다. 하지만 좋은 기업가와 모험가는 방향을 전환하고 나아가는 법을 배우며, 1990년대에는 많은 방향 전환이 필요했다.

태동기를 말할 때 다시 한번 톰 더마코, 켄 오어, 래리 콘스탄틴, 제리 와인버그, 에드 요던에게 감사를 표하지 않을 수 없었다. 소프트웨어 엔지니어링 및 구조화 방법론의 선구자들과 명성 높은 인물들은 애자일 혁명을 가져올 새로운 방법, 방법론, 사고방식에 저항할 것으로

---

30 럭비 애호가에게는 친숙한 용어일 것이다.

예상되었지만 실제로는 그렇지 않았다.

그들은 여러 가지 방법으로 나를 지지하고 격려해 주었다. 처음에 켄은 애자일 개발에 대해 회의적이었고 RAD의 문제점을 지적했지만, 우리는 가치 있는 대화를 주고받게 되었다. 그는 내 책《ASD》에 멋진 서문을 써 주었다. 톰은 애자일 운동에 긍정적으로 반응하여 내 두 번째 책인《Agile Software Development Ecosystems》의 서문을 썼다. 래리는 내게 연락하여 내가 RAD 작업을 시작하도록 요청했다. 에드와 래리는 내 글을 여러 개 받아 주어서 에드의 『American Programmer』 잡지와 래리의 『Software Development』 잡지의 관리 포럼 코너에 실었다. 에드는 커터의 연례 콘퍼런스에 내가 참여하도록 적극 권했으며, 2001년 7월에는 영향력 있는 매체인 『컴퓨터월드』에 '익스트림 프로그래밍'에 대한 호의적인 기사를 썼다.[Yourdon, 2001] 마지막으로 제리는 협력적이고 스스로 조직화되는 팀을 소개하고 ASD 개발에 도움을 주었다. 이에 대해 큰 감사를 표한다.

애자일의 씨앗은 1990년대 초에 발아하여 1990년대 후반에 싹이 나, 2001년 2월 「애자일 선언」 작성과 함께 꽃을 피웠다. 하지만 발아하고 싹이 자라지 않았다면 꽃이 피지 못했을 것이다.

5

애자일 시대

 유행은 한순간에 생겨나 잠깐의 즐거움을
선사하지만 지속되는 경우는 드물다. 트렌
드는 방향을 제시하고 문제를 해결하며 시
간이 지남에 따라 힘을 얻는다. 트렌드도 결국 사라질 수 있지만 일정
기간은 지속된다.

> "트렌드는 인간의 다양한 욕구를 충족시킨다. 트렌드는 시간이 지남에 따라 힘
> 을 얻는데 단순히 한순간의 일부가 아니라 다른 사람들이 트렌드에 참여하면서
> 가치가 더욱 높아지는 도구이자 연결 고리이기 때문이다."
>
> — 세스 고딘, 블로그, 2015년 8월 21일[1]

애자일 방법, 방법론, 사고방식은 20년 이상 전 세계적으로 수용되고
사용되면서 유행이 아닌 확고한 트렌드로 자리 잡았다. 새로운 세기

---

1 (옮긴이) 'Trends vs. Fads': *seths.blog/2015/08/trends-vs-fads/*

로 접어들면서 여러 팀에서 이미 애자일과 비슷한 방법을 사용하여 엄청난 비즈니스 가치를 창출하고 있었으며, 트림블 내비게이션(Trimble Navigation)에서도 이를 확인할 수 있었다.

시간 낭비인 일은 결코 하지 말고 이 원칙을 위해 길고 지루한 전쟁을 벌일 준비를 하라. 이것이 뉴질랜드 크라이스트처치에 위치한 트림블 네비게이션의 서베이 컨트롤러(Survey Controller)² 팀 프로젝트 관리자 마이클 오코너의 의견이었다. 마이클은 단순성이 결코 단순하지 않다는 것을 다시 한번 증명했지만, 이는 소프트웨어 개발에 대한 다소 불손한 그의 접근 방식의 기본이었다. 회사의 방법론을 효과적이고 단순하게 유지하기 위한 내부 싸움에서 마이클은 선지자적인 역할을 했다. 반면 기업 규범은 불필요한 곳에서 질서를 강화하려고 계속 노력했다.

이 장에서는 먼저 21세기에 접어들면서 기업들이 직면한 도전 과제에 대해 설명한 다음, 애자일 운동이 이러한 과제를 어떻게 해결했는지 트림블 내비게이션의 이야기를 더 자세히 설명한다. 그다음으로 (경량 방법론이 언급되던 시절) 애자일 개발의 원동력이 된 마틴 파울러와의 대화를 「애자일 선언」 작성에 대한 이야기에 앞서 소개한다. 그 후 곧 이 운동을 지원하기 위한 새로운 조직과 콘퍼런스가 생겨났다. 또 애자일 시대의 세 시기를 구분하기 전에 세 가지 애자일 방법론에 대한 간략한 개요를 설명한다.

새로운 도전

새로운 세기가 시작되면서 변화는 계속 가속되었다. 세계 무역 센터와 펜타곤 테러로 전 세계가 흔들렸고, 이라크 전쟁과 20년간의 아프가니

---

2 (옮긴이) 농업, 건설, 지리 정보 시스템 및 지적 정보 시스템과 같은 분야에서 사용되는 제품이다.

스탄 파병이 이어졌다. 미국에서는 대통령이 민주당의 빌 클린턴에서 공화당의 조지 W. 부시로 바뀌었고 그 후 민주당의 버락 오바마가 대통령에 당선되었다. 엔론 스캔들은 금융계를 뒤흔들어 아서 앤더슨 회계 법인을 무너뜨렸고 사베인스-옥슬리 법이 통과되는 계기가 되었다. 오바마가 취임하기 전부터 그의 첫 행정부가 출범할 때까지 전 세계적인 대불황이 계속되었다. 그웬 스테파니와 비욘세 등 팝 음악 스타가 등장했다. 2010년대 후반과 2020년대 초반에 코로나-19 범유행병과 러시아-우크라이나 전쟁으로 인해 개인, 조직, 국가는 이러한 사건의 경제적, 사회적 영향에 대해 걱정하게 되었다.

새로운 세기의 첫 20년 동안 커네빈 프레임워크에서 예측 가능성 수준은 혼돈에서 거의 무질서에 가까운 수준으로 바뀌었다. 인터넷이 주도하는 변화는 빠른 속도로 계속됐고 기술은 또다시 발전했으며 범유행병은 알 수 없는 방식으로 경제와 개인을 뒤흔들고 기후 변화 가속화는 전 세계를 뒤덮을 것이었기 때문이다.

> 21세기로부터 20년이 지난 지금, '터널 끝의 빛은 달려오는 기차'라는 오래된 비유는 더 이상 무섭지 않다. 오늘날 우리는 다양한 강도의 빛, 그중 일부는 보이지 않는 빛이 여러 선로에서 다가오고 있다는 사실을 안다.

2003년 니컬러스 카는 『하버드 비즈니스 리뷰』에 「IT Doesn't Matter」라는 제목의 글[Carr, 2003]을 기고해 논란을 불러일으켰다. 이 글에서 카는 IT가 하나의 상품이 되었기 때문에 지속 가능한 경쟁 우위에 기여할 수 없다고 주장했다. 특히 이 글에서 상품이 성공하려면 비용 절감에 집중해야 한다고 강조했다.

10년 후, 컬럼비아 경영 대학원 교수인 리타 맥그래스[McGrath, 2013]가

오늘날과 같이 빠르게 변화하고 불확실한 세상에서 지속 가능한 경쟁 우위는 더 이상 존재하지 않으며, 빠르게 학습하고 적응하는 것이 성공의 열쇠가 되는 일시적인 경쟁 우위로 대체되었다고 주장했다. 카의 세계에서 IT는 비용 고려 사항에 의해 관리되어야 했다. 맥그래스의 세계에서는 응답성과 고객 가치가 IT를 주도해야 했다. IT 경영진이 당황한 것은 당연하다. 저명한 경영학 교수 두 명이 정보 기술의 미래에 대해 정반대 견해를 제시했기 때문이다.

비즈니스 세계의 혼란 속에서 IT 조직은 다섯 가지 어려운 과제에 직면했다.

첫째, 고객 수요가 폭발적으로 증가했다. 인터넷이 가져다준 기회와 뒤쳐질 수 있다는 두려움으로 인해 기업들은 혁신적인 고객용 애플리케이션을 신속하게 출시해야 한다는 압박을 몇 배로 받았다. 기술 인재를 확보하고 유지하는 것도 어려웠다.

둘째, 애플리케이션이 내부 비즈니스 프로세스를 자동화하는 데서 외부 고객의 요구를 충족하는 것으로 전환됨에 따라 기업은 기술 및 제품 디자인 역량을 혁신하고 확장해야 했다. 사용자 인터페이스 디자이너, 제품 책임자, 데이터 과학자, 사용자 경험 디자이너와 같은 새로운 전문 분야에 새로운 투자가 필요했다. 이러한 기능 중 일부는 인터넷 소프트웨어 회사에서 이미 채택한 것이었지만 IT 조직에는 대부분 새로운 것이었다.

셋째, 1990년대 중후반에 조직은 우려했던 Y2K(2000년) '기술 부채' 문제를 막기 위해 소프트웨어 유지 보수에 상당한 자원을 투자해야 했다. 많은 레거시 시스템이 두 자리 날짜 필드를 사용했기 때문에 1999

년 12월 31일이 2000년 1월 1일로 넘어갈 때 혼란이 발생할 것이라는 우려가 생겼다. 기존 기업들은 이러한 레거시 시스템 문제를 해결하는 데 수억 달러를 지출한 반면 신생 인터넷 기업들은 그런 비용이 들지 않았다.

넷째, 빠르게 증가하고 있던 기술 부채(7장에서 다룬다)는 Y2K 문제를 제외하고는 비즈니스 경영진에게 여전히 거의 보이지 않는 문제였다. IT 직원은 기술 부채를 줄이고 지속적인 가치를 제공하는 데 필요한 투자를 승인하도록 비즈니스 리더를 설득하는 데 어려움을 겪었다.

다섯째, IT 조직은 높은 IT 비용으로 인한 압박에 직면했다. 1990년대의 도전 과제, '모든 것을 인도로 보내라'는 전략 그리고 Y2K 투자로 인해 많은 기업이 2000년대 압박에 대응할 자금이나 인재 풀을 확보하지 못했다. Y2K는 비용이 많이 들었을 뿐 아니라 인터넷 시대에 필요한 새로운 기술이 아닌 오래된 기술(코볼, 어셈블러, 포트란)을 가진 사람들을 위한 투자였다.

이러한 추세에 더해진 것이 니컬러스 카[Carr, 2003]가 설명한 비용 중심 접근 방식이었다. 기업들이 이 다섯 가지 과제에 대응하기 위해 노력하고 있을 때, 많은 CEO가 중시하는 『하버드 비즈니스 리뷰』에 실린 한 기사에서 IT가 중요하지 않다고 선언했다. 이 기사가 나온 후 얼마나 많은 CIO가 CEO와 CFO에게 투자 예산 요청을 설명하는 데 어려움을 겪었을까? 모뉴멘털 방법론은 더 이상 이러한 문제를 해결하는 데 역부족이었기 때문에 애자일 방법이 대두되었다.

마틴 파울러

2022년 여름, 나는 마틴 파울러와 이야기를 나누며 애자일 운동의 촉발 요인에 대한 그의 생각을 들어보았다. 마틴과 나는 1997년에 뉴질랜드에서 처음 만났고 소트웍스에서 함께 일한 시간을 포함하여 그 후 20년 동안 우리는 긴 경력의 여정에서 계속 마주쳤다.

뉴질랜드에서 처음 만났을 때를 기억하나?

나는 노신사의 강연에서 구조화 방법과 전통적인 개발에 대한 이야기를 들을 것으로 예상했다. 하지만 강연을 듣고 나니 '이 사람은 반복적이고 협업적인 접근 방식을 이해하고 복잡성 이론이 방법론의 개념적 기반을 어떻게 제공하는지 잘 파악하고 있구나' 하는 생각이 들었다.

애자일 개념이 인기를 끌게 된 이유는 무엇이라고 생각하나?

큰 요인은 워드 커닝햄의 위키였다고 생각한다.[3] 그 덕분에 익스트림 프로그래밍에 대해 자세한 내용을 많이 공유하게 되었다. 워드는 패턴에 관한 위키를 만들려고 했는데, 익스트림 프로그래밍에 대한 논의가 위키를 점령한 셈이다. 익스트림 프로그래밍에 대해 이야기한 것이 진정한 계기였다.

나는 1997~1998년에 『Distributed Computing』 잡지에 이러한 개념에 대한 글을 쓰기 시작했다. 그중에는 「Keeping Software Soft」와 「The Almighty Thud」(문서화 관련)가 포함되었다.[4]

익스트림 프로그래밍 이야기는 크라이슬러에서 일어난 일에서부터 발전되었고, 그게 실제로 대화의 계기가 되었다. 나도 확실히 그와 비슷한 주제에 대해 글을 썼다. 그다지 분명하지는 않지만 어느 정도 영향을 미쳤을지도 모를 또 다른 일은 내가 쓴 《UML Distilled》(1999, 초판 1997)라는 책이 매우 인기가 있었다는 점이다. 당시는 UML이 유행하던 시기였기 때문이다. 나는 기본적으로 무거운 방법론을

---

3 워드 커닝햄은 위키를 발명했으며 켄트 벡, 론 제프리스와 함께 익스트림 프로그래밍의 초기 발기인 세 명 중 한 명이다.
4 두 기사 모두 마틴의 웹사이트(*martinfowler.com*)에서 확인할 수 있다.

향한 움직임에 반대하고 익스트림 프로그래밍 같은 것에 대해 이야기하고 싶어서 2장을 신중히 썼다. 내가 익스트림 프로그래밍을 언급했는지 모르겠지만 사람들을 모뉴멘털 방법론에서 벗어나게 하고 싶었기 때문에 분명히 그 방향으로 밀고 나갔다.

1980년대의 구조적 다이어그램이 모뉴멘털 방법론으로 결합되었다는 점이 흥미롭다. 내가 이해한 바로는 당신은 UML을 통해 이를 해결하려고 했던 것 같다.

맞다. 나는 사고방식과 반복적 스타일에 대해 이야기하는 초기 방법론 서적을 사람들에게 소개했다. 예를 들어 케니 루빈의 책이나 그레이디 부치의 《Object Solutions》(1995)가 있다. 그리고 나는 켄트 벡이 프로젝트 관리자 패턴에 관한 책을 집필 중이며 훌륭한 자료가 될 것이라고 언급했다.

그 당시에 또 무엇을 쓰고 있었나?

한 가지 명심해야 할 점은 이 책들이 반복적인 스타일을 추구했지만 익스트림 프로그래밍만큼 공격적이지는 않았다는 점이다. 그들은 몇 달에 한 번씩 반복하는 것이 좋다고 생각했다. 당시에는 6개월 반복도 급진적으로 보였을 텐데 말이다. 그런데 켄트는 한 달, 심지어 2주 단위로 진행했다. 또 켄트의 다른 기여는 디자인이 진화할 수 있다는 개념이었다. 테스트와 디자인을 진화시키는 좋은 방법인 리팩터링이 있다면 가능하다는 것이었다.

스몰토크는 어떤 영향을 미쳤나?

스몰토크를 사용해 상당히 모듈화되고 구조적인 방식으로 빠르게 개발함으로써 프로그램을 발전시킬 수 있었다. 스몰토크로 빠르게 빌드할 수 있었기 때문에 그렇지 않았더라면 당시 사람들에게는 불가능했던 모든 가능성이 열렸다. 짧은 반복에 대해 그처럼 집중한 것은 스몰토크를 사용한 사람들의 경험에서 나왔다.

마틴의 말에서 알 수 있듯이 애자일의 씨앗은 다양한 장소와 사람으로 부터 나왔다. 소프트웨어 개발자들의 관점은 다양해서 애자일 메시지를 수용하는 정도가 달랐다. 애자일 개발에 대한 지칠 줄 모르는 홍보 활동을 펼친 토드 리틀은 이 문제에 대한 자신의 관점을 다음과 같이 덧붙였다. 그의 노력에 대해서는 이 장의 뒷부분에서 언급하겠다.

> 나는 1979년 휴스턴의 엑손 프로덕션 리서치에서 경력을 시작하면서 비슷한 길을 걸었기 때문에 애자일 이전 시절이 특히 즐거웠다. 비슷한 점이 많기는 했지만 소프트웨어 엔지니어링 작업은 비즈니스 시스템 작업과는 조금 달랐다. 우리는 모두 화학 및 석유 엔지니어였고 비즈니스와 IT 사이에는 틈이 없었다. 우리는 아직 서부 개척 시기를 겪고 있었지만 내 경력을 돌아보면 나는 그 거대한 방법론들이 있음을 알았음에도 그것들을 피했다. CMM은 흥미로웠지만 내 엔지니어링 배경이나 소프트웨어 개발 방식과는 맞지 않았다. 그 대신 내가 경험한 것은 서부 개척 시대에서 애자일로 꾸준히 진화하는 과정이었다고 생각한다.

내가 트림블에서 일하면서 알게 된 소프트웨어 개발에 비전통적 접근 방식을 사용할 때의 장점과 단점에 대해 자세히 살펴보자.[5]

트림블 내비게이션[6]

2000년 8월 뉴질랜드 출장 중 트림블 내비게이션의 적응형 개발을 위

---

5   미션 크리티컬한 대규모 항공 우주 시스템에 대해 상당한 경험이 있는 글렌 올먼과의 아침 커피 시간에 그는 항공 우주 시스템 개발에 반복적이고 점진적인 개발의 풍부한 역사가 있다는 것을 상기시켜 주었다. 나는 이런 시스템에 대한 개인적인 경험이 없기 때문에 그 뿌리에 대해 자세히 알아보지는 못했다. 다른 누군가가 이 부분에 대해 글을 써 주면 좋겠다.
6   여기에 소개된 트림블 내비게이션 이야기는 [Highsmith, 2002]의 편집판이다.

해 컨설팅과 워크숍을 진행했다. 트림블은 토지 측량 및 건설 시장용 장비를 비롯한 다양한 제품에 GPS 기술을 사용한다. 휴대용 서베이 컨트롤러 장치는 독점 운영 체제에서 실행되며 여러 제품의 핵심 부품이었다.

이 트림블과의 계약은 2001년 「애자일 선언」 회의 직전에 이루어졌다. 나는 여전히 내 접근 방식을 테스트하고 있었고, 트림블 직원들이 내게 배운 것만큼이나 나도 그들로부터 많이 배웠다고 확신한다. 그들이 이미 하고 있던 일은 내가 주장하는 방법이 실제로 효과가 있음을 다시 한번 확인하는 것이었다. 또한 이 워크숍을 통해 내가 혼자가 아니며 다른 사람들도 비슷한 방법을 추구하고 있다는 것을 확인할 수 있었다.

나는 팀에 대한 그들의 접근 방식에 매료되었다. "우리는 프로젝트마다 새로운 팀을 구성하지 않습니다."라고 마이클은 말했다. "우리는 팀을 구성한 다음 그들에게 일을 맡깁니다." 팀을 계속 재구성하는 대신 잘 돌아가는 팀을 함께 유지한다는 개념이 정말 대단하지 않은가. 이러한 환경에서는 팀이라는 단어 자체가 의미를 잃었다.

서베이 컨트롤러 제품 팀은 특정한 방법론의 접근 방식을 사용하지 않았다. "우리는 사용자의 많은 의견을 수렴해서 '일단 짜 보고 고치기'로 시작해 좋은 엔지니어링의 다양한 아이디어에 따라 천천히 적응해 나갔지만 '실제로 작동하는 것'에 집중했습니다."라고 마이클은 말했다. "우리는 기본적으로 현재 상황에 맞는 프로세스를 만들어 적용했습니다." 트림블의 프로세스에는 기능 중심의 타임박스 방식 납품이 포함되었으며, 가장 중요한 고객 가치는 납품 일정이었다. 필요에 따라 기능 구현은 타협되었고 비용은 그다지 중요하지 않았다.

마이클은 팀 프로세스가 '매우' 가볍다고 정의했다. 경량화란 작성된 설계 문서가 없다는 뜻이었다. "우리는 요구 사항과 명세를 문서로 작성하는 편이지만 현재 문서화 수준을 줄이려고 합니다. 경량화란 모든 사소한 작업을 식별하고 통제할 수 없음을 인정하는 것을 의미합니다. 경량화란 상황 보고서를 많이 제출하지 않는다는 뜻입니다. 우리는 무언가를 죽도록 분석하기보다는 그냥 시도해 보는 편입니다. 경량화는 추정에 시간을 거의 들이지 않는다는 뜻이기도 합니다."

마이클은 말했다. "우리는 모범 사례에 대한 다른 사람들의 생각을 피하기 위해 시간을 들입니다." 팀의 개선 프로세스는 대부분 단순화와 같은 지속적인 작은 변화였다.

이 팀은 소프트웨어 '문화'를 정의하는 일련의 원칙과 가치를 개발했다. 이들은 흥미로운 프로세스를 통해 이러한 정의를 구성하고 기록했다. 앞서 언급한 '시간을 낭비하는 일은 절대 하지 않는다'는 원칙 외에도 문화 가이드에는 다음과 같은 내용이 포함되어 있다.

- 정설은 거의 항상 틀린 경우가 많으며 정설이 맞더라도 각자 상황에 맞게 수정해야 한다.
- 코드에 대해 깊이 생각하라. 코드보다 중요한 것은 없다(테스트 케이스는 예외일 수 있다). 코드의 가장 중요한 속성은 가독성이다.
- 프로세스는 사람 중심으로 정렬해야 하고 그 반대가 되어서는 안된다.
- 지속적으로 계획을 세우되 계획을 글로 적지는 말라(실제로 팀에서는 화이트보드를 많이 사용한다).
- 단순한 것이 좋다. 일을 단순하게 유지하려면 뛰어난 기술이 필요하다.

"프로젝트는 매우 성공적이었습니다. 필요한 기능을 거의 제시간에 제공했기 때문입니다."라고 마이클은 말했다. "제품에는 비교적 버그가 없는 편이며 제품 책임자도 매우 만족하고 있습니다."

하지만 마이클의 경량화 프로세스는 다른 트림블 개발 그룹의 흥미를 불러일으키지 못했다. "우리는 다른 그룹에 비해 너무 급진적입니다."라고 마이클은 아쉬워했다. 다른 그룹에서는 서베이 컨트롤러 팀이 필수 요소에 초점을 맞춘 경량화 방법을 쓰는 게 아니라 방법을 전혀 쓰지 않는다고 생각했다. 당시에는 경량화 방법이 반대자들에 의해 '임시방편'으로 분류되던 시기였다.

애자일 선언

민첩성이 미래를 주도한다는 주제를 내세운 최근(2018~2022년) 보고서(『하버드 비즈니스 리뷰』, 『포브스』, 『MIT 슬론 매니지먼트 리뷰』, 『맥킨지 인사이트』)를 보면 IT 및 기업 민첩성의 필요성을 역설하는 기사가 쏟아져 나오고 있다. 하지만 2001년에는 그렇지 않았다. 애자일에 대한 관심은 경영 커뮤니티의 몇몇 리더와 애자일 소프트웨어 선구자들이 「애자일 선언」을 발표하면서 조금씩 생겨났다. 2000년에 이르러 애자일 개발의 뿌리는 성장을 뒷받침할 만큼 견고해졌다. 이러한 실천법에 관여하는 사람들이 다른 '가벼운' 방법론자와 방법론에 대해 알게 되면서 각자가 개별적으로 작업을 수행하다가 함께 모여 협업하려는 에너지가 활성화되었다. 첫 번째 모임은 오리건주에서 켄트 벡이 주최했다. 그 뒤를 이어 유타주 스노버드에서 오늘날 유명해진 모임이 열렸는데, 이 모임은 전 세계에 이 운동을 알렸다.

궁극적으로 이러한 애자일 소프트웨어 운동이 소프트웨어 개발의 변화를 촉진했다. 초기 애자일 물방울은 시냇물이 되고 강물이 되고 마침내 바다가 되었다.

2001년 2월 11~13일, 유타주 와사치 산맥의 리틀 코튼우드 캐니언 정상 부근에 위치한 스노버드 리조트 산장에서 17명[7]이 모여 대화하고 스키를 타고 휴식을 취하며 공통점을 찾기 위해 노력했다.[8] 그 결과 탄생한 것이 「애자일 선언」이다. 문서 중심 모뉴멘털 소프트웨어 개발 프로세스에 대한 대안이 필요하다는 데 공감하는 여러 방법론(익스트림 프로그래밍, 스크럼, DSDM, 적응형 소프트웨어 개발, 크리스털, FDD, 실용적 프로그래밍 등)을 대표하는 사람들이 모였다. 리틀 코튼우드 캐니언은 훌륭한 레크리에이션 암벽 등반과 '샴페인' 파우더[9] 스키를 즐길 수 있는 곳이다. 또 스노버드 클리프 롯지에는 세계 최고의 클라이머들이 경쟁을 펼친 35미터 높이의 등반 벽이 있다.

스노버드에서 열린 회의는 그 이전 2000년 봄 오리건주 로그 리버 롯지에서 켄트 벡이 주최한 모임에서 비롯되었다. 이 모임에는 나와 같은 몇몇 '아웃사이더'[10]와 익스트림 프로그래밍 지지자들이 참석했다. 로그 리버 회의에서 참석자들은 다양한 '가벼운' 방법론에 대한 지지를 표명했지만 공식적인 논의는 이루어지지 않았다. 이 회의는 내가 익스트림 프로그래밍의 주역들을 소개받은 자리였다. 2000년에는 익스트림 프로그래밍, 적응형 소프트웨어 개발, 크리스털, 스크럼과 같

---

7 17명 모두 남성이다. 우리는 그룹 내 다양성이 부족하다는 비판을 받아 왔고 이는 수긍할 수 있는 일이다. 참석자 이름은 다음과 같다: 켄트 벡, 마이크 비들, 아리 판베네큄, 앨리스터 코번, 워드 커닝햄, 마틴 파울러, 제임스 그레닝, 짐 하이스미스, 앤드류 헌트, 론 제프리스, 존 컨, 브라이언 매릭, 로버트 C. 마틴, 스티브 멜러, 켄 슈웨이버, 제프 서덜랜드, 데이브 토마스

8 이 절에는 내가 작성한 선언문 역사의 편집본이 포함되어 있으며, 「애자일 선언」 웹사이트에도 선언문의 역사가 게시되어 있다.

9 (옮긴이) 매우 가볍고 거의 가루 상태인 눈을 지칭하는 용어다.

10 이 부분을 처음 썼을 때 '앨리스터와 나 같은 다른 사람들'이라는 문구가 포함되어 있었다. 나는 앨리스터가 그 회의에 참석했다고 확신했는데, 2022년 중반에 이야기를 나누는 동안 앨리스터는 자신이 아니라고 말했다. 기억이란 참 재미있다.

은 '가벼운' 또는 '경량' 프로세스라는 카테고리를 언급하는 기사가 작성되었다. 대화에서 '가벼운'이라는 명칭을 좋아하는 사람은 아무도 없었지만 당분간은 이 명칭이 계속 사용될 것 같았다.

2000년 9월, '밥 아저씨'라는 별명으로 알려진 로버트 마틴이 이메일을 통해 다음 단계를 주도하기 시작했다. "2001년 1월에서 2월 사이에 시카고에서 소규모(이틀간) 콘퍼런스를 개최하고 싶습니다. 이 회의의 목적은 모든 경량(lightweight) 방법론 리더들을 한자리에 모으는 것입니다. 여러분을 모두 초대합니다. 그리고 제가 누구에게 연락해야 할지 알고 싶습니다." 밥은 위키 사이트를 개설했고 토론은 활발하게 진행되었다. 초기에 앨리스터 코번은 서신을 통해 '가벼운(light)'이라는 단어에 대한 일반적인 불만을 표명했다.

방법론이 가볍다고 하는 건 상관없지만 제가 가벼운 방법론 모임에 참석하는 가벼운 사람으로 불리고 싶지는 않습니다. 이건 왠지 오늘이 무슨 날인지 기억해 내려고 애쓰는 마른 체격에 허약하고 가벼운 사람들이 모인 것처럼 들리거든요. 애자일 얼라이언스(Agile Alliance)로서 우리의 작업이 같은 일을 하는 다른 사람들에게 소프트웨어 개발, 방법론, 조직에 대해 새로운 방식을 생각하게 만들 수 있기를 바랍니다. 그렇다면 우리는 우리의 목표를 달성한 것입니다.

2001년 회의는 가장 많은 모험가와 비순응주의자가 모인 회의일 것이다. 여기서 모든 참가자가 서명한 「애자일 소프트웨어 개발 선언」이라는 상징적인 결과물이 나왔다. 우리는 스스로를 애자일 얼라이언스라고 불렀다.

앨리스터 코번이 처음에 했던 우려는 많은 참가자의 생각을 반영했다. "저는 개인적으로 이 특별한 애자일 전문가 그룹이 실질적인 합의에 도달할 것이라고 기대하지 않았습니다." 하지만 그는 회의가 끝난 후의 느낌도 공유했다. "제 입장에서 저는 선언문의 마지막 문구에 만족합니다. 우리는 실질적인 합의에 도달했으니까요."

「애자일 선언」은 4가지 주요 가치 선언과 12가지 원칙으로 구성되어 있는데 한 가지 원칙을 예로 들면 다음과 같다. "단순성이 – 안 하는 일의 양을 최대화하는 기술이 – 필수적이다."[11] 이 원칙들은 그 이후 몇 달에 걸쳐 워드의 위키와 이메일을 통해 협의되었다. 네 가지 가치와 그 문구에 합의하는 데는 이틀밖에 걸리지 않았지만 17명이 12가지 원칙을 결정하고 문구로 표현하는 작업은 몇 달에 걸쳐 천천히 진행되었다.

> **애자일 소프트웨어 개발 선언[12]**
>
> 우리는 소프트웨어를 개발하고, 또 다른 사람의 개발을 도와주면서 소프트웨어 개발의 더 나은 방법들을 찾아가고 있다.
>
> 이 작업을 통해 우리는 다음을 가치 있게 여기게 되었다:
>
> 공정과 도구보다 **개인과 상호 작용을**
>
> 포괄적인 문서보다 **작동하는 소프트웨어를**
>
> 계약 협상보다 **고객과의 협력을**
>
> 계획을 따르기보다 **변화에 대응하기를**

---

11 (옮긴이) 12가지 원칙의 한국어 번역 전문은 *http://agilemanifesto.org/iso/ko/principles.html*에서 확인할 수 있다.

12 (옮긴이) 출처: *http://agilemanifesto.org/iso/ko/manifesto.html*

이틀간의 회의가 끝날 무렵, 밥 마틴은 자신이 '죽처럼 무른' 발언을 하려고 한다고 농담을 던졌다. 유머가 섞인 말이었지만, 신뢰와 존중을 바탕으로 서로 양립할 수 있는 가치관을 가진 그룹과 함께 일하게 되어 영광이라는 밥의 의견에 동의하지 않는 사람은 거의 없었다. 우리는 사람 중심의 관리를 장려하고 싶었다. 나는 애자일의 핵심은 사람이 중요한 환경을 구축하여 고객에게 훌륭한 제품을 제공하는 것, 즉 사고방식이 우선이고 방법과 절차는 그 다음이라고 생각한다.

애자일 운동은 방법론에 반대하는 것이 아니다. 사실 많은 사람이 방법론이라는 단어에 대한 신뢰를 회복하기를 바란다. 우리는 균형을 회복하고 싶다. 우리는 모델링을 수용하지만, 먼지가 쌓인 회사 창고에 다이어그램을 보관하지는 않는다. 문서화를 수용하되 관리되지 않고 거의 사용되지도 않는 수백 쪽 분량의 문서는 수용하지 않는다. 우리는 계획을 세우지만 격변하는 환경에서는 계획의 한계를 인식한다. 익스트림 프로그래밍이나 스크럼 또는 다른 애자일 방법론 지지자들

---

13 이 고지는 「애자일 선언」 웹 페이지에 작은 글씨로 적혀 있어서 사람들이 놓칠 수 있기 때문에 포함시켰다. 저자들은 「애자일 선언」이 오픈 소스 모델을 채택하여 누구나 사용할 수 있다는 점을 분명히 밝히고 싶었다. 워드 커닝햄은 기발한 아이디어로 개인이 댓글을 달 수 있는 서명 페이지를 추가했고, 수만 명이 서명했다.

을 '해커'라고 낙인찍는 사람들은 방법론과 해커라는 용어의 원래 정의에 대해 무지한 사람들이다. [Highsmith, 2001]

월터 아이작슨은 그의 저서 《코드 브레이커》(2021)에서 제니퍼 다우드나와 그의 연구에서 비롯된 크리스퍼(CRISPR)[14] 발견에 대한 이야기를 들려준다. 이 생명 공학 기술 덕분에 화이자와 모더나가 코로나-19 백신을 빠르게 개발할 수 있었다. 크리스퍼를 기반으로 한 유전자 편집 기술을 발전시키기 위한 경쟁에서 다우드나와 여러 과학자들은 의료계와 환자에게 도움이 될 수 있도록 유전자, DNA, RNA에 대해 배운 것을 공유하면서 끊임없이 협력했다. 물론 같은 연구자들 사이에서도 치열한 경쟁이 벌어졌는데, 특히 먼저 논문을 발표하고 특허를 획득하기 위한 경쟁이 치열했다. 몇 년 후 코로나-19 백신을 개발하기 위해 커뮤니티가 협력하면서 과학자들의 협업은 더욱 강화되었다. 과학자든 소프트웨어 개발자든 생각이 같은 경쟁자들 간의 협업은 21세기 초의 도전 과제에 대한 최상의 솔루션을 제공할 수 있다.

스노버드에서 열린 회의에서 참석자들은 각자의 접근 방식에 대한 철학과 세부 사항을 공유했다. 우리는 차이점도 발견했지만 놀라운 유사점도 발견했다. 이 협업을 통해 전 세계에 심오하고 지속적인 영향을 미칠 수 있는 결과를 만들어 낼 것이라는 데는 의심의 여지가 없었다. 또한 크리스퍼 과학자들이 그랬듯이 우리도 회의를 마치고 경쟁에 나서리라는 데 의심의 여지가 없었다. 우리 중 몇몇은 애자일 주제에 관한 새 책을 출간하기 위해 경쟁했다.

앨리스터 코번은 이메일을 통해 스노버드 회의의 공동체 의식과 협업을 설명하는 데 도움이 되는 한 가지 사건을 상기시켜 주었다.

---

14 (옮긴이) 세균의 유전체에서 발견되는 염기 서열로 3세대 유전자 가위 개발에 쓰였다.

어느 순간 우리는 로버트 마틴이 왜 스티브 멜러를 초대했는지 궁금해하며 이야기를 나누고 있었어요. 스티브 멜러가 가벼운 방법론가처럼 보이지 않았거든요. 스티브가 "안녕하세요. 저는 스티브 멜러이고 스파이입니다."라고 자신을 소개하자 우리 모두의 눈이 커졌죠. 맙소사, 정말 그렇게 말했어요.

그러고 나서 바로 론 제프리스와 제가 스티브에게 말을 걸었어요. 우리는 솔직히 그의 작업을 좋아하지 않았어요. 맞아요. 그림이 너무 많았거든요. 그러나 놀라웠던 점은 우리가 비난하지 않고, "그다음에 무엇을 하나요? 왜 그걸 하나요?"와 같은 질문을 시작했다는 것이었습니다. 그리고 그가 대답했죠. "그러니까 제 목표는 그림에서 버튼을 누르면 코드가 나오는 것이에요." 론이 말했어요. "네, 그런데 그런 다음에 코드를 유지 보수해야 하니 그림들은 전부 동기화되지 않을 거에요." 그러자 스티브가 "아니, 아니, 아니요, 그림을 유지 보수하면 돼요. 코드에는 다시 손대지 말고요."라더군요. 론이 물었습니다. "그럼 그 말인즉슨 그림들이 소스 언어(source language)라는 거네요." 스티브가 말했어요. "맞아요." 그리고 저와 론 모두 "소스 코드 언어가 무엇인지는 신경 쓰지 않아요. 코드를 두 군데서 유지 보수하지 않아도 된다면 그림이어도 괜찮죠."라고 이야기했어요. 스티브는 "그게 제 말이에요."라고 했죠. 제가 말했어요. "아, 네, 그럴 수 있다고는 생각하지는 않지만 만약 그게 당신의 의도라면 의도에는 문제가 없어요." 그리고 갑자기 우리는 모두 같은 편에 서게 되었어요. 우리는 순식간에 의견 일치에 이르렀습니다. 그의 현재 기술이 그 목표에 도달한다고는 생각하지 않지만, 그의 의도는 우리의 의도와 같았습니다. 갑자기 우리는 이전에 있던 큰 불일치에 대해 큰 합의를 이루었습니다. 무슨 일이 있었는지 아시겠죠. 그런 종류의 마법을 나는 매우 관대한 형태의 청취라고 부르는데요. 즉, 관대함을 갖고 듣는 것인데 대부분의 회의에서 볼 수 없는 상황입니다.

이러한 교류 덕분에 참석자 17명 모두가 최종 「애자일 선언」의 가치 선언에 동의했다.

조금 아이러니한 점은 인습 타파주의 성향이 강한 기술 전문가 무리가 '개인과 상호 작용'이 성공에 가장 중요하다는 근본적인 신념을 기반으로 한 운동을 시작했다는 것이다.

「애자일 선언」 모임은 그 신념을 반영했다. 이는 명시적으로 원하는 결과가 있는 형식적인 안건에서 나온 것이 아니라, 협력적이고 자율적인 환경에서 혁신과 놀라운 일을 촉진한 결과로 나타났다. 많은 조직, 특히 중간 관리층 및 임원급에서 애자일을 '실행'하는 것과 애자일이 '되는 것' 사이에 빠진 연결 고리가 바로 이 점일 수 있다. 애자일 팀은 협업(일일 스탠드업, 회고, 시작 회의)을 위해 열심히 일하지만, 여러 부서의 팀원들과 함께 일하기란 쉬운 일이 아니다. 얼마나 많은 경영진 및 임원 회의가 이 사례를 따르고 있을까? 7장의 두 고객 사례에서는 애자일 방식을 채택하려는 경영진의 의지가 조직의 애자일 전환 성공에 어떤 차이를 가져오는지 살펴본다.

1990년대 후반 UML이 다양한 다이어그램 작성 방법을 하나로 통합하면서 인기를 얻었다. 그러나 1980년대에 모뉴멘털 방법론이 등장했을 때와 마찬가지로 UML은 모뉴멘털 방법론의 최신판이라고 할 수 있는

RUP(Rational Unified Process)에 포함되었다.

UML 다이어그램을 통합하는 것 외에도 RUP는 프로세스 가이드, 반복적으로 해석할 수 있는 라이프 사이클 및 온라인 지식 베이스를 포함했다. 애자일 접근법이 인기를 끌게 되면서 RUP 지지자들은 자신들의 라이프 사이클이 실제로 반복적이며 작은 프로젝트의 경우 프로세스를 단순화할 수 있다고 주장했다. 그러나 불행하게도 이러한 가정 중 어느 것도 애자일 커뮤니티에 실용적이지 않다는 점이 밝혀졌다. 대규모 IT 조직은 여전히 RUP 라이프 사이클을 폭포수 방식으로 사용하고 있었고, 단순화를 시도하는 대신 'RUP 요소들'을 그대로 유지하는 것이 훨씬 쉬웠다. 애자일 실무자들은 여전히 RUP를 애자일은 물론 심지어 반복적인 방법론으로도 인정하지 않았다.

소규모 프로젝트에 적합한 방법론을 홍보하는 공급업체에 관련된 익스트림 프로그래밍 토론 그룹에서 래리 콘스탄틴은 다음과 같은 의견을 제시했다.

> 그런데 RUP를 통한 익스트림 프로그래밍 수행은 내게는 비유적으로 비싼 18휠 이동 밴을 사서 트레일러를 버리고 캡을 자르고 엔진을 경제적인 4실린더로 바꾸고 추가 좌석을 설치하여 아이들과 식료품을 실어 도심 내에서 빠르게 움직이는 쌩쌩한 소형차를 만드는 것과 비슷하게 느껴진다. 무조건 가격을 지불해야 한다면, 아마도 이 방법이 아무것도 안 하는 것보다는 낫지만, 익스트림 프로그래밍을 단순히 익스트림 프로그래밍으로 수행하는 편이 더 저렴하고 효율적으로 보인다.

애자일 조직

「애자일 선언」이 발표된 후, 선언문 저자들이 애자일 얼라이언스를 출범하고, 새로운 책이 출간되고, 익스트림 프로그래밍 콘퍼런스가 계속되고, 논문이 쏟아져 나오면서 그 추진력이 빠르게 커졌다.

선언문 회의 직전에 나는 『Software Testing & Quality Engineering』에 「Retiring Lifecycle Dinosaurs」[Highsmith, 2000]라는 표지 기사를 썼다.

2001년 가을, 마틴 파울러와 나는 『Software Development』 잡지의 표지 기사로 「The Agile Manifesto」[Fowler, Highsmith, 2001](그림 5.1)를 썼다. 최근에 이 잡지를 보면서 "아나키스트 17명이 동의하는…"이라는 문구가 포함된 부제가 인상적이었다. 같은 해 가을, 앨리스터 코번과 나는 『IEEE Computer』에 「Agile Software Development」[Highsmith, Cockburn, 2001]라는 글을 썼다. 그 사이 다른 사람들은 스크럼, 익스트림 프로그래밍, DSDM[15] 애자일 실천법에 대해 글을 쓰고 있었다. 앨리스터와 나는 애디슨-웨슬리(Addison-Wesley)의 애자일 시리즈 공동 편집자가 되어 2010년까지 12권의 책을 출간했다.

「애자일 선언」이 발표된 후 몇 년 동안 애자일 방법, 방법론, 사고방식을 장려하기 위해 여러 조직이 결성되었다. 이러한 조직에는 애자일 얼라이언스, 애자일 콘퍼런스(Agile Conferences), 애자일 프로젝트 리더십 네트워크(Agile Project Leadership Network, 이하 APLN), 스크럼 얼라이언스(Scrum Alliance), Scrum.org 등이 있다.

애자일 얼라이언스는 2001년 말 공식 출범했는데 당시 회원은 50명이 안 되었고 예산은 7350달러였지만 이후 빠르게 성장했다. 2021년 현

---

15 DSDM은 원래 '동적 시스템 개발 방법론(dynamic systems development methodology)'을 뜻한다. 하지만 애자일 비즈니스 컨소시엄은 이제 DSDM을 그냥 이름으로만 사용한다.

그림 5.1 「애자일 선언」을 다룬 첫 주요 기사

재 애자일 얼라이언스의 회원 수는 8500명 이상, 뉴스레터 구독자 수는 7만 명 이상이고, 운영 예산은 400만 달러가 넘는다. 2001년부터 애자일 얼라이언스는 사람과 조직이 「애자일 선언」에 명시된 가치, 원칙, 실천 방법을 탐색, 적용하고 확장할 수 있도록 정보를 제공하고 영감을 불어넣어 왔다.

「애자일 선언」을 작성하는 동안 참석자들은 스스로를 애자일 얼라이언스라고 부르기 시작했지만 공식적인 조직은 없었다. 2001년 한 해 동안 조직에 대한 논의가 진행되었고, 2001년 11월 19일 시카고에서 창립 이사회가 열렸다. 공식적인 얼라이언스에 참여하기를 원한 선언문 작성자도 있었고 그렇지 않은 사람도 있었다. 이 회의에는 마이크 비들, 론 크로커, 짐 하이스미스, 로버트 마틴, 켄 슈웨이버, 메리 포펜딕, 그레이디 부치, 스티븐 프레이저, 쳇 헨드릭슨, 재키 호위츠, 존 컨,

린다 라이징, 데이브 토마스, 마틴 파울러가 참석했다.[16] 우리의 목표는 이 운동을 성장시키는 것이었지만 얼마나 널리 확산될지 예상한 사람은 거의 없었다.

현재 다국적으로 활동하는 애자일 얼라이언스는 교육 자료(서적, 연구, 블로그, 밋업)를 제공하고, 지역 행사 및 그룹을 지원하는 기반인 대규모 콘퍼런스를 개최한다. 7개국을 대표하는 10명의 회원으로 구성된 다양한 자원 봉사 이사회(2022년)와 더불어 현재 이사 및 기타 유급 직원이 있다. 애자일 얼라이언스에는 15년 이상 전무 이사가 있었다. 필 브록이 2020년에 사임하기 전까지 13년 동안 근무했다.

애자일 얼라이언스의 현재[17]

애자일 얼라이언스는 「애자일 선언」을 기반으로 설립된 세계적 비영리 회원제 조직이다. 애자일 가치, 원칙, 관행을 탐색, 적용, 확장하는 사람과 조직을 지원한다. 우리 멤버십은 이러한 관심을 공유하는 7만 2000명 이상의 사람이 참여하는 다양하고 번창하는 커뮤니티로 구성되어 있다.

우리 회원과 스태프는 애자일 얼라이언스가 전 세계적인 자원·행사·커뮤니티를 제공할 수 있도록 하며, 사람들이 그들의 잠재력을 최대한 발휘하고 이전보다 더 혁신적인 해결책을 제공할 수 있도록 지원한다.

애자일 얼라이언스는 포용적인 전 세계 커뮤니티를 구축하고, 애자일의 폭과 깊이를 발전시키며, 회원들에게 가치를 제공하기 위해 다양한 활동을 수행한다. 이러한 활동은 다음을 포함한다.

---

16 이 책을 위해 조사하던 도중 보관하고 있던 파일에서 애자일 얼라이언스의 이사회 회의록, 예산서, 정관 원본을 발견했다. 나는 이 자료들을 현 얼라이언스 직원들에게 전달했다.

17 애자일 얼라이언스 웹사이트에서 발췌: *www.agilealliance.org/the-alliance/*

- 애자일 커뮤니티가 한자리에 모이는 콘퍼런스
- 애자일 및 애자일 커뮤니티 회원에 대한 정보가 가득하고 커뮤니티 구성원이 만든 귀중한 자원에 접근할 수 있는 웹사이트
- 애자일 커뮤니티의 특정 관심 분야를 다루고 지역 커뮤니티 그룹을 지원하는 이니셔티브

몇 년간 익스트림 프로그래밍 콘퍼런스는 있었지만 2002년 초까지만 해도 애자일 콘퍼런스는 없었다. 2002년 여름, 앨리스터 코번과 나는 애자일 콘퍼런스의 윤곽을 잡기 위해 '냅킨 뒷면' 회의[18]를 했다. 그 후 켄 슈웨이버가 계획에 합류했고 2003년 6월 25일부터 28일까지 솔트레이크시티에서 첫 번째 콘퍼런스를 개최하기로 결정하고 장소를 확보했다. 나는 솔트레이크시티에서 애리조나주 플래그스태프로 이사하면서 앨리스터에게 계획의 대부분을 맡겼다(앨리스터는 내가 그와 함께 일하다 손을 뗀 사실을 잊지 않도록 항상 언급한다). 토드 리틀이 그 자리를 대신하여 콘퍼런스 준비를 초기부터 정식으로 담당했다.

토드는 회사에서 애자일을 도입하고 업계 행사를 조직하는 등 애자일을 널리 알리는 데 중요한 역할을 했다. 앨리스터와 내가 콘퍼런스를 기획한 것은 맞지만 실제로 콘퍼런스를 조직하는 방법은 토드가 알고 있었다. 나는 1998년 샌프란시스코에서 열린 소프트웨어 디벨롭먼트 콘퍼런스에서 토드를 처음 만났는데, 토드가 1999년에 열린 랜드마크 그래픽스(할리버튼의 사업부) 사내 콘퍼런스에 나를 연사로 초대해 주었다. 2002년 이른 가을, 앨리스터와 토드 그리고 나는 보스턴에

---

18 (옮긴이) 실제 냅킨 뒷면 또는 비슷한 크기의 종이에 적을 수 있을 정도로 아이디어의 개요를 빠르게 짜는 회의를 말한다.

서 열린 커터 컨소시엄의 서밋 콘퍼런스에 참석했고, 그곳에서 첫 번째 애자일 콘퍼런스를 조직하는 데 도움을 줄 수 있는 토드를 영입했다(어렵지 않았다). 토드는 이후 여러 애자일 콘퍼런스의 의장을 맡았고, 애자일 얼라이언스 이사를 역임했으며, APLN 공동 창립자 겸 이사로 활동했다. 「애자일 선언」이 애자일 운동을 출범시켰지만, 토드와 같은 사람들의 노력과 헌신이 있었기에 정상 궤도에 진입할 수 있었다.

토드가 메모와 기억을 바탕으로 보스턴에서 열린 회의에 대한 추가 세부 정보를 이메일로 보내 주었다.

> 어느 날 저녁 커터 콘퍼런스에서 주최한 나들이의 일환으로 우리 일행은 MIT 박물관에 갔습니다. 그곳에서 앨리스터를 처음 만났죠. 우리는 처음부터 꽤 잘 어울렸고 호텔로 돌아가는 길에 미라클 오브 사이언스 바 앤드 그릴(Miracle of Science Bar & Grill)에 들렀습니다. 몇 잔 마신 후 앨리스터가 그림이 그려진 종이 몇 장을 꺼냈어요. 그는 종이를 돌리면서 자신이 계획 중인 애자일 콘퍼런스의 로고로 어떤 것을 선호하는지 물어보았습니다. 물론 지난 몇 년 동안 랜드마크 그래픽스 세계 개발자 콘퍼런스를 조직한 경험이 꽤 있었기 때문에 이 질문은 내 관심을 끌었죠.
>
> 로고 옵션들에 대해 간단하게 평가한 후, 대화는 빠르게 내부 콘퍼런스에서 우리가 했던 일 중 흥미로웠던 일 몇 가지로 옮겨 갔습니다. 나는 먼저 커뮤니티를 구축하고 사람들을 하나로 모으기 위해 우리가 어떤 일을 했는지 설명했습니다. 우리 회사에는 '사람을 통합하지 않고 어떻게 통합 소프트웨어 솔루션을 구축할 수 있겠는가?'라는 말이 있었는데요. 물론 오랫동안 소프트웨어 개발의 인간적인 측면을 옹호해 온 앨리스터의 귀에 딱 맞는 말이었습니다.

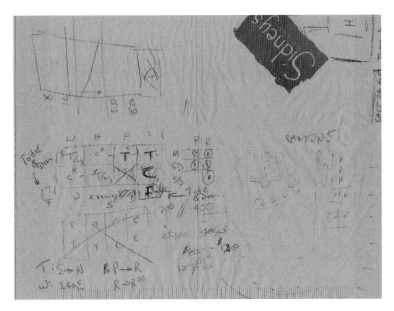

그림 5.2 첫 번째 애자일 콘퍼런스 계획 냅킨(토드 리틀 제공)

그다음 날 저녁, 우리는 냅킨 뒷면에 적은 문서와 함께 멋진 대화를 나누었습니다(그림 5.2). 우리는 전체적인 비전에 동의했고 앨리스터와 좋은 우정을 쌓기 시작했어요. 일을 시작하기에는 냅킨이 충분했지만 앨리스터는 나중에 콘퍼런스를 위한 규정 문서를 작성하여 우리의 작업이 탄탄해지는 데 큰 도움을 주었습니다.

첫 번째 애자일 디벨롭먼트 콘퍼런스(Agile Development Conference)는 콘퍼런스 기간은 물론이고 그 이후에도 애자일 커뮤니티를 육성하고 성장시키기 위해 기획되었다(그림 5.3은 콘퍼런스 초대장 표지를 보여준다). 전통적인 연사 프레젠테이션뿐 아니라 주요 주제에 대한 비공식 세션도 포함되었다. 애자일은 새로운 것이었기 때문에 분위기가 뜨거웠다. 이 첫 번째 콘퍼런스는 프로그램과 토론이 좋은 평가를 받으며 성공적으로 마무리되었다. 약 250명이 참석했고 약간의 수익을 올렸다. 특히 마지막 사항이 앨리스터, 켄 슈웨이버 그리고 내게 매우 중요했는데 우리가 부족한 부분을 충당할 수 있었기 때문이다. 토드는 그다음 몇 번의 콘퍼런스 의장을 맡았고 이후 몇 년 동안 참석자가 300명으로, 익스트림 프로그래밍 콘퍼런스와 애자일 콘퍼런스가 통합되면서는 700명으로, 이후 1100명까지 늘어났다. 범유행병 이전 몇 년간 콘퍼런스 참석자는 2500명으로 정점에 이르렀다(그림 5.4). 자기 주장이 강한 사람들이 주도하고 빠르게 성장하는 운동이 그렇듯이 성장기에는 자존심과 감정에 상처를 입은 사람도 적지 않았다. 하지만 결과는 놀라웠고 멍은 치유되었다. 내가 아는 한 뼈가 부러진 경우는 없었다.

그림 5.3 2003 애자일 디벨롭먼트 콘퍼런스 초대장(토드 리틀 제공)

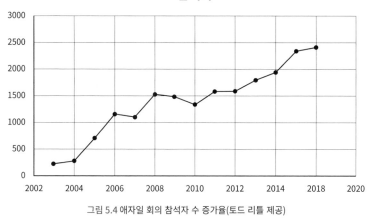

참석자

그림 5.4 애자일 회의 참석자 수 증가율(토드 리틀 제공)

첫 번째 애자일 콘퍼런스가 열리고 나서 2년 후, 익스트림 프로그래밍 콘퍼런스는 애자일 얼라이언스의 후원하에 치열한 협상을 거쳐 애자일 콘퍼런스에 통합되었다. 그러나 애자일 얼라이언스는 계속해서 별도의 익스트림 프로그래밍 콘퍼런스를 후원했으며 그 수는 점점 더 늘어났다.

APLN(이후 애자일 리더십 네트워크로 명칭 변경)은 세 차례에 걸친 회의를 통해 출범했다. 첫 번째 회의는 2004년 솔트레이크시티에서 열린 애자일 디벨롭먼트 콘퍼런스에서 애자일 얼라이언스와는 별개의 프로젝트 관리 그룹에 대한 관심을 확인하기 위해 내가 즉흥적으로 시작한 회의였다. 그 후 2004년 10월 시카고에서 두 번째 회의가 열렸다. 2005년 1월 말에 우리는 워싱턴주 레드먼드의 마이크로소프트 캠퍼스에서 세 번째 회의를 소집했다. 이러한 회의와 야후 그룹[19]에서 지속적으로 진행된 토론에서 우리는 애자일 개발에서의 프로젝트 관리자와 프로

---

19 (옮긴이) 온라인 메일링 리스트 서비스로 2020년 12월 운영 종료

젝트 관리의 역할에 대해 논의했고 그 후 APLN을 결성하게 되었다.[20]

레드먼드 회의 참석자는 산지브 어거스틴, 밥 위소키, 프레스턴 스미스, 크리스토퍼 에이버리, 토드 리틀, 도나 피츠제럴드, 데이비드 앤더슨, 올레 젭슨, 앨리스터 코번, 더그 디칼로, 짐 하이스미스였다. 참석자들은 소프트웨어 개발 및 프로젝트 관리 분야에서 다양한 경력을 가지고 있었다. 예를 들어 프레스턴 스미스는 저술가[Smith, Reinertsen, 1997]이자 제조 제품에 대한 컨설턴트였다. 이 회의의 결과로 「상호 의존성 선언」이 확정되고 APLN의 예비 조직이 구성되었다. 그 회의 이후 조직화 과정에 기여한 다른 사람들로는 마이크 콘, 폴리애나 픽스턴, 로웰 린드스트롬, 켄트 맥도널드 등이 있다.

상호 의존성 선언

- 지속적인 가치 흐름에 집중하여 투자 수익을 높인다. 고객과 자주 소통하고 소유권을 공유함으로써 신뢰할 수 있는 결과를 제공한다.
- 우리는 불확실성을 예상하고 반복, 예측, 적응을 통해 이를 관리한다.
- 개개인이 궁극적인 가치의 원천임을 인식하고 개개인이 변화를 일으킬 수 있는 환경을 조성함으로써 창의성과 혁신을 발휘한다.
- 결과에 대한 그룹 책임과 팀 효율성에 대한 공동 책임을 통해 성과를 높인다.
- 상황에 맞는 전략, 프로세스, 실천을 통해 효과성과 신뢰성을 개선한다.

레드먼드 회의는 「애자일 선언」 회의를 모델로 삼았다(그림 5.5). 당시 애자일 커뮤니티에는 '프로젝트 관리자는 필요 없다'는 정서가 있었다. 레드먼드 회의에 참여한 그룹은 이에 동의하지 않았다. 우리는 프로젝

---

20 토드 리틀도 창립 회의에 대한 내 기억과 오래된 이메일 내용에 관해 첨언했지만 오류가 있다면 내 책임이다.

트 관리가 필수지만 프로젝트 관리자는 애자일 사고방식을 가져야 한다고 생각했다. 우리는 작업보다는 사람을 먼저 관리하는 데 능숙한 프로젝트 관리자가 필요했다. 이 논쟁은 부분적으로는 용어에 관한 것이었고, 부분적으로는 프로젝트 관리자의 역할을 재정의하는 것이었다. 새로운 점을 강조하기 위해 '프로젝트 관리자'라는 명칭을 변경해야 할까? 익스트림 프로그래밍 지지자들이 프로젝트 관리의 필요성에 대한 논쟁을 벌인 반면, 다른 사람들은 역할 변화를 동반하는 이름 변경을 선택했다. 이상하게도 익스트림 프로그래밍이 그 역할을 재정의했는데도 프로그래머·소프트웨어 개발자라는 이름을 변경하자는 비슷한 논쟁은 들어 보지 못했다.

처음 2~3년 동안 APLN 회의에서는 회원들을 위한 프로그램 목표와 실천 이니셔티브에 대해 논의했다. 가장 큰 성공 사례는 지역 지부를 설립한 것이었다. 몇몇 이사회 멤버는 지역 그룹을 지원하기 위해 '안내서'를 작성했고 전국 APLN은 법적 기반을 제공했다. 2000년대 후반

그림 5.5 레드먼드 APLN 회의에 참석한 앨리스터 코번과 짐 하이스미스

에 설립된 몇몇 지역 그룹은 샌프란시스코 베이 지역과 휴스턴에서 지금도 계속 활동하고 있다.

논쟁 한 가지가 2년 동안 계속되었는데 애자일 프로젝트 관리 인증 프로그램을 만들지에 대한 것이었다. 당시 PMI는 애자일이 포함되지 않은 전통적인 인증 프로그램을 운영했다. 스크럼 조직에는 스크럼 역할에 대한 인증 프로그램이 있었다. 그러나 스크럼을 사용하지 않는 애자일 커뮤니티에서는 인증의 효용성에 대한 논쟁이 계속되었다. APLN 이사회는 세 집단으로 나뉘었다. 바로 (1)인증을 지지하고 기존 인증 모델에 상당히 익숙한 사람들, (2)애자일은 본질적으로 인증이 불가능하다는 이유로 전반적으로 인증에 반대하는 사람들, (3)인증을 고려할 의향은 있지만 '인증 1.0'이라고 부르는 것에 익숙하지 않은 중간 그룹이 있었다. 기존 인증 모델은 상대적으로 정적인 지식 체계에 대한 학습 검증을 기반으로 하는데, 이는 애자일의 본질과 상충된다는 우려가 있었다. 이사회는 인증 프로그램을 조사하는 그룹을 승인했지만 결국 더 이상의 노력을 하지 않기로 결정했다.

APLN과 더 넓은 애자일 커뮤니티 내에서 인증에 대한 논의는 적합성과 고객 압력 사이의 논쟁으로 귀결되었다. 「애자일 선언」이 17명의 불순응주의자에 의해 만들어졌기 때문에 많은 사람이 인증은 궁극적으로 순응이라 여겼고 효과가 없다고 생각했다. 그러나 인증 지지자들은 애자일 방식이 고객에게 초점을 맞추고 있으며, 많은 기업과 개인이 어느 정도의 역량 인증을 원한다고 주장한다. 고객이 요구하는 것을 제공하나, 아니면 고객이 원한다고 생각하는 것을 제공하나? 표면적인 논쟁의 대부분은 인증의 효과성 또는 비효율성 문제에 집중되어 있지만 더 큰 문제를 놓치고 있다. 이 딜레마는 인증 문제에 대한 해답이 의존하는 역설을 잘 보여 준다. 고객이 요구하는 것만 제공하면 그 요구가 새로운 제품 아이디어의 유일한 원천이 될까? 고객의 요구가 잘못되었다고 생각하더라도 고객이 원하는 것을 제공해야 하나? 빠르게 변화하는 세상에서 요구되는 리더십 기술 중 하나는 '라이딩 패러독스(riding paradox)'[21]다. 즉, 해결책이 있는 문제와 시간이 지남에 따라 변하는 해결 방법만 있는 역설을 분리하는 것이다. 인증은 이러한 역설 중 하나인 것 같다.

APLN은 몇 년 더 지속되었지만 더 넓은 프로젝트 관리 커뮤니티에서 주목을 받지는 못했다. PMI는 2011년부터 애자일 프로젝트 관리 인증을 제공하기 시작했다. 이제 APLN은 애자일 얼라이언스, PMI 및 다양한 스크럼 조직과 경쟁하게 되었다. APLN은 여러 지역 콘퍼런스를 후원했지만 애자일 콘퍼런스의 프로젝트 관리 부분을 주최하기 위한 애자일 얼라이언스와의 협상은 실패로 돌아갔다. 인증 프로그램이나 주요 콘퍼런스의 자금 지원 메커니즘이 없었기 때문에 전국적인 APLN(당시에 애자일 리더십 네트워크로 바뀌었다)은 살아남지 못했다.

애자일 생태계

지난 몇 년간 애자일이라는 포괄적인 용어와 스크럼, 익스트림 프로그래밍 같은 특정 방법론에 대한 혼란이 있었다. 이러한 혼란을 없애기 위해 나는 「애자일 선언」 모임에 앞서 애자일 방법론에 대한 연구서에 대해 생각하기 시작했다. 선언문 모임에서 나는 이 두 번째 책을 위해 참가자들을 인터뷰했고, 최종적으로 《Agile Software Development Ecosystems》[Highsmith, 2002](이하 《ASDE》)라는 제목을 붙였다.

---

21 (옮긴이) 단순한 해결책이 아니라 말을 타듯이 상황에 몸을 맡기며 그 상황을 관리하고 적응하는 것을 의미한다.

《ASDE》는 선언문 회의에서 제시된 방법론에 대해 조사했다. 이 책에는 켄트 벡, 켄 슈웨이버, 마틴 파울러, 워드 커닝햄, 앨리스터 코번 등 애자일 분야 저명인사들의 인터뷰가 포함되어 있다. 톰 더마코는 다음과 같은 내용을 담은 멋진 서문을 써주었다.

> 1990년대는 IT에 있어 프로세스의 10년이었다. 우리는 CMM과 ISO 앞에 엎드렸다. 우리는 소프트웨어를 구축하는 방식의 완벽함뿐 아니라 완벽한 예측 가능성을 추구했다. 우리는 일을 제대로 하는 것만으로는 충분하지 않으며, 우리가 하려는 일을 미리 정확히 말하는 '확언'을 하고 나서 그대로 정확히 실행해야 한다는 결론을 내렸다. 그 이상도 이하도 아니다. 우리는 '일을 계획하고 계획대로 일하기'로 결심했다(CMM 용어로).
>
> 이제 뚱뚱한 프로세스의 시대는 끝났다. 짐 하이스미스의 말처럼 '날씬함이 대세다.' 속도와 응답성을 최적화하려면 프로세스를 다이어트해야 한다. 서류 작업과 관리 부담을 줄이고 끝없는 코드 검사를 없애고 현대의 IT 프로젝트와 같은 혼란스러운 미로를 현명하게 헤쳐 나갈 수 있도록 직원에게 투자해야 한다. 이것이 바로 소프트웨어 개발에 대한 애자일 접근 방식의 기원이다.[Highsmith, 2002, pp. xv-xvi]

각 방법론의 핵심적인 인물들, 예를 들어 익스트림 프로그래밍의 경우 켄트 벡과 워드 커닝햄, 스크럼의 경우 켄 슈웨이버를 인터뷰했다. 이 인터뷰 내용을 옮겨 적고 편집하고 피드백을 받는 것이 이 책을 쓰면서 가장 힘들었지만 독자들에게는 매우 가치 있는 일이었다.

나는 생태계라는 용어를 사용하여 서로 얽혀 있는 세 가지 요소, 즉

카오딕[22] 관점, 협업적 가치와 원칙, 불충분한 방법론을 포함하는 총체적인 사고방식을 설명했고 애자일리스트라는 용어는 애자일 방법론의 지지자들을 식별하기 위해 사용했다.

켄 슈웨이버가 한 가지 재치 있는 이야기를 한 적이 있는데 켄은 1990년대에 어드밴스트 디벨롭먼트 메서드의 CEO였다. 그의 회사 제품인 MATE(Methods and Tools Expert)는 구조화 방법론을 자동화했다. 켄은 그 제품과 관련해 제프 서덜랜드(스크럼의 공동 창시자)와 나눈 대화를 언급했다.

> 어느 날 제프가 쿠퍼스, IBM, 우리 회사 등 다양한 방법론 중 어떤 것을 사용하여 MATE 제품을 만들었냐고 물었습니다. 나는 "아무것도 사용하지 않았어요."라고 대답했어요. "그중 하나라도 사용했다면 우리 사업은 망했을 걸요!" 그래서 우리는 우리 회사 개발자들에게 실제로 어떤 일을 하는지, 어떻게 일하는지 말해 보라고 했습니다. 그 결과 처리 시간이 빨라지고 있고, 객체 다이어그램이 진화하고 있고, 적응형 요구 사항을 사용하고 있고, 모든 것이 점점 더 좋아지고 있다는 대답을 들었습니다.

애자일 방법론

다음 이야기는 내가 《ASDE》를 위해 인터뷰를 진행했던 2002년 당시의 세 가지 특정 애자일 방법론의 상황을 반영한다. 그 이후로 방법론이 상당히 발전했기 때문에 각 방법론의 철학과 기여도에 초점을 맞추고 있다. 따라서 스크럼 개요에서 스크럼이 사용된 지 거의 10년이 되었다고 언급되어 있는 것은 해당 내용이 2002년에 작성되었다는 것을 의

---

22 이 단어는 디 호크가 만들었다.

미한다. 이 편집된 요약은 지난 20년 동안 이러한 방법론이 얼마나 많이 변했는지 그리고 변하지 않았는지 보여 주는 기준점을 제공한다.[23]

럭비의 스크럼에서 이름을 따온 스크럼은 처음에 켄 슈웨이버와 제프 서덜랜드가 개발했으며, 이후 마이크 비들 및 다른 사람들과 협업을 통해 발전했다. 스크럼은 개발을 30일 스프린트 주기[24]로 구성하여 지정된 백로그 기능 집합을 제공하는 관리 프레임워크를 제공한다. 스크럼의 핵심 실천법은 조율과 통합을 위해 매일 스탠드업 팀 회의를 사용하는 것이다. 스크럼은 거의 10년 동안 사용되어 왔으며 다양한 제품을 성공적으로 제공하는 데 사용되어 왔다.

1996년 켄 슈웨이버는 「Controlled Chaos: Living on the Edge」라는 제목의 글을 『Cutter IT Journal』에 기고했다. 이 초창기에도 켄은 복잡성 이론에 대한 이해를 소프트웨어 개발과 프로젝트 관리에 적용했다.

엄격한 프로세스 중심 방법론의 전문가였던 켄은 점점 더 상세화되고 구체적으로 변하는 방법론들의 단계, 단계별 활동, 작업 및 활동이 과부하로 작용해 근본적인 결함이 된다는 것을 깨닫기 시작했다. "스크럼 접근 방식의 핵심은 대부분의 시스템 개발이 잘못된 철학적 기반을 가지고 있다는 생각이다."라고 켄은 말한다. 그는 소프트웨어 개발은 엄격한 방법론에서 가정하는 것처럼 '정의된 프로세스'가 아니라 '경험적 프로세스'라고 주장한다.

산업 공정 제어에 대해 조사하면서 켄은 정의적 프로세스와 경험적 프로세스의 차이가 심대할 뿐 아니라 완전히 다른 관리 스타일이 필요하다는 것을 발견했다. 정의된 프로세스는 입력과 출력의 변환을 '정

---

23 이 요약판은 《ASDE》에서 편집한 버전이다.
24 요즘에는 주기가 더 짧아지거나 연속적으로 이루어지기도 한다.

의'하는 기본적인 물리 및 화학 법칙에 크게 의존한다. 정의된 프로세스는 거의 변화 없이 수시로 반복할 수 있다. 경험적 프로세스는 과학적 법칙을 따르지 않아서 일관되게 '반복'할 수 없으므로 지속적인 모니터링과 적응이 필요하다. "개발자와 프로젝트 관리자는 계획하고 예측하고 제공할 수 있는 척해야 하는 거짓말을 할 수밖에 없다."라고 켄은 말한다. 하지만 경험적 프로세스를 명시적인 모니터링 기준으로 묶고 지속적인 피드백 메커니즘을 통해 프로세스 자체를 관리할 수 있다.

전통적인 프로젝트 관리 관행에서는 프로젝트가 예측 가능하며 '계획'과의 차이는 실행이 제대로 이루어지지 않아서 발생한다고 가정한다. 스크럼(및 기타 애자일 소프트웨어 개발 생태계)에서는 작업을 예측할 수 없는 것으로 보고 사람들이 주어진 상황에서 최선을 다하고 있다고 믿는다. 따라서 프로젝트 관리는 의사소통, 협업, 조정 및 지식 공유를 강조해야 한다.

정의된 프로세스는 반복성에 의존하는데 끊임없이 변화하거나 정형화된 변환 방안이 없는 프로세스에서는 불가능하다. 경험적 프로세스는 금방 통제 불능 상태가 될 수 있으므로 성공의 열쇠는 매일 스크럼 회의와 스프린트 백로그 그래프를 통해 지속적으로 모니터링하는 동시에 복잡한 문제를 해결하는 데 필요한 창의성을 개발하는 것이다.

스크럼에서는 "이 몇 가지만 잘 수행하면 프로젝트는 성공할 수 있다."라고 말한다. 또한 "이 몇 가지를 잘하지 못하면 다른 수백 가지를 아무리 잘해도 성공할 수 없다."라고 말한다.

익스트림 프로그래밍은 소프트웨어 개발 현장에 급부상하여 전체 애자일 카테고리를 주목받게 만들었다. 익스트림 프로그래밍의 성공에는 몇 가지 이유가 있다. 첫째, 애자일의 주요 고객은 개발자였고 세상에는 '방법론'에 지친 개발자들이 많았기 때문이다. 둘째, 인터넷의 출현과 함께 속도·유연성·품질에 초점을 맞춘 개발 접근 방식이 필요하다는 인식이 확산되었기 때문이다. 셋째, 켄트 벡은 효과적인 주창자였다. 넷째, 켄트는 개발자를 겨냥해 '익스트림 프로그래밍'이라는 멋진 이름을 정하고 세상에 새로운 무언가, '익스트림'한 무언가가 있다는 것을 알렸다.

켄트가 나중에 워드 커닝햄과 론 제프리스의 도움을 받아 개발한 익스트림 프로그래밍은 커뮤니티, 단순성, 피드백, 존중, 용기의 가치를 장려한다. 익스트림 프로그래밍의 중요한 공헌은 변화 비용에 대한 관점과 기술적 우수성에 대한 강조였다.

켄트가 짝 프로그래밍이나 반복 계획 같은 실천법이 익스트림 프로그래밍에서 시작되었다고 주장하지는 않았지만, 이 접근 방식에는 중요한 새로운 개념이 포함되어 있었다. 켄트는 변화를 관리하는 방법에 대한 아이디어를 가지고 있었는데, 이는 그가 2000년에 출간한 《익스트림 프로그래밍》이라는 책의 부제인 '변화를 포용하라'에 잘 설명되어 있다. 익스트림 프로그래밍은 오랫동안 사용되어 온 모범 사례에서 파생되었다. 켄트가 말했다. "익스트림 프로그래밍의 아이디어 중 새로운 것은 하나도 없다. 대부분은 프로그래밍만큼이나 오래된 것이다." 나는 한 가지 점에서 켄트와 생각이 다른 것 같다. 익스트림 프로그래밍에 포함된 실천 방법들은 새롭지 않았지만, 명시적으로 정의된 가치와 함께 작동하는 방법들을 선택한 것은 새로웠다.

초기에 익스트림 프로그래밍은 잘 정의된 문제 영역(소규모 공동 작업 팀)에 대한 구체적인 사례를 제공했다. 켄트는 변화 수용, 협업적

팀워크, 고객과 개발자 간에 자주 문제가 일어나는 관계의 변화, 단순하고 생성적인 규칙이라는 개념적 아이디어를 잘 정리된 원칙에 따라 12가지 실천으로 묶었다.

앨리스터 코번은 사람 중심 방법으로 이루어진 크리스털 방법론을 만들었다.[25] 앨리스터는 '방법론 고고학자'로서 전 세계 수십 개 프로젝트 팀을 인터뷰하여 실제 유효한 것과 유효해야 한다고 사람들이 말한 것을 구분하려고 했다. 앨리스터는 개발 협업, 선한 사람으로서의 자질 및 협력의 측면에 중점을 두었다. 그는 프로젝트의 규모·중요성·목표를 사용하여 크리스털 방법론의 각 항목을 위한 실천 방법을 구성했다. "소프트웨어 개발은 발명과 의사소통의 협력적인 게임이다."라고 앨리스터는 말했다.

앨리스터는 팀들이 시작점을 선택하고 필요에 맞게 맞춤화할 수 있는 방법론 '세트'를 제안했다. 크리스털이라는 이름은 보석에 다양한 면이 있듯이 기본적인 핵심 위에 서로 다른 면이 존재함을 가리키려는 의도로 쓰였다. 기본적인 핵심은 가치와 원칙을 나타내며 각 면은 구체적인 요소인 기술, 역할, 도구 및 표준의 특정 집합을 나타낸다. 크리스털에는 두 가지 절대적인 규칙만 존재했다. (1)점진적 사이클은 네 달을 초과해서는 안 되며 (2)성찰 워크숍은 방법론이 자체적으로 적용되도록 하기 위해 사용된다.

실천 방법에 대한 논쟁들은 정말 자주 마치 비교가 어려운 '사과'와 '오렌지'를 논하는 것과 같은 특성을 띠곤 한다. 한쪽은 500명이 참여하는 항공 우주 프로젝트를 얘기하고, 다른 한쪽은 8명이 개발하는 웹 콘

---

25 알림: 앨리스터가 이 일을 한 건 2002년이다. 그 이후로도 앨리스터를 비롯한 다른 애자일 전문가들이 많은 기여를 했다.

텐츠 프로젝트를 얘기하기 때문이다. 크리스털의 도메인 정의는 적절한 문제 영역에 대한 논의와 방법론에 초점을 맞추는 데 도움이 된다.

애자일 주요 시기

애자일 시대는 20년 이상에 걸쳐 있지만 그림 5.6에서 볼 수 있듯이 몇 가지 뚜렷한 시기와 기간을 포괄한다. 별동대 시기(2001~2004년)는 「애자일 선언」이 발표되면서 시작되었고 애자일 운동이 본격화되면서 그 후 몇 년 동안 연장되었다. 「애자일 선언」 저자들이 예상했던 것보다 훨씬 빠르게 애자일 운동이 시작되었지만, 사실 우리는 무엇을 기대해야 할지 몰랐다. 그 진화는 두 가지 트랙을 따라 진행되었다. 첫 번째는 논문을 작성하고 콘퍼런스에서 강연하고 콘퍼런스를 조직하는 등 업계 홍보에 중점을 두었다. 두 번째는 이러한 아이디어를 조직에서 실행에 옮기는 것이었다. 첫 번째 시기에는 개별 팀에서 애자일 방법론을 압도적으로 많이 채택했다. 이들은 애자일 방법론을 선도하고 싶었지만 먼저 경영진을 설득하여 시도해 볼 수 있도록 해야 했다.

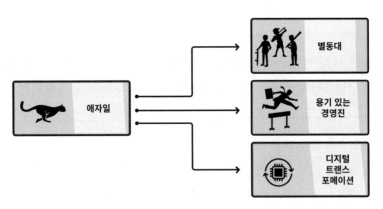

그림 5.6 애자일 주요 시기

용기 있는 경영진 시기(2005~2010년)는 기업 리더들이 애자일에 대한 호기심을 가지면서 이어졌다. 이와 대조적으로 별동대 시대는 아래로부터의 추진이었다. 성공적인 팀에서 일했던 전도자(초창기에는 많은 전도자가 있었다)가 엔터프라이즈 전환을 위해 고위 경영진을 설득하려 했지만 대부분 실패했다.

하지만 진전은 더딘 경우가 많았고 중요한 영향력을 행사하는 사람들은 계속해서 전진했다가 후퇴했다가 다시 전진했다. 애자일 운동이 탄력을 받고 성공의 척도가 변화하고 비즈니스 환경이 더 많은 성과를 요구함에 따라 애자일 전문가들은 조직이 '애자일화'되기를 원하는 고위 리더들과 대화를 나누기 시작했다. 그들은 자신이 무엇을 요구하는지 제대로 이해하지 못하거나 전환을 위해 현실적으로 무엇이 필요한지 알지 못했지만 어쨌든 앞서 나아갔다.

용기 있는 경영진은 애자일 개발의 가치를 알아보고 포괄적인 구현에 대해 고민하기 시작했다. 예를 들어 애자일 개발을 가장 먼저 완전히 수용한 회사 중 하나인 세일즈포스는 애자일 개발을 통해 제공 속도를 높이고 확장에 빠르게 적응하여 『포브스』 잡지의 100대 혁신 기업 목록에서 몇 년간 연속 1위를 차지했다.

디지털 트랜스포메이션 시기(2011~2021년)에는 기업 수준에서 애자일을 다루었다. 애자일 운동이 10년 차에 접어들면서 그 추진력은 용기 있는 IT 임원에서 기업 경영진, 즉 CIO에서 CEO로 옮겨 갔다. 2010년에 IBM은 1500명 이상의 CEO를 인터뷰하고 그 결과를 「Capitalizing on Complexity」에 발표했다.

인터뷰 결과, CEO들은 8년간의 CEO 조사에서 측정한 그 어떤 요인보다 더 큰 도전 과제인 '복잡성 격차'[26]에 직면하고 있는 것으로 나타났다. CEO 10명 중 8명은 자신의 환경이 훨씬 더 복잡해질 것으로 예상하고 있으며, 이에 성공적으로 대처하는 방법을 알고 있다고 생각하는 CEO는 절반에도 미치지 못했다. [IBM Corporation, 2010]

기술은 조직에 막대한 기회를 창출했지만 동시에 이를 활용하는 데 막대한 과제가 발생했다.

시대 소견

지난 10년 동안 소프트웨어 개발에 구조와 규칙을 도입해 온 많은 소프트웨어 엔지니어가 초기 애자일 운동에 대해 우려했다. 애자일 개발이 과거의 임시방편적인 관행으로 후퇴한다고 여겼기 때문이다. 테스트 중심 개발, 리팩터링, 짝 프로그래밍, 스토리 플래닝을 연습하고 화이트보드, 스토리 카드, 플립 차트를 사용하여 작업을 문서화하는 숙련된 익스트림 프로그래밍 팀을 지켜본 사람이라면 누구나 팀원들이 잘 훈련되어 있지만 다소 형식 없이 일한다는 것을 알 수 있었다. 애자일(이 경우 익스트림 프로그래밍)은 문서화에서 협업으로 강조점을 옮겨 기존 형식을 대체했다.

애자일 개발과 관련된 또 다른 거부감을 불러일으키는 문제는 애자일리스트들의 '극단적인' 입장이었다. 비방하는 사람들은 핵심을 놓치고 있었다. 애자일리스트들은 실천 방법을 얼마나 멀리 밀어붙일지 실험하고 있었다. 익스트림 프로그래밍 커뮤니티는 중요한 기술 실천 방

---

26 (옮긴이) 조직이나 환경이 빠르게 변화하고 복잡해지는 데 비해 조직이나 개인이 그 변화와 복잡성에 대응하기 어려운 것을 의미한다.

법에 집중해 이를 극한까지 밀어붙였으며 이는 업계에 큰 도움이 되었다. 한 콘퍼런스에서 론 제프리스가 한계에 대해 질문하는 것을 들었다. "애자일 개발에서 문서를 줄이라고 하는데 문서를 전혀 작성하지 않는다면 어떨까요?" 론이 문서화를 하지 않는 편이 보편적으로 좋다고 생각해서 그 질문을 하지는 않았을 것이다(나도 그 점에 대해서는 잘 모르겠지만). 그보다는 소규모 공동 작업 팀에서는 괜찮다는 뜻이었다. 규모가 크고 분산된 팀이나 의료용 심박 조율기처럼 생명과 직결되는 애플리케이션의 경우 추가적인 문서화가 필요할 것이다. 론은 이어서 말했다. "몇 달에 걸친 계획보다 짧은 사전 계획이 더 낫다면 지속적인 점진적 계획은 어떨까요? 빈번한 테스트가 괜찮다면 테스트 우선은 어떨까요?" 한계를 밀어붙이자 새로운 가능성을 발견했다.

한계를 탐색하면서 경계선을 발견했다. 이렇게 경계를 알게 됨으로써 사용 가능한 옵션의 범위를 더 잘 이해할 수 있었다. 익스트림 프로그래밍이 등장하기 전에는 사람들이 '허용 가능한 범위(예: 반복 길이)'에 대해 훨씬 더 좁은 범위로 생각했다. 애자일 운동의 초기 단계에서는 사람들의 관심을 끌기 위해 극단적인 입장을 취해야 했기 때문에 이러한 한계에 대한 탐구가 매우 중요했다. 켄트 벡이 '온건한 프로그래밍'을 개발했다면 누가 귀를 기울였을까? 비판적인 사람들은 또한 애자일의 핵심적인 사고방식인 학습과 적응을 놓쳤다. 진정한 애자일리스트는 반복 작업 종료 후 팀 회고부터 프로젝트 종료 후 회고에 이르기까지 항상 무엇이 효과가 있고 무엇이 효과가 없는지 현실에 맞게 실천 방법을 조정한다.

또 다른 오해는 애자일리스트가 새로운 것을 발명하지 않았다는 점이다. 존 홀랜드는 복잡 적응계 이론에 관한 저서[Holland, 1989]에서 창의성은 새로운 과학 이론뿐 아니라 과학적 구성 요소를 새로운 방식으로 조합하여 새로운 것을 창조하는 사람들에게서 나온다고 말한다. 모든 애자일 방법론에 초기 뿌리는 있지만 애자일 방법론은 (1)기술과 프로젝트 관리 및 협업 관행의 영역에서 '선택된' 방법(기존 및 신규), (2)근본적인 가치와 원칙에 대한 잘 정립된 사고방식, (3)이러한 아이디어를 방법론에 통합하는 것의 조합이라고 할 수 있다. 켄트 벡은 12가지 익스트림 프로그래밍 실천법의 대부분을 '발명'하지는 않았지만, 상호 보완적이고 일관되며 효과적인 12가지 실천법을 한데 모았다. 그는 이러한 실천법에 구체적인 가치를 부여하여 활력을 불어넣었다. 익스트림 프로그래밍의 개별 요소 하나하나가 켄트 벡의 혁신은 아닐지라도 그 조합은 분명 혁신이었다.

 마지막으로 서문에서 소프트웨어 개발의 진화를 내 개인적인 이야기와 엮어 이 책의 범위를 제한하게 되었다고 썼던 내용을 다시 한번 강조하고 싶다. 「애자일 선언」의 모든 저자와 여타 사람들도 나와 비슷한 이야기를 가지고 있다. 내가 서술한 애자일 운동의 역사는 명백히 내 시각이다. 운이 좋다면 이는 편견이 아닌 애자일 운동을 들여다보는 렌즈가 될 것이다. 어쩌면 이 책이 다른 누군가에게 영감을 주어 포괄적인 애자일 또는 스크럼의 역사를 쓰게 할지도 모르겠다.

6

별동대
2001~2004

 2002년 중반, 캐나다 토론토의 에일리어스
시스템스(현재 오토데스크 계열사)는 그해
가을 마이크로소프트의 태블릿 PC 운영 체
제 출시와 동시에 발표할 소프트웨어 패키지인 스케치북 프로(Sketch-
book Pro)를 개발하기 시작했다.

　나는 이 회사의 수석 아키텍트인 케빈 테이트와 협력하여 회사가 새
로운 시장 이니셔티브에 대응할 수 있도록 적응형 소프트웨어 개발을
소개했다.[1] 제품 관리 및 소프트웨어 개발 팀은 제품 기획 작업을 길
게 가져가지 않았다. 팀의 마케팅 및 제품 전략은 몇 달에 걸쳐 수립했
지만 개발은 전략 프로세스와 병행하여 일찍 시작했다. 팀은 전문 그
래픽 아티스트의 작품과 비슷한 수준의 결과물을 낼 수 있는 사용하기
쉬운 소비자 중심의 스케치 제품을 만들겠다는 비전이 있었는데 데드

---

[1]　에일리어스 시스템스(Alias Systems) 이야기는 《Agile Project Management》[Highsmith, 2009]에
　　처음 실린 이야기를 편집한 버전이다.

라인이 마이크로소프트에서 정한 출시일인 11월이었다. 에일리어스의 주요 제품은 영화 스튜디오를 위한 전문 그래픽 및 애니메이션 패키지였다. 사무실 벽면은 영화 사진으로 가득했다.

스케치북 프로 개발 과정에서 팀은 과거에는 2주 단위 반복으로 제품 개발을 진행하면서 다음 반복에서 어떤 기능이 후속 개발 시에 포함되어야 하는지 정말 몰랐다. 그러다가 각 반복마다 짧은 계획 회의를 통해 개발할 기능을 파악했다. 그런 다음 태블릿 아키텍처의 제약 조건과 정해진 납기일 내에서 제품이 반복적으로 발전했다. 팀원들은 명확한 제품 비전과 사업 계획을 가지고 있었다. 그리고 제품에 어떤 기능이 필요한지에 대한 일반적인 아이디어도 있었다. 제품 경영진의 적극적인 참여도 따랐다. 또 절대적인 마감 기한과 자원 사용 제약이 있었다. 이 비전, 비즈니스 목표 및 제약 조건, 전체 제품 로드맵에 의해 설정된 범위 내에서 2주마다 테스트된 기능을 제공한 다음 제품 리뷰로 파악된 실제 상황에 맞게 계획을 조정했다. 이 팀의 프로세스는 계획하고 실행하는 것이 아니라 구상하고 조정하는 것이었다.

결국 이 제품은 제시간에 납품되었고 높은 품질 기준을 충족했으며 시장에서 계속해서 성공을 거두고 있다. 이 제품은 계획하고 구축하지 않고 구상하고 발전시킨 것이다. 에일리어스는 아키텍처 모델, 계획 및 세부 사양으로 시작한 것이 아니라 비전에서 시작하여 곧바로 제품의 첫 번째 반복으로 이어졌다. 제품, 아키텍처, 계획, 사양은 팀이 끊임없이 변화하는 시장과 기술 현실에 적응하면서 진화했다.

스케치북 프로는 계획하고 실행하는 개발 방식이 아닌 구상하고 탐색하는 개발 방식의 필요성을 잘 보여 주었다. 첫째, 이것은 '탐색' 프로젝트로 소매 시장과 새 모바일 장치에 대한 새로운 모험이었다. 계획하고 실행하는 접근 방식을 사용했다면 계획과 요구 사항을 정리하는 데만 6개월의 절반이 소요되어 개발 기간이 극단적으로 짧아졌을 것이다.

어떤 프로젝트에서든 밀어붙여야 할 상황이 오면 (항상 그렇듯이) 무언가를 포기해야 한다. 전통적인 프로젝트에서는 보통 품질이 '희생' 대상이었다. 애자일 방법론은 시간을 목표가 아닌 제약 조건으로 사용하므로 상황이 변화할 때 다른 어떤 요소가 희생되어야 한다. 이 경우, 이는 기능이 축소되거나 미루어져야 함을 의미했다. 각 반복 주기 끝에서 팀은 동일한 질문에 대답했다. "우리는 여전히 제때에 실현 가능하고 가치 있는 제품을 낼 수 있다고 생각하나?"

그러나 제품 출시일이 다가오자 팀은 마무리를 서두르면서 품질에 약간 더 신경 쓰기로 결정했다. 그러고 나서 이례적으로 경영진을 설득하여 리팩터링과 추가 테스트를 통해 누적된 기술 부채를 해소할 수 있는 시간을 달라고 요청했다. 관리자들은 비용에 대해 불평했지만 몇 달 후 시장에 새로운 기회가 생겼을 때 개발 팀이 이를 신속하게 구현하자 금세 잊었다. 그 후 몇몇 관리자는 불평을 철회했다.

에일리어스는 스케치북 프로를 일회성이 아닌 지속적인 가치 전달이 필요한 제품으로 보고 반복적으로, 릴리스별로 접근했다. 좋은 선택이었다. 20년이 지난 2023년에도 스케치북 프로는 시장에 출시되고 있다!

케빈 테이트[2]는 이 프로젝트에 애자일 방식을 도입했지만, 애자일 개발이 에일리어스의 상용 제품 팀에 도움이 될 것이라고 설득하는 데 많은 어려움을 겪었다. 이 회사의 상용 제품에는 3000만 줄이 넘는

---

2 케빈은 이후 자신의 애자일 책인 《Sustainable Software Development: An Agile Perspective》
   [Tate, 2005]를 쓰게 된다.

C++ 코드가 포함되어 있었고, 특히 사용자 옵션이 너무 많아서 광범위한 테스트 시간이 필요했다.

스케치북 팀에는 직원이 약 6명 있었기 때문에 이 프로젝트는 애자일 접근 방식이 혁신과 속도가 필요한 프로젝트를 진행하는 소규모 공동 작업 팀에 효과적이라는 사실을 다시 한 번 확인시켜 주었다. 또한 애자일 운동이 레거시 시스템 조직에 대해 적절한 메시지를 아직 가지고 있지 않다는 것을 확인할 수 있었다.

'별동대'³라는 문구는 2001년부터 2004년까지 애자일 시대의 첫 번째 시기를 상징했다. 개별 팀은 이 '애자일' 접근 방식을 시도할 수 있는 허가를 받았으며 때로는 조직들이 몇몇 성공적인 애자일 프로젝트를 완료하기도 했다. 그러나 이후에는 조직적 항체들의 저항으로 애자일 실천 방법이 추가로 확대되는 데 제한이 생겼다. 이 기간 동안 팀들은 반복 주기, 스토리, 매일 아침 회의, 백로그, 반복 계획, 동일 공간 팀 배치에 집중했지만 핵심 기술 관행(자동화된 테스트, 짝 프로그래밍, 지속적 통합, 테스트 주도 개발)은 자주 건너뛰었다. 익스트림 프로그래밍을 실행하는 팀을 제외하고는 기술 실천법보다는 반복 관리에 더 집중하는 경향이 있었다. 교육과 컨설팅에서 스크럼과 익스트림 프로그래밍을 통합한 마이크 콘 그리고 켄트 벡, 론 제프리스, 조시 케리엡스키 등 익스트림 프로그래밍의 기술적 실천 방법을 계속 옹호하는 사람들은 이 불길한 경향에 반발했다.

마이크 콘과의 대화에서 그는 별동대 초기에 고객과의 상호 작용에

---

3 (옮긴이) 주로 조직 내에서 특정 프로젝트나 과제에 대해 전문성을 지닌 팀을 의미한다. 조직의 주요 구성원들과는 독립적으로 작업하며 특정 목표를 달성하기 위해 협력하고 노력한다. 일시적으로 구성되거나 특정 프로젝트가 완료되면 해체되기도 한다.

대해 이야기했다. 그 부사장은 마이크에게 회사에 애자일 팀이 세 개 있다고 말하며 어디에서 찾을 수 있는지 설명했다. 하루가 끝날 무렵, 마이크는 4개 애자일 팀과 미팅을 했다고 말했다. 부사장은 3개만 있다고 주장했다. 알고 보니 네 번째 팀이 은밀하게 애자일 개발을 하고 있었다. 번다운 차트와 칸반 보드는 팀 구역에 있었지만 지나다니는 사람들의 눈에 잘 띄지 않게 숨겨져 있었다. 정말 은밀하게!

별동대는 교차 기능적이지 못하고 사일로화되어 있을 때가 잦았다. 개발자가 단위 테스트를 대폭 늘리고 테스트를 자동화하기 시작했지만, 테스트 그룹은 애자일 팀에 합류하기를 꺼리는 경우가 많았다. 마찬가지로 프런트엔드에서도 제품 관리 또는 내부 사용자(스크럼에서는 제품 책임자라고 함)가 거의 풀타임으로 참여하도록 하는 것이 어려웠다. 애자일 프로젝트의 성공은 자주 다른 사람들에 의해 무시되기도 했다. "그냥 작은 프로젝트였어요", "신규 프로젝트였어요", "프로젝트에 최고의 인재가 모였어요", "[다른 팀들도 따르지 않았을 것 같지만] 우리 표준을 따를 필요가 없었어요" 하면서 말이다. 애자일 팀은 비공식적인 방식으로 벽과 화이트보드를 스토리 카드, 플립 차트 디자인, 메모, 다이어그램 등으로 채웠다. 조시 케리엡스키가 한 성공적인 별동대 이야기를 해 주었다. 별동대가 어느 월요일 아침에 출근해 보니 벽에 있던 모든 비공식 문서가 사라져 있었다. 그들의 성공을 부러워한 다른 팀이 주말에 와서 비공식 문서를 모두 지워 버린 것이었다!

커터와의 여정

애자일 트렌드가 진행됨에 따라 커터 컨소시엄과의 작업이 늘어났다.

이 장에는 여러 고객 사례와 함께 커터 컨소시엄에 대한 이야기가 담겨 있다. 또한 이 장에서는 결정적인 해인 2007년의 중요한 기술 업데이트와 이 시대와 관련된 애자일 프로젝트 관리 주제를 살펴본다. 별동대와 용기 있는 경영진 시기에 나는 고객과 함께 일하면서 콘퍼런스에서 강연하고 책과 기사를 쓰고 애자일 얼라이언스 및 애자일 리더십 네트워크와 협력하여 애자일 방법을 홍보하고 교육하고 인식을 높이는 등 애자일 접근 방식을 홍보하는 일을 했다. 내 홍보 활동의 대부분은 5장 앞부분에서 다루었다. 이 장에서는 커터 컨소시엄에서의 업무와 다양한 여정에 대해 간략히 소개한 후 고객 업무에 초점을 맞추겠다.

이 시기 초기에 나는 커터 컨소시엄의 애자일 프로젝트 관리 컨설팅 및 연구 실무 책임자가 되었다. 인터넷이 잡지부터 책까지 모든 종류의 인쇄물에 부정적인 영향을 미치는 가운데, 우리는 내가 작성하던 전자 비즈니스 연구 보고서를 중단하고 나는 고객 업무와 책 쓰기에 집중하게 되었다. 애자일 초창기에는 소프트웨어 회사와 내부 IT 부서를 대상으로 컨설팅 업무를 수행했다.

이 기간 동안 나는 커터 컨소시엄에서 근무하며 커터 비즈니스 기술 위원회 구성원으로도 활동했는데 당시 위원으로는 톰 더마코, 켄 오어, 로브 오스틴, 캐런 코번, 팀 리스터, 루 마주첼리, 린 엘린, 크리스틴 데이비스, 피터 오패럴, 에드 요던 등이 있었다. 그리고 1년에 여러 차례 뉴스 가치가 있는 IT 주제에 대한 의견을 발표했는데, 미국 대법원의 학생[4]이었던 톰 더마코가 제안한 프로세스를 사용했다.

커터 비즈니스 기술 위원회는 미국 대법원에서 채택한 프로세스를 사

---

4   (옮긴이) 여기서 학생이라는 표현은 인턴이나 연구원으로 일하는 사람 또는 법률 또는 사건 연구
    를 수행하는 사람을 말한다.

용해 중요한 새로운 트렌드를 식별한다. 다른 분석 회사들은 어떻게 결론에 도달했는지 설명하지 않고 예측하여 전체 과정을 추측처럼 보이게 하는 반면, 이 위원회는 강력한 표현의 의견과 이에 대한 동의 및 반대 의견을 통해 예측의 이면에 있는 생각을 보여 주고 반대 견해를 포함해서 설명한다.[5]

토론은 활기차고 유익했다. 이 과정에서 찬성과 반대 의견을 모두 제시하고 발표함으로써 대화의 깊이를 더할 수 있었다. 협업의 또 다른 모델이었다.

애자일 시대 초기에 나는 2002년 이탈리아 사르데냐에서 열린 익스트림 프로그래밍 콘퍼런스를 비롯한 여러 콘퍼런스에서 연설하기도 했다. 어느 날 마틴 파울러가 자연스럽게 다음 해 콘퍼런스를 위한 기획 회의에 나를 초대했다. 그에게 숨은 의도가 있다는 사실을 몰랐던 나는 결국 이탈리아 제노바에서 열린 2003년 익스트림 프로그래밍 콘퍼런스 의장을 맡게 되었다. 애자일 시대의 첫 시기에 나는 콘퍼런스 강연, 워크숍 진행, 컨설팅을 위해 인도, 이탈리아, 중국, 덴마크, 호주, 독일, 폴란드, 뉴질랜드 등으로 광범위하게 출장을 다녔다.

이 기간 동안 고객 프로젝트는 단발성 워크숍부터 1년에 걸친 프로젝트까지 다양했다. 규모가 크거나 주목할 만한 작업은 이 장의 뒷부분에 따로 설명하겠지만, 폴란드와 호주 출장을 비롯해 몇 가지 흥미로운 단기 작업도 있다.

2003년에 나는 호주에서 후지쯔 컨설팅을 위한 워크숍을 진행했다. 이 회사의 선임 컨설팅 디렉터이자 프로젝트 관리 실무 책임자인 캐런 치버스는 애자일 개발 도입에 대해 다음과 같은 내용의 이메일을 보냈다. "지난 12~18개월 동안 후지쯔 컨설팅은 일부 프로젝트를 제공하고 관리하는 방식에 '애자일' 접근 방식을 채택함으로써 얻을 수 있는 잠재적인 이점을 확인했으며, 고객이 '적응형' 프로젝트 문화를 수용하도록 장려했습니다."

정부 조직은 일반적으로 애자일 방법에 대한 검토가 더뎠지만 호주의 사회 보장 서비스 기관인 센터링크는 그렇지 않았다. 2003년에 나는 내부 IT 콘퍼런스에서 기조연설을 했고, 센터링크의 CIO 및 다른 고위 관리자와 유익한 대화를 나누었다.

IT 컨설팅 회사인 인포바이드(InfoVide)의 사장인 보리스 스토칼스키가 2004년 나를 폴란드로 초대했다. 나는 회사 연례 모임에서 강연을 하고 애자일 프로젝트 관리 워크숍을 진행했다. 바르샤바에서 사흘간 진행된 이 워크숍 이후 보리스는 고객들에게 적응형·애자일 방법을 제공하기 시작했다.

2000년대 초 인도에서 워크숍을 하던 중 뭄바이에서 열린 인도 컴퓨터 협회 회의에서 강연한 적이 있다. 당시 인도 기업들은 CMM을 경쟁 우위로 내세우고 있었다. 내 발표가 끝나자 한 사람이 말했다. "당신의 접근 방식이 사실 우리의 업무 방식인데 인정할 수 없을 뿐입니다." 첸나이, 하이데라바드, 뭄바이에서 애자일 프로젝트 관리 워크숍을 진행하며 정신없이 바쁜 일정을 보냈다. 인도의 소프트웨어 조직은 여전히 CMM에 한창이었지만 애자일 방식에 대해 열린 마음을 가지고 있었다.

방금 설명한 호주, 폴란드, 인도 출장은 별동대 시기 동안 내가 참여했던 대표적인 사례다. 기업들은 애자일 접근 방식에 대해 호기심을 보이면서도 주저했다. 그럼에도 소규모 기업을 제외하고는 전사적인 도입을 고려하는 기업은 거의 없었다. 애자일 방법론 도입의 원동력은 개발자들로부터 나온 반면, 모뉴멘털 방법론은 경영진에 의해 모범 사례로 선전되었다. 돌이켜 보면 구조화 방법론은 실무자가 먼저 흥미를 느끼고 경영진이 나중에 참여하는 경로를 따랐다. 애자일 개발도 동일한 경로를 따라 모뉴멘털 애자일 개발(Monumental Agile Development, MAD)로 변질될 위험이 있다.

2005년에는 리엔지니어링 포럼(Reengineering Forum)에서 소프트웨어 및 시스템 개발 방법의 문헌이나 실무에 대한 탁월한 공헌을 인정하기 위해 수여하는 소프트웨어 엔지니어링 강의상인 인터내셔널 스티븐스 어워드(International Stevens Award)를 받았다. 이 상은 1995년부터 2005년까지 주어졌으며 래리 콘스탄틴, 그레이디 부치, 제럴드 와인버그, 톰 더마코 등이 수상자로 선정되었다. 이 상은 애자일 운동이 더 넓은 소프트웨어 엔지니어링 및 개발 커뮤니티에서 인정받고 있음을 보여 주는 또 다른 증거였다. 내 이야기는 애자일 개발에 대한 관심이 확대되고 있음을 보여 주는 사례다. 그런데 「애자일 선언」의 공동 저자들과 여타 많은 사람의 이야기가 모두 비슷하다.

스크럼은 인증 과정과 스크럼 얼라이언스 결성을 통해 다른 어떤 애자일 접근 방식보다 애자일 운동의 범위를 더 넓혔다. 초기에는 익스트림 프로그래밍이 시장 점유율에서 우위를 점했지만, 스크럼이 시장의 나머지 산소를 빠르게 빨아들였다. 인증이 정말 효과적인지는 많은 논쟁의 대상이었으나 인증이 돈을 벌게 해 준다는 것은 논쟁의 여지가 없었다.

나는 커터 컨소시엄의 애자일 프로젝트 관리 그룹의 컨설턴트이자 이사로서 다양한 규모의 회사, 다양한 산업, 국가, 서로 다른 애자일 단계에 있는 고객들과 많은 시간을 보냈다. 여기에서는 다양한 애자일 구현, 도전 과제 및 성공을 설명하기 위해 다음과 같은 참여 사례를 살펴본다.

셀룰러사의 무스탕 팀[6]

브리티시 컬럼비아주 밴쿠버에 위치한 셀룰러사(Cellular, Inc.)의 제레미와 그의 제품 팀은 불확실성이 높은 비즈니스 환경에서 일하는 데 따르는 골칫거리, 마음고생, 긴장을 보여 주는 전형적인 본보기다. 코드명 '무스탕'인 제품 팀은 경쟁력 상실을 메우기 위해 중대한 비즈니스적·조직적·기술적 어려움에 직면했다. 이 프로젝트의 목표는 차세대 휴대 전화 칩용 소프트웨어를 제공하는 것이었다. 1999년 말, 경영진은 외부 소프트웨어 계약업체가 기대에 미치지 못한다는 것을 확인하고 제품 개발을 회사로 다시 가져오기로 결정했다. 거의 30만 줄에 달하는 임베디드 C 코드가 이미 개발되었기 때문에 가장 먼저 해야 할 일은 공급업체가 무엇을 만들었는지 파악하는 것이었다. 코드를 다시 돌려받은 후 팀은 30만 줄에 달하는 코드가 요구 사항이 제대로 구현되지 않고 엉망이라는 것을 알게 되었다. 흥미롭게도 설계 문서는 합리적이었지만 설계에서 코드로의 구현은 엉망진창이었고 버그가 많았다. 팀의 첫 번째 임무는 적절한 테스트 환경을 개발해 코드를 안정화하는 것이었다. 테스트를 진행하면서 팀은 구현되었다고 생각했던 특정 기능이 구현되지 않은 것을 계속 발견했다.

제품 요구 사항은 끊임없이 변하는 상태였다. 팀의 초기 목표는 컨소시엄 표준을 충족하는 소프트웨어를 제공하는 것이었다. 대형 고객

---

6 이 이야기는 [Highsmith, 2002]에서 소개한 내용을 간략하게 정리한 것이다.

(주요 휴대폰 공급업체)은 상호 운용성 연구소를 설립하여 인증을 위해 공급업체에 제품을 제출하도록 했다. 안타깝게도 컨소시엄의 '요구 사항 문서'에는 불분명한 점이 많이 남아 있었고, 셀룰러사의 제품 마케팅 그룹은 요구 사항의 모호함을 해소하는 데 도움을 줄 의지가 없거나(한쪽 이야기만 들었다) 할 수 없는 것처럼 보였다. 때로는 잠재 고객의 요구 사항이 사실상 '이 전화가 갖춰야 할 기능을 만들어 달라'는 것이었다. 마침내 팀이 상호 운용성 연구소에 제품을 제출했을 때 그곳 직원들은 질문에 잘 답해 주었고 결국 팀은 상호 운용성 목표를 달성했다.

이 프로젝트에 참여하는 동안 나는 ASD 워크숍을 진행하고 개발 직원 및 관리자와 상담했다. 나는 핵심 인물 세 명을 인터뷰했다. 제레미는 개발 관리자, 루크는 소프트웨어 프로세스 관리자, 존은 핵심 개발자였다. 세 사람의 관점에는 공통점도 있었지만 당연히 차이점도 있었다. 세 사람 모두 적어도 상호 운용성 목표를 달성했다는 관점에서는 프로젝트가 성공적이라고 생각했다. 그러나 루크는 실제 제품 출시가 아직 몇 달이나 남았다는 점을 고려할 때 이 목표를 진짜 성공으로 간주해야 할지 완전히 확신하지는 못했다.

끊임없이 변화하는 요구 사항으로 인해 팀원들은 좌절감을 느꼈고, 결국 요구 사항을 동결하는 해법을 생각해 냈다. 이 해법은 불만을 완화할 수는 있었지만 고객들이 만족하지 않을 수도 있었다. 변동성이 큰 업계에서 시장 요구에 적응할 수 있는 방법을 찾아야 했다.

이 팀은 반복적인 계획과 시간 제한이 있는 출시 프로세스를 사용했다. 나는 ASD의 구성 요소로 프로세스를 조정하는 데 도움을 주었다. 그들은 연말까지의 분기별 목표를 세웠다. 이러한 분기별 목표에는 주요 기능이 포함되어 있었지만 팀원들은 기능에 대해 어느 정도 재량권을 가졌다. 팀원들은 이 프로세스를 '단위를 조절할 수[7] 있는 스크롤링 계획 창'이라고 불렀다. 따라서 항상 1주 단위의 1개월 계획, 1개월 단위의 분기 계획, 분기 단위의 1년 계획이 있었다. 출시 날짜가 모두 고정되어 있고 각 출시에 할당된 기능만이 유일한 변수이기 때문에 이 방법론을 타임박싱이라고 불렀다.

존을 비롯한 몇몇 팀원은 제레미가 언급한 대로 이러한 '적응형' 계획에 불편함을 느꼈다. 존은 월별 출시를 준비하는 데 너무 많은 시간이 낭비된다고 느꼈다. 또한 존과 루크는 짧은 반복 작업으로 인한 시간 압박으로 인해 팀이 더 나은 품질을 제공하기 위해 노력하기보다는 기능을 완성하는 데 지나치게 집중하게 된다고 생각했다. 팀원들은 일부 재설계(리팩터링) 작업을 시도했지만, 기존 실시간 코드와 끊임없이 싸워야 했고 고가의 테스트 장비에도 관리되지 않는 버그가 포함되어 있어 백지 상태에서 시작하는 팀과는 다른 입장에 처해 있었다.

"ASD 워크숍은 이러한 유형의 프로젝트에서 발생하는 혼란과 긴장이 정상이라는 외부인의 시각을 모두에게 제공함으로써 그룹의 불안을 낮추는 데 도움이 되었습니다."라고 제레미는 말했다. 또한 여러 감독자와 팀 리더의 의견도 들었다. 사람들은 혼돈의 끝자락에서 삶의 정상성을 인식하지 못하면(때로는 인식하고 있더라도) 부정적으로 반응하는 경향이 있다. 안타깝게도 일부 팀 리더는 문제를 확대했다. "모든 것이 엉망이고 매일 더 나빠지고 있어요."라는 어떤 팀원의 한탄에 일부 리더는 "그래, 그렇지."라고 답하거나 비슷한 말을 하면서 개개인

---

7 (옮긴이) 계획의 세부 수준을 시간에 따라 확대하거나 축소하는 프로젝트 관리 개념을 나타내는 용어다. 가까운 미래에 대한 계획을 더 자세하게 설정하고 먼 미래에 대한 계획을 좀 더 큰 틀에서 설정하는 것을 의미한다.

의 불안감만 증폭시켰다.

리더십 위치에 있는 사람들이 해야 할 일 중 하나는 불확실성과 모호함을 흡수하는 것이지, 이를 반영하여 상황을 악화시키는 것이 아니다. 상황이 다소 혼란스럽지만 누군가가 그 상황이 정상이라고 인정하며, 일부 비효율성이 발생할 수 있다는 사실을 깨닫기만 해도 긴장을 줄일 수 있다. 최악의 접근 방식은 "불안해하면 안 돼."와 같이 불안을 부정하려는 것이다. 애자일이란 재작업이 필요한 변화에 대응하고 우선순위를 재검토하는 것을 의미한다. 프로세스와 태도 모두 긴장을 완화하는 데 기여할 수 있다.

무스탕 팀의 경험은 이 시기의 전형적인 모습이었다. 이들은 변화가 많고 위험이 높은 제품 개발의 특성 때문에 일종의 애자일 개발을 시도하고 있었다. 이 팀은 기존 방법론이 이러한 시도에 적합하지 않다는 우려를 가지고 있었기 때문에 애자일 개발을 시도할 수 있도록 허용해 달라고 경영진을 설득했다. 하지만 성공적인 접근 방식이 조직 전체에 확산되지는 못했다.

기술(1995~2007)

이 기술 시기는 이 책의 다른 부분에서 언급하는 시기와 두 가지 중요한 관점에서 차이가 있다. 첫 번째는 1990년대 초 시작되어 1990년대 후반과 2000년대 초반에 가속화된 인터넷의 급부상이다. 두 번째는 2007년에 발생한 엄청난 기술 혁신이었다.

2007년은 경제와 특정 기업에 혼란을 야기한 거대한 변곡점이었다. 퓰리처상을 세 번이나 수상한 베스트셀러 작가이자 『뉴욕 타임스』 칼럼니스트인 토머스 프리드먼은 그의 저서 《Thank You for Being Late》

(2016)에서 2007년을 여러 기술이 결실을 맺고 디지털 가속화가 본격화된 해로 꼽았다. 애플은 아이폰을 출시했고, 하둡은 빅 데이터 시대를 열었으며, 깃허브는 소프트웨어 개발 역량을 배가했고, 페이스북과 트위터는 소셜 미디어의 범위와 영향력을 확대했으며, 에어비앤비는 소규모 기업이 새로운 기술로 무엇을 할 수 있는지 보여 주었고, 킨들은 책 읽기와 출판업을 변화시켰으며, 구글은 스마트폰용 안드로이드 운영 체제를 출시했다. 이러한 모든 기술의 융합으로 주요 호텔 체인을 모두 합친 것보다 더 많은 침실을 관리하는 에어비앤비 같은 새로운 플랫폼 기업이 탄생했다. 이처럼 2007년에는 디지털 엔터프라이즈를 향한 행진이 가속화되고 소프트웨어 개발자에게 새로운 요구 사항이 제시됐다.

두 가지 주요 아키텍처 전환이 이루어졌다. 하나는 초기 메인 프레임 아키텍처에서 클라이언트-서버 아키텍처로의 전환이고 그러고 나서 마지막에 인터넷 아키텍처로의 전환이다. 물론 이러한 아키텍처 변화는 조직마다 상당히 겹치는 부분이 있었다. 다음 네 가지 기본 질문에 대한 답변은 각 전환의 특징을 나타낸다.

- 물리적 컴퓨터 시스템 구성 요소(컴퓨터, 데이터베이스, 사용자 인터페이스 장치)가 로컬에 있나, 아니면 원격에 있나?
- 애플리케이션 데이터가 로컬에 저장되었나, 아니면 원격에 저장되었나?
- 연산 로직이 로컬에 있었나, 아니면 원격에 있었나?
- 프레젠테이션 레이어 로직이 로컬인가, 아니면 원격인가?

이를 '계층 할당' 문제라고 부르겠다. 메인 프레임 시대에는 세 계층 모두 로컬이었다. 컴퓨터는 기업 소유였다. 데이터 저장 장치는 기업이 소유하고 컴퓨터 센터에 위치했다. 계산 및 프레젠테이션 로직은 로컬에 있었다. 로직 기능이 거의 없는 '더미 터미널'은 이더넷 프로토콜을 사용해 물리적 케이블로 컴퓨터에 연결되었다.

그리고 모든 것이 변하기 시작했다. 모든 것이 로컬이었던 메인 프레임 시대에서, 데이터와 로직 그리고 장치가 외부로 분산된 클라이언트-서버 시대 그리고 네트워크가 모든 것을 흡수하던 인터넷 시대로 변하게 되었다. 클라이언트-서버 아키텍처는 로직과 데이터를 메인 프레임이나 클라이언트 단말 또는 네트워크 서버 중 어디에 두어야 할지 결정해야 했다 일부는 연산 계층을 여러 부분(비즈니스 로직 계층과 프레젠테이션 계층 로직 등)으로 나눴는데, 클라이언트 측에는 흔히 프레젠테이션 계층과 간혹 일부 로컬 데이터가 포함되었다. 이러한 할당은 매우 혼란스러울 수 있었다. 기업들, 특히 소프트웨어 기업들은 이 계층 할당 문제와 적응을 위해 상당한 금액을 투자하며 어려움을 겪었다.

그 후 인터넷과 클라우드 컴퓨팅이라는 두 가지 기술 발전이 계층 간 할당 문제를 다시 한 번 변화시켰다. 클라우드 컴퓨팅은 인터넷을 통해 데이터 스토리지와 컴퓨팅을 온디맨드 방식으로 사용할 수 있게 했다. 메인 프레임 컴퓨터는 대규모 서버 팜에 자리를 내주었지만 많은 기업이 자체 서버를 유지했다. 클라우드 컴퓨팅을 통해 기업들은 자체 서버 팜을 구글이나 마이크로소프트 같은 서비스 제공업체에 아웃소싱할 수 있게 되었다. 클라우드 접근 방식의 장점으로는 쉽고 원활하며 빠른 확장이 가능하며 비용이 가변적으로 증가한다는 점(고정적인 대규모 비용 증가가 아닌)을 들 수 있다. 단점으로는 제어권 상실, 데이터 보안, 잠재적인 다운타임 성능 저하가 있다.

클라우드 컴퓨팅은 마이크로서비스와 같은 새로운 소프트웨어 개발 방법을 장려했다. 마이크로서비스와 도메인 중심 설계는 모놀리식 소프트웨어 아키텍처를 분해하기 위한 방법으로 2004년경에 시작되었다. 클라우드 컴퓨팅 덕분에 마이크로서비스 개발 및 관리가 쉬워졌다. 클라우드 컴퓨팅의 산물인 '서버리스 아키텍처' 시대에 개발자는 더 이상 용량 계획, 구성, 내결함성 또는 확장에 대한 책임을 지지 않아도 되었다. 기업들은 애플리케이션을 클라우드 서비스로 전환하는 데드는 비용을 감당할 가치가 있는지 등 다시 한 번 어려운 선택에 직면하게 되었다. 이 시기에 최종 사용자 기기는 주로 개인용 컴퓨터였지만 이는 곧 변하게 되었다.

이전 장에서 설명한 것처럼 사람-컴퓨터 인터페이스 기술은 천공 카드에서 다양한 개인용 전자 장치로 발전해 왔다. 오늘날에도 이러한 진화는 멈추지 않고 계속되고 있다.

인터페이스는 제스처, 음성, 터치 등 모든 감각을 활용하며 계속 진화하고 있다. 일상생활에서 우리와 함께 작동하는 디바이스가 보편화되고 소프트웨어와 하드웨어의 조합이 더욱 풍부해졌다. 디바이스 자체는 더욱 인체 공학적이 되어 가고 있고 일상적인 상호 작용에 잘 맞도록 방해 효소를 최소화하는 방식으로 설계되고 있다. 이제 로컬 및 클라우드 기반 인공 지능 솔루션이 일상적인 의사 결정을 지원하는 등 더욱 지능적인 디바이스가 등장하고 있다.

자율 주행은 진화하는 상호 작용의 예일 뿐 아니라 이 관점이 실제로 작동하는 강력한 사례다. 자율 주행 자동차는 더 낮은 사고율을 실현하기 위해 도로상 차량들의 모든 가능한 미래 행동을 계속 시뮬레이션한다. 우리는 실시간 교통량 기반 지도 서비스에서 자율 주행 자동차로 빨리 분야를 옮겼다.[Thoughtworks.com, n.d.]

인터넷과 클라우드 컴퓨팅이 환경을 변화시키면서 서비스형 소프트웨어(Software as a Service, SaaS)는 특히 소프트웨어 회사들이 선택하는 아키텍처가 되었다. 정말 옛날(1990년대 초)을 기억하나? 프로그램이 실은 유연하지(floppy) 않은 3.5인치 디스켓[8]을 통해 로드되었던 시절을? 그런 다음 컴팩트 디스크(CD)에 프로그램이 담겼는데 훨씬 빠르며 디스크도 적게 필요했다. 오늘날 거의 모든 프로그램은 인터넷을 통해 다운로드된다. 서비스형 소프트웨어 모델도 인터넷과 클라우드의 기능을 활용하여 클라이언트 시스템에는 최소한의 로직만 있으면 되는 응용 프로그램 서비스를 제공한다. 이 덕분에 큰 설치 비용 없이 새로운 기능을 빠르게 사용할 수 있다.

서비스형 소프트웨어 접근 방식으로 인해 터미널이 연결된 메인 프레임 애플리케이션(1990년대 초반까지 조직의 IT 모델)에서 완전한 인터넷 기반 애플리케이션으로의 전환이 2000년대 중반 완료됐다. 비즈니스 애플리케이션 로직이 클라이언트와 서버로 분리된 클라이언트-서버 시스템은 많은 사람에게 과도기적인 기술이었지만 현대화되어 여전히 유용했다.

이러한 전환은 기술적인 측면이나 관리적인 측면 모두에서 사소한 일이 아니었다. 기술 전환에는 약 10년 동안 두 번의 주요 아키텍처 전환이 필요했기 때문에 많은 비용이 들었다. IT 관리자는 고객에게 거

---

8 (옮긴이) 디스켓은 플로피 디스크라고도 불렸는데 5.25인치 디스크는 펄럭거릴 정도로 유연했지만 3.5인치 디스켓은 플라스틱 케이스에 담겨 있었다.

대한 메인 프레임 컴퓨터 센터를 보여 주다가 노트북 컴퓨터를 보여 주게 되었다. 이제 하드웨어조차도 '클라우드' 어딘가에 있는 무형의 것이 되었다! 처음에는 데이터 안전성, 서비스 다운타임, 제어 등의 이유로 서비스형 소프트웨어에 대한 반대가 많았다. 하지만 얼마 지나지 않아 '서비스형(as a service)' 아키텍처 개념은 서비스형 인프라(IaaS), 서비스형 플랫폼(PaaS), 서비스형 시스템(EaaS)과 같은 영역으로 널리 확산되었다.

2000년대 중반의 또 다른 주요 기술 발전은 빅 데이터였으며 이는 실제로 엄청난 규모였다. 1999년에는 1GB의 데이터가 '큰' 데이터로 간주되었다. 1TB(1024GB)는 아주 먼 미래 일처럼 보였던 시절을 기억한다. 2022년에는 아마존에서 2TB 스토리지를 62달러에 구입할 수 있었다. 2022년에 빅 데이터는 페타바이트(1PB = 1024TB) 또는 엑사바이트(1EB = 1024PB)로 측정되었다. 이베이는 7.5PB와 40PB 용량의 데이터 웨어하우스 두 곳과 40PB의 하둡 클러스터를 보유한 것으로 알려졌다. PC가 플로피 디스크를 사용하던 시절을 기억하나? 1TB 데이터를 저장하려면 플로피 디스크가 72만 8177개 필요했다. 1970년 146MB(0.15GB)의 저장 용량을 갖춘 새로운 IBM 2314 디스크 드라이브의 가격은 17만 5000달러였다. 용량당 가격으로 계산했을 때 2314 스토리지 1GB를 구성한다면 1970년에 120만 달러, 1990년에 1만 달러, 2012년에 0.10달러 정도가 들었을 것으로 추산할 수 있다.[9] 이러한 비용의 급격한 하락은 대규모 데이터베이스를 관리하기 위한 하둡 도입과 마찬가지로 빅 데이터 발전에 중요한 원동력이 되었다.

9 여러 사이트에서 이 숫자를 다양하게 제공한다. 하나를 선택하면 된다.

이 엄청난 숫자는 우주학자들이 은하계나 우주의 별 개수를 이야기하는 것처럼 들린다. 하지만 빅 데이터와 함께 큰 문제가 발생했다. 데이터 과학자와 같은 전문 직종이 생겨나면서 복잡성과 비용이 증가했고, 데이터 메시와 같은 새로운 용어가 생겨났으며, 소프트웨어 개발자와 데이터베이스 설계자 사이의 수십 년 된 분열을 해결해야 했다. 나는 1980년대에 시카고 증권 거래소에서 일하면서(3장에서 설명) 처음으로 그리고 1990년대에 나이키에서(4장에서 설명) 다시 또 이런 분열을 경험했다. 이 문제는 오랫동안 지속되었다.

켄 콜리어는 소트웍스 북미 지역 데이터 및 인공 지능 기술 디렉터이자 《Agile Analytics: A Value-Driven Approach to Business Intelligence and Data Warehousing》[Collier, 2012]의 저자다. 켄과 나는 2002년 애리조나주 플래그스태프로 이사했을 때 친구의 소개로 만났다. 둘 다 같은 동네에 살 때 정기적으로 만나 커피를 마시며 대화를 나눴다. 나는 커터 컨소시엄 프로젝트에서 켄과 함께 일했고 나중에는 소트웍스에서 일했다. 켄과 나는 둘 다 등산, 하이킹, 래프팅, 자전거 타기 등을 하는 아마추어 모험가이지만 내가 켄보다 이런 활동에 더 아마추어였다. 애리조나주 카메론에 있는 나바호 보호 구역에서 자전거를 타고 그랜드 캐니언 국립 공원 동쪽 입구 바로 안쪽에 있는 데저트 뷰 워치타워까지 갔던 것이 가장 기억에 남는다. 100km 거리에, 해발 1250m의 고도를 오르는 라이딩을 마치고 나니 우리 둘 다 피곤한 기색이 역력했다. 올라가는 길에 3개월 동안 미국 서부 전역을 자전거로 여행한 일본인 자전거 여행자를 만났다. 그는 그날 우리가 본 유일한 자전거 타는 사람이었다.

나누고 싶은 이야기는 오래전으로 거슬러 올라가는 데이터와 개발 조직 간의 분열에 관한 당신의 경험이다. 1980년대 중반에 데이터 담당자들과 논쟁을 벌였던 기억이 난다. 그 분열에 대해 어떻게 생각하나? 그리고 스콧 앰블러와 다른 사람들은 그 간극을 좁히기 위해 어떻게 노력했나?

이는 데이터베이스, 특히 1990년대 데이터 웨어하우징이 어떻게 진화했는지와 관련이 있다. 1970년대와 1980년대의 계층적 데이터베이스 초기에는 소프트웨어 개발자가 코드를 작성했다. 데이터 도구는 거의 없었다. 그러다가 IBM DB2, 오라클 같은 관계형 데이터베이스 관리 시스템이 등장했다. 초창기에는 데이터베이스가 재무, 공급망 관리 및 기타 운영 애플리케이션을 지원했다.

1990년대에는 비즈니스 인텔리전스 및 데이터 웨어하우징 시스템이 경영 정보를 제공했다. 그 후 공급업체들은 프로그래밍의 필요성을 줄이거나 없애는 도구를 만들었다. 사람들은 소프트웨어 엔지니어 대신 데이터 전문가가 되었다. 비즈니스 전문가들은 이제 이력서를 쓸 때 도구에 중점을 두게 된다. 예를 들어 자신을 인포메티카(Informatica) ETL(extract-transform-load) 개발자라고 소개하는데 실은 코드를 거의 작성하지 않는 경우였다. SQL 프로그래머, 데이터 모델러 및 데이터베이스 관리자와 같은 다양한 역할은 추가적인 IT 기능 사일로를 만들게 되었다.

그때 분열이 발생했다. 컴퓨터 과학 프로그램 출신 소프트웨어 엔지니어와 컴퓨터 정보 시스템 프로그램 출신인데 학교에서 코드를 작성하지 않았거나 테스트 계획과 테스트에 대해 전혀 배우지 않은 사람들을 봤다.

2000년대 초 당신을 처음 만났을 때 프로젝트가 제대로 진행되지 않고 있었다. 요구 사항을 수집하는 데 1년이 걸렸고, 그 후 나를 기술 책임자로 고용해 구축 프로젝트를 진행했다. 요구 사항을 고려할 때 확정된 그들의 일정은 비현실적이었다. 애자일 지원 프로젝트를 함께 진행하면서 데이터 팀과 함께 테스트 자동화, 빌드 자동화, 테스트 프레임워크 생성에 대해 논의했다. 내가 작업 중인 도구에 테스트를 추가하기 위한 자바 코드 한 줄을 보여 주는 순간, 팀원들이 "코드는 안 돼요, 안 돼." 하며 난리를 쳤다.

이 기간 동안 스콧 앰블러를 비롯해 몇몇 다른 사람들과 나는 데이터 실무자들에게 애자일 방식에 대해 생각해 보게 하려고 했지만, 그들은 애자일 방식이 데이터 관리 및 분석의 복잡성에 적합하지 않다고 생각했다.

2006년 대량의 데이터를 처리하기 위한 기술 세트인 하둡이 등장하면서 상황은 다시 바뀌었다. 방대한 데이터 세트를 관리해야 하는 복잡성 때문에 코드를 다시 작성해야 했다. 이를 계기로 데이터 엔지니어와 소프트웨어 엔지니어의 융합이 다시 일어나기 시작했다.

1990년대에는 특정 도구의 전문가가 되는 것을 목표로 경력을 쌓았다. 이제 데이터 엔지니어는 소프트웨어 엔지니어로서 '어떻게 시스템을 확장할까? 볼륨을 어떻게 처리할까? 데이터를 관리하고 데이터 품질을 평가하기 위한 모범 사례는 무엇인가?'에 대한 지식이 필요하다.

기업들은 클라우드에서 더 많은 아키텍처를 선택할 수 있나?

할 수 있다. 하지만 현재는 1990년대의 반복으로 보인다. 대표적인 클라우드 공급 업체인 구글, 아마존, 마이크로소프트는 각각 고객이 채택하려는 상용 도구와 비슷한 관리형 서비스를 다수 제공하고 있다. 마이크로소프트 애저를 채택해 애저에 있는 도구들을 사용했다면 애저에서 AWS(Amazon Web Services)로 마이그레이션하기는 어렵다. 이로 인해 락인(lock-in)[10]된다.

이러한 데이터 분열은 애자일 구현에 장애가 되는 역할 기반 사일로의 확산을 상징적으로 보여 준다. 다음 세 가지 고객 사례에서 알 수 있듯

---

10 (옮긴이) 특정 회사의 서비스에 묶여 다른 서비스로 이전하기 어려워지는 현상을 의미한다.

이 끊임없이 진화하는 기술은 기업과 소프트웨어 개발 조직이 일해야 하는 환경을 이해하는 데 도움이 된다.

세 가지 애자일 이야기

나는 2003년에 더블린에 있는 한 아일랜드 소프트웨어 회사의 컨설팅을 맡았다. 관리자들은 일정과 생산성에 관심이 많았고, 성과를 개선하기 위한 애자일 방법에 관심이 있었으며, 특히 일정 지연과 같은 개발 작업의 '문제 해결'에 대한 조언을 요청했다. 개발자, 테스터, 감독자, 관리자를 인터뷰한 결과 나는 개발이 일정 지연의 원인이 아니라는 결론을 내렸다. 의사 결정이 문제였다! 본사는 실리콘 밸리에 있었고 주로 제품 기능에 대한 사소한 결정도 본사 승인이 필요해 보였다. 지구 반대편에 있는 아일랜드 그룹의 우선순위는 자주 간과되었고, 사소한 의사 결정을 내리고 실행하는 데에도 시간이 걸렸다.

애자일 방식에 대해 고민해야 한다고 생각했지만 가장 먼저 해야 할일은 의사 결정 문제를 해결하는 것이었다. 먼저 제품 결정의 80~90%를 현지에서 내릴 수 있도록 팀과 협력할 수 있는 제품 관리자가 더블린 팀에 필요했다. 또한 개발 팀이 많은 기술적 결정을 내릴 수 있도록 권한을 부여해야 했다. 이는 본사 승인이 필요한 의사 결정을 소수로 축소하는 것을 의미했다. 둘째, 본사 직원의 응답 시간을 단축해야 했고 상황이 개선될 때까지 더블린 사무소에서 요청 및 응답 시간을 기록할 것을 제안했다. 의사 결정을 팀 수준으로 위임하여 팀에 권한이 부여되었고 납품 속도가 상당히 빨라졌다.

때로는 프로젝트 관리 방법 수정이 성과 개선의 열쇠가 되기도 한다. 이 프로젝트에 참여한 후 몇 가지 조사를 해 보니 프로젝트 관리 서적과 심지어 PMBOK 체계에서도 의사 결정에 대한 관심이 거의 없다는 사실에 놀랐다. 내가 작업 중인 프로젝트 관리 책에서 이러한 누락을 바로잡고 싶다는 동기가 생겼다.

인터넷은 인쇄 매체의 종말을 앞당겼다. 과학 및 연구 저널을 출판하는 PCI(Publishing Company, Inc.)는 인쇄 출판에서 벗어나 이러한 추세에 대처해야 하는 과제에 직면했다. 이 회사의 미국 사업부는 저널, 논문, 서적의 인쇄 및 배본을 지원하는 내부 애플리케이션에 맞춰진 IT 시스템으로 인해 이러한 변화에 적응하는 데 어려움을 겪었다.

10년 동안 많은 조직이 비슷하게 종이에서 온라인으로 전환하는 데 직면했다. 아마존 같은 기업은 여타 기업들이 고객 대면 애플리케이션으로 나아갈 방향에 대한 모델을 제시했지만, 그 이면의 소프트웨어 개발 방법과 역량은 잘 드러나지 않았다. 잡지, 신문, 서적에 이르기까지 다양한 출판 회사들은 저작물뿐 아니라 저작물 개발 방식에서도 큰 격변에 직면했다. 출판은 인터넷이 재편한 산업 중 하나였다. 이러한 기업 중 상당수는 성공적인 애자일 구현을 통해 비즈니스 부서의 방법과 사고방식의 변화를 촉진했다.

커터 컨소시엄 팀은 PCI와 함께 애자일 구현을 위해 협력했다. 이 팀에는 마이크 콘, 조시 케리옙스키, 켄 콜리어 그리고 내가 포함되었다. 다음은 PCI의 진행 상황에 대한 켄의 평가다.

나(켄)는 지난 이틀 동안 조나단과 함께 PCI에서 최종 코칭과 평가를 진행했다. 크리스털은 '보조 바퀴를 떼는 것'에 대해 약간 걱정했지만, 나는 다시 돌아올 수 있다고 확신했다.

이 팀은 지금까지 애자일 기술 및 애자일 프로젝트 관리 실천법을 채택하는 데 큰 성공을 거두었다. 테스트 주도 개발과 지속적 통합에서 개선의 여지가 있기는 하지만, 조시와 나는 8번의 반복만 수행한 신생 애자일 팀으로서는 평균 이상이라는 데 동의했다. 한 가지 약점은 추정과 추적이었다. 나는 어제 추정에 관해 1시간 동안 세션을 진행했는데, 그들에게 스토리 포인트로 거칠게 추정하는 마이크 콘의 방법을 가르쳤다. 결과에 대해 좋은 예감이 들었다.

나는 내부 애자일 코치가 열정이 넘쳐서 애자일 광신자처럼 보일까봐 걱정했다. 그는 퍼실리테이터라기보다는 명령하고 통제하는 스타일이었다. 그와 일대일 미팅을 할 때 그가 방어적인 태도를 보였는데 내 조언을 통해 그 태도를 조금 누그러뜨릴 수 있기를 바란다.

나(짐)는 PCI 리더십 운영 팀과 통화를 통해 애자일 실행 스코어카드와 대인 관계 문제에 대한 평가를 검토했다. PCI는 다른 개발 팀에도 애자일 방법론을 도입했다.

2003년에 나는 마운틴 리전 헬스(Mountain Region Health)를 대상으로 애자일 프로젝트 관리 워크숍을 진행했다. 이 병원에는 익스트림 프로그래밍을 지지하는 새로운 CIO가 있었다. CIO는 이제부터 모든 프로젝트에 익스트림 프로그래밍을 활용하기로 결정했고, 여기에는 막 진행 중이던 100명 규모의 프로젝트도 포함되었다. 그룹은 12개의 익스트림 프로그래밍 팀으로 조직되어 2주 단위의 반복 작업에 착수했다. 몇 번의 반복을 거치면서 속도(나중에 설명하겠지만 속도는 좋은 성과 지표가 아니다)가 꾸준히 빨라졌다. 그러다가 속도가 반전됐다. 각 팀은 독립적으로 운영되었고 팀 간 종속성으로 인해 시간이 지남에 따라 진행 속도가 급격히 느려지기 시작했다.

회사는 내 애자일 프로젝트 관리 워크숍이 이 문제를 바로잡는 데 도움이 될 것이라고 생각했다. 나는 애자일 프로젝트 관리 실천법을 사용하고 몇 가지 조직적 변화를 권장했는데 여기에는 시간제로 일할 팀 간 조정 그룹을 구성해서 공통의 지속적 통합 파이프라인과 같은 근본적인 문제를 해결하는 것 등이 포함되었다. 아키텍트를 고용하고 워크숍 개념을 활용하면서 회사는 익스트림 프로그래밍만 사용했을 때의 추진력을 되찾을 수 있었다.

이 고객은 애자일 커뮤니티에서 이제 막 해결하기 시작한 문제, 즉 확장 문제에 직면했다. 일부 비방하는 사람들은 이런 '실패'를 애자일 개발이 효과가 없다는 것을 증명하기 위해 사용했다. 마운틴 리전 헬스는 익스트림 프로그래밍이 12개의 상호 의존적인 팀이 아닌 소규모 팀을 위해 설계되었다는 켄트 벡의 경고를 무시했다. 더 큰 규모의 작업을 수행하려면 추가적인 구조가 필요했다.

애자일 프로젝트 관리

2002~2003년에 나는 프로젝트 관리 문제에 대해 고민하다가 프로젝트 관리 컨설팅과 교육으로 방향을 전환하고 애자일 프로젝트 관리 책 초안을 작성하기 시작했다. 고객과의 작업에서 얻은 교훈을 분석하면서 많은 것을 생각할 수 있었다.

- 애자일은 성공적으로 결과를 제공했다(에일리어스 시스템스, 셀룰러사, PCI).

- 애자일은 탐색적 성격의 프로젝트(에일리어스 시스템스, 셀룰러사)에서 특히 빛을 발했다.
- 소규모 공동 작업 팀 프로젝트에서 대규모 프로젝트로 전환하려면 추가 프로젝트 관리가 필요했지만, 기존 방식(마운틴 리전 헬스)은 아니었다.
- 이전 시대와 마찬가지로 조직 구조, 개인적 상호 작용, 협업 팀, 의사 결정은 여전히 성공에 중요한 요소였다(아일랜드 소프트웨어 회사, 마운틴 리전 헬스).
- 문화, 성격, 팀 문제가 빠른 구현을 가로막았다.
- 사람, 팀, 리더가 애자일 사고방식을 채택하는 데 어려움이 따랐다.
- 초기 애자일 전문가들은 심리학자나 변화 관리 전문가가 아닌 기술 또는 프로젝트 관리 전문가였다. 우리는 도움이 필요했다.

이러한 내용은 이 장에서 소개하는 고객 사례에만 국한된 것이 아니라 모든 애자일 실무자가 직면하고 있는 문제들이다. 이러한 주제 대부분은 이 장의 애자일 프로젝트 관리 개요에서 다루겠다. 그중 두 가지 주제인 가치 관리와 조직 변화는 7장에서 다룬다.

내 책《Agile Project Management: Creating Innovative Products》(이하《APM》)는 2004년에 출간되었고 2009년에 두 번째 개정판이 출간되었다.[Highsmith, 2009] 나는 프로젝트와 제품을 관리하는 방법, 방법론, 사고방식을 제시하고 싶었다. 소트웍스 창립자이자 전 CEO인 로이 싱햄의 추천사는 내가 이 책을 쓰게 된 이유를 잘 설명해 준다. "마침내 애자일 소프트웨어 운동의 열정과 프로젝트 관리에 필요한 분야를 조화시킨 책이 나왔다. 짐의 책은 우리 모두에게 도움이 되었다."

애자일 운동은 소프트웨어를 연속적인 방식이 아닌 반복적인 방식으로 개발하고, 스스로 조직화된 팀을 만들고, 전통을 따르지 않으려는 필요성에서 비롯되었다. 애자일리스트들의 일반적인 의견은 '우리는 프로젝트 관리가 필요하지 않다'였으며, 그 일반화된 형태는 '우리는 관리가 필요하지 않다'였다. 반복 관리자, 제품 책임자 등의 새로운 이름이 생겨나면서 전통적인 역할에서 벗어나려는 움직임이 나타났다.

1990년대에 엑셀의 초기 경쟁자였던 슈퍼캘크(SuperCalc)를 프로젝트 관리 도구로 사용하던 한 프로젝트 관리자와 이야기를 나눈 기억이 난다. 나는 그에게 얼마나 자주 돌아다니며 팀원들과 대화를 나누거나 짧은 팀 회의를 하는지 물었다. "자주 하지 않습니다."라고 그는 대답했다. "슈퍼캘크에서 작업 정보를 최신 상태로 유지하는 데 모든 시간을 할애합니다." 애자일 담당자들이 불만을 제기한 것은 바로 이러한 사람보다는 작업 관리였다. 프로세스와 도구(방법)보다는 사람과 사람 간의 상호 작용(사고방식)을, 계획과 실행보다는 구상과 탐색(실험)을, 문서화된 요구 사항(방법)보다는 고객 경험(사고방식)을 강조하는 다른 스타일의 프로젝트 관리가 필요했다.

폭포수 라이프 사이클의 영향으로 조직은 프로젝트 관리자를 별도의 조직에 배치했는데, 때로는 IT 부서 내에 배치하기도 하고 그렇지 않은 경우도 있었다. 프로젝트 관리 조직은 팀에 대한 프로젝트 관리 컨설턴트 역할이 아니라 프로젝트 경찰이 되어 모뉴멘털 방법론 표준과 단계 검토를 IT 팀에 강제했다.

《APM》[Highsmith, 2009]을 쓰면서 내가 의도한 바는 프로젝트 관리에 대한 전통적인 접근 방식과 애자일 접근 방식 사이의 간극을 메우는 데 도움이 되는 것이었다. 각각의 가치 있는 점을 지적하기 위해서였다.

애자일 커뮤니티에는 특히 프로젝트가 커질수록 혼돈에 빠지지 않도록 약간의 구조가 필요했다. 혼돈은 경직성보다 낫지 않다. 그림 6.1은 구상-탐색 프로세스를 두 개의 통합된 주기로 보여 준다.

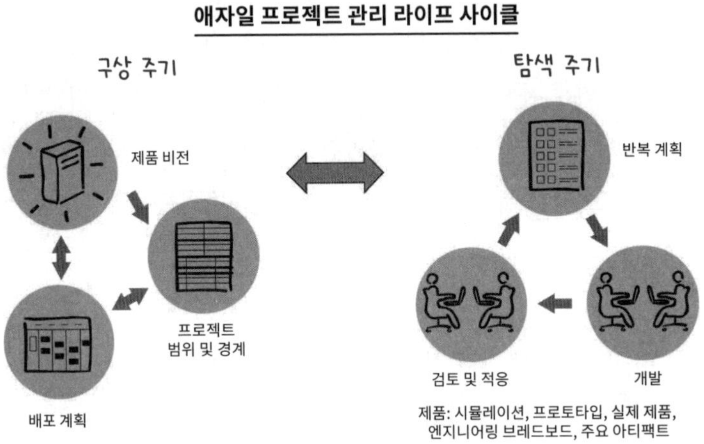

애자일 프로젝트 관리 라이프 사이클

그림 6.1 애자일 프로젝트 관리 라이프 사이클

커네빈 모델은 변화의 속도와 높은 수준의 대처 전략을 분류하는 데 유용했지만, 프로젝트 또는 제품 수준에서 추가적인 분류가 필요하다고 생각했다. 이러한 필요를 충족하기 위해 나는 워크숍과 《APM》 책에서 탐색 요인(exploration factor, EF)을 소개했다.

탐색 요인은 제품 또는 프로젝트의 불확실성과 위험을 나타내는 바로미터 역할을 한다. 큰 프로젝트는 작은 프로젝트와 다르고, 고위험 프로젝트는 저위험 프로젝트와 다르다. 다양한 문제 영역 요인을 파악하는 것도 중요하지만, 프로세스와 실천법을 문제에 맞게 조정하고 그에 따라 기대치를 조정하는 것이 훨씬 더 중요하다.

그림 6.2에 표시된 탐색 요인은 제품 요구 사항(목적)의 변동성과 기

술 플랫폼(수단)의 새로움(따라서 불확실성)의 조합에서 파생된다. 요구 사항 변동성(불규칙, 변동, 일상적, 안정적)과 기술 범주(최첨단, 첨단, 친숙함, 잘 알려짐)의 네 가지 범주로 결정된다.[11] 등급은 1~10의 탐색 요인 값을 가진 4×4 표를 사용하여 결정되며 후자가 가장 높은 탐색 수준이다.

제품 요구 사항 차원	제품 기술 차원			
	최첨단	첨단	친숙함	잘 알려짐
불규칙	10	8	7	7
변동	8	7	6	5
일상적	7	6	4	3
안정적	7	5	3	1

그림 6.2 프로젝트 탐색 요인

탐색 요인을 결정한 팀은 이제 문제 공간의 전반적인 불확실성과 위험을 고려하여 어떻게 진행할지 논의할 수 있다. 탐색 요인을 예측하기 위해 팀 역량을 맞추는 일은 등산 팀이 특정 봉우리를 등반할 수 있는 능력을 맞추는 것만큼이나 신중해야 한다.

전통적인 프로젝트 관리와 일반적인 조직 관리는 자주 관리자가 단호하지 못하고 모든 것을 알고 있지 못하며 강해 보이지 않으면 어떡하나 하는 두려움에 기반한다. "내 프로젝트는 내 불굴의 의지 때문에 실

---

11 사익스 출신인 켄 델콜은 다음과 같이 언급했다: "이것은 프로젝트 관리자에게 프로젝트와 개별 요구 사항을 어떻게 관리해야 하는지에 대해 안내한다. 예를 들어 불안정한 요구 사항은 더 반복적인 접근 방식이 필요하며, 남은 요구 사항의 전반적인 상태와 관계없이 초기에 그에 맞게 계획되어야 한다. 모든 요구 사항이 동일한 범주에 속하지는 않는다. 핵심적인 제품 성공에 중요한 요구 사항이 무엇인지 인지하는 것이 핵심이다. 중요한 고위험 요구 사항이 불안정하거나 변동적일 때 안정된 요구 사항을 명시하는 데 서둘러서는 안 된다!"

패하지 않을 것이다."라는 가정이 표면 아래에 깔려 있을 수 있다. 불확실성, 틀릴 가능성, 실수를 인정하지 않으면 관리자와 프로젝트 팀은 프로젝트의 가장 중요한 측면에 대해 배우지 못하게 된다. 사고방식의 변화 없이는 반복적인 라이프사이클은 선형적인 라이프사이클보다 나을 것이 없는 경우가 많다.

　반복적인 라이프 사이클을 통해 설계 및 요구 사항을 탐색하고 새로운 요구 사항에 맞게 설계를 수정하고 프로토타입을 제작할 수 있었지만 범위, 일정, 경영진의 후원, 고객 참여와 같은 전반적인 프로젝트 관리 문제를 진지하게 검토하는 데까지 확장되는 경우는 거의 없었다. 몇 년 전 대형 소비재 회사의 IT 조직을 위해 관리했던 프로젝트가 한 예다. 경영진 운영 위원회에 프로젝트 계획을 여러 주기로 나눠 검토 사항, 결과물 등을 설명하면서 초기 주기의 목표는 실수를 줄이는 것이라고 강조했다. 다행히도 즉각적인 반발이 일어나지 않았다. 나는 실수 없이 프로젝트를 완수할 수 있는 방법은 없으며, 실수를 조기에 발견하여 수정하고 올바른 제품을 완성할 시간을 갖고 싶다고 설명했다.

　첫 번째 개발 주기가 끝날 무렵, 우리는 경영진이 보는 앞에서 큰 실수를 저질렀다. 제품 범위에 대한 프로젝트 팀의 혼란이 정돈되지 않은 채 프레젠테이션에 반영되었고 몇몇 운영 위원은 불만을 품고 자리를 떠났다. 다행히도 이 조직은 프로젝트 팀을 재편성하고 문제를 검토하고 프로젝트 총괄 책임자와 함께 대안을 모색할 수 있는 기회를 주었다. 그런 다음 팀(상당수의 사용자가 포함된)은 프로젝트 범위와 결과물을 재검토하는 데 몇 주 동안 고통스러운 시간을 보냈다. 이 '해결책'에는 운영 위원회 자체를 완전히 재구성하는 것도 포함되었다. 운영 위원회는 현재 프로젝트의 요구가 아니라 이전 프로젝트의 실패를 기반으로 구성되었다.

힘든 교훈을 얻었다. 프로젝트 팀이 이런 평가를 통과하려면 고통스러운 감정을 경험할 수밖에 없다. 그런데 이 평가는 문서가 아닌 전달된 구성 요소를 기반으로 이루어졌기 때문에 팀은 비판적인 조사를 피할 수 없었다. 평가는 6개월, 9개월, 12개월 후가 아니라 프로젝트가 시작된 지 5주 후에 이루어졌기 때문에 팀이 재정비하고 회복할 시간이 있었다. 조기에 문제를 직면한 것이 나중에 성공에 기여했다. 마지막으로 일부 관리자는 초기 결과에 만족하지 못했지만 팀 전체가 비틀거리다 회복할 수 있게 해 주었다.

애자일 운동이 별동대 시대에서 용기 있는 경영진 시대로 전환되면서 프로젝트 및 제품 관리의 중요성이 커졌다.

시대 소견

어떤 사람들은 짝 프로그래밍에 참여하기를 거부했다. 애자일 팀이 회의가 너무 많다고 생각하는 사람도 있었다. 프로젝트 관리자는 더 이상 자신이 작업을 관리하지 못하고 팀이 관리한다고 반발했다. 스크럼 리더는 스크럼 문서과 워크숍에서 자신의 역할이 명확히 설명되어 있는데도 자신의 역할을 정의하는 데 어려움을 겪었다. 퍼실리테이션 기술을 개선해야 했다. 누가 어떤 결정을 내렸나? 여기서 무슨 일이 벌어지고 있었을까?

어떤 면에서 애자일 기술 실천법을 실행하기는 쉬웠다. 물론 지적으로는 어려웠지만 사회적으로는 그렇지 않았다(짝 프로그래밍은 예외다). 물리적 장벽이 없는 동일 위치 팀, 매일 다른 사람들과 긴밀한 협업, 역할과 책임에 대한 혼란, 테스터와 제품 책임자를 개발 팀에 추가,

팀 책임 인정에 대한 소극적 태도, 자신의 역할에 대해 확신이 없는 중간 관리자 등 사회적이고 대인 관계적인 도전이 결합된 애자일 협업 실천은 애자일 도입에 가장 큰 장애물이었다.

애자일 시대의 첫 시기는 엇갈린 결과를 가져왔다. 많은 관리자가 프로젝트 성과, 투자 수익률 개선, 더 빠른 결과, 더 높은 품질, 개선된 고객 관계에 만족했다. 팀 관리와 기술적인 실천법을 모두 활용하는 조직은 품질과 전반적인 결과를 개선하는 데 더 나은 성과를 보였다.

4장에서 더 나은 소프트웨어를 제공한다는 목적 선언문과 씨름하는 것에 대해 언급했다. 그 당시에는 마음에 드는 문구를 찾지 못했다. 이제 다시 시도할 때가 되었다.

제리 와인버그의 연작 《Quality Software Management》는 1권부터 4권까지 약 1538쪽에 달한다. 누구나 '우수한' 또는 '높은' 품질을 선호한다고 말할 수 있지만, 이러한 형용사는 너무 과용되어 본질적으로 무의미하다. 사람들이 보기에 본질적인 품질은 동작하거나 테스트된 코드와 동일할까 아니면 다를까? 최신 페이스북 기능에 대한 테스트가 제임스 웹 우주 망원경 소프트웨어에 대한 테스트만큼 강도 높게 이루어져야 한다고 생각하나?

그 미묘한 차이를 완전히 이해하려면 1500쪽을 읽어야 하지만 제리의 품질에 대한 정의는 놀라울 정도로 간단했다. "품질은 어떤 사람에게는 가치다."[12] 이제 우리가 해야 할 일은 '가치'와 '어떤 사람'이 무엇을 의미하는지를 명확히 하는 것이다.

제리의 품질에 대한 정의는 더 나은 소프트웨어 제공을 위한 내 개

---

12 [Weinberg, 1992, p. 7]

인적인 목적 선언문을 확장하는 데 도움이 되었다: "고급 소프트웨어 및 관리 방법, 방법론, 사고방식을 만들어 고객 가치를 지속적으로 제공할 수 있도록 하는 것"

조금 장황하다는 것을 알지만 이 문장은 내게 중요한 요소를 포함하고 있다. 첫째, 가치와 사람이라는 개념을 고객의 형태로 통합해 제리의 정의에 부합한다. 둘째, 내가 '고급 소프트웨어 및 프로젝트 관리, 방법, 방법론, 사고방식을 만드는 데' 경력을 바쳤음을 나타낸다. 지속적 배포를 하려면 뛰어난 기술이 필요하다. 자동화된 테스트 및 배포 파이프라인이라는 의미에서 지속적 배포를 말하는 것은 아니지만, 이것이 핵심적인 부분일 수도 있다. 그 대신 고객을 지원하는 소프트웨어를 첫 번째 버전과 마찬가지로 열 번째 버전도 쉽게 출시할 수 있는 역량을 구축하는 또 다른 수준의 지속적 배포에 대해 말하고 있다.

8장에서는 품질에 대한 이 이야기를 다른 두 가지 구성 요소인 가치와 제약 조건과 결합해서 애자일 방법론에 부합하는 엔터프라이즈 성과 관리 모델을 구축하겠다.

왜 모뉴멘털 방법론이 사라지고 애자일 방법론이 부상했을까? 모뉴멘털 방법론인 STRADIS, DSSD, 메서드/1, RUP를 면밀히 살펴보라. 이 방법론들은 우리에게 다이어그램, 문서, 프로세스, 승인 등 무언가를 '수행'하라는 과제를 부여했다. 하지만 의사 결정의 근거가 되는 가치 설명이 부족했다. 사람들은 비교 가능한 가치 설명이 없었기 때문에 이러한 접근 방식을 어떻게 적용할지 결정하는 데 어려움을 겪었다. 「애자일 선언」의 가치(프로세스와 도구보다 개인과 상호 작용)는 사고방식이 의사 결정의 기준을 제공한다는 애자일리스트의 믿음을 표현한다. 모뉴멘털 방법론 중 어느 것도 그들이 무엇을 중요하게 여기는지 명시적으로 선언하지 않았다. 따라서 사람들은 '문서가 너무 많으니 문서를 중요하게 생각하지 않을까?'와 같은 가정을 하게 됐다.

별동대 시대가 끝날 무렵 애자일 운동의 상태에 대한 내 의견은 내가 쓴 《ASDE》 마지막 장에 요약되어 있다.

> 어떤 면에서 우리 애자일리스트는 돈키호테와 그의 조수인 산초 판사와 같다. 소프트웨어 개발 환경을 돌아다니며 전통주의의 풍차에 저항하고 있다. 우리는 여기저기서 조금씩 변화를 만들어 왔지만, 많은 대기업과 정부 기관의 개발 영역은 여전히 회의적인 태도를 유지하고 있다. 애자일 프로젝트를 성공적으로 구현한 조직에서도 동료들은 여전히 확신을 갖지 못하는 경우가 많다. 이는 현상 유지에 도전하는 새로운 무언가가 있을 때 항상 발생하는 현상이다.[Highsmith, 2002, p. 381]

7

용기 있는 경영진

2005~2010

용기 있는
경영진

누가 용기 있는 경영진의 자격이 있을까? 나는 거의 2년간 캐나다에 위치한 사익스에서 켄 델콜, 폴 영, 게리 워커와 함께 일했다. 이 세 사람은 애자일 소프트웨어 개발을 시작하고 지원하면서 사익스의 여정을 주도했다. 폴은 CIO, 켄은 제품 관리 이사, 게리는 소프트웨어 개발 관리자였다. 이 세 명의 '용기 있는' 경영진이 앞장섰다. 이들은 별동대 시대에서 용기 있는 경영진 시대로의 애자일 전환을 선도했다. 이 세 임원과 같은 리더십의 선구자들은 조직을 변화시키기 위해 위험을 '신중하게' 감수했다.

용기 있는 경영진이란 무엇인가? 모험을 즐기고 기업가 정신을 발휘하며 무수히 많은 기회를 선별하고 열정으로 다른 사람들을 참여시키고 행동을 통해 결과를 보여 줄 수 있는 능력을 갖춘 사람이다.

이들은 무한한 사고와 대담한 행동, 기술에 대한 열정을 가지고 있다. 그렇기 때문에 우리는 용기 있는 경영진이 리더십 스타일을 통해 강력한 경쟁 우위를 창출하는 비즈니스의 차세대 주요 파괴적 혁신 세력이라고 믿는다. [Guo, 2017]

항상 그렇듯이 2005~2010년에도 중요한 사건들이 벌어졌는데 미국 멕시코만 지역의 엄청난 허리케인 피해와 대불황이 맞물려 일어났다. 2006년 명왕성이 태양계 행성 분류에서 제외되자 1930년 명왕성을 발견한 로웰 천문대 소속 천문학자들은 낙담했다. 애플이 아이폰을 출시하고, 버락 오바마가 조지 W. 부시를 대신해 미국 대통령에 당선되었으며, 〈아바타〉가 역대 최고 수익을 올린 영화가 되었고, 대형 강입자 충돌기가 물리학자들의 환호를 받으며 온라인에 공개되었다.

2000년대 중반 인터넷 시대는 환상적인 기회와 함께 심각한 위험을 동시에 불러일으키고 있었다. 기업들은 혼란을 우려했다. "우리가 제2의 코닥이 될 것인가, 아니면 제2의 세일즈포스가 될 것인가?" 영업 애플리케이션 소프트웨어 서비스 회사인 세일즈포스는 2011년과 2012년에 『포브스』가 선정한 혁신 기업 1위에 올랐다. 5년 평균 매출 성장률은 39.5%, 5년 평균 순이익 성장률은 78.7%를 기록했다. 이 회사의 성공은 부분적으로 2005년경부터 조직 전체에 애자일 방법론을 도입한 데서 비롯되었다. 전 개발 담당 부사장이었던 스티브 그린은 "애자일은 우리 혁신의 토대다!"라고 말한다. 한때 필름 생산 분야의 세계적인 선두 주자였던 코닥은 파산 절차에 돌입했다. 세일즈포스는 성공했지만 다른 기업들은 더 큰 혁신에 실패했다.

용기 있는 경영진의 시대가 열리면서 애자일 접근 방식이 소규모 팀에서 대규모 이니셔티브로 옮겨 가고 CIO와 엔지니어링 부사장이 전체 개발 조직을 혁신하기로 결정했다. 인터넷은 기존 기업의 비즈니스 및 IT 계획을 쉴 새 없이 강타했다. 애자일 프로젝트 관리가 점점 더 중요해졌고, 지속적 통합과 같은 기술 실천 방법도 점점 강조되었다.

이 장에서는 성공과 실패로 이어질 수 있는 조건을 파악하기 위해 다섯 가지 고객 사례를 인용한다. 먼저 사익스를, 그다음으로 두 개의 중간 규모 애자일 구현 사례(하나는 성공, 다른 하나는 실패)를 살펴보고 나서, 중국의 대규모 애자일 구현 노력을 소개하고, 마지막으로 애슬레타(Athleta)의 비즈니스 애자일 사례를 살펴본다. 이러한 이야기에는 주요 기술 혁신의 영향, 조직 변경 관리 그리고 대규모 기업과 프로젝트에 필요한 확장된 실천 방법이 녹아 있다.

사익스

MDS 사익스는 생명 과학, 제약, 법의학 분석 고객을 위한 질량 분석기(및 기타 기기)를 개발하는 회사이다. 나는 2004년부터 2006년까지 캐나다 토론토에서 이 회사와 함께 익스트림 프로그래밍과 애자일 프로젝트 관리로 구성된 애자일 '콤보' 방법론을 구현하는 일을 했다. 조시 케리옙스키 및 다른 커터 컨소시엄 컨설턴트들과 함께 처음에는 소프트웨어 팀과 협력한 다음, 일부 애자일 방식을 다른 엔지니어링 그룹으로 확장했다.

2022년 당시 소프트웨어 개발 관리자였던 게리 워커가 이메일로 당시 사익스 상황과 애자일 구현 결과를 전해 주었다.

'개발 조직의 혁신' 여부를 결정할 때 우리는 선택의 여지가 없다는 것을 금방 깨달았습니다! 우리 계측기 소프트웨어는 수년간의 기술 부채로 가득 찬 수백만 줄의 코드로 이루어져 있었습니다. 새로운 수정 사항이나 기능을 추가할 때마다 예상치 못한 새로운 문제가 발생했고, 새 릴리스가 나올 때마다 이전 릴리스보다 더 불안정했습니다.[1] 불안정한 소프트웨어는 대형 제약 회사 신약 발견·개발 고객들에게 큰 문제였습니다. 소프트웨어가 충돌하면 몇 주 동안 만든 실험용 약물 샘플이 훼손되는 경우가 많았기 때문이죠. 심지어 경쟁사에서도 마케팅 자료에 '우리 소프트웨어는 충돌하지 않습니다' 같은 슬로건을 사용하여 우리 소프트웨어를 언급했습니다.

이는 개발 팀에 엄청난 영향을 미쳤습니다. 개발자들은 불안정한 거대 코드 베이스에 새로운 기능을 추가하는 데 매우 긴장했기 때문에 보통 '가능한 한 가장 위험하지 않은 개발 경로'를 택했으나 코드 베이스에 더 많은 기술적 부채를 추가했습니다. 제품에 대한 자부심도 없었고 개발자들은 고객 피드백을 인신공격으로 받아들이곤 했습니다. 제 기억으로는 애자일 전환을 시작한 지 약 18개월 후부터 팀의 사고 방식과 행동에 변화가 보이기 시작했습니다. 커터 팀의 객관적인 데이터에 따르면 개발 팀은 이제 더 높은 품질의 제품을 더 낮은 비용으로 더 빠르게 릴리스하고 있었습니다. 고객 피드백도 더욱 긍정적으로 바뀌기 시작했습니다. 이는 팀원들의 사고방식과 개발 커뮤니티의 전반적인 환경에 큰 영향을 미쳤습니다. 개발자들은 다시 한번 자신의 기술에 대한 자신감과 고객에게 제공하는 제품에 대한 자부심을 느꼈습니다.

또한 애자일 원칙, 가치 및 실천법은 '심리적으로 안전한' 환경을 조성

---

1 조시 케리엡스키는 기술 부채를 시각적으로 보여 주기 위해 어떤 객체의 메서드 하나를 인쇄했다. 페이지를 바닥에 한 줄로 늘어놓자 그 길이가 3미터가 넘었다!

하는 프레임워크를 제공했습니다.[Edmondson, 2002]. 팀원들은 정기적으로 서로에게 도전 의식을 북돋우며 더 창의적이고 더 높은 품질의 제품 기능을 개발하도록 노력했습니다. 다시 한번 출근하는 것이 즐거워졌습니다!

사익스는 ISO 인증을 받은 조직이었습니다. 다른 많은 기업과 마찬가지로 이는 비즈니스 요구 사항이었으며 고객도 이를 기대했습니다. 특히 신약 발견·개발 산업에서 국제적인 제약 회사를 위한 고급 기기를 개발하고 있었기 때문에 이는 매우 중요했습니다.

우리는 다음과 같은 문제에 대해 고심해야 했습니다: 애자일의 반복 적응적인 실천 방법을 ISO 요구 사항과 어떻게 조화시킬까? 해당 요구 사항은 대부분 폭포수 방식의 빅 업-프런트 디자인(big up-front design, BUFD)[2] 원칙에 기반하며 프로세스, 계획 및 기록된 결과물의 엄격한 문서화가 필요했습니다.

짐, 조시와 함께[3] '거버넌스'와 '실행'을 구분하는 개념을 개발했습니다. 거버넌스는 '시간과 비용(즉, 일정과 예산)'에 중점을 두었습니다. 우리는 지속적인 ISO 인증에 대한 요구를 충족하기 위해 거버넌스 수준에서 계획 및 실행 문서를 적용했습니다.

그리고 '실행' 수준에서 애자일 원칙과 실천법을 적용하여 극도의 불확실성(비즈니스, 과학, 기술)이 존재하는 상황에서 애자일 실행의 이점을 활용했습니다. 이를 통해 두 마리 토끼를 다 잡을 수 있었습니다. 우리는 실행을 위해 애자일의 이점을 활용하고 ISO 인증의 요구 사항을 해결했습니다.

---

2 (옮긴이) 프로젝트 시작 시 만드는 길고 상세한 디자인을 의미한다.
3 조시와 나는 나중에 이 장의 뒷부분에 설명된 차나 텔레콤과의 계약에서 이 접근 방식을 사용했다.

우리는 소프트웨어 프로젝트로 사익스 애자일 구현을 시작했다. 당시 직원들은 개인 사무실에 있었기 때문에 조시와 나는 직원들에게 팀 업무 공간을 만들자고 설득했다. 가끔은 가장 사소한 장애물이 방해 요소가 된다. 예를 들어 하드웨어를 주문해 제때 배송받는 일이나 이 경우처럼 건물 유지 보수 인력에게 새로운 작업 공간을 마련하도록 하는 것과 같은 상황이 그렇다. 공간은 부분적으로 완성된 상태였는데 공사 인력들은 주말이라 쉬었다. 개발 팀이 주말 동안 몰래 공간을 완성하여 월요일 아침에 작업을 시작할 수 있었는데, 유지 보수 관리자는 이 일로 큰 당혹감을 느꼈다.

조시와 다른 컨설턴트들은 팀원들과 함께 익스트림 프로그래밍의 기술 실천 방법을 도입하기 위해 노력했다. 나는 조직, 프로젝트 관리, 경영 관행, 이슈에 대해 작업했다. 여러 차례 워크숍을 진행하면서 조시와 나는 팀과 일상적으로 함께 일하는 것이 성공에 매우 중요하다는 점을 다시 한번 확인했다.

여러 프로젝트를 성공적으로 수행한 경험이 있는 켄 델콜(제품 관리 이사)은 차세대 질량 분석 계측기 제품에 애자일 개발을 사용하자고 제안했다. 하드웨어와 소프트웨어가 결합된 프로젝트에 애자일 방법을 사용하는 것은 큰 모험이었기 때문에 매우 용기 있는 결정이었다. 회사 외부에서 진행한 프로젝트 비전 수립 및 착수 회의에는 소프트웨어 개발자, 기계·전기·시스템 엔지니어, 여러 과학자, 제품 관리자, 구매 분석가 등이 참여했다. 전체 프로젝트 일정을 계획할 때 구매 분석가는 많은 구성 요소의 리드 타임을 알고 있었기 때문에 매우 중요한 역할을 했다.[4]

---

4 누가 중요한 정보를 제공할지 항상 미리 알 수 있는 것은 아니다.

피곤하지만 생산적이었던 한 주가 끝날 무렵 켄은 진행 상황을 다시 검토하기 시작했다. 그는 첫날부터 신제품에 대한 경영진의 관점을 정립하는 작업을 시작했었다. 모두가 사무실로 돌아가 업무를 시작하고 싶어 했지만, 켄은 놀랄 일을 한 가지 더 준비하고 있었다.

"마지막으로" 켄이 하루를 마무리하며 말했다. "각자의 사무실로 돌아가지 않을 것입니다. 여러분이 회사 밖에 나와 있던 이번 주 동안 우리는 이번 주에 수행한 작업의 연장선으로 여러분의 협업을 강화하기 위해 전체 작업 공간을 재구성했습니다. 여러분은 이제 이 제품을 시장에 출시하기 위한 교차 기능 제품 팀이 되었습니다." 결국 켄은 제품 개발 부서 전체를 각자의 사무실 형태에서 대중소 세 가지 크기의 팀 공간으로 재구성했다.

대규모 시스템에서 가장 골치 아픈 문제는 항상 다양한 부분을 통합하는 것이었으며, 역사적으로 이러한 통합은 시간이 촉박할 때 막바지에 이루어졌다. 소프트웨어에서 자동차, 산업 제어 시스템에 이르기까지 통합 빈도가 낮을수록 통합 문제를 찾고 해결하기가 더 어렵고 비용이 많이 든다는 교훈은 동일했다. 애자일 실천 방법을 사용하면 팀은 조기에 자주 통합할 수 있어 이러한 최종 문제를 크게 줄일 수 있었다.

켄 델콜은 MDS 식스에서 이 접근 방식을 사용했다.

> 우리는 이 과정을 거쳤다. 펌웨어 그룹은 테스트 일정에 따라 반복적으로 하드웨어 그룹에 펌웨어를 제공했다. 기능이 충분히 확인되면 소프트웨어 그룹이 애플리케이션을 추가하기 위해 투입되었다. 이 접근 방식을 사용하면 펌웨어 및 하드웨어 통합 테스트를 시작하기 위해 완전히 채워진 디지털 보드가 필요하지 않았다. 우리는 여러 가지

를 해냈다(지금까지 달성한 것 중 최고). 통합 테스트가 더 빨리 시작되어 문제가 더 빨리 해결되었고(일정 및 비용 개선), 최소한의 하드웨어만 갖추면 통합이 지속적으로 이루어졌기 때문에 자원 요청이 최대 한도에 도달하지 않았으며, 모든 그룹이 통합에 참여했기 때문에 의사소통이 개선되었다.

켄, 폴, 게리는 애자일 미래에 대한 비전을 세웠고, 적절한 자원을 통해 지원했고, 불안한 시기에 직원들을 격려했고, 애자일 접근 방식에 대해 잘 알고 있었다. 조시와 나는 관리자와 임원을 대상으로 워크숍을 진행하며 애자일 마인드를 개발하고 애자일 방법을 이해하도록 함께 노력했다. 이러한 애자일 전환 노력은 소프트웨어와 하드웨어 개발 모두에 영향을 미쳐 최첨단 기술을 발전시켰다.

새로운 세대의 개척자

이 용기 있는 경영진의 시기 동안 나는 새로운 사람들을 만났고, 고객과 함께 CIO 레벨의 애자일 구현을 위해 일했고, 《APM》[Highsmith, 2009] 2판을 썼고, APLN(5장에서 다룸)을 설립했다.

초기에 나는 디즈니와 여타 회사에서 근무한 경험이 있는 GAP의 팻 리드를 만났다. 팻은 나를 초대하여 가치와 애자일 삼각형에 대해 이야기했다. 당시 팻은 인터넷 제공 관리 서비스(포트폴리오, 프로젝트 및 릴리스 관리, IT 재무 및 전략, 감사 및 품질) 이사였다. 앞으로 보게 되겠지만, 그녀는 회오리바람 같은 존재로 아이디어가 가득하고 끊임없이 독서하는 열정과 에너지를 지닌 사람이다. 그녀는 자신의 부서에 애자일 개발을 도입하고 애자일 관리와 적응적 리더십의 선구자가 되었다. GAP의 기업 IT 그룹은 애자일 파일럿 프로젝트를 성공적으로 실험했지만 애자일 방식을 확장하는 데 어려움을 겪었고 레거시 시스템 업무에 애자일 방식을 사용할 수 있다는 확신을 갖지 못했다. 당시 많은 레거시 IT 조직이 비슷한 상황에 처해 레거시 시스템의 과도한 기술 부채에 시달리고 있었고, 애자일 방식을 구현하기 위한 로드맵도 모호한 상태였다.

팻과 나는 애자일 개발을 채택하고 확장하기 위한 최신 전략과 모범 사례에 대해 배우고자 하는 고위 경영진의 늘어나는 수요를 충족하기 위해 연례 애자일 디벨롭먼트 콘퍼런스에 경영진 포럼을 추가하는 것에 대해 논의하기 시작했다. 경영진 포럼은 2011년 솔트레이크시티에서 열린 애자일 디벨롭먼트 콘퍼런스에서 처음 시작되었다. 당시 주 콘퍼런스는 「애자일 선언」 10주년을 기념하는 행사였기 때문에 팻과 나는 '지금은 엔터프라이즈 애자일의 시대'라는 실행 주제와 다음과 같은 콘퍼런스 비전 선언문을 정했다. "애자일 배포, 애자일 리더십, 첨단 기술을 결합하여 향후 10년의 비즈니스 기회와 과제를 모색하기 위해 경영진이 연결되고 참여할 수 있는 특별하고 가치 있는 경험을 창출하는 것이다."

고위 임원만을 위해 마련된 이 첫 번째 경영진 포럼에는 글로벌 임원 7명, C 레벨 임원 13명, 부사장급 임원 23명이 참가했다. 애자일 얼라이언스 연례 콘퍼런스의 일환으로 포럼을 시작하여 경영진은 일주일간 진행되는 행사 기간 동안 콘퍼런스 기조연설과 기타 비임원 세션에 참석할 수 있었다.

2010년에 팻은 버닝 맨 프로젝트(Burning Man Project)의 플라야 인포 (Playa Info)[5] 매니저인 롭 올리버로부터 문의를 받았으며 이로 인해 샌

---

5 (옮긴이) 행사 참가자들에게 행사 정보, 자신의 배치 정보를 제공하는 곳이다.

프란시스코 시내에서 버닝 맨 프로젝트의 CEO, CIO 및 기타 직원들과 점심을 함께하게 되었다. 당시만 해도 나는 버닝 맨에 대해 잘 몰랐지만 점심을 먹으며 많은 걸 배우게 되었고 그들의 모험심이 마음에 들었다. 이 조직은 애자일을 수용하기에 적합한 조직으로 보였다. 그들은 호피족[6] 원로들의 지혜에서 영감을 받은 원칙과 미션을 가지고 있었다(버닝 맨 원칙에는 극단적 포용, 선물, 상업화 배제, 극단적 자립, 극단적 자아 표현, 공동 노력, 시민 책임, 흔적 남기지 않기, 참여 및 즉각성이 포함된다).

팻은 새로운 아이디어의 원천이었다. 그녀는 애자일 관리 커리큘럼을 구상하고 버클리 대학교 평생 교육원 샌프란시스코 캠퍼스 프로그램 임원들을 설득해 수업을 실험해 보도록 했다. 팻과 나는 자문 위원회를 구성하고 워크숍을 준비했으며 첫 번째 수업을 공동 강의하기 위해 샌프란시스코로 갔다. IT 관리자뿐 아니라 IT 관리자가 아닌 사람들도 의외로 많이 참석해서 즐거운 경험이었다. 팻과 함께 이 수업을 하는 것이 즐거웠지만 애리조나주 플래그스태프에서 베이 지역을 오가는 출장 때문에 적은 겸임 교수 보수는 받으나 마나였다. 팻은 애자일 관리 기본, 원칙 및 사례, 애자일 프로젝트 관리, 애자일 관리 숙달, 애자일 제품 소유권, 배포 관리 및 가치 혁신을 포함하여 초기 제공 사항 이상으로 커리큘럼을 계속 확장해 갔다.

이 장의 앞부분에 소개된 사익스 사례와 다음 고객 사례인 IFS(Integrated Financial Software), SSS(Southern Systems Software), 차이나 텔레콤에서 내 파트너는 또 다른 애자일 선구자이자 모험가인 조시 케리엡스키였다. 조시는 익스트림 프로그래밍에 중점을 두고 최첨단 기술을 발전

---

6 (옮긴이) 미국 원주민으로 애리조나주 북동부의 푸에블로 인디언을 가리킨다.

시키는 회사를 설립했으며, 보통 자신의 개발 직원들과 함께 먼저 방법을 실험했다. 그의 회사인 인더스트리얼 로직은 50명 이상의 직원과 컨설턴트가 근무하는 회사로 성장했다. 조시는 익스트림 프로그래밍의 2주 반복 작업을 지속적 배포로 전환해 실험한 최초의 사람 중 한 명이다. 또한 프로젝트에서 개인 안전에 대한 아이디어를 공식화하는 등 개발의 인간적인 측면에 대한 실험을 해 왔다. 조시는《패턴을 활용한 리팩터링》[Kerievsky, 2005]과 《Joy of Agility》[Kerievsky, 2023]의 저자이다. 그는 피하 캐니언 여행을 시작하여 개척자의 모험심을 다시 한번 보여주었다.

조시 케리옙스키와 함께 피하 캐니언 모험하기

조시와 나는 2008년에 뉴질랜드 소프트웨어 교육 콘퍼런스에 발표하러 갔을 때 짜릿한 모험을 경험했다. 밤새 비행기를 타고(12시간 이상의 비행 시간) 이른 아침에 오클랜드 공항에 도착했다. 시내 호텔에 체크인하고 옷을 갈아입은 후, 조시와 함께 밴에 타고 뉴질랜드식 캐니어링 여행을 떠났다. 피하 캐니언 강을 따라 내려가는 여행이었다.

가팔라서 접근이 거의 불가능한 화산암 계곡에서는 멋진 폭포들이 쏟아져 내리며 계곡을 따라 바다를 향해 흐르고 있었다. 가이드가 제공한 방수복과 낡은 운동화를 신고 우리는 강을 따라 걸어가며 수영했다. 장엄한 키테키테 폭포 표면을 따라 하강해 그다음에는 폭이 좁은 협곡으로 내려왔다. 길 중간에는 동굴, 뛰어내릴 수 있는 작은 폭포 그리고 수영할 수 있는 천연 바위 웅덩이가 있었다. 약 40미터 높이의 키테키테 폭포에서 나는 가장 먼저 내려와 작은 수영장에서 스트레칭을 했다. 하지만 폭포 꼭대기에서 다른 사람들이 미친 듯이 손을 흔드는 모습을 보고, 그 작은 웅덩이에 길이가 1미터 조금 넘는 담수물뱀이 같이 있었다는 사실을

알게 되었다! 이 캐니어링 모험은 잠으로 시차 피로를 회복하려는 것보다 훨씬 더
좋았다.

2010년 5월, 나는 미네소타주 미니애폴리스에서 열린 카네기 멜론 SEI
의 아키텍처 테크놀로지 유저 네트워크 콘퍼런스(Architecture Technology
User Network Conference)에서 기조연설을 했다. SEI의 연구·기술·시스
템 솔루션 프로그램 책임자인 린다 노스롭은 "짐은 팀워크, 계획 및 끊
임없이 변화하는 환경에 대한 적응의 중요성을 설명할 수 있는 능력을
갖추고 있습니다."라고 말했다. 이와 같은 초대는 애자일 운동이 소프
트웨어 개발의 주류로 계속 발전하고 있음을 보여 주었다.

IFS

2005년 내가 커터 컨소시엄의 애자일 프로젝트 관리 디렉터로 재직하
던 시절, 우리는 IFS에서 대규모 애자일 구축을 수행했다. 이 프로젝트
에는 다른 여러 업무에서 얻은 경험을 포함시켰다. 우리가 얻은 결과
와 해결책은 용기 있는 경영진 시기 동안(그리고 지금까지도) 마주하
게 되는 전형적인 상황이라 최대한 상세한 내용을 다루겠다.

우리는 소프트웨어 제품 부서에 대한 종합적인 평가부터 참여하기
시작했다. 커터의 핵심 팀에는 조시 케리엡스키와 여러 컨설턴트 그리
고 고객 업무 담당자인 내가 포함되었다.

경쟁업체의 추격이 거세지고 고객이 더 많은 기능을 요구하고 있었
기 때문에 IFS와 같은 많은 성공적인 기업들은 성능을 개선해야 했다.
IFS는 대형 고객들과 노후화된 레거시 소프트웨어를 보유하고 있었기

때문에 기술 부채가 어느 정도 있었다. 새로운 경쟁업체들은 레거시 소프트웨어에 대한 부담이 적어서 더 빠른 기능 개선을 제공했다. 또한 1990년대에 클라이언트-서버 시스템이 급속히 확장되면서 IFS는 큰 타격을 입었다. 제품을 클라이언트-서버 아키텍처로 전환하자 인터넷이 폭발적으로 성장하는 바람에 추가적인 기술 전환이 필요했다.

조사 결과, 조직의 전반적인 성과와 제공 역량은 업계 표준에 부합하지만 세계적 수준은 아니라는 경영진의 우려를 확인할 수 있었다. 많은 성과 지표가 잘못된 방향으로 흘러가고 있었다. 생산성은 하락하는데 조직은 성장 문제와 제품 복잡성을 다루기 위해 고강도로 노력하고 있었다. 품질과 제품 적응성이 저하되고 계획에 따른 제품 개발 능력은 전체적인 납품 능력 부족과 기술 숙련도와 도메인 지식 쇠퇴로 인해 어려움을 겪고 있었다. 회사가 성장할수록 이러한 모든 추세가 더 뚜렷해졌다.

애자일 방식으로의 전환에 대해 직원들에게 설명하는 초기 프레젠테이션에서 CIO인 댄이 질문을 던졌다. "왜 애자일을 도입해야 할까요? 우리는 변화할 필요가 없었습니다. 우리는 망가진 상태가 아니었습니다. 제품이 출하되고 있고 회사는 성장하고 있습니다." 그러나 그는 계속해서 증가하는 '규모의 비용'에 대해 설명했다. 5개 제품을 제공하는 75명의 엔지니어에게 효과적이었던 방법이 12개 제품을 제공하는 400명의 엔지니어에게는 적합하지 않을 수 있다는 것이었다.

이를 알리는 문제의 경고 신호는 많았다. 먼저 품질. 문제 보고가 많았다. 그리고 기능. 디버깅에 소요되는 시간이 증가하고 새로운 기능을 만드는 데 소요되는 시간이 감소했다. 또한 예측 가능성. 지난 세 번의 '연간' 릴리스가 각각 몇 개월 더 연장되었다. 마지막으로 재미없음. 사람들은 점점 더 어려워지는 과제에 지쳐 가고 있었다.

댄은 참여에 대한 세 가지 주요 목표를 세웠다.

1. 성과를 평가한다.
2. 애자일 방법론을 채택한다.
3. 개선 권장 사항을 실행한다.

평가는 관리자, 디렉터뿐 아니라 품질 보증(QA), 개발, 제품 관리, 아키텍처, 인사부 직원과의 일련의 면담으로 구성되었다. 평가 결과는 몇 가지 범주로 분류했다.

- 교차 기능 팀 부족
- 품질 관련 문제
- 희망 사항 기반 계획
- 폭포수 라이프 사이클
- 기술 역량

모든 사람이 필요한 변화의 형태에 동의하지는 않았지만, 변화의 필요성을 지지하고 새로운 방법을 시도할 의향이 있는 것으로 보였다. 성공적인 프로젝트와 출시는 헌신과 노력의 결과였지만, 때때로 사람들은 자신의 노력을 인정받지 못한다고 느꼈다. 사람들은 성과를 개선하기를 원했다. "전에도 프로젝트 사후 평가를 해 봤지만 달라진 점이 없는 것 같습니다."

규모 및 복잡성과 관련된 압력을 받으면 팀의 역동성 및 관계가 자주 손상된다. 이는 IFS에서도 나타났다. 조직의 여러 부분이 동일한 목표에 맞춰 움직이지 않으면 항상 긴장이 있게 마련이다. IFS는 개발,

QA, 제품 관리가 서로 다른 조직에 속해 있었고 이들 간의 상호 작용이 유동적이고 협력적이기보다는 정적이고 관료적이었다.

조직 내에서 수직적으로도, 수평적으로도 서로에 대한 존중과 신뢰가 감소하는 기류가 흐르고 있었다. "조직이 예전보다 더 분열되어 있고 서로를 손가락질하는 일이 많아졌다", "신뢰가 깨져 사람들이 자신의 생각을 말하지 않는 것 같다" 같은 의견이 너무 자주 들렸다. "'다른' 그룹은 실적이 저조하다."라는 태도도 있었다. '나는 괜찮지만 넌 아니야' 하는 태도였다.

다음과 같은 의견을 들었다.

> "개발 그룹의 생산성이 충분하지 않다."
> "QA와 개발 팀 상위 관리자 간의 관계가 좋지 않았다."
> "개발자들은 제품 관리에 대해 불신이 있고 그 반대 경우도 마찬가지이다."
> "아키텍처 팀은 우리에게 문제를 떠넘긴다."

개발-QA-제품 관리 조직은 폭포수 라이프 사이클을 사용하는 조직에서 흔히 볼 수 있는 기능적 사일로였다. 이 세 가지 영역의 담당 직원들은 자주 서로 잘 협력하지 못했고, 의사 결정은 실무 수준에서 해결되기보다는 계층 구조의 관리자에게 올라가는 경향이 있었다.

IFS에서는 책임과 의무, 소유권이 팀이 아닌 기능 부서에 있었다. 팀에는 의사 결정 권한이 거의 없었다. "한 가지 문제가 발생했는데 15분짜리 수정 사항을 결정하기 위해 6~12명이 여러 차례 회의를 거쳐 거의 30시간 동안 작업해야 했습니다. 매우 비효율적이었습니다."라고 한 개발자가 말했다.

경영진으로부터 일정과 품질이 중요하다는 이야기를 들었다. 하지만 엔지니어링 직원들로부터는 다른 이야기를 들었다. "여기는 일정이 왕입니다." 사람들은 품질에 대해 입에 발린 말만 한다고 생각했다. 버그 수를 제외하고는 품질에 대해 일관된 정성적 또는 정량적 측정이 거의 없었다. 성능 측정은 일정을 강조했다.

소프트웨어 시장에서 소프트웨어 회사는 고객의 기능 요청에 대응하고 촉박한 일정을 맞추어야 하는 엄청난 압력을 받는다. 이러한 시장 압력으로 인해 제품 경영진은 가능한 한 많은 새로운 기능을 포함하도록 제품 계획을 강화하게 되고, 개발 팀은 이러한 계획을 항상 거부해야 하는 곤란한 입장에 처하게 된다. 일정과 기능에 집중하다 보면 품질에 대한 강조는 사라지고 제품의 기술 부채가 증가하여 향후 적시에 기능을 구현하기가 더 어려워진다. 출시일이 다가오고 현실이 닥치면 충분한 테스트 없이 급하게 추가한 기능은 버려지고 그 결과 업무 손실과 열정이 사라진다.

IFS의 문화 때문에 사람들은 자신의 역량을 초과하는 계획을 세웠다가 마지막에 포기하는 경우가 많았다. '할 수 있다'는 태도는 실현 불가능한 기능을 약속하게 만들었다. 일정 압박(그렇게 여겼거나 실제)의 결과 중 하나는 사람들이 자신의 우선순위에만 집중하고 다른 팀을 돕지 않는 것이었다. "작은 변경 사항으로도 우리를 지원할 수 있는데 우선순위를 부여하지 않았다", "자신들과 상관없는 일이면 도와줄 수 없다는 태도였다" 등의 의견이 있었다.

폭포수 라이프 사이클은 '다음 부서로 떠넘기기' 현상을 조장하기 때문에 팀 지향성이 취약한 상황을 악화시켰다. 여러 팀이 반복 개발을 시도했지만, 교육이 부족하고 반복 개발에 익숙하지 않아 부정적인 경험을 하게 되었다.

조시와 나는 평가 결과와 예비 실행 계획을 고위 경영진에게 발표했다. 그들은 평가 결과를 받아들였고 적극적인 실행 계획을 원했다.

일반적으로 회사들은 프로젝트별 구현 전략을 사용했는데, 이 전략은 프로젝트 팀(또는 몇몇 팀)에 애자일 실천 방법을 구현하고, 그런 다음 초기 팀의 숙련된 실무자들로 새로운 팀을 구성하는 것이었다. 이 전략은 일반적으로 느리지만 위험이 적었다.

하지만 IFS의 경우 크게 두 가지 이유로 전체 조직에 걸친 전략을 채택했다. 첫째, 전체 제품군을 통합하여 함께 출시했기 때문이다. 일부 팀은 반복 개발을, 다른 팀은 전통적인 폭포수 개발을 수행했다면 조율하기가 어려웠을 것이다. 둘째, IFS 리더들은 조직 전체가 개선 이니셔티브의 일부라고 느끼기를 원했다. 프로젝트별 전략은 일부 팀을 배제할 수 있었다.

조직 차원의 전략이 성공하려면 최고 경영진의 가시적이고 지속적인 지원이 필요하다. 프로젝트별 전략은 최고 경영진의 제한적인 지원으로도 성공할 수 있지만(도움이 된다), 조직 전체의 전략은 그렇지 못하다.

IFS 실행 계획에는 (1)팀과 개인 강화, (2)기술적인 실천 방법 개선이라는 두 가지 목표가 있었다. 팀 및 개인 강화는 팀 구조를 교차 기능적으로 수정하고, 그룹 간의 신뢰 분위기를 개선하며, 프로세스 개선 이니셔티브에 전체 직원을 참여시키는 등 팀 구조와 관련된 내용을 다루었다.

기술적인 실천 방법 개선은 '애자일 라이트(agile lite)' 실천 방법이라고 명명한 것을 중심으로 이루어졌으며, 여기서 '라이트'는 모든 실천 방법이 초기에 구현되지는 않음을 나타낸다. IFS 직원과 커터 컨설턴트로 구성된 구현 팀은 IFS에 중요하다고 판단되는 일련의 프로젝트 관리, 협업 및 기술 실천 방법을 권장했다. 조시와 나는 애자일 프로젝트 관리 방법과 익스트림 프로그래밍 기술 실천 방법을 이 '애자일 라이트' 방법론에 결합했다.[7] 일부 실천 방법의 지연에 대한 우려가 있었지만, 많은 대상과 촉박한 구현 기간을 고려할 때 필요하다고 생각했다.[8] IFS의 목표는 출시 가능한 품질 코드에 늘 최대한 근접하는 것이었는데, 기존 코드 베이스의 규모를 고려할 때 이는 어려운 목표였다.

이 프로젝트에 참여하는 동안 나는 진행 상황을 측정할 수 있는 간단한 지표를 고안했는데 바로 '꼬리 줄이기'였다. 폭포수 프로젝트에서는 새로운 기능을 더는 개발하지 않는 '코드 프리즈'라는 기간이 자주 있었다. 코드 프리즈 이후에는 버그 수정, 통합 테스트, 문서화, 배포를 위한 운영 준비가 이루어진다. 1년짜리 프로젝트의 경우 코드 프리즈에서 출시까지 걸리는 시간은 짧게는 몇 달이 걸리거나 더 길어질 수도 있다. 애자일 팀의 목표는 이 기간을 거의 0에 가깝게 단축하는 것이다.

IFS에서는 '꼬리 시간'이 줄어들면서 이점이 분명해졌다. 품질이 개선되고 사기가 오르고 협업이 증가했다. 회사의 성공을 가늠할 수 있는 한 가지 일이 일어났다. 전환 후 약 넉 달이 지났을 때 마케팅 관리자가 엔지니어링 부사장에게 긴급한 개선 요청을 한 것이다. 제품 팀은 임시로 소규모 팀을 구성하여 대응했고 새로운 기능을 신속하게 배포했다. 애자일 개발이 도입되기 전에는 이러한 유형의 대응이 드물었

---

7 우리는 이 접근 방식을 여러 프로젝트에 사용했다.

8 애자일 접근 방식을 특정 상황에 맞게 조정하는 이 과정은 지속적인 성공을 위해 필수이다. 즉, 애자일 접근법을 적용하려면 개별 방법과 그러한 방법들 간의 상호 작용을 모두 이해하는 조시와 같은 전문가가 있어야 적용을 지원할 수 있다. 특히 상호 작용을 이해하는 것이 중요하다.

기 때문에 마케팅 관리자는 박수를 보냈다.

사익스와 IFS에서 애자일을 구현하는 방식은 상당히 달랐다. 전자의 변화 접근 방식은 프로젝트 단위로 이루어졌고, 후자는 조직 전체에 걸쳐 이루어졌다. 어느 쪽이 옳고 어느 쪽이 틀렸나? 어느 쪽이 다른 쪽보다 더 나은 방법이었을까? 답은 명확하지 않다. 성공 여부는 리더십, 조직, 신뢰, 기술력, 협업, 위험, 불확실성 등에 따라 달라진다. 우리는 양자택일의 사고방식보다는 둘 다 포용하는 관점에 더 잘 적응해야 한다. 즉, 나는 사익스에서의 성공을 IFS에서의 성과보다 조금 더 높게 평가하고 싶은데, 이는 전반적인 전략 때문이 아니라 이러한 모든 요소 때문이다. 애자일 원칙을 조직 전체에 구현하는 것이 목표인 경우, 결정적인 성공 요인은 이 두 가지 전술 중 어떤 것을 사용하느냐가 아니라 경영진과 경영진의 리더십이다.

이 장에서 설명한 IFS 참여와 다른 고객 경험을 통해 조시와 나는 많은 것을 배웠다. 첫째, 조직 차원의 전환과 팀 차원의 전환이 다르다는 것은 알고 있었지만 어떻게 다른지 알게 되었다. 리더십이 훨씬 더 중요했다. 리더와 팀 모두 참여하는 것 외에도 방법론과 사고방식을 이해해야 했다. 합리적인 비용으로 모든 조직 수준에서 교육하고 코칭하는 방법을 배워야 했다. 경영진은 합리적인(또는 불합리한) 시간 내에 가치를 입증하기를 원했기 때문에 기대치를 설정하고 관리하는 데 더 익숙해져야 했다. 우리는 장애물과 장벽의 차이를 배웠다(차이나 텔레콤 사례 참고). 성공의 척도 변경은 필요하면서도 어려운 일이라는 것을 배웠다. 한 번의 참여를 통해 배운 것은 다음 참여에 적용했다.

SSS

IFS의 이야기와 마찬가지로 SSS에서의 배리 이야기에는 이 기간 동안 겪은 일반적인 상황을 보여 주는 여러 업무 요소가 포함되어 있다. 내가 2008년 배리를 만났을 때, 그는 미국 남동부에 위치한 한 중간 규모 소프트웨어 회사의 소프트웨어 개발 이사였다. 처음 만났을 때부터 그의 강렬함을 느낄 수 있었다. 그의 비즈니스, 조직, 고민에 대해 이야기를 나누면서 두 가지 주요 주제가 떠올랐다. 그는 고객에 대한 응답이 늦어지는 것에 대해 걱정하고 있었고, 회사 소프트웨어의 품질에 대해 우려하고 있었다.

당시 많은 소프트웨어 회사가 그러했듯이 SSS의 제품은 1년 주기로 출시되었다. 중요한 고객 요청을 처리하기 위해 일반적인 출시 주기 외에 새로운 기능을 구현할 수 있는 별도의 개선 및 유지 보수 그룹을 운영했지만, 이러한 파편화된 운영으로 인해 여러 코드 스트림이 발생하여 품질 문제가 증가했다.

"러닝머신을 타고 빙글빙글 돌고 있는 기분입니다."라고 배리는 말했다. "우리는 출시가 끝날 때까지 항상 서두르기 때문에 테스트할 시간이 충분하지 않습니다. 코드 프리즈 전 마지막 한 달여 동안 개발자들이 새로운 기능을 코드 베이스에 적용하기 위해 서두르면서 품질에 대한 관심이 점점 줄어들고 있습니다. 이제 다양한 유형의 테스트와 통합이 출시 주기의 거의 절반을 차지합니다. 출시 마지막 4개월 동안에는 새로운 기능이 추가되지 않는데요. 긴급한 상황이 아니라면요. 그런데 당연히 그 많은 시간 동안 제품 관리자는 긴급한 상황에 늘 직면하게 됩니다."

개발자들은 끊임없이 스트레스를 받았고 수렁에서 빠져나올 길이 보이지 않았다. 개발자들은 양질의 코드를 만들어 내고 싶었지만 시간 압박이 너무 크다고 느꼈다. "애자일이라는 이름 정도만 알고 있습니다." 개발자인 낸시가 한 말이다. 낸시의 생각은 다른 여러 직원의 생각과 비슷했다. "지금보다 나은 방법이라면 무엇이든 시도해 볼 의향이 있습니다!"

성공적인 애자일 전환을 위한 완벽한 시나리오처럼 보였지만 실제로는 그렇지 않았다. 구축 팀은 어려움을 겪었는데 다음 해에 간신히 부분적으로 전환했다. 애자일 방식을 구현하고, 2주 단위로 반복 작업을 하고, 개발자 단위 테스트를 시작하고, 매일 스탠드업을 연습하고, 제품 관리자를 반복 계획 회의에 참여시켰다. 한동안은 구현이 순조롭게 진행되는 듯 보였다.

하지만 경영진은 기회를 놓쳤다. 예를 들어 경영진은 지휘-통제 성향으로 잘 알려진 관리자를 애자일 챔피언으로 임명해 변화를 감독하게 했다. 이사를 포함한 관리자들은 적응형 관리 스타일로 전환하지 않았다. 그들은 계속해서 전통적인 방식으로 진행 상황을 측정하고, 희망 사항에 기반한 계획과 마이크로 관리를 계속했다. 다시 말해 경영진은 전환을 지원했지만 자신들은 애자일 방식을 수용하지 않았다.

조시와 함께 대규모 애자일 혁신 작업을 진행하면서 우리의 조직 변화 스킬을 개선해야 한다는 사실을 깨달았다.

애자일 프로젝트 관리

용기 있는 경영진에 의해 애자일 구현이 전사로 확대되면서 프로젝트 관리의 중요성이 커졌다. 조시 케리옙스키와 나는 고객과 함께 익스트림 프로그래밍·애자일 프로젝트 관리를 결합한 방법론을 사용했다.

우리는 이 시기에 맴돌던 프로젝트 관리 유형에 대한 질문의 답을 찾았다. APLN에서도 이 질문에 대해 고민했고, PMI에서도 애자일 프로젝트 관리에 대해 주목하기 시작했다. 2004년에 출간된 내 책《APM》초판에서는 유형에 대한 질문을 다루었는데 2009년에 개정판을 냈다.

다음 절에서는 주요 프로젝트 관리 주제(가치 결정, 제약 조건, 애자일 삼각형)와 한 가지 위험한 애자일 트렌드(릴리스 계획의 불행한 종말)를 다룬다. 내가 추구하던 한 가지 핵심 질문은 '변화·적응·유연성이 애자일 프로젝트의 트레이드마크이고 계획 준수가 기존 프로젝트의 트레이드마크라면, 왜 우리는 여전히 전통적인 측정 방법을 사용하여 애자일 프로젝트의 성공을 측정하는가?'였다. 팀, 제품·프로젝트 및 조직 수준에서의 성과 측정은 사고방식과 방법론을 변화시키는 데 매우 중요하다. 이 장에서는 다른 애자일 프로젝트 관리 주제도 다루지만 성과 측정이 주요 초점이다.

2006년 콘퍼런스에서 폴 영(사익스)은 내부 개발자가 마케팅 부서용으로 구축한 애플리케이션에 대한 이야기를 발표했다. 마케팅 부서는 이전 IT 경험을 바탕으로 원하는 100가지 기능 목록을 작성했다.

"좋아요." 폴이 말했다. "가장 중요한 상위 세 가지 기능은 무엇이죠?"

"100개가 정말 모두 필요합니다." 마케팅 관리자가 대답했다.

"이해합니다. 모든 기능을 제공할 것이지만, 초기 반복에서는 가치가 가장 높은 세 가지 기능을 먼저 제공하고, 그 후에 목록을 순차적으로 처리하겠습니다."

첫 번째 구축이 완료된 뒤 폴이 다시 질문했다. "다음 상위 세 가지는 무엇인가요?"

마케팅 관리자는 이 과정을 완전히 이해하지 못한 것처럼 보였다. 그는 다시 나머지 97개 기능을 모두 요청했다.

"약속한 대로 우리는 모두 구현할 것입니다. 지금은 그다음 세 가지가 필요합니다." 폴이 말했다.

이 과정은 반복마다 진행되었으며 약 20개의 기능이 구현될 때까지 지속되었다. 폴이 '다음 상위 세 가지'라는 질문을 다시 던졌다.

마케팅 관리자가 제안했다. "지금까지 제공한 기능들은 가치가 있고 이미 잘 사용 중입니다. 그래서 프로젝트를 일시 중단하고 지금까지 제공한 기능의 사용법을 제대로 배우려고 합니다. 나머지 80개의 기능은 있으면 좋은 기능이지만 필요하지 않을 수도 있습니다."

폴이 청중에게 말했듯이 팀이 전통적인 폭포수 방식을 사용했다면 100가지 기능을 모두 문서화해 제공했을 것이다. "아마 돈으로 모닥불을 피웠을지도 모릅니다. 애자일로 전환함으로써 얻을 수 있는 가장 큰 이점은 바로 필요 없는 일을 하지 않아도 된다는 점입니다!"

폴의 이야기는 가치와 비용의 관계에 대한 내 생각을 자극했다. 가치 포착을 살펴볼 때 애자일 관리자는 프로젝트에서 발생한 누적 가치와 누적 비용을 검토해야 한다. 그런 다음 '계획된 비용의 100%에 계획된 가치의 100%를 원하는가, 아니면 70%의 비용을 사용하여 90%의 가치에서 멈추는 것이 더 나은가?' 같은 질문을 던질 수 있다. 애자일 개발은 가치가 가장 높은 기능을 조기에 제공하기 때문에 이러한 유형의 관리 방식 절충이 합리적이고 심지어 필수적인 것이 되었다. 이러한 가치 관점은 포트폴리오 관리에 대한 생각에도 변화를 가져왔다. 한 프로젝트에서 별로 중요하지 않은 기능을 마지막 10%에서 20%까지 개발하면 다음 프로젝트에서 더 높은 가치를 얻는 것이 지연될

수 있다. 분명히 관리자는 개발 비용뿐 아니라 기회 비용도 평가해야
한다.

CIO 포럼 프레젠테이션에서 70% 비용으로 90% 가치를 이룬 차트를
보여 주자 한 참가자는 "프로젝트 관리자에게 가치가 낮은 기능을 삭
제하고 조기에 완료한 것에 대해 보상해야 할까요? 아닐 것 같지만 그
래야 할지도 모르겠습니다."라고 말했다.

2010년에 나는 고객과 상담도 하고 다른 고객과 함께 일하고 있는
팀을 만날 겸 런던에 있는 소트웍스 사무실에 방문했다. 그들의 프로
젝트에 대해 설명을 들은 후 나는 질문했다. "여러분 회사의 관점에서
볼 때 이 프로젝트는 참여 관점에서 성공적인가요? 고객의 관점은 어
떻습니까?"

"고객은 지금까지 진행 상황에 만족하는 것 같습니다."라는 답변이
돌아왔다.

"고객의 가장 큰 관심사는 무엇인가요?" 나는 이어서 질문했다.

"속도입니다." 팀원들이 바로 대답했다.

"그럼 그 외에 보고하는 다른 메트릭은 무엇이 있나요?" 내가 물었다.

"전혀 없고 속도만 보고합니다."

속도[9]는 성공의 척도가 아니다. 팀의 역량 계획에는 도움이 될 수 있
지만 비생산적인 성과 지표가 될 수 있다. 벽에 걸린 팀의 스토리 카드
를 보면서 예상 스토리 포인트 외에도 고객의 제품 리더와 논의하여
가치 점수(상대적인 1~5점 평가)를 매겨 보라고 제안했다. 각 반복이
끝날 때마다 35개의 가치 포인트를 전달하고 25개의 스토리 포인트를
소비했다고 보고할 수 있었다. 몇 달 후 후속 조치를 취했을 때 고객이

---

9   속도는 기간당 스토리 포인트를 측정한다. 스토리 포인트는 결과물의 상대적인 규모(노력)를 나
     타낸다.

가치 포인트에 대한 아이디어를 좋아하고 더는 속도에 대한 불만을 거의 제기하지 않는다고 보고했다. 때로는 성과 측정 항목의 간단한 변경이 큰 효과를 가져올 수 있다.

기존 프로젝트에서는 프로젝트 우선순위를 정하기 위해 포트폴리오 관리 그룹에서 시작하여 프로젝트 비용과 이익을 계산하는 데 상당한 시간이 소요되었다. 이러한 계산은 미래의 확실성에 대한 불안정한 가정을 기반으로 하는 경우가 많았다. 스토리 포인트에 기반한 계획의 한 가지 장점은 절대적이지 않고 상대적이라는 점이다. 미래가 불확실하다면 왜 금방 쓸모없어지고 시간이 많이 걸리는 계산에 신경을 쓸까? 이익 또는 가치 결정에도 같은 질문이 적용되지 않을까? 런던 팀의 가치 포인트 사용과 마찬가지로, 대부분의 경우 절대적인 숫자보다 훨씬 더 유용할 수 있으며 최소한의 노력만 들이면 된다.

6장에서는 품질의 수렁을 규명했고 이번 장에서는 가치에 대해서도 동일한 작업을 수행했다. 이제 애자일 삼각형의 마지막 코너인 '제약'에 대해 다룰 차례이다.

제약 조건은 적응형 작업의 범위가 미리 정해진 한계를 초과하지 않도록 하는 가드레일이자 이정표이다. 제약 조건은 개발 팀에 의사 결정의 한계를 제공한다. 또한 제약 조건은 혁신을 촉발한다.

휴가 중 샌디에이고에 있는 민게이 국제 박물관(Mingei International Museum)을 방문했다. 박물관 관장의 안내를 받으며 1930년대 중반 산토 도밍고 푸에블로(뉴멕시코) 목걸이를 구경하고 있었다. 박물관 관장은 말했다. "이 목걸이의 흥미로운 점은 산호도 아니고 흑요석도 아닌 검은색으로 녹아내린 오래된 축음기 레코드판이라는 점입니다. 대공황 당시 아메리카 원주민 예술가들은 재료 부족이라는 제약이 있었습니다. 누구나 창의성과 혁신은 자유에서 비롯된다고 생각합니다. 하지만 예술계에서는 오히려 제약에 의해 주도되는 경우가 많습니다."

프로젝트 관리의 제약 조건은 범위, 일정, 비용으로 기존 프로젝트 관리의 '철의 삼각형(Iron Triangle)'을 구성하는 요소이다. 이 중 일정이 가장 많이 남용되어 왔다. 품질과 마찬가지로 시간도 생각보다 복잡하다.

마감 시한은 소프트웨어 개발 프로젝트에서 지속적으로 다뤄져 온 주제이다. 그러나 어느 시간을 말하는 것일까? '늦다'는 어떻게 정의되는 걸까? 시간이 가장 중요한 관리 지표일까? 계획된 시간과 실제 시간, 경과된 시간, 벤치마크 성능, 주기 시간 등 몇 가지 시간 주제를 생각해 볼 수 있다. 마지막으로 시간을 목표 또는 제약 조건으로 어떻게 사용해야 할까?

프로젝트 관리자는 계획된 시간 대 실제 시간을 강조한다. 계획을 세우는 것은 좋은 일이지만 계획을 세우지 않는 것은 나쁜 일이다. 모호한 요구 사항(모든 요구 사항이 모호함), 일관성 없는 추정, 미래의 불확실성, 정치 및 기타 무수히 많은 요인으로 인해 계획된 시간과 실제 시간을 비교하는 것은 복잡한 주제임이 분명하다. 안타깝게도 계획은 예상보다 정치적인 요소가 더 많이 작용하는 경우가 많은데, 이를 희망사항 기반 계획이라고 한다. 납기일을 놓치는 것은 아마도 경영진과 소프트웨어 개발 팀 간의 불만과 신뢰 상실의 가장 큰 원인일 것이다.

시간에 대한 두 번째 관점은 프로젝트 시작부터 종료까지 경과된 시간이다. 관리자가 "프로젝트가 늦어지고 있다."라고 불평하는 것은 계획된 날짜와 상관없이 프로젝트가 너무 오래 걸린다는 의미일 수 있다. 불만은 시간이 지남에 따라 증가한다. 예를 들어 2년으로 계획된 프로젝트가 일정대로 진행되고 있더라도 전체 소요 시간 때문에 부정적으로 인식되는 경우가 많다. 이에 비해 3~6개월 내에 결과를 도출하는 프로젝트는 계획과 관계없이 성공적인 것으로 간주될 수 있다. 프로젝트 납품 시간을 단축하면 그 자체로 성공에 대한 인식이 개선될 수 있다.

벤치마킹은 '어떻게 비교할 것인가?'와 같이 시간에 대한 또 다른 관점을 제공한다. 업계 표준과 비교했을 때 평균 이상의 일정 성과를 냈음에도 계획과 실제를 비교하여 프로젝트 실패로 간주하는 것을 보았다. 제품 팀이 업계 또는 내부 규범에 따라 불합리한 일정을 받는 경우, 일정에 대한 책임은 누가 져야 할까?

지속적 배포 기술은 일정 시간과 주기 시간 중 어느 것이 더 중요한지 고민하게 만든다. 하지만 어떤 주기 시간이 중요할까? 배포 빈도(일, 주, 하루 x회), 기능 주기 시간(백로그에서 배포까지) 또는 프로젝트 주기 시간(시작부터 종료까지) 등 모두가 중요한 역할을 한다.

초기 작업에서 나는 "타임박싱은 시간이 아니라 어려운 결정을 내리는 것이다."라고 자주 말하곤 했다. 짧은 반복 작업과 짧은 프로젝트에서는 어려운 결정을 내려야 하는 상황이 자주 발생한다.

시간이 제약으로 작용하면 어려운 결정을 내릴 수밖에 없다. 폭포수 방법론은 문제를 미뤄 결국 폭포 맨 아래에 있는 불쌍한 사람들, 즉 테스터들에게 큰 문제들이 쌓이는 경향이 자주 있었다. 폭포수 앞 단계에 참여한 직원들은 문서가 완료되었다고 선언하여 '일정을 지킨다.' 그래서 일정의 '끝'에 가까워질수록 테스트에 할당된 시간은 6개월에서 3주로 줄어들었다. 요구 사항 문서가 완료된 것처럼 속일 수는 있지만 테스트되어 동작하는 코드를 가짜로 만들 수는 없다.

《APM》 2판을 집필할 때 내 주요 목표 중 하나는 성과 측정 문제를 논의하고 전통적인 프로젝트 관리에서 사용되는 철의 삼각형을 대체하는 애자일 삼각형(그림 7.1)을 소개하는 것이었다. 애자일 팀들이 "경영진은 우리가 민첩하고 적응력이 뛰어나기를 원하지만 우리는 프로젝트의 계획된 범위, 일정, 비용 목표도 준수해야 한다."라고 불평하는 것을 들었다. 경영진은 민첩성을 원하지만 전통적인 성과 측정 방법을 원했던 것 같다. 적응과 유연성이 애자일 프로젝트의 특징이고 계획 준수가 기존 프로젝트의 특징이라면, 왜 우리는 여전히 기존과 동일한 프레임워크를 사용하여 애자일 프로젝트의 성공을 측정할까? 애자일 리더가 최소한의 변화로 계획을 따르기보다 불가피한 변화에 성공적으로 적응하는 데 초점을 맞춘다면 범위, 일정, 비용 계획을 철저히 준수하여 성공을 측정하는 방식은 제 기능을 발휘하지 못할 것이다. 그래서 그림 7.1과 같이 애자일 삼각형을 만들었다. 각 항목은 다음과 같다.

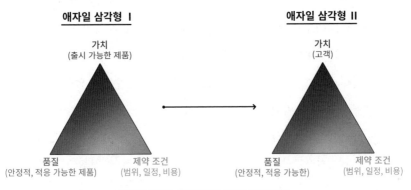

그림 7.1 애자일 삼각형 I에서 애자일 삼각형 II로

- 가치 목표: 고객에게 가치 있는 제품 제공
- 품질 목표: 안정적이고 적응력이 뛰어난 제품 구축
- 제약 조건 목표: 허용 가능한 제약 조건 내에서 가치와 품질 달성

2009년《APM》개정판이 출간된 이후 나는 기업의 디지털 트랜스포메이션을 진행하면서 애자일 삼각형을 몇 가지 수정했다. 첫째, '출시 가능한 제품'이라는 설명적인 문구를 '고객'으로 바꾸고, 둘째, '안정적이고 적응 가능한 제품'이라는 문구에서 '제품'을 삭제했다. 이러한 사소한 변화를 통해 제품, 서비스, 프로젝트뿐 아니라 조직 단위까지 적용 범위를 넓힐 수 있다고 생각한다. 모든 종류의 이니셔티브(8장에서는 린 가치 트리의 실행 수준에서 '이니셔티브'를 사용함)는 정해진 경계(제약) 내에서 고객 가치와 품질(지속 가능성)에 미치는 영향에 따라 평가할 수 있다.

성공을 측정하는 것은 까다롭다. 1990년대에 수십억 달러가 투입된 모토로라의 불운한 위성 기반 이리듐 프로젝트는 시장에서 큰 실패를 맛보았다. 한편 예산과 일정을 심각하게 초과한 상태에서 초기 전문가들로부터 2억 달러의 대실패로 여겨진 영화 〈타이타닉〉은 세계적으로 10억 달러 이상의 수익을 창출한 첫 번째 영화였다. 철의 삼각형 프로젝트 관리의 성공 측정 기준인 범위, 비용, 일정 측면에서 보면 〈타이타닉〉은 실패로 여겨질 수 있다. 어떤 분야에서 이리듐은 원래의 사양을 비용과 일정 계획 내에서 충족시켰기 때문에 성공으로 여겨졌다. 애자일 삼각형을 사용하면 타이타닉 프로젝트는 성공으로 간주될 수 있다. 제약 조건을 초과하기는 했지만 가치를 전달했기 때문이다. 그러나 이리듐 프로젝트는 전통적인 프로젝트 측정에 따르면 성공했지

만, 가치를 전달하지 못했기 때문에 실패로 여겨질 수 있다.

이리듐 프로젝트에서는 철의 삼각형 성공 측정 방식이 책임 체계를 엉망으로 만들었다. 엔지니어들은 "당신이 우리에게 만들라고 한 것을 만들었습니다."라고 말할 수 있었지만, 제품 관리자들은 "하지만 지금 필요한 것은 그게 아니에요. 2년 전에 필요했던 걸 이제 제공하다니요."라고 불평했다. 이 문제를 더 강조하는 게 다음 인용문인데, 이는 커터 컨소시엄의 동료 헬렌 픽스타의 인용문이다. 이 인용문 때문에 나는 늘 놀랐는데 불행하게도 이 내용은 전통적인 IT 조직에서 일상적인 관행이었다.

> 최근에 동료 CIO에게 프로젝트가 다소 늦어지고 예산이 초과되었지만 비즈니스 이점이 풍부한 프로젝트를 제공하는 것과 정시에 예산 범위 내에서 하지만 비즈니스에 도움이 되지 않는 프로젝트를 제공하는 것 중 어느 쪽이 더 나은지 물어보았다. 그는 어려운 결정이라고 생각한 후 납기일을 어기지 않는 납품 시나리오를 선택했다. 정해진 납기일에 예산 범위 내에서 제공하는 것은 그의 IT 부서 성과 지표의 일부이다. 어차피 자신이 거의 통제할 수 없다고 생각했던 이해하기 어려운 비즈니스 가치를 쫓는 것은 그의 성과 지표가 아니다.

성공 측정에 대한 내 생각에 큰 영향을 준 사람은 측정에 대해 전혀 다른 관점을 제공한 내 친구이자 동료인 롭 오스틴이다. '대부분의 측정 시스템은 실패할 운명'이란 말은 롭의 저서 《Measuring and Managing Performance in Organizations》[Austin, 1996]의 핵심을 설명한다. 롭은 웨스턴 온타리오 대학교 리처드 아이비 경영 대학원 교수이며, 전에는 하버드 경영 대학원 부교수로 재직했다.

애자일 개발로 성공하려면 성공의 척도를 바꿔야 한다.

롭의 조직 성과 모델은 수많은 측정 프로그램이 실패하는 이유를 예측한다. 그는 경제 이론을 바탕으로 특히 지식 업무에서 측정을 통한 동기 부여의 어려움을 설명하는 설득력 있는 모델을 구축한다. 그는 특정 결과를 얻기 위해 무언가를 측정했는데 그 측정이 정반대 반응을 일으키는 것을 측정의 역기능으로 정의한다. 롭의 사례에서 알 수 있듯이 복잡한 상황에서 단순한 측정에 의존하는 것은 거의 항상 역기능으로 이어진다.

제약 조건은 여전히 중요한 프로젝트 수단이지만 프로젝트 목표는 아니다. 가치가 목표이며 고객 가치를 높이기 위해 프로젝트가 진행됨에 따라 제약 조건을 조정해야 할 수도 있다. 일정이 여전히 고정된 제약 조건이라면, 일정 제약 조건 내에서 제공할 수 있도록 가치를 조정한다. 적응력을 원한다면 이에 대한 보상을 제공해야 한다. 가치 또는 품질 목표를 달성하기 위해 제약 조건을 조정하면 조직이 이러한 요구를 충족하는 데 도움이 된다.

내가 일했던 한 조직에서는 제품 관리자의 성과를 측정하기 위해 납기일과 문서 완성도를 사용했다. 게다가 1년 단위의 제품 릴리스 주기 때문에 제품 관리자가 릴리스 2의 요구 사항을 완료하면 바로 릴리스 3으로 넘어가야 해서 개발 직원과 협업할 시간이 없었다. 애자일 구현이 성공하려면 이러한 성과 지표와 기타 성과 지표가 변경되어야 했다.

2000년대 중반에 PMI는 프로젝트 관리에 대한 전통적인 접근 방식을 대변했다. 애자일 프로젝트 관리의 인기가 높아지면서 나는 미국 전역의 PMI 지부에서 강연을 했다. 나는 철의 삼각형과 관련된 표준 질문

모음을 가지고 있었다. 철의 삼각형은 세 가지 구성 요소 간의 상충 관계를 설명하기 위한 것이지만, '철'이라는 이름조차도 이러한 해석과 모순되어 관리자가 세 가지 요소를 모두 고정된 것으로 간주하게 한다.

내가 다음과 같이 물었다고 하자. "성격이 서로 다른 프로젝트들을 하고 있나요? 예를 들어 쉽게 정의할 수 있는 순차적인 작업이 필요한 사무실 이전 프로젝트를 하면서 혁신이 가장 중요한 인공 지능 프로젝트를 한다든지요."

"물론이죠."라고 대답할 것이다.

나는 다음 질문을 할 것이다. "서로 아주 다른 종류의 프로젝트인가요?"

"그렇죠."

"그리고 성공을 측정하기 위해 동일하게 범위, 일정, 비용을 사용하나요?" 그러면 상대방이 뭔가 깨닫는 모습을 볼 수 있을 것이다. 대답은 여전히 "예"겠지만 훨씬 더 망설이는 "예"일 것이다. 그들은 자신들을 곤경에 빠뜨린 수수께끼를 알게 된다. 범위는 목적이 아니라 제약 조건이다.

새로운 의사를 최근에 방문했을 때 일이다. 나는 고개를 숙이고 노트북을 두드리는 의사의 정수리에 대고 많은 시간을 이야기했다. 얼마 전까지만 해도 의사들이 키보드로 데이터를 입력하는 것이 자신에게 어울리지 않는 일이라고 느끼던 시절을 기억하나? 최초의 의사-환자 애플리케이션과 상호 작용을 구축하려고 했던 불쌍한 소프트웨어 개발자들을 생각해 보라. 범위, 일정, 비용이 주요 성과 목표였을 것이라고 생각하나?

이 두 번째 애자일 시대에는 애자일 프로젝트 관리, 프로젝트 관리자의 필요성 여부 및 기타 주제에 대해 상당한 논의가 있었다. 성숙한 애자일 조직은 프로젝트 관리가 전과 마찬가지로 효과적인 팀의 중요한 측면이라는 점을 깨달았고, 애자일 스타일의 프로젝트 관리에 집중해야 함을 알았다. 이들은 훌륭한 프로젝트 관리자가 거버넌스, 조직, 성과 측정 및 프로세스와 같은 영역에서 애자일 팀과 경영진 사이의 가교 역할을 할 수 있기 때문에 대규모 혁신의 효과적인 촉매제가 될 수 있다는 사실을 깨달았다.

팻 리드와 나는 다른 사람들과 함께 PMI 회원들이 애자일 지식과 기술을 갖출 수 있도록 PMI의 애자일 실천 공동체(community of practice)[10]를 출범하는 데 힘을 썼다.

소트웍스는 시카고에서 열린 2009년 애자일 얼라이언스 콘퍼런스에서 실천 공동체 발족 파티를 주최했다. PMI는 이 실천 공동체를 바탕으로 애자일 프로젝트 관리 인증 프로그램을 개발했다(2011년). 2012년 PMI는 이 인증 프로그램을 출시했으며, 첫해에 약 3000명의 자격증 소지자가 배출되었다. 현재 PMI는 4가지 애자일 프로젝트 관리 자격증을 제공하고 있으며, 2021년에 발표된 PMBoK 7판에는 중요한 애자일 내용이 포함되었다.

프로젝트 관리의 전통적인 철의 삼각형을 대체하기 위해 애자일 삼각형을 도입한 것은 IFS 및 차이나 텔레콤(곧 살펴볼) 같은 대규모 애자일 혁신에 접근할 때 중요한 의미가 있었다.

초기부터 애자일 방법론에 대한 내 우려 중 하나는 전통적인 계획의 문제점에 대한 과잉 반응이었다. 전통주의자들이 지나치게 상세하고

---

10 (옮긴이) 구성원들이 일정 기간 동안 공통 현안에 대하여 함께 토의하고 지식을 공유하며 학습하고 문제 해결을 논의하는 모임을 의미한다.

결정론적인 계획에 얽매여 있는 동안 많은 애자일리스트가 계획에 대해 완전히 잊어버렸다.

애자일은 미시적인 단기 성과에 매몰됐다.

2004년에 《APM》을 썼을 당시 나는 애자일 팀이 1~2주마다 스토리를 전달하는 데 너무 집중하다 보니 장기적인 제품 및 기술 목표가 뒷전으로 밀려나고 있다고 우려했다. 《APM》에서는 프로젝트 또는 제품에 대한 목표, 제약 조건, 가이드라인을 제시하는 출시 계획에 전체 장을 할애했다. 나는 최근 마이크 콘[11]에게 그가 함께 일하고 있는 팀·조직 중 (2022년에) 출시 계획을 수행한 팀·조직이 몇 개나 되는지 물어보았다. 그의 대답은 "거의 없어요."였다. 그는 주간, 일간, 시간별 기능 제공에 너무 집중하는 것이 해로운 추세라는 데 동의했다.

기존 경영진의 과잉 계획이 과소 계획이라는 애자일 대응을 불러왔다고 주장할 수도 있다. '계획'과 '프로젝트 관리'라는 단어 자체가 애자일리스트에게는 혐오스러운 단어가 되었다. 그러나 많은 사람이 이러한 용어를 재정의하기보다 포기하는 편을 선호했다. 애자일 계획은 가치와 목표라는 결과 지향적이어야 한다. 에일리어스 시스템스에 대해 공유했던 이야기를 기억하나? 우리는 실시간 피드백을 기반으로 출시 계획과 반복 계획 결과를 조정했다. 이 팀은 2주 단위 반복 작업을 수행했지만 제품 비전, 기능 우선순위, 시간 제약을 항상 염두에 두었다. 단기 목표와 장기 목표를 동시에 유지하면서 두 목표 간의 균형을 유지했다.

개인과 팀은 짧은 반복 작업에 너무 자주 집중해 큰 그림을 잊어버

---

11 마이크 콘은 「애자일 선언」 발표 이후 애자일 분야에 특별한 공헌을 한 또 다른 선구자이다.

린다. 그들은 '계획'이라는 단어를 너무 싫어해서 프로젝트나 제품에 대한 전반적인 가치 제안인 미래를 포기한다. 이것이 바로 내가 '추측'과 '구상'이라는 용어를 좋아하는 이유이다. 이 용어는 규범적인 계획이 아니라 목적의식, 방향을 팀에 전달한다.

지속적 통합과 지속적 배포라는 데브옵스 관행은 비즈니스에 상당한 이점과 가치를 제공했지만, 단점은 마이크로 포커싱의 원인이 된다는 것이다. 개발자가 하루에 10번 새로운 기능을 제공할 수 있다면, 다음 질문은 과연 그렇게 해야 하는가이다.

출시 계획이 없는 팀은 출시 계획이 제공하는 전체적인 주제와 맥락을 잘 몰라 반복 계획에서 불안정한 움직임을 보이는 경우가 많다. 이러한 움직임을 반복에서 떼어 내는 것이 항상 쉽지는 않지만 제품 책임자, 프로젝트 관리자, 반복 관리자, 팀이 배양해야 할 기술이다.

조직 변화

별동대 시대에서 용기 있는 경영진 시대로 넘어가면서 애자일리스트는 또 다른 기술, 즉 조직 변화 관리 기술을 습득하거나 개선해야 했다. 소규모 팀에서 애자일 개발을 사용하는 데 필요한 실천 방법보다는 기업 전체가 애자일을 수용하도록 하는 데 필요한 실천 방법이 훨씬 더 복잡하다. 위에서 아래로 구현할까, 아니면 아래에서 위로 구현할까? 몇 개 팀으로 시작해서 그들의 경험을 다른 팀에 전파시킬까, 아니면 모든 사람에게 동일한 교육이나 경험을 단기 속성으로 제공(sheep-dip)[12]할까? 애자일을 조직 구조의 위(상위 계층)나 옆(다른 부서,

---

12 1980년대에 만들어진 용어로, 모든 사람을 한두 번의 워크숍에 '담그고(dip)' 이제 '구조화'되었다고 선언하는 데 적용되었는데, 애자일 시대의 스크럼 숙련자가 되기 위한 이틀간의 '단기 속성 과정'과 비슷하다. (옮긴이) 이 낱말의 원래 의미는 양의 몸에 있는 해충과 병균을 제거하기 위해 살충제와 살균제가 함유된 물에 양을 담그는 것이다.

다른 부문)으로 확장하는 전략은 어떻게 될까? 어떻게 하면 애자일한 태도와 실행 방식을 모두 심어 줄 수 있을까? 어떤 변화 모델과 접근법을 사용해야 할까?

대부분의 초기 애자일리스트에게 변화 관리는 기술 목록의 중간 정도에 있었고 나 역시 마찬가지였다. 나와 동료들은 변화 관리 분야의 전문가가 아니었기 때문에 다른 사람들의 이야기를 읽고, 이전 경험을 바탕으로 작업하며 어려움을 헤쳐 나갔다. 나는 고객과의 변화 관리에 두 가지 접근 방식을 조합하여 사용했다.

제리 와인버그는 변화 관리를 연구한 초기 사상가였다. 1990년대 중반 컨설턴트 캠프 워크숍에서 그는 그림 7.2에 표시된 버지니아 사티어의 변화 모델을 그룹에 소개했다.[Smith, 2000] 나는 이 모델이 몇 가지 핵심 사항을 강조한다는 점에서 마음에 들었다.

- 상황이 나아지기 전에 더 나빠질 수 있다(특히 변화가 만병통치약으로 선전되었다면 경영진이 이를 깨닫기 어렵다).
- 너무 불편해지면 사람들은 변화를 포기할 수 있다.
- 현재 성과에서 더 나은 성과로 가는 길은 험난하다.
- 성공적인 전환을 위해서는 시간과 비용 모두에 대한 투자가 필요하다.
- 두려움과 저항을 극복하기 위해서는 신뢰와 이해가 필요하다.

어느 날 아침 조시와 나는 관리자 사무실에 들어갔다가 풍선이 날아다니는 것을 발견했다. 무슨 일이냐고 묻자 관리자는 "혼돈을 축하하는 것입니다."라고 대답했다. 변화 관리는 그 자체로 하나의 산업이 되었다. 오늘날에는 더 정교한 접근 방식이 있다고 확신하지만, 나는 사티어 모델이 유용하고 설명하기 쉽다는 것을 알았다.

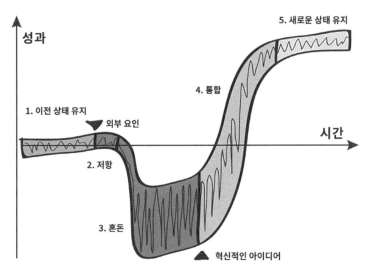

그림 7.2 사티어 변화 모델([Smith, 2000, p. 96] 각색,
저작권자: 제럴드 와인버그, 2000, 도싯 하우스의 허가를 받아 사용)

나는 새로운 방법, 방법론, 사고방식을 적용해 고객의 성과 향상을 돕기 위해 최선을 다하는 컨설턴트로서 1985년에 출간된 제리 와인버그의 저서 《컨설팅의 비밀》을 자주 참고하고 있다. 그의 조언은 책이 처음 출간된 지 거의 40년이 지난 지금도 여전히 유효하다. 인간의 행동, 특히 사고방식을 변화시키려는 사람들은 제리의 조언을 참고하면 도움이 될 것이다.

10% 이상의 개선을 약속하지 말라.[13]

대부분의 경우, 사람들이 아무리 열심히 노력해도 의미 있는 일은 일어나지 않는다.[14]

---

13 [Weinberg, 1986, p. 6.]
14 [Weinberg, 1986, p. 13.]

변화, 변화, 변화를 거듭하는 오늘날의 경쟁 속에서 우리는 때때로 우리가 사람을 상대하고 있다는 사실을 잊어버리기도 한다. 그리고 생각보다 우리는 느리게 변한다. 고객과의 협력을 시작하기 전이나 기존에 진행 중인 협력이 지지부진할 때 나는 제리의 주의 사항을 머릿속으로 되새기며 '인내심'이라는 주문을 반복한다. 애자일 태동기를 돌이켜 보면 내가 구조화 방법에서 적응형 소프트웨어 개발로 전환하는 데 5년 넘게 걸렸다. 오늘날 애자일 개발에 대한 자료와 컨설팅이 넘쳐 나므로 전환이 더 빨라져야 할 것 같지만 즉각적인 전환은 아직 요원하다.

앨리스터 코번은 거의 4세기 전 일본 노(能)극[15]에서 유래한 수파리(守破離) 학습 모델을 오늘날 애자일 커뮤니티에 소개했으며, 이를 자신의 컨설팅 업무에 광범위하게 활용하고 있다. 앨리스터의 요점은 변화를 관리하는 방법을 이해하기 전에 사람들이 학습하는 방법을 이해해야 한다는 것이었다. 사티어와 수파리는 수년간 내가 혁신 노력을 하는 데 많은 도움을 주었다.

앨리스터는 훌륭한 저자이므로 그의 글을 재구성하기보다는 그의 초기 글을 인용하겠다.[16]

> "새로운 기술을 배우고 익히는 사람들은 세 가지 상당히 다른 행동 단계를 거친다. 바로 따라 하기, 벗어나기, 마스터하기다. 따라 하기(수) 단계에 있는 사람들은 효과가 있는 한 가지 절차를 찾는다. 열 가지 절차가 효과가 있다고 해도 한 번에 열 가지를 배울 수는 없다. 우선 효과가 있는 한 가지를 먼저 배워야 한다. 그리고 그것을 모방하고 학습한다."

---

15 (옮긴이) 가마쿠라 시대 후기에 발원하여 무로마치 시대 초기에 완성된 일본의 가무극이다.
16 앨리스터 글의 원본은 *www.heartofagile.com* 사이트에서 PDF로 확인할 수 있다.

"벗어나기 또는 2단계에서 사람들은 어떤 절차의 한계를 알게 되고 그 절차가 언제 실패하는지에 대한 규칙을 찾는다. 실제로 그들은 새로운 학습의 첫 단계에 있다. 즉, 절차의 한계를 배우는 단계이다. 분리 단계의 사람은 절차를 다양한 상황에 맞게 조정하는 방법을 배운다."

"세 번째 또는 마스터하기 단계에서는 수행자가 특정 기술을 따르고 있는지 여부는 수행자에게 무의미해진다. 수행자의 지식은 수천 가지 생각과 행동을 통해 통합된다. 수행자에게 특정 절차를 따르고 있는지 물어보면 어깨를 으쓱할 가능성이 높다. 어떤 절차를 따르고 있든, 즉흥적으로 절차를 따르고 있든, 아니면 새로운 절차를 만들어 내고 있든 중요하지 않다. 수행자는 원하는 최종 효과를 이해하고 그 목표를 향해 나아갈 뿐이다."

나를 괴롭히는 한 가지 문제는 '규범적 애자일'이라는 모순으로 확인할 수 있다. 기업들은 익스트림 프로그래밍의 12가지 실천 방법이나 스크럼의 6가지 실천 방법에 집착하며 자신들이 애자일하다고 선언한다. 나는 일련의 애자일 실천 방법을 필수로 규정하는 조직의 경향을 설명하는 데는 '규범적 애자일'이라는 용어를, 반면에 애자일 실천 방법을 각 상황에 맞게 지속적으로 조정하는 것에는 '적응형 애자일'이라는 용어를 사용했다. 규범적 방법론을 사용하여 적응형 소프트웨어를 구축하는 것이 얼마나 의미가 있을까?

애자일 방식을 배우는 동안에는 애자일 방식을 처방하는 것이 합리적일 수 있지만(앨리스터의 '수' 단계), 적응형 애자일로 빨리 전환하지 않는다면(결국에는 '적응형'이라는 수식어가 필요하지 않아야 함) 전통적인 방법론을 사용하는 것이 나을 수도 있다. 조직 전체에 모험적이고 불순응적이며 적응력이 뛰어난 사람들을 흩어 놓지 않는다면 애자일을 달성할 수 없다. (사티어 모델에서) 혼돈을 받아들이고 불안을 극복할 준비가 되어 있지 않다면, 애자일을 하고 있을지는 몰라도 애자일이 되지는 않을 것이다.

엘리스터 코번은 '하트 오브 애자일(heart of agile)'이라는 용어를 사용하여 이 문제에 대해 대응했다. 이 '하트 오브 애자일'은 협력(collaborate), 전달(deliver), 성찰(reflect), 개선(improve)이라는 단 네 가지 구성 요소만 포함하고 있다. 이 '하트'는 분명히 방법론보다는 태도에 가까운 개념이다. 애자일을 받아들이기 위해서는 인내, 결심, 용기가 필요하다. 쉬운 일은 아니지만 애자일의 본질을 받아들이기 위해서는 이러한 특성이 필요하다.[17]

소프트웨어 개발

먼저 켄트 벡의 《익스트림 프로그래밍》과 내 《ASD》(역시 2000년에 출간)가 애자일 서적이 쏟아져 나오는 데 큰 영향을 미쳤다. 애자일 시대의 두 번째 10년이 지날 무렵에는 최고의 애자일 서적 100권과 최고의 스크럼 서적 100권 목록까지 발표되었다. 다른 저자들은 칸반, 지속적 통합, 데브옵스, 린, 애자일 프로젝트 관리, 애자일 확장 등을 주제로 한 책을 내서 더 많은 발전을 촉진했다. 이러한 발전들은 애자일 운동에 활력을 불어넣었다.

이 시기에 애자일 구현에 영향을 미친 다른 두 가지 요인은 기술적인 것과 조직적인 것이었다.

---

17 애자일한 사람을 정의하는 행동은 무엇인가? 9장을 계속 읽어 보라.

팀이 아닌 조직을 변화시키다 보니 어려움이 겹겹이 쌓였다. 나는 IT 부서의 분열을 알아차리기 시작했다. 한 그룹은 내부의 레거시 백오피스 시스템을 담당하고, 빠르게 성장하는 두 번째 그룹은 프런트 오피스 또는 고객 참여 애플리케이션이라고도 하는 웹 및 모바일 기기 애플리케이션을 담당했다. 전자는 모뉴멘털 방법론을 고수한 반면, 후자는 애자일 개발을 점점 더 많이 수용했다. 인터넷 그룹은 멋지고 새로운 것을 개발해야 하므로 상상하고 탐구하는 사고방식이 필요했던 반면, 내부 그룹은 업무의 80~90%를 레거시 시스템 유지 보수와 사소한 개선에 투입하는 경우가 많았기 때문에 불만이 커졌다. 전통적인 방식과 애자일 방식 간의 시장 경쟁은 기업 내부에서도 벌어졌다.

결과적으로 그룹 간 반목과 충돌이 발생했다. 인터넷 애플리케이션을 사용하려면 레거시 시스템에 접근해 업데이트해야 했다. 레거시 그룹은 인터넷 그룹으로부터 지원 요청을 받았다. 애자일 그룹은 1~2주, 레거시 그룹은 수개월에 걸친 출시 주기를 가지고 있었기 때문에 응답 시간 충돌로 인해 문제가 가중되었다. 한 조직, 두 가지 상반된 사고방식. 두 개의 대형 컨설팅 및 리서치 회사가 현 상황을 반영한 솔루션, 즉 바이모달(bimodal) 또는 투스피드(two-speed) IT를 제안했다.[18] 바이모달 IT는 문제를 해결하기는커녕 오히려 분열을 고착시켰다. 바이모달은 사실상의 구조가 된 경우가 많았지만 가장 효과적인 건 과도기적 전략으로 쓰일 경우였다.

인터넷 애플리케이션이 더욱 복잡해짐에 따라 레거시 시스템과의 통합도 복잡해졌다. 이로 인해 결국 두 그룹을 재결합하고 전체 조직

---

18 (옮긴이) 안정성 및 업무에 중점을 두는 전략과 혁신·신속한 대응·속도를 중요시하는 전략을 병행하는 걸 일컫는다.

을 위해 애자일 방식을 표준화해야 하는 고통스러운 조직 개편이 이루어졌다.

무스탕 팀, 에일리어스 시스템스, 사익스, IFS 사례에서는 기술 부채에 대한 주제를 다루었다. 애자일 전문가들이 엔터프라이즈 애자일 구현을 탐구함에 따라 부채 증가의 결과와 문제를 해결할 수 있는 옵션을 이해하는 것이 점점 더 중요해졌다. 아무리 애자일 팀이라도 높은 기술 부채에 직면하면 발전 속도가 느려진다. 해결해야 할 문제가 만만치 않기 때문이다.

기술 부채가 소프트웨어 유지 보수 능력에 미치는 치명적인 영향을 알고 있던 IT 및 제품 관리자들은 근본적인 문제와 이에 대처하는 방법을 이해하기 시작했다. 그들은 기술 부채 전략의 필요성을 인정했다. 이 장의 서두에서 성공 사례로 설명한 세일즈포스는 2000년대 중반에 빠르게 성장했지만, 이러한 성장과 기술 부채의 여파로 소프트웨어 제공 역량이 흔들리고 있었다. 애자일 배포 모델로 전환하고 기술 역량을 강화한 것이 이 회사의 성장에 원동력이 되었다.

기술 부채 문제는 소프트웨어의 무형성에서 비롯되는 필연적인 결과다. 금융 부채는 유형의 부채로, 회사의 대차 대조표에 표시된다. 금융 부채가 증가하면 기업의 자금 조달 옵션이 제한되고 혁신적인 신제품 및 서비스에 대한 투자에 영향을 미칠 수 있다. 소프트웨어 기술 부채는 좀 더 서서히 퍼지는데, 일반적으로 숨겨져 있다가 소프트웨어 유지 보수 비용이 증가하고 개발자가 신제품을 개발할 시간이 줄어들 때에만 드러나기 때문이다.

기술 부채에는 품질 저하와 노후화라는 두 가지 범주가 있다. 이 두 가지의 가장 큰 차이점은 내부적인 힘에 의해 일어나는지, 외부적인 힘에 의해 일어나는지 여부이다. 품질 저하는 시스템이 제대로 유지 보수되지 않을 때 발생한다. 노후화는 외부 변화(예: 클라이언트-서버에서 인터넷 아키텍처로의 전환)로 인해 전환 노력이 강제될 때 발생한다. 기술 부채는 또한 신제품에 대한 투자를 방해할 수 있다.

애자일 방식은 이 문제에 지속적인 가치 제공이라는 새로운 관점을 가져왔다. 새로운 시각으로 문제를 바라보되, 품질을 가치 있는 기능과 대립시키지 말라. 기술 부채 관리에 투자를 소홀히 하는 것이 기업의 가치 전달 흐름에 어떤 영향을 미치는지 설명해 보겠다.

기술 부채의 결론은 다음과 같다. 해결하는 데 비용이 많이 들지만 무시하면 훨씬 더 많은 비용이 든다. 인터넷 시대에 대응하는 IT 조직의 능력은 기술 부채로 인해 손상되었다(그림 7.3).

기술 부채

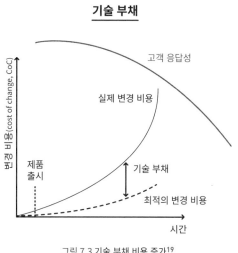

그림 7.3 기술 부채 비용 증가[19]

---

19 이 그림은 [Highsmith, 2009]에 처음 나왔다.

전 세계 소프트웨어와 컴퓨터에 영향을 미친 가장 큰 기술 부채 사건은 1999년에서 2000년으로 넘어가는 세기의 전환기에 일어났다. 이 Y2K 사건은 인터넷의 전략적 영향에 대응하는 데 집중해야 할 바로 그 시점에 IT 조직의 자원을 고갈시켰다.

노후화로 인한 기술 부채(윈도 XP를 기억하나?)는 일반적으로 많은 작업을 야기한다. 특히 전환 결정을 오래 끌었을 때 그렇다. 이러한 상황은 시스템 소프트웨어의 발전이나 하드웨어의 주요 변경으로 인해 발생하는 경우가 많다. 이러한 전환 프로젝트는 IT 부서에서 실제 비용을 인정하기를 꺼리기 때문에 대부분 과소평가되기 쉽다. 새로운 기술 아키텍처만 적용했을 뿐 기존 시스템과 똑같은 기능을 제공하기 위해 부서 전체가 2년 동안 작업해야 할 것으로 예상되는 '필수' 하드웨어 전환을 준비 중인 관리자와 이야기를 나눈 적이 있다. 그는 2년 동안 사용자 기반을 버리는 것이 아닌가 걱정했다. 그의 우려는 옳았다.

"일단 미뤄!"라는 말은 기술 부채의 가장 끔찍한 사례로 이어졌다. 내가 만난 휴스턴에 본사를 둔 한 소프트웨어 회사는 석유 산업에 엔지니어링 애플리케이션을 판매했다. 이 회사의 제품은 18개월의 '코드 프리즈' 후 최종 테스트 및 통합 기간으로 인해 출시 주기가 2년 이상으로 폭발적으로 늘어났다! 기존 시스템을 완전히 교체하는 프로젝트에 1억 달러 이상의 비용이 소요될 것으로 예상되었기 때문에 회사 관리자는 어려운 결정에 직면했다. 이 시점에서 그들의 선택은 모두 잘못된 것이었다. 또한 기술 부채 전략을 해결하지 않으면 몇 년 후 새로운 시스템도 동일한 성능 저하 문제에 직면하게 될 것이라고 경고했다.

대부분의 기업에서 기술 부채 문제를 해결하려면 점진적인 개선 전략과 지속성이 필요하다. 대기업의 다양한 소프트웨어 자산 포트폴리오를 고려할 때 특정 애플리케이션에 따라 재개발, 체계적인 리팩터링, 폐기라는 세 가지 부채 감소 전략이 모두 필요할 수 있다.

애자일 확장

조시 케리엡스키와 나는 2010년에 커터 컨소시엄을 대표해 차이나 텔레콤 컨설팅을 위해 중국을 방문했다. 한 번에 몇 명과 문제를 논의하는 평범한 컨설팅 과제를 예상했는데 60명이 넘는 청중을 만나게 되어 놀랍기도 하고 약간 당황스럽기도 했다. 10일 동안 우리는 애자일 개념과 사례를 발표하고 질문에 답하고 동시 통역사와 동행하여 비공식 토론에 참여했다. 어떤 발언에 대해(누가 언급했는지 기억나지 않는데 우리 둘 다 때때로 퉁명스럽게 얘기하기도 하기 때문이다) 중국어 통역사가 "그렇게 말할 수 없어요!"라고 대답했다. 조시와 나는 자주 교대로 발표했기 때문에 발표를 하지 않는 사람은 급하게 다음에 무엇을 말할지 고민했다.

차이나 텔레콤은 제품 개발을 위해 IBM의 페이즈 게이트(Phase-Gate) 프로세스를 도입한 대형 장비 제조 회사였다.[20] 소프트웨어 사업부는 CMM에 전념하고 있었다. 많은 애자일리스트가 CMM과 페이즈 게이트 시스템을 모두 없애는 일이 최우선 과제라고 주장할 것이다. 하지만 대규모 제조 회사에서 이러한 뿌리박힌 프로세스를 제거하는 것은 조시와 내가 맡은 업무 범위를 벗어나는 일이었다. 그래서 우리는 거버넌스에는 페이즈 게이트 시스템을, 정의 시스템에는 CMM을, 운영

---

20 페이즈 게이트 시스템은 산업 제품을 설계하고 제조하는 회사에서 흔히 볼 수 있는 모뉴멘털 방법론의 한 유형이다. 폭포수와 같은 단계(계획, 설계, 엔지니어링 도면 등)와 공식적인 관리 컨트롤 포인트인 게이트가 있다. 게이트 검토에는 흔히 많은 시간이 소요된다.

개발에는 애자일 실천 방법을 사용하여 전체 프로세스[21] 내에 애자일 소프트웨어 개발 방법론을 끼워 넣는 방법을 찾았다. 이것은 우리가 사익스에서 수행한 작업의 연장선상에 있었다. 서툴기는 했지만 효과가 있었고 소프트웨어 부서가 애자일을 도입하기에 충분했다. 대규모 애자일 혁신에서는 전투를 신중하게 선택해야 한다. 수천 명의 개발자로 구성된 소프트웨어 부서에 애자일 방식을 구현하는 것만으로도 충분히 벅찬 일이었기 때문에 조직 전체에 오랫동안 내재된 관리 시스템을 변경하는 것은 향후 단계로 계획해야 했다.

이 참여에서 우리가 배운 한 가지는 장애물과 장벽의 차이점이었다. 당시 대부분의 애자일리스트는 장벽을 극복해야 할 과제로 간주했는데 장벽의 구체적인 유형은 인식하지 못했다. 특히 다른 나라에 있는 대규모 조직에서는 차별화가 필요했다. 우리는 장애물을 애자일 구현에서 극복할 수 있는 것으로 정의했다. 우리는 장벽을 돌파하는 것이 훨씬 더 어렵고 고위 경영진의 개입이 필요하다고 생각했다.

조시와 나는 페이즈 게이트 시스템을 사용하지 않기를 바랐을까? 물론이다. 수천 명의 소프트웨어 엔지니어에게 애자일을 소개하느라 바빴을까? 물론이다. 애자일 이니셔티브를 페이즈 게이트 시스템에 맞추는 것이 당시로서는 유일하게 실현 가능한 방법이었다. 수년간 고객과 함께 일하면서 얻은 한 가지 교훈은 헛수고를 하면 두통이 생긴다는 것이다. 나는 더는 그렇게 하지 않으려고 노력한다. 대규모 애자일 혁신의 경우, 두통을 피하려면 장애물과 장벽의 차이를 이해하는 것이 중요하다.

그 출장의 하이라이트인 특별한 식사 모험은 당시 소트웍스 중국 지

---

21 《Agile Software Development Ecosystems》[Highsmith, 2002]에서 페이즈 게이트와 애자일을 다루는 접근 방식에 대해 썼다.

사의 상무 이사였던 궈샤오[22]가 준비했다. 샤오는 우리 힘으로는 절대 시켜서 맛보지 못할 중국 요리를 한가득 주문했다.

차이나 텔레콤과 IFS에서 일하면서 애자일 방식이 확장 가능하다는 것을 확인했지만, 애자일을 소규모 프로젝트에 국한하는 비판자들도 여전히 있었다. 사익스와 IFS에서 일하면서 애자일이 중견 기업 및 프로젝트에까지 확장되는 모습을 목격했다. 이제 대규모 조직으로의 도전이 시작되었다. 2011년 애자일 경영진 포럼에서 나는 약 2만 명의 엔지니어를 보유한 중국의 소프트웨어 엔지니어링 담당 부사장과 이야기를 나누었다.

"작년에 애자일 프로젝트가 몇 개나 있었나요?" 내가 물었다.

"세 개요." 그가 대답했다.

"올해는 몇 개나 착수하고 싶나요?"

"200개쯤이요."

너무 놀라서 대화를 끝내기가 어려웠다. 내가 모르는 것을 그가 알고 있었을 수도 있지만, 애자일 프로젝트를 1년 만에 3개에서 200개로 늘리는 것은 내 경험상 불가능한 일이었다. 모든 주요 변화 이니셔티브와 마찬가지로 너무 빠르게 진행하는 것과 너무 느리게 진행하는 것 사이에서 균형을 잡기는 어렵고 올바른 접근 방식은 조직마다 크게 다르다. IT 경영진에게 애자일 방식을 구현하는 데 드는 현실적인 비용과 시간을 설득하는 것은 어려운 일이었다. 그들은 또 다른 형태의 희망 사항 기반 계획인 희망 사항 기반 애자일 구현을 자주 채택했기 때문이다. IFS와 사익스 같은 몇몇 기업은 이러한 도전 과제와 비용을 모

---

22 (옮긴이) 이후 소트웍스 CEO를 역임했고 2024년 5월 사임했다(출처: *https://www.thoughtworks. com/about-us/news/2024/twks-ceo-guo-xiao-steps-down--brd-appoints-mike-sutcliff*).

두 잘 이해하고 있었다.

디지털 트랜스포메이션 시기에 애자일 개발의 확장은 SAFe(Scaled Agile Framework)와 DA(Disciplined Agile) 방법론 도입으로 화제가 되었다. SAFe는 업계의 선구자인 딘 레핑웰이, DA는 스콧 앰블러가 개발했다. 확장 접근법에 대한 관심이 높아짐을 나타내는 지표로, DA는 PMI에 인수되었으며, SAFe는 사모 투자 회사인 유라지오(Eurazeo)로부터 주요 자금을 투자받았다.

하지만 '용감한 경영진' 시기에는 애자일 개발을 확장하는 구체적인 방법들이 막 나오기 시작한 상황이었고 회사의 CIO와 다른 관계자들은 이에 회의적이었다. 8장에서 확장에 대해 다시 다룰 텐데, 먼저 우리가 정말 올바른 질문을 다루고 있는지 물어보겠다. 이 장에서는 애자일 사고방식이 작은 프로젝트에만 국한되지 않아야 한다는 몇 가지 주장을 제시하고자 한다.

내 첫 번째 주장은 2002년 항공 우주 연구원이자 MIT 교수인 쉴라 위드널과의 짧은 대화에서 비롯되었다. 위드널은 1993년부터 1997년까지 미국 공군 장관[23]을 역임했으며, 여성 최초 공군 장관으로 미 공군 전체를 이끌었다. 위드널 박사는 항공 우주국과 공군 우주 및 미사일 시스템 사령부[24]가 공동 후원한 2000년 리스크 매니지먼트 심포지엄(Risk Management Symposium)에서 기조연설을 했다.

위드널 박사는 전해 연이어 일어난 우주선 고장 및 발사 사고들을 조사했고, 이로 인해 검토 위원회들과 우주 발사 산업이 임무 신뢰성에 대한 접근 방식을 재고하게 되었다. 그녀의 목표는 시스템 공학 및

---

23 (옮긴이) 미 국방부 산하 공군부 책임자로 민간인이 임명된다.
24 (옮긴이) 미 우주군이 창설되면서 우주군 소속 우주 체계 사령부로 바뀌었다.

위험 관리에서 더 높은 수준의 효율성을 달성하는 것이었다.

그런 다음 그녀는 내 책《ASD》를 언급했다.

> 저는 최근에 짐 하이스미스가 적응형 소프트웨어 개발에 관해 쓴 새 책에 상당히 매료되었습니다. 그는 등반에 비유하여 본질적으로 결과를 예측할 수 없고 한 번의 실수가 치명적일 수 있는 위험하고 복잡한 모험, 즉 상당한 기술, 계획, 적응력이 요구되는 모험을 시작할 때 고려해야 할 사항을 추적합니다. 그리고 다시 한번 산을 오를 때 취하는 접근 방식과 새롭고 복잡한 소프트웨어를 개발할 때 취하는 접근 방식 사이에 유사점을 도출하고 비교합니다.

위드널 박사는《ASD》의 개념을 사용해 항공 우주 분야에서 비슷한 접근법을 개발하면 어떨까 생각해 보았다고 했다. 그러나 소프트웨어에 적용하는 것은 확실하지만 시스템에 적용하는 것은 그렇지 않다고 주의를 주면서 청중에게 "그 문제에 대해 생각해 보세요."라고 말했다.

나는 기조연설에 대해 알게 된 후 이어서 위드널 박사와 통화를 했는데 위드널은 이렇게 제안했다. "새로운 항공기를 만드는 데 10년에서 15년이 걸리는 항공 우주 사업에서 매주 또는 매월 반복하는 방식은 사용할 수 없겠지만, 2년 정도 단위로 반복하는 방식은 도움이 될 수도 있을 것입니다." 물론 애자일·적응형 개념이 항공 우주 프로그램에서 도움이 된다면 소프트웨어 개발에서도 확장될 수 있다.

최초의 디지털 카메라는 1975년 이스트만 코닥의 엔지니어 스티븐 새슨이 개발했다. 코닥은 필름과 필름 처리 장비를 모두 판매해 카메라 사업의 필름 부문에서 막대한 수익을 올렸다. 초기 디지털 카메라는 많은 카메라 애호가들이 원하는 해상도를 제공하지 못했기 때문에 코 닥 경영진은 필름 사업에 계속 투자를 쏟아부었다. 하지만 디지털 카 메라는 사용 편의성, 즉시 확인, 저렴한 비용이라는 장점도 있었다. 디 지털 카메라는 처음에는 천천히, 그다음에는 더 빠르게 해상도의 단점 을 극복해 나갔다. 저렴한 디지털 카메라 시장이 폭발적으로 성장한 후 고가의 카메라도 이러한 변화를 겪었다. 필름 사업은 사라지고 코 닥은 파산을 선언했다.

이 이야기는 오늘날 기업이 직면하는 끊임없는 딜레마, 즉 언제 기 존 제품을 잠식하고 언제 새로운 제품을 출시해야 하는지에 대해 시사 한다. 타이밍은 까다롭다. 최근 저렴한 카메라 시장은 뛰어난 카메라 와 다양한 애플리케이션을 갖춘 스마트폰에 의해 추월당했다. 코닥은 클레이튼 크리스텐슨(1997)이 "혁신 기업의 딜레마"라고 불렀던 현상, 즉 새롭고 바람직한 기능을 갖춘 후발 제품이 후속 출시에서 제품의 결함을 수정하면서 시장 선도 업체를 추월하는 현상에 의해 몰락했다. 초창기 디지털 카메라는 가격이 저렴하고 필름을 사용하지 않으며 무 엇보다도 즉각적인 확인이 가능했다. 초기 단점은 화질이 좋지 않다는 것이었다. 하지만 시장의 상당 부분에서는 화질보다 필름 처리의 번거 로움이 없고 즉각적으로 확인할 수 있다는 점이 더 중요했다. 그 후 화 질이 향상되면서 디지털 카메라가 시장을 더욱 잠식했고, 결국 필름 카메라는 소규모의 특수한 아이템으로 전락했다.[25]

애자일 시대의 별동대 시기에는 확장이 문제가 되었을 수 있다.[26] 그 러나 디지털 카메라의 경우와 마찬가지로 초기 결함은 느리지만 확실

---

25 시스템 사고에 따르면 모든 해결책은 새로운 문제를 동반한다. 이제 우리는 디지털 기기 안에 관 리되지 않은 사진을 수천 장 갖고 있다. 이전에는 그저 상자와 상자 속에 담긴 사진을 갖고 있 었다.
26 애자일의 특징 중에서 확장만 비판받은 것은 아니지만 여기서는 확장만 예로 들어보겠다.

하게 사라졌다. 디지털 카메라를 깎아내리는 사람들이 여전히 존재하듯이 애자일 개발의 확장 능력에 회의적인 사람들도 있지만, 그들은 역사의 잘못된 편에 서 있다는 것이 증명되고 있다.

마지막으로 확장성과 관련하여 「애자일 선언」에 표현된 가치와 관련된 몇 가지 질문을 해 본다. 어느 정도 규모의 프로젝트에서 프로세스와 도구가 개인과 그들의 상호 작용보다 더 중요해질까? 「애자일 선언」에서는 '보다(over)'라는 특정 단어를 사용하는데, 이는 프로세스와 도구가 중요하지만 개인과 협업 팀보다 덜 중요하다는 의미이다.

둘째, 프로젝트 규모에 따라 고객 협업이 계약보다 덜 중요해지는 시점은 언제일까? 물론 계약은 중요하다. 하지만 고객과의 협업 관계가 없어서는 계약이 아무리 상세하더라도 원하는 결과를 얻을 수 없으며 양쪽 모두 손해를 볼 수 있다.

「애자일 선언」의 다른 가치 선언에도 비슷한 질문을 할 수 있다. 대규모 프로젝트일수록 문서화, 프로세스, 관리 검토 등 더 많은 방법론적 가드레일이 필요하지만, 애자일 사고방식은 여전히 최고의 성공 가능성을 제공한다.

애슬레타

애자일 시대의 다음 시기인 디지털 트랜스포메이션 시기에는 IT 애자일에 초점을 맞추던 것에서 엔터프라이즈 애자일로 발전했다. 애슬레타 사례는 비즈니스 애자일이 무엇을 달성할 수 있는지 보여 주는 초기 사례로, 디지털 트랜스포메이션 시대로 나아가는 단초를 제공한다.

애자일 마인드가 무엇을 성취할 수 있는지 보여 주는 이 이야기는 팻 리드가 내게 들려준 이야기이며, 나는 콘퍼런스 강연과 워크숍에서 이 이야기를 여러 번 반복해서 소개했다. 운동하는 여성들의 특별한 요구를 충족하기 위해 1998년에 설립된 애슬레타는 2008년 GAP에 인수되었다. 경영진이 직면한 문제는 애슬레타를 인터넷 전용 쇼핑 환경으로 유지할지, 아니면 오프라인 매장을 열지 여부였다. 팻이 뒷이야기를 들려주었다.

GAP 경영진은 애슬레타 브랜드를 오프라인 매장으로 확장하고 싶었지만 주저하고 있었다. 추가적인 사업 가능성 정보를 얻기 위해 그들은 가설을 검증하는 데 필요한 프로토타입 스토어를 만들고 싶었다. GAP 시설 관리 및 기존 IT 부서에 요청했을 때 예상된 구축 시간은 18개월이었다.

애자일 마인드를 가지고 시장에 대한 실험적인 조사라는 점을 인식한 팻 리드의 온라인 개발 부서는 GAP 비즈니스 리더들을 도와 캘리포니아 밀 밸리(Mill Valley)에 3개월 만에 프로토타입 매장을 오픈했다. 타깃 시장 지역에 매장을 마련할 때 건물을 짓지 않고 임대했다. 일반적으로 기업 정보 시스템을 설치하는 데 걸리는 시간을 없애고 대신 퀵북스(QuickBooks)[27]를 사용했다. 회사의 신축 건물 정책을 어긴 것이지만, 그 결과는 충분히 고무적이어서 오프라인 매장을 결정할 수 있었다. 사실 시설 부서의 임무는 프로토타입 구축이 아니라 20번째 또는 50번째 매장을 구축하는 것이었다. IT 레거시 부서의 경우 제품 실험은 전문 분야가 아니었지만 향후 10년간의 변화를 위해 반드시 필요한 일이었다. 2011년에 첫 번째 GAP 애슬레타 매장이 문을 열었고, 현재 전 세계에 200개 이상의 매장이 있다. 애슬레타 사례는 경영과 소

---

27 (옮긴이) 인튜이트(Intuit)에서 개발, 판매하는 회계 소프트웨어 패키지이다.

프트웨어 개발 모두에서 애자일의 이점을 잘 보여 준다.

시대 소견

기술적인 실천 방법들이 다듬어지며 데브옵스와 칸반 같은 새로운 방법들이 나타나는 동안, '용기 있는 경영진' 시기는 수십 년 동안의 폭포수 방식 사고에 기반한 조직 정책을 바꿈으로써 조직 내 애자일 실천 방법을 구현하는 데 중점을 두었다. 채용 및 보유 정책, 계약 조건, 리더십 스타일 등 무한히 많아 보이는 항목들이었다.

조직에는 변화를 가로막는 많은 장애물이 있으며 애자일 방법론을 구현할 때 많은 장애물에 부딪힌다. 특히 이러한 조직적 장애물은 애자일 팀의 일원이 되는 것을 주저하는 경향 탓이었다. 별동대 시기 동안 애자일 팀은 주로 개발자로 구성되었는데, 일부 조직에서는 프로젝트 팀에 테스터를 추가하지 못하게 하는 '업무 분리' 감사 기준과 같은 조직적 변화의 장애물에 직면했기 때문이다. 자동화된 테스트, 지속적 통합·배포 파이프라인이 등장하면서 애자일 팀은 추가적인 변화를 도입했다.

또 다른 장애물은 제품 관리 역할과 관련이 있었다. 스크럼에서는 제품 기능을 식별하고 정의하며 우선순위를 정하는 역할을 하는 제품 책임자를 지정했다. 개발 팀과 직접 대면해야 하는 이 새로운 제품 책임자 역할을 회사에서 고려하지 않았기 때문에 역량 공백이 발생했다. 내부 IT 부서에는 일반적으로 제품 전문가가 없었고(가장 가까운 역할은 악명 높은 주제별 전문가였을 것이다), 소프트웨어 회사에는 일반적으로 제품 관리 역량이 있었지만 충분하지는 않았다. 자금 조달과 제품 역할 정의에 문제가 자주 발생했다.

팀의 역할과 책임에 대한 이러한 재정의는 테스트, 운영, 제품 관리, 데이터 설계 및 관리, 사용자 인터페이스 디자인 등 IT를 비롯한 모든 기능 그룹에 영향을 미쳤다. 각 영역은 '애자일화'를 꺼렸으며 애자일 방식이 해당 기능 영역에서 작동하지 않는 여러 가지 이유를 들었다.

애자일 구현에서 갈등이 발생하는 또 다른 영역은 애자일 팀과 프로젝트 관리 조직 및 프로젝트 관리자 사이였다. 소프트웨어 회사만큼은 아니지만 IT 조직에서 프로젝트 관리 조직은 포기하고 싶지 않은 상당한 권한을 휘둘렀다. 게다가 프로젝트 관리 조직은 일반적으로 IT 직원이 아닌 비즈니스 담당자가 담당했으며, 모뉴멘털 방법론의 '집행자' 역할을 하는 경우가 많았다. 프로젝트 관리 커뮤니티는 애자일 원칙을 채택하는 데 3~5년 정도 뒤처져 있었다(개발 그룹과 프로젝트 관리 조직 간의 마찰은 오랫동안 지속되어 왔으며 애자일 방식이 도입되면서 시작된 것은 아니다).

따라서 별동대에서 애자일 조직으로 전환하는 과정은 장애물로 가득 찬 험난한 과정이었다. 어떤 기업은 돌파에 성공한 반면, 어떤 기업은 장애물 앞에서 좌절하기도 했다. 게리 워커가 사익스에서 겪은 경험담을 다시 소개해 보겠다. "제 기억으로는 애자일 전환을 시작한 지 약 18개월 후부터 팀의 사고방식과 행동에 변화가 보이기 시작했습니다." 효과적인 조직 변화에는 시간과 인내가 필요하다.

애자일 개발을 조직적으로 구현하는 데 있어 성공하느냐 실패하느냐는 용기 있는 경영진이 애자일의 핵심을 이해하고 있는지에 달려 있다는 것이 내 의견이다. 사익스의 켄 델콜은 애자일 전환을 장려하고 자금을 지원했을 뿐 아니라 여러 엔지니어링 분야로 팀을 구성하고 이를 수용하기 위해 업무 공간을 재구성하는 등 파격적인 실천을 제안했다.

다른 사례인 배리는 회사의 애자일 구현을 장려하고 자금을 지원했지만 자신이 원칙을 수용하지는 않았다. 팀의 애자일 도입은 용기 있는 경영진의 참여 없이도 성공할 수 있었지만, 조직의 애자일 이니셔티브는 그렇지 못했다.

또 다른 의견이 있는데 조직 변화에 영향을 미치기 위해 취하는 접근 방식과 관련이 있다. 애자일리스트는 변화 모델에 대한 충분한 배경지식을 갖추고 있었기 때문에 팀 단위 및 소규모 회사에서 애자일을 구현하는 데 어려움을 겪지 않았다. 기업 전체 수준에서는 조직 변화 전문가의 도움이 필요한 경우가 많았지만 항상 도움을 받지는 못했다. 애자일리스트가 그러한 도움을 받았을 때 변화가 생겼다.

애자일 커뮤니티에서는 무엇이 성공인지에 대해 많은 논쟁이 있었지만, 전반적으로 두 시대(구조화 및 애자일)에 걸친 내 경험에 따르면, 애자일 혁신의 성공률은 이전의 모뉴멘털 방법론 이니셔티브의 성공률보다 더 높았다. 이러한 성공의 이유는 다음과 같다. (1)비즈니스 이점이 입증되었고, (2)애자일 방법론이 개발자들에게 관심을 끌었으며(이전 방법론은 이 그룹의 관심을 거의 끌지 못함), (3)「애자일 선언」에 이 운동의 명확한 목적과 원칙이 명시되어 있었기 때문이다. 1980년대와 1990년대의 무거운 폭포수 방법론은 문서 중심적이고 관료적이었으며, 그 실행은 위(경영진)에서 주도해 아래(엔지니어)를 향했다. 애자일 구현은 대부분 개발자가 주도하거나 개발자가 지원했다.

8

디지털 트랜스포메이션
2011~현재

> "2000년 이후 포춘 500대 기업 중 52%가 인수, 합병 또는 파산을 선언했다."
>
> — 톰 시벌, 《Digital Transformation》(2019)

19년 만에 52%가 사라졌다. 종잡을 수 없는 시간의 흐름은 변화의 급류가 되었다. 이는 코로나-19, 러시아-우크라이나 전쟁, 기후 변화로 인한 초강력 태풍, 어렴풋이 나타나기 시작한 전 세계적인 경기 침체, 점점 더 불안정해지는 지정학 등 변화가 일어나기 전 일이었다. 이러한 격변의 시기에 기업들은 생존과 번영을 위한 핵심 요소로 디지털 트랜스포메이션 전략을 명확히 하기 시작했다. 이 장에서는 이러한 혁신과 내가 소트웍스에서 수행한 업무 그리고 혁신에 대한 EDGE 접근 방식(전략과 실행을 연결하는 운영 모델), 고유한 애자일 조직 모델, 공감 경영(empathetic management)에 대해 중점적으로 설명한다. 다음 라탐 항공 사례에서 알 수 있듯이, 이제 문제는 애자일을 확장하는 것이 아니라 엔터프라이즈 수준에서 혁신을 확장하는 것이었다.

기업 문제 해결을 위한 두 가지 대안 전략은 같은 일을 더 많이 하면서 다른 결과를 기대하거나 새로운 것을 시도하는 것이다. 두 번째 전략 에는 용기 있는 경영진이 필요하며 소트웍스는 전 세계 여러 국가, 특히 남미에서 이러한 경영진을 찾아냈다. 나는 라탐 항공의 CDO인 리카르드 빌라와 함께 라탐 항공의 디지털 혁신에 대해 이야기할 수 있는 영광을 누렸다.

칠레 산티아고에 본사를 둔 항공사 지주 회사인 라탐 항공 그룹은 브라질, 콜롬비아, 에콰도르, 파라과이, 페루에 자회사를 두고 있다. 모든 항공사와 호텔 업계가 그렇듯이 중남미 지역도 코로나-19 범유행 병으로 인해 타격을 입었다. 아주 작은 구멍가게부터 크루즈선, 항공 사에 이르기까지 모든 비즈니스가 호황에서 불황, 인력 감축이라는 격 렬한 변화를 겪었다.

라탐의 디지털 혁신은 2017년 새로운 CIO로 더크 존을 임명하면서 시작되었다. 디지털 이니셔티브는 운영 시스템을 담당하는 ICT(information and communications technology)[1] 조직과 모든 고객 경험 시스템을 책 임지는 디지털 조직으로 나뉘어 진행되었다. 초기 변화의 동인은 업계 트렌드, 파편화된 ICT 시스템이었다. ICT 시스템 파편화는 독립적인 사업부, 노후화된 ICT 인프라, ICT를 파트너가 아닌 서비스 제공업체 로 바라보는 경영진 등으로 인해 비롯되었다.

---

1 ICT라는 명칭이 IT를 서서히 대체하고 있다. ICT는 인터넷 연결로 가득 찬 오늘날의 세상에 더 잘 어울리므로(정보 및 연결 기술이라고 해야 할지도 모르겠다), 8장에서는 지난 10년간의 기술 발전을 다루면서 이 새로운 용어를 사용할 것이다.

소트웍스는 소프트웨어 개발을 위해 라탐과 파트너십을 맺은 적이 있다. 2018년 8월 《EDGE》[Highsmith, Luu, Robinson, 2020]의 공동 저자인 데이비드 로빈슨이 포괄적인 디지털 트랜스포메이션을 모색하기 위해 팀을 구성했다. 나는 이 프로젝트가 EDGE 실천 방법에 대한 피드백을 제공했기 때문에 계속 주시하기는 했지만, 데이비드의 팀에 직접 참여하지는 않았다.

두 가지 이니셔티브가 있었다. 하나는 맥킨지가 수행한 고객 경험(customer experience, CX) 이니셔티브 사전 작업으로, 기술 파트너를 선정하기 위한 근거와 동기를 제공했다. 그런 다음 고객 경험 이니셔티브를 운영 수준으로 끌어올리기 위해 10주간 소트웍스의 작업이 시작되었다. 주요 목표는 사일로 수준의 책임이 아닌 엔드투엔드 책임, 복잡하게 얽혀 있던 비즈니스 규칙 간소화, 최신 기술 아키텍처 구축이었다.

이 프로젝트에서 얻은 세 가지 주요 결과는 다음과 같다.

- 가치가 없는 프로젝트에 낭비되는 노력에 대해 거의 알지 못했다.
- 너무 늦기 전에 가치가 낮은 프로젝트를 중단하거나 전환할 수 있는 데이터 또는 검토 프로세스가 없었다.
- 프로젝트 중간 단계에서 학습하고 진로를 수정할 수 있는 체계적인 방법이 없었다.

이러한 결과는 반복적 개발이 아닌 폭포수 방식을 오랫동안 사용해 왔고, 비즈니스와 디지털 전략이 상충하며, 비즈니스와 ICT에서 서로 다른 성공 척도를 사용해 온 다른 조직에서 발견한 결과와 같았다.

코로나-19 범유행병은 갑작스럽게 찾아와 라탐을 포함한 항공사들에 큰 타격을 안겼다. 이로 인해 수익이 급감하면서 직원 감축 및 기타 비용 절감, 노선과 서비스 재검토가 진행됐고 라탐과 같은 일부 항공사는 파산법 11조[2]에 따라 회생 작업이 이뤄졌다. 그런데 미래를 내다본 라탐 경영진은 용기 있는 CIO와 비전 있는 CEO의 리더십 아래 미래를 위해 꼭 필요한 디지털 혁신 프로젝트에 자금을 지속적으로 지원했다. 이는 단순한 디지털 이니셔티브가 아니라 중복되는 책임 라인을 통합하고 CCO(chief commercial officer)와 CIO가 전자 비즈니스 파트너십을 형성하는 조직적인 이니셔티브였다. 이러한 비즈니스-기술 파트너십을 구축함으로써 고부가 가치 이니셔티브에 집중할 수 있었다.

구조화 시대부터 EDGE 전환기에 이르기까지 내가 강조해 온 방법론의 한 측면은 적용과 적응의 필요성이다. EDGE도 예외가 아니다. 오늘날의 조직은 너무 복잡하고 다양하기 때문에 한 가지 접근 방식만으로는 충분하지 않다. 하지만 마치 익스트림 프로그래밍 실천 방법을 적용한다고 하면서도 '리팩터링은 사용하겠지만 자동화된 테스트는 하지 않겠다'고 하는 것과 같이, 부분들이 어떻게 함께 맞물리는지 역학을 이해하지 않고 그것들을 재배치하는 것은 어렵다. EDGE는 출발점이 될 수 있지만, 모든 운영 모델은 각 조직에 맞게 적용되어야 한다.

오늘날 디지털 전략을 수립하지 않는 경영진은 없지만 실질적인 실행 성과를 거둔 경영진은 거의 없다. 성공하려면 리더십, 전략과 운영을 연결하는 운영 모델, 적응형 조직 구조, 가치 기반 우선순위를 사용하는 포트폴리오 관리 접근 방식이 필요하다. 전반적으로 최적화보다 혁신에 우선순위를 두어야 한다. 이는 말하기는 쉽지만 구현하기는 어렵다. 하지만 라탐은 데이비드와 그의 팀이 라탐 경영진과 함께 개발한 EDGE 로드맵을 따라 계속 발전하고 있다. 2022년 중반을 기준으

---

2 (옮긴이) 파산 법원의 감독하에 구조 조정 절차를 진행해 회생을 모색하는 제도

로 구상했던 기술 인프라가 구축되었고, 비즈니스-ICT 파트너십이 발전했으며 애플리케이션이 온라인에 출시되었다. 이 진화는 영어 명사(transformation)보다 진행형(transforming)으로 표현하는 게 더 적절하다. 명사는 완료된 상태를 말하지만 우리 모두 알다시피 진행형이 현실을 정확하게 표현한다.

라탐의 시대적 대응은 애자일 소프트웨어 개발의 확장이 아니라 엔터프라이즈 혁신이었다(물론 일부분이지만). 이 회사는 디지털 인프라뿐 아니라 비즈니스-ICT 파트너십과 리더십 사고방식도 빠르게 변화해야 한다는 것을 깨달았다. 라탐의 경영진은 이러한 노력을 지지하고 적극적으로 참여했다.

소트웍스

애자일 시대의 첫 10년 동안 나는 커터 컨소시엄에서 일했다. 두 번째 10년 동안은 소트웍스에서 일했다. 1997년 소트웍스에서 일했던(그리고 지금도 일하고 있는) 마틴 파울러를 만났고 시드니, 런던, 미국 여러 곳에서 다른 소트웍스 사람들과 만나 함께 일했으며 당시 CEO였던 로이 싱햄을 알게 되었다. 2010년 플로리다주 올랜도에서 로이와 조찬을 함께 한 후 나는 경영진 컨설턴트로 소트웍스에 합류했다. 얼마 지나지 않아 호주 시드니에서 열린 애자일 콘퍼런스에서 내가 발표를 맡게 되었다.

다시 직원이 된다는 것은 분명한 변화였다. 하지만 나는 정말 모험적인 회사에서 일하게 되었다. 나에게는 이 시기가 업무 전환의 시기였다. 나는 장기적인 컨설팅 업무보다는 고객사 임원 및 관리자와 단기간 계약을 맺는 일을 주로 했다. 내 소트웍스 포트폴리오에는 애자일 구현에 대한 컨설팅, 글쓰기, 경영진 의사소통 강화, 디지털 트랜스포메이션 작업이 포함되었다.

여러 유명 서적의 저자이자 「애자일 선언」의 공동 저자인 마틴 파울러가 입사한 1990년대 후반부터 소트웍스 직원들은 애자일 접근 방식을 선도적으로 지지해 왔다. 소프트웨어의 우수성, IT 혁신, 사회적 활동, 다양성 등 소트웍스의 문화는 내가 이곳에서 일하기로 결정한 핵심 요소였다. 소트웍스는 이 모든 영역에서 입에 발린 말 이상의 것을 제공했다. 소트웍스는 애자일 개발을 핵심 역량으로 삼는 모험적인 조직이었다. 예를 들어 익스트림 프로그래밍 실천 방법에는 짝 프로그래밍(개발자 두 명이 코드를 공동 작성)이 포함되어 있다. 프로그래머에게 좋은 방법이라면 관리자에게도 좋은 방법일 수 있겠다는 생각에 소트웍스는 두 관리자를 짝을 지어 실험했다. 모든 실험과 마찬가지로 어떤 측면은 다른 측면보다 더 잘됐다. 나는 몇 년 정도 재직할 것이라 생각했는데 실제로는 10년이나 지속되었다. 나는 기술, 관리 그리고 경영에서 매우 뛰어난 능력을 지닌 사람들과 함께 일했다.

2010년대 초반에는 소트웍스 고객과 함께 일하고 콘퍼런스에서 연설하기 위해 여러 곳을 돌아다녔다. 나는 의사소통에 초점을 맞춘 프로젝트 두 개를 포함해 소트웍스 내부 프로젝트에 참여했다. 글쓰기 기술을 향상시키고 아이디어를 구체화하는 방법에 대한 팁이 담긴 가이드라인을 개발했다. 이 가이드는 간단하고 가벼운 내용으로 구성하려고 노력했다.

- 꾸밈이 필요하지 않은 말에 꾸미는 말을 붙이지 마라. '개인 친구'라고 하지 말고 '친구'라고 하라.

- 긴 단어가 아닌 짧은 단어를 사용하라: 영어의 경우 assistance 대신 help, numerous 대신 many 등
- 대부분의 부사는 불필요하고 혼란을 가중시킨다.
- 대부분의 형용사도 불필요하다.

나는 또한 '좋은 아이디어를 갖는 것만으로는 충분하지 않으며, 그 아이디어를 흥미롭고 신뢰할 수 있을 만큼 행동으로 옮겨야 한다'는 생각으로 스토리텔링 워크숍을 만들었다. 2014년 중반 샌프란시스코에서 피오나 리, 토니 마이츠, 더치 스퇴털 그리고 내가 첫 번째 스토리텔링 워크숍을 진행했다. 워크숍의 목표는 '다른 사람에게 영향을 미치고 참여를 유도하고 영감을 주는 능력을 향상시키는 것'이었다. 각 팀은 자신만의 스토리를 개발하여 발표하고 이를 다듬었다. 토니는 팀이 어려움을 겪는 과정에서 지원하는 전문가였다. 우리는 이야기의 다양한 측면을 설명하기 위해 우리 자신의 이야기를 사용하였으며, 칩 히스와 댄 히스의 'SUCCESs 프레임워크'를 활용했다. 이 프레임워크는 아이디어가 잘 남도록 하려면 간결하고(simple) 의외의 요소가 있으면서도(unexpected) 구체적이며(concrete) 신뢰성이 있어야 하며(credible) 감정적으로 와닿아야 하며(emotional) 이야기(stories)와 연결되어야 한다는 원칙들(s)을 제시한다.

> "신뢰할 수 있는 아이디어는 사람들을 믿게 만든다. 감성적인 아이디어는 사람들이 관심을 갖게 한다. 올바른 스토리는 사람들을 행동하게 만든다."
> — [Heath, 2007, p. 206]

2013년에 나는 5년간 쓴 블로그 게시물을 모아 《Adaptive Leadership》

[Highsmith, 2013]을 출간했다. 이 책에는 지난 10년간 용기 있는 경영진과 대규모 애자일 구현을 위해 협력하면서 리더십에 대해 배운 내용을 담았으며 다음과 같은 주제가 포함되었다.

- 변화가 심한 환경에서 기회의 흐름 살펴보기
- 전략, 포트폴리오 및 운영 민첩성 정의하기
- 지속적인 가치 흐름이 왜 그리고 어떻게 발생하는지 살펴보기
- 적응적이고 혁신적인 문화 구축
- 혼란스럽고 모순적인 상황에서 의사 결정하기

적응형 리더십에 대한 내 연구 덕분에 80일[3]이 아닌 2주 동안의 첫 세계 일주 여행이 시작되었다. 시드니의 애자일 콘퍼런스에서 연설하고 여러 소트웍스 고객사를 방문하기 위해 호주 여행을 계획하고 있을 때 로이 싱햄이 전화를 걸어 독일 뮌헨에서 열리는 소트웍스 리더십 회의에서 내가 적응형 리더십 워크숍을 압축해 발표할 수 있는지 물어보았다. 회의가 결혼식과 겹치지 않는 한 회사 CEO에게 거절할 수 없다는 것을 알았다. 게다가 내 아이디어를 고위 경영진과 공유할 수 있다는 생각에 기대가 컸다. 내 여행 경로는 플로리다주 베니스에서 런던, 뮌헨, 다시 런던, 시드니 그리고 시드니에서 텍사스주 댈러스까지 장거리 직항 비행기를 타고 마지막으로 집에 도착하는 것이었다. 이런 여행은 실제로 경험하기보다 되돌아보는 것이 더 재미있다.

그러던 중 소트웍스에서의 남은 시간을 집중하게 만든 회의가 있었다.

'애자일 확장에 대한 접근 방식을 문의하는 고객에게 어떻게 대응해야

---

3 '80일'은 1872년 쥘 베른이 쓴 소설 《80일간의 세계 일주》에서 가져다 쓴 것이다.

할까?' 하는 질문이 2015년 소트웍스 회의를 촉발한 질문이었다. 확장 접근 방식이 주목받고 있었고 기업들은 이러한 추세에 대응하고 있었다. 당시 소트웍스의 아시아 태평양 지역 그룹 전무 이사였던 앤지 퍼거슨이 샌프란시스코에서 회의를 시작했다. 당시 CCO(chief capabilities officer)였던 채드 위싱턴, 디지털 트랜스포메이션 책임자인 데이비드 로빈슨, 제품 책임자인 린다 루와 내가 만나 확장에 대한 소트웍스의 접근 방식을 논의했다.

샌프란시스코 그룹은 IT 조직 내에서 애자일 실천 방법을 확장하는 문제에 대해 고민하면서 이것이 올바른 질문이 아니라는 점을 깨달았다. 올바른 질문은 '전사적인 애자일과 혁신을 어떻게 확장할 것인가?'였다. 첫 번째 질문은 CIO의 질문이었다. 두 번째는 CEO의 질문이었다.

그전까지는 애자일 소프트웨어 방식을 확장하려고 해도 금세 관료주의로 이어지는 기존 관행으로 후퇴하면서 혁신이 억눌리고 있었다. 디지털 엔터프라이즈 시대에 성공하려면 모든 개인, 팀, 부서, 사업부, 경영진이 혁신해야 한다. 핵심적인 전략적 이점은 규모 확장이 아니라 규모에 맞는 혁신, 즉 IT뿐 아니라 기업 전체에 걸쳐 학습하고 적응할 수 있는 능력을 유지하는 데 있다.

소트웍스 그룹은 적응력에 대한 필요성이 커지면서 이러한 적응력을 잃지 않고 확장할 수 있는 운영 모델 및 포트폴리오 관리 접근 방식에 대해 몇 가지 고민을 했다. 우리는 해결책이 초기 애자일 방법처럼 도전적이어야 한다고 생각했으며, 다양한 주류 확장 접근법처럼 안전하기만 해서는 안 된다고 생각했다. 그 결과 나온 것이 바로 EDGE[4]

---

4   (옮긴이) 대문자로 표기하지만 두문자어는 아니고 복잡계 이론의 개념인 '혼돈의 가장자리(edge of chaos)'에서 차용한 용어로 본문의 설명대로 빠르고 불확실하게 변화하는 환경에 적응해 혁신을 이루는 방법을 모색하는 접근 방식이다.

였으며 이는 소트웍스 디지털 전략의 핵심이자 데이비드, 린다, 내가 저술한 책 《EDGE: Value-Driven Digital Transformation》[Highsmith, Luu, Robinson, 2020]의 시작이 되었다.

> "오늘날과 같은 변동성의 시대에는 재창조하는 것 외에는 다른 방법이 없다. 다른 사람들과 비교해 여러분이 취할 수 있는 지속 가능한 유일한 장점은 민첩성뿐이다. 그게 전부다. 다른 것은 지속 가능하지 않으며, 여러분이 만들어 낸 것은 전부 다른 누군가가 복제할 것이다."
>
> — 제프 베이조스, 아마존 전 CEO[5]

가속화하는 세상

디지털 엔터프라이즈, 4차 산업 혁명, 린 엔터프라이즈 등을 다룬 여러 문헌에는 낡은 것에서 새로운 것으로 전환하라는 권유가 넘쳐 났다. 기업들은 어떻게 대응하고 있을까? 디지털 전략을 수립하고 있었을까? 그 전략을 어떻게 실현할까? 기하급수적인 기회의 세상에서 기업은 점진적인 성과를 얻고 있었나? 목표가 디지털 기업이 되는 것이든, 광범위한 혁신을 촉진하는 것이든, 디지털 전략을 구현하는 것이든, 실행이 제대로 이루어지지 않아 전략이 좌절되고 있지는 않았나?

이 10년 동안 남아프리카 공화국 전 대통령 넬슨 만델라의 사망, 의학 연구를 위해 1억 달러를 모금한 아이스버킷 챌린지, 파키스탄 운동가 말랄라 유사프자이의 노벨 평화상 수상, 파리 기후 협정 등의 일이 일어났다. 기술 분야에서는 애플이 아이패드를 출시하고 상장 기업 최초로 기업 가치 10억 달러를 돌파했다.

커네빈 프레임워크에 따르면 이 시기의 전반부는 새로운 전략 접근

---

5 https://hbr.org/2021/01/in-the-digital-economy-your-software-is-your-competitive-advantage

법이 필요한 혼돈의 시기로 간주된다. 그러나 2020년부터 세계는 새로운 접근 방식조차도 충분하지 않을 수 있는 광대하고 알 수 없는 무질서의 시기로 접어들었다.

> MIT 정보 시스템 연구 센터가 전 세계 고위 경영진을 대상으로 실시한 2017년 설문 조사에서 413명의 고위 경영진은 향후 5년 동안 디지털 혁신으로 인해 회사가 평균 28%의 매출 손실을 입을 위험이 있다고 답했다.[Weill, Stephanie Woerner, 2018]
>
> 지금 우리 사회에서는 거의 모든 사람에게 영향을 미치는 멈출 수 없는 혁명이 진행 중이다. 이 혁명은 우리 사회에서 가장 크고 높이 평가받는 일부 기업들에 의해 앞서 진행되고 있다. 눈이 있는 사람이라면 누구나 볼 수 있다. 이는 조직 운영 방식의 혁명이다.[Denning, 2018]

우리는 생물학자들이 '단속 평형(punctuated equilibrium)'[6]이라고 부르는 형태의 비즈니스 사건을 경험하고 있다. 생물학자들은 지난 5억 년 동안 5번의 단속 평형 사건을 확인했는데, 공룡의 멸종을 야기한 사건도 그중 하나였다. 단속 평형 사건이 벌어지는 중에는 다윈의 적자생존 개념이 중요하지 않았다. 운석 충돌 이전 생태계에서 가장 잘 적응한 공룡(티라노사우루스 렉스)은 날씨가 급격하게 변하면서 멸종했다. 변온 동물인 파충류 몇 종은 살아남았지만, 새로운 생태계는 기후 변화에 적응할 수 있는 생물(항온 동물인 포유류)에게 유리한 환경이었다.[7]

공룡 멸종 사건보다 잘 알려지지 않은 사건은 2억 2500만 년 전의 엄청난 후기 페름기 대멸종 사건이다. 이 사건 때 지구상의 모든 생물종

---

6 (옮긴이) 단속 평형론은 유성 생식을 하는 생물종의 진화 양상은 대부분의 기간 동안 큰 변화 없는 안정기와 비교적 짧은 시간에 급속한 종 분화가 이루어지는 분화기로 나뉜다는 진화 이론이다.

7 이 장에서는 《EDGE》[Highsmith, Luu, Robinson, 2020]의 여러 구절을 가져와 편집, 사용했다.

의 96%가 사라졌다.[Gould, 2002] 다양한 수백 종의 생물이 자신들이 사는 환경에서 적응력이 가장 높은 적자생존 능력을 갖추었음에도 페름기 대멸종 사건에서 멸종되었다. 몇몇 종은 작은 생태적 서식지에서 겨우 생존하며 우연히 다음 트라이아스기에 번성할 수 있는 특성을 가지고 있었다.

> 우리는 코로나-19 위기가 디지털로의 변화를 크게 가속화하고 기업 경영 환경
> 을 근본적으로 뒤바꿀 것으로 생각한다. 애자일한 업무 방식이 고객 행동의 걷
> 잡을 수 없는 변화에 대응하기 위한 필수 조건인 세계이다.
> — [Fitzpatrick 외, 2020]

다윈이 옳았다면 그의 적자생존은 우리가 생물학적 또는 경제적 주체의 일반적인 변화에 어떻게 적응하는지 설명해 준다. 홀랜드(1995)가 옳다면 그의 적자도래 개념(4장 참고)은 변화의 속도가 빨라질 때 우리가 어떻게 적응하고 방향을 전환해야 하는지 설명해 준다. 우리가 정말 단속 평형의 경계에 있다면 스노든[8]은 이를 아마 어떤 효과적인 방법이 알려지지 않은 무질서의 영역이라고 불렀을 것이다. 그렇다면 우리는 아마도 운 좋은 자의 생존 시대에 있을지도 모른다.

　운 좋은 자의 생존 시대에 여러분의 대응은 어떠해야 할까? 여러분의 조직은 공룡에 비유할 수 있을까, 아니면 포유류에 비유할 수 있을까? 페름기에 해당하는 시대가 있을까? 포유류가 번성할 수 있었던 비결은 운 외에 무엇이었나? 적응력, 적응력, 적응력이다. 조직이 성공할 수 있는 비결은 무엇인가? 적응력, 적응력 그리고 더 많은 적응력이다. 조직의 디지털 트랜스포메이션을 위한 초점은 바로 여기에 맞춰져야

8　*https://thecynefin.co/about-us/about-cynefin-framework*

한다. 코로나-19 범유행병 기간 동안 라탐 항공과 같은 항공사에 어떤 일이 일어났는지 생각해 보라. 항공 교통량은 순식간에 사상 최저치로 급감했다. 항공사들은 변동 비용을 줄였지만 고정 비용이 높은 비즈니스에서 비용 절감 기회는 제한적이었다. 순이익은 급격히 하락하여 최악의 경우 파산에 이르렀다. 그러다 백신이 실용화되고 이용 가능해지면서 항공 여행이 다시 급증했다. 수용 능력을 줄이기 위해 노력하던 항공사들은 수용 능력을 늘리기 위해 고군분투하기 시작했다.

이 불안정하고 불확실한 시기에는 CEO부터 일선 직원에 이르기까지 조직의 적응 능력이 미래의 성공과 실패를 결정할 것이다.

디지털 트랜스포메이션

소트웍스에서 근무한 지난 5~6년 중 대부분은 디지털 트랜스포메이션과 EDGE에 관한 일을 하는 데 보냈다. 최초의 EDGE 회의 이후 데이비드, 린다, 나는 소트웍스 컨설턴트를 위한 내부 EDGE 워크북을 개발한 후 프로세스가 어떻게 작동하고 있는지에 대해 고객 참여 관찰 결과를 수집했다. 그리고 《EDGE: Value-Driven Digital Transformation》이 2020년에 출판되었다. EDGE는 소트웍스의 디지털 트랜스포메이션 및 운영 서비스 제공의 구성 요소가 되었다. 다음은 EDGE를 개발하면서 배운 점과 책 출간 이후 새롭게 등장한 자료에 대한 개요이다.

CEO는 "어떻게 하면 반응형 조직을 만들 수 있을까?"라고 질문하고, CIO는 "어떻게 하면 우리 조직이 IT 역량을 활용할 수 있을까?"라고 질문하는 것으로 나타났다. 2022년 7월 맥킨지 분기 보고서에서 마크 앤드리슨은 대기업을 디지털 방식으로 혁신하는 방법에 대한 인터뷰 질문에 이렇게 답했다. "회사에서 가장 똑똑한 기술자를 찾아서 CEO로 임명하세요."[9]

기술 발전은 기회가 증가하는 속도와 기회를 활용할 수 있는 역량이 개발되는 속도 사이의 차이를 심화시킨다(그림 8.1). 많은 기업이 기회와 위협에 직면했지만 이를 활용할 수 있는 역량이 부족했다. 이러한 기회와 역량의 격차는 경영진에게 중요한 문제가 되었다.

기업 지속 가능성의 격차

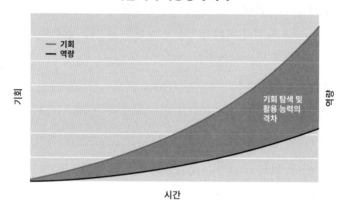

그림 8.1 기업 지속 가능성의 격차

CIO와 CEO는 조직의 IT 전략을 다시 생각해야 했으며, 이를 기능별 전략(항상 비즈니스 전략에 종속되어 있음)에서 좀 더 포괄적인 디지털 비즈니스 전략으로 확대해야 했다. 후자는 '차별적 가치를 창출하기 위해 디지털 자원을 활용하여 수립하고 실행하는 조직 전략'으로 정의된다.[Bharadwaj, 2013]

디지털 비즈니스 전략 정의는 이를 구현하는 방법을 찾는 것보다 쉬

---

9 *https://www.mckinsey.com/industries/technology-media-and-telecommunications/our-insights/ find-the-smartest-technologist-in-the-company-and-make-them-ceo*

웠다. 전략에서 실행으로 전환하는 역량을 개발하는 데는 다섯 가지 영역이 필요하다.

- 성공의 척도: 디지털 비즈니스 혁신에는 최신 성과 측정이 필요하다.
- 핵심 역량으로서의 기술(Tech@Core): 모든 리더의 핵심 역량에 기술이 포함되어야 한다.
- 운영 모델: 혁신에는 가치 중심 포트폴리오를 통해 전략을 실행으로 연결하여 구현하는 방법을 결정하는 빠르고 효과적인 프로세스가 필요하다.
- 조직 모델: 조직 구조는 기능보다는 가치 흐름에 중점을 두어야 하며 이러한 구조는 유연성이 높아야 한다.
- 공감 경영[10]: 어떤 이름을 선호하든 디지털 시대의 '현대적인' 경영은 이에 적응해야 한다.

첫 세 가지와 마지막 영역은 EDGE에서 다루었다. 조직 모델은 다른 출처에서 가져온 것이다.

애자일 프로젝트에서 얻은 교훈을 기억하라. 행동과 문화를 바꾸려면 성공의 척도를 바꿔야 한다. 전략적 수준에서도 마찬가지이다. 프로젝트 수준의 애자일 혁신에서와 마찬가지로 경영진과 관리자가 성공의 척도를 바꾸도록 설득하는 것은 쉽지 않은 일이었다.[11]

어느 날 저명한 애자일 소프트웨어 도구 공급업체 직원들과 점심 식사를 하던 중, 한 직원이 팀에서 조직 수준까지 속도를 높일 수 있는 도구

---

10 나는 공감 경영을 포괄적인 용어로 사용하고 있다. 그렇다면 적응적 리더십은 공감 경영의 한 예가 될 수 있다.
11 디지털 트랜스포메이션에 대한 또 다른 포괄적인 관점을 보려면 'Business Agility SPARKS'[Augustine, n.d.]를 참조하라.

의 기능을 홍보하고 있었다. 나는 속도를 이런 식으로 써먹는 데 놀라움을 금치 못하여 '속도 때문에 애자일이 죽는다'라는 제목으로 블로그 게시물을 작성했다(온라인에서 더 이상 볼 수 없음). 나는 그 글이 불러일으킨 반응에 대비하지 못했는데 트래픽 폭주로 웹사이트가 다운되어 버렸다.

제임스 미치너[12]가 어니스트 헤밍웨이보다 더 뛰어난 작가였던 이유가 그의 책 분량이 더 많아서 또는 분당 20단어를 더 빨리 타자할 수 있어서라고 한다면 말이 되나? 단위 생산성(활동) 측정을 기반으로 작가의 효율을 평가하는 것은 아무 의미가 없다. 여러분의 업무가 영어(또는 프랑스어나 폴란드어) 단어가 아닌 자바 코드 '단어'를 작성하는 것이라면 비슷한 생산성 측정 또한 의미가 없다.

생산성 측정 지표가 고안된 목적은 기계가 시간당 얼마나 많은 부품을 제조할 수 있는지와 같은 유형의 것을 측정하기 위함이지, 아이디어와 혁신 같은 무형의 것들을 평가하기 위함이 아니다. 하지만 무형의 것을 측정하기는 어렵고 유형의 것을 측정하기는 쉬우므로 자연스럽게 사람들은 가장 쉬운 것에 끌리게 된다. 심지어 그게 틀렸을 때에도 말이다. 아무런 지표가 없는 것보다 어떤 지표가 있는 편이 낫다고 생각할 수 있지만 그렇지 않다! 항상 중요하지 않은 것(산출물)의 명확한 지표보다 가치 있는 것(결과)의 모호한(또는 상대적인) 지표를 제공하라.

안타깝게도 생산성 광풍은 애자일 시대까지 이어졌다. 너무 많은 조직이 민첩성을 제한하는 생산성 측정에 여전히 집착하고 있다. 속도는

---

12 (옮긴이) 1948년 《남태평양 이야기》로 퓰리처상을 수상한 미국 작가

코드 라인 수에 새로운 옷을 입힌 것일 뿐이다.[13] 애자일리스트들은 "속도를 생산성 지표가 아닌 역량 지표로 사용하라."라고 말하는 경우가 많은데 속도는 필연적으로 팀 간 대립을 불러일으키며 가치와 품질을 모두 훼손한다. 속도는 양적 측정(산출물)이며 매번 문제를 일으킨다.

제리 와인버그는 품질 워크숍에서 "1945년부터 1964년까지 오하이오주 자동차국에서 근무한 스탠리 존스의 생체 리듬을 계산하는 애플리케이션에 결함이 없다고 보장한다면 얼마를 지불하시겠습니까?"라고 물었다. 99.99%의 사람들에게 그 앱의 가치는 0이 될 것이므로 개발팀이 반복당 기능을 50개 제공하든 3개만 제공하든 누가 신경 쓸까?

새로운 제품, 서비스, 마케팅 프로그램 또는 비즈니스 모델을 탐색할 때에는 생산성 지표가 더 이상 의미가 없다. 혁신적인 아이디어, 가치 있는 이야기, 고품질 코드, 단축된 주기 시간 등 요소들이 오늘날의 환경에서 더 나은 성공의 지표이다. 서로 다른 업무 팀들이 서로 다른 기술 스택을 사용하여 서로 다른 업무 기능에 쓸 두 가지 신제품을 개발하고 있다. 두 팀을 개발 속도 기준으로 비교하는 것은 마치 타자 속도를 기준으로 미치너가 헤밍웨이보다 더 나은 작가라고 판단하는 것과 같다. 더 나은 방법이 있어야 한다.

더 나은 성과를 달성하려면 주어진 포트폴리오에서 도출할 가치를 명확하게 이해해야 한다. 예를 들어 고객 만족도를 기반으로 고객 가치 목표의 진척도를 측정한다면 투자 수익률에 초점을 맞출 때와는 다른 행동을 나을 수 있다.

기업에는 성공에 대한 일련의 내부 측정 기준이 필요하다. 매출, 이익, 시장 점유율, 시장 출시 시기는 기업이 원하는 '비즈니스 이익'의

---

13 속도가 더 나은 척도로 여기지는 이유는 절대적이 아니라 상대적이어서 측정하기가 더 쉽기 때문이다.

척도이지만 고객이 가치 있다고 생각하는 것은 아니다(공급업체의 재정적 생존 가능성을 알고 싶어 하는 경우를 제외하면). 비즈니스 이익은 '가드레일' 또는 제약 조건으로 유용하다. 고객만 만족시키고 이익은 얻지 못하면 안 되지만, 올바르게 수행하면 고객 가치를 향상시켜 비즈니스 이익도 얻을 수 있다.

세 번째 기업의 성공 척도인 지속 가능성도 있다. 과거에 기업들은 비용을 절감하기 위해 공급망을 최적화했다. 현재의 지정학적 상황을 고려하면 비용보다 지역적 가용성이 더 중요할 수 있다. 지속 가능성을 높이기 위해 큰 비용을 투입해 여러 개의 공급망을 구축하고 있는가? 환경적인 지속 가능성 목표는 무엇인가? 어떤 일이 일어날 때까지 기다렸다가 그에 적응하는 능력에 의존하는 것도 한 가지 방안이지만, 적응 능력을 더 갖춘 지속 가능한 기업을 구축하는 것이 더 나은 접근이다. 기술 부채를 품질 문제가 아닌 지속 가능성 문제로 접근한다면 어떨까?

오늘날 기업이 생존하고 번영하려면 그림 8.2에서 나타난 세 가지 상위 수준의 민첩성(agility) 성공 지표에 대처해야 한다. 고객 가치(만족도)를 일관되게 전달하고, 비즈니스 이익(투자 수익률, 매출 성장)을 촉진하며, 지속 가능한 (적응형) 기업을 만들어야 한다. 앞서 말한 문장에서 '민첩성'이라는 용어를 사용한 데 주목하라. 애자일 방법론은 나타났다가 사라질 수 있지만 기업의 민첩성이 필요하다는 점은 변하지 않을 것이다.

실행의 시대(execution age)[14]에는 생산성과 재무적 측정이 지배적이었다. 전문성 시대(expertise era)에는 생산성에서 효율성 측정으로 전환되

---

14 (옮긴이) 기업이 규모를 창출하는 데에 집중하던 시기를 의미한다.

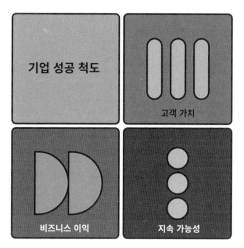

그림 8.2 기업의 성공적인 민첩성 측정 기준 세 가지

었다.[15] S&P 500 기업[16] 중 인수, 파산, 급격한 하락을 겪는 기업 수가 꾸준히 증가하고 있는 것을 돌아보면, 변화의 시기에 전통적인 재무 측정에 의존하는 데 대해 의문을 품지 않을 수 없다.

디지털 트랜스포메이션을 위한 프레임워크 구축의 다음 구성 요소는 '핵심 역량으로서의 기술'이다.

'핵심 역량으로서의 기술'

소트웍스에서 만든 문구인 '핵심 역량으로서의 기술'은 비즈니스의 핵심이 되는 기술의 중요성을 나타낸다.

> "'핵심 역량으로서의 기술'은 어떤 비즈니스를 하든 기술이 곧 비즈니스라는 의미이다."
>
> — [Highsmith, Luu, Robinson, 2020, p. 22]

---

15 성공의 척도에 대한 이 논의에서는 재무적 측정이 중요하다고 가정하므로 재무적 측정에 대해서는 자세히 다루지 않는다.
16 (옮긴이) S&P 500은 미국에서 상장된 500개 대형 기업의 주가 지수이다.

기업 리더, CEO를 포함한 모든 계층은 기술에 능숙해야 한다. 2017년 연구[Guo, 2017]에서 소트웍스는 "용기 있는 경영진은 기술의 핵심을 잘 파악하는 것이 중요함을 알고 있다. 54%는 기술에 대한 깊은 이해를 갖추었으며 놀랍게도 57%는 코드를 작성한 경험이 있다."라고 밝혔다.

기술 비용과 효율성이 중요하나? 그렇다. 그것이 성공을 결정할까? 그렇지 않다. 전략적인 목표 수립에서 이니셔티브 실행으로 넘어갈 때 적응력과 속도가 성공을 결정한다. 고객 가치가 운영 모델을 주도한다. 적응력과 속도가 가치 목표 달성의 효율성을 결정한다.

적응력에 대한 사례는 많이 나왔지만 속도는 어떨까? 속도는 사람들을 곤경에 빠뜨리는 것으로 알려져 있다. 하지만 속도를 어떻게 추구하느냐가 차이를 만든다.

> 코로나-19 이전에도 세상의 속도가 빨랐다면 이제는 시간의 여유가 완전히 사라진 것 같다. 1~3년 단위로 디지털 전략을 수립하던 기업들은 이제 며칠 또는 몇 주 만에 이니셔티브를 확장해야 한다.
>
> — [Blackburn 외, 2020]

특정 작업을 얼마나 빨리 수행하는지가 아니라 고객 가치를 창출하는 일련의 작업을 얼마나 빨리 수행하는지가 중요하다. 큰 주기, 즉 콘셉트부터 수익화까지의 주기와 이를 구성하는 짧은 주기들 그리고 주별 소프트웨어 납품 주기가 있다.

속도와 품질을 모두 높게 유지하려면 제품의 지속적인 가치 흐름을 측정해야 한다. 소프트웨어 배포 시스템은 긴 프로젝트가 끝날 때뿐 아니라 시간이 지날 때마다 가치를 조금씩 창출해야 한다. 기술적 품질은 경영진의 공감을 얻지 못할 수 있지만, 지속적인 가치 제공을 위한 주기 단축은 경영진의 공감을 얻는다.

소트웍스에서 내가 맡은 업무 중 하나는 경영진에게 기술이 의미하는 바를 전달하는 것이었다. 예를 들어 기술 스택의 복잡성에 관한 기사가 있었다.

2015년에 마이크 메이슨(소트웍스 글로벌 기술 책임자), 닐 포드(소프트웨어 아키텍트 겸 밈 관리자[17]) 그리고 나는 경영진이 이해해야 할 기술 문제를 다룬 「Implications of Tech Stack Complexity for Executives」라는 제목의 기사를 작성했다. 이 글에서 지난 10년간 기술 스택의 복잡성이 얼마나 증가했는지 설명했다. 우리는 일련의 질문을 던졌다. 어떤 기술들을 모니터링하고 있는가? 어떤 것들을 실험하고 있는가? 어떤 것들을 제쳐 두고 있는가? 어떤 것들을 받아들이고 있는가? 15년 전에는 클라우드 컴퓨팅, 빅 데이터, 소셜 미디어의 영향을 거의 예상하지 못했다. 2005년에는 소프트웨어 기술 스택(특정 작업을 수행하는 데 사용되는 프로그램 계층)이 5개의 구성 요소를 가지기도 했다. 하지만 오늘날에는 이러한 스택이 15개 이상의 구성 요소를 포함하는 경우가 자주 있다. 내가 시작한 때에는 기술 스택에 IBM 360 운영 체제와 코볼 컴파일러가 포함되어 있었다. 2015년의 스택에는 다음과 같은 구성 요소가 포함될 수 있다.

- 플랫폼: 마이크로소프트 나노 서버(Nano Server), 데이스(Deis), 패스틀리(Fastly), 아파치 스파크, 쿠버네티스
- 새로운 도구(매주 새로 추가됨): 예를 들어 도커 툴 박스, 깃로브(Gitrob), 폴리, 프로메테우스, 슬리피 퍼피(Sleepy Puppy)

---

17 (옮긴이) 밈(meme) 관리자는 밈을 선택하고 수정하여 특정 커뮤니티나 대중에게 전파하는 역할을 수행하는 사람을 의미한다.

- 프로그래밍 언어 및 새로운 프레임워크: 낸시, 액슨(Axon), 프레게 (Frege), 트래블링 루비
- 고급 기술: 데이터 레이크, 깃플로(Gitflow), 플럭스(Flux), NoPSD

'핵심 역량으로서의 기술'은 2015년에 마이크, 닐, 내가 쓴 글과 같은 기사를 경영진이 주목해야 한다는 의미다. 경영진은 기술 스택 복잡성의 파급 효과를 이해해야 하는 사람들이기 때문이다. 단일 공급업체 솔루션은 구식이고, 팀 구성과 조직 구조는 변화해야 하며, 소프트웨어 제공 역량 구축은 점점 더 어려워지고 있다.

EDGE 운영 모델

강력한 디지털 비즈니스 전략은 방향을 제시하지만 소트웍스의 변화 전문가들은 전략과 실제 행동 사이에 큰 격차가 있다는 사실을 발견했다. 기업은 전략을 만드는 과정에 시간을 많이 투자했지만, 그 후에 실제 행동과 연결하는 일을 어려워했다. 우리는 두 가지 요인이 이 문제에 영향을 주는 것으로 확인했는데, 연결을 위한 효과적인 전략과 조직 구조의 관성이었다.

EDGE 개발 초기에 소트웍스 팀(팀원들과 이야기를 나눴지만 나는 팀원은 아니었다)이 한 통신사 고객과 함께 린 가치 트리(그림 8.3)를 사용하여 전략에서 실행까지의 프로세스를 평가했다.[18] 그들은 디지털 제품 책임자로부터 평가를 시작했다.

팀(소트웍스 및 고객사 담당자)은 현재 진행 중인 작업을 비즈니스 목표에 매핑해 보니 목표가 그 중요성을 나타내지 못한다는 사실을 발견했다. 예를 들어 '시장 점유율 20% 달성'은 고객에게 어떤 이점이 있

---

18 이 그림과 고객 사례는 원래 [Highsmith, Luu, Robinson, 2020]에 실린 내용이다.

린 가치 트리

비전: 전체 비전은 투자의 기본 방향을 설정한다.

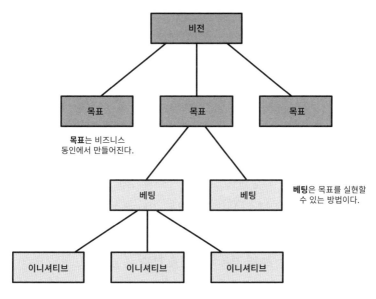

그림 8.3 린 가치 트리 구조

는지 나타내지 못했다. 팀은 목표를 고객 성과 기준으로 재구성했다. 예를 들어 '시장 점유율 20% 달성'은 '고객이 한곳에서 지상파 생방송과 인터넷 TV를 모두 원활하게 시청할 수 있도록 지원'으로 바뀌었다.

팀은 이 활동을 통해 세 가지를 배웠다.

- 고객 성과 측면에서 조직 목표를 명확히 함으로써 각 투자의 가치가 무엇인지, 왜 조직에 중요한지 명확해졌다.
- 진행 중인 모든 업무를 시각화해 가장 중요하지 않은 이니셔티브에 너무 많은 자금이 지원되고 있음을 확인할 수 있었다. 그 결과 포트

폴리오를 재조정할 수 있는 기회가 생겼다.

- 초기 포트폴리오 검토를 타임박스화함으로써 EDGE 적용의 가치를 입증하고 포트폴리오 소유자, 사업부 책임자, 최고 디지털 책임자와 함께 이 작업을 지속하기 위한 사례를 구축할 수 있었다.

궁극적인 질문은 어디에 투자해야 하는가였다. 첫째, 팀은 비즈니스 비전과 전략을 목표·베팅·이니셔티브의 린 가치 트리로 명확히 표현했다. 둘째, 실행 가능하고 결과 지향적인 성공 척도를 개발하여 끝이 아닌 전달 프로세스가 전개되는 동안의 진행 상황을 나타냈다. 셋째, 이러한 성공 척도의 상대적 가치를 사용해 업무 우선순위를 정했다. 상대적 가치를 계산해 작업 우선순위를 정하면 기존의(그리고 일반적으로 정확도가 떨어지는) 투자 수익률 분석보다 시간이 덜 걸리고 비즈니스 이익보다는 고객 결과에 초점을 맞출 수 있다.

린 가치 트리 개념에서 '트리(tree: 나무)'라는 단어는 중요한 의미를 지닌다. 나무는 줄기(비전)에서 발달하는 가지를 가지고 있다. 나무는 환경 조건에 따라 변화하고 적응하는 살아 있는 존재이다. 린 가치 트리는 먼지가 쌓인 채로 책상 뒤 책꽂이에 꽂힌 계획 문서가 아니다. 그 대신 조직 내 모든 사람이 이를 가리키며 "우리는 그 길로 가고 있으며 그 이유를 이해합니다."라고 말할 수 있는 리더십의 미래 비전이다. 잘 수행되었을 때 이 도구는 전략적인 계획과의 전통적인 격차를 줄이고 경영진이 이해할 수 있으며 각 가치 흐름에서 비즈니스를 일상적으로 이끄는 사람들의 의사 결정에 영향을 미친다.

디지털 조직으로의 전환을 지켜보는 것은 도미노의 연쇄 반응을 보는 것과 같다. 도미노 하나가 넘어지면 또 다른 도미노가 넘어지고 그 도미노는 또 다른 도미노를 넘어뜨리며 끝없는 연쇄 반응을 일으킨다. 고객 가치를 주요 비즈니스 목표로 수용하고 그 목표를 지속적으로 달성하는 데 필요한 속도와 적응력을 구축하면 IT에서는 '프로젝트에서 제품으로', 기업에서는 '개별에서 흐름으로'라는 또 다른 도미노가 이어진다.

린 기법의 가치 흐름 매핑은 고객으로부터 시작해 조직이 가치를 효과적으로 전달하는 방법을 분석하는 데 도움이 되었다. 린 개념은 조직의 기능적 관점(마케팅, 제조, 회계)에서 프로세스 관점(주문부터 배송까지 제품의 흐름)으로 이어졌다. 최신 기술(지속적 배포)과 조직적 협업(데브옵스)은 애플리케이션과 기능을 주기에 따라 제공하지 않고 끊임없이 제공할 수 있는 역량을 제공한다.

제품 전달 팀은 제품 개선에 대한 최신 아이디어부터 유지 보수 항목에 이르기까지 제품의 모든 측면을 전담한다. 기존 관점에서 프로젝트는 구현하고 제공해야 할 기능 모음 그리고 일정 기간 내에 기능 집합을 완료하기 위해 모인 프로젝트 팀으로 구성되었다. 프로젝트가 완료되면 팀은 해체되었다. IT 및 소프트웨어 회사를 포함한 대부분의 조직에는 사소한 개선 사항과 버그를 처리하는 유지 보수 그룹이 있었다.

제품 전달 팀은 제품 요구 사항에 따라 규모를 확장, 축소, 변경할 수 있지만 프로젝트 팀처럼 해체되지는 않는다. 이러한 제품 팀은 제품의 전체 수명 주기에 영향을 미치는 우선순위 결정을 내린다. 제품 팀은 지속적인 가치 흐름을 창출하고 신규 고객 가입부터 기존 고객의 제품 이탈에 이르기까지 엔드투엔드 고객 경험을 관리할 책임이 있다. 본질적으로 제품 팀은 특정 프로젝트 결과물이 아니라 지속적인 가치 흐름에 대한 책임을 지게 되었으며, 따라서 프로젝트 중심에서 제품 중심으로 관점이 전환되었다.

디지털 전략을 실행하는 기업도 비슷한 경로를 따라야 한다. 즉, 고객과의 총체적인 경험에 대해 생각하고 개별적인 제품 판매가 아닌 가치 있는 고객 경험을 지속적으로 제공할 수 있는 프레임워크를 구축하는 방법을 고민해야 한다.

언픽스 조직 모델

변화하는 운영 모델에는 유연하고 역동적인 조직 모델이 필요하다. 2010년에 유르헌 아펠로는 《매니지먼트 3.0》을 출간해 애자일 경영 분야에 신선한 바람을 불러일으켰다. 유르헌은 스크럼을 도입한 중소 기업의 CIO였다. 이전 중간 관리자였을 때 그는 경영진의 역할이 무엇인지에 대해 잘 알지 못했기 때문에 그 간극을 메우기 위해 《매니지먼트 3.0》을 저술했다.

매니지먼트 3.0 프레임워크는 이론적이면서도 실용적이었다. 일련의 워크숍과 매력적인 실습, 같은 제목의 책을 통해 유르헌은 사람들에게 공감형 리더가 되는 방법을 보여 주었다.

2022년 초, 유르헌은 최신 기업 경영 시도로서 '언픽스'를 선보였다. 이는 조직 설계에 대해 유기적인 방식으로 생각하는 방법이다. 그는 애자일 개발을 확장하는 접근 방식 중 현재 가용한 방식들이 적응성(또는 혁신)을 지원하지 않는 전통적인 조직 구조에 과도하게 의존하는 데 대해 우려를 표했다.

언픽스 모델은 조직의 디지털 트랜스포메이션 활동에서 핵심적인 부분을 설명한다. 애자일 사고방식을 가지고 있더라도 조직을 어떻게 구성해야 변화에 빠르게 적응할 수 있을까? 사실 어떤 복잡한 문제에 대한 해답은 레고에서 찾을 수 있다! 언픽스를 확장 프레임워크가 아니라 조직의 레고라고 생각하라. 이는 조직을 유기적으로 성장시키는 방법을 생각하는 패턴이다. 그러면서도 다양한 감각적 입력의 변화에 대응할 수 있는 능력을 유지할 수 있다.

그림 8.4에 설명된 언픽스 접근 방식으로 속도와 혁신을 장려하는 다목적 조직을 설계할 수 있다. 기존 계층 구조와 매트릭스 조직에서는 위기나 기회에 직면했을 때 자체 관리 팀만이 신속하게 대응할 수 있기 때문에 속도가 빠르지 않다. 언픽스 모델은 프로세스를 제공하지 않는다. 그 대신 조직 설계 패턴을 제공하는 것을 목표로 한다. 가치 흐름 크루는 제품 또는 제품 라인을 담당하고 다른 유형의 크루는 이를 지원한다.

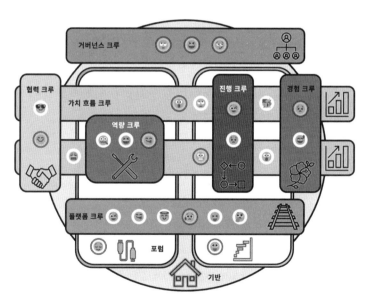

그림 8.4 유르헌 아펠로의 언픽스에 따른 조직 비구조화(유르헌 아펠로 제공)

언픽스에서 레고 블록에 해당하는 것은 가치 흐름, 역량, 기반, 경험, 거버넌스 등의 이름을 가진 크루이다. 각 크루에는 캡틴이 있다. 소규모 조직이나 프로젝트에는 기본, 가치 흐름, 거버넌스 등 몇 가지 유형의 팀원만 필요할 수 있다. 조직이나 프로젝트가 성장함에 따라 전문화된 크루를 추가할 수 있다.

이 점을 다시 한번 강조하고 싶다. 언픽스는 프로세스 가이드가 아니라 조직 구조 가이드이다. 같은 조직에 속한 두 가치 흐름 팀이 칸반과 스크럼이라는 서로 다른 두 가지 프로세스를 사용할 수 있다. 거버넌스 팀이 서로 다른 포트폴리오 우선순위 지정 방법을 사용할 수도, 같은 방법을 사용할 수도 있다.

대규모 조직 전체에 애자일 방식을 구현하는 것과 대규모 제품(예: 자율 주행차 제품)에 애자일 방식을 구현하는 것, 두 가지 범주의 확장은 거의 구분되지 않는다. 하지만 각 확장에는 고유한 조직 구조가 필요하다. 언픽스는 두 가지 모두를 처리할 수 있다. 애자일 방식은 오랫동안 가치 중심적이고 협력적이며 스스로 조직하고 자급자족하는 팀을 구축하는 데 중점을 두어 왔다. 이제 동일한 특성을 통합하는 조직을 구성하기 위한 가이드를 설명하겠다.

2022년 중반에 유르헌 아펠로와 그의 작업에 대해 대화를 나눴다.[19]

소프트웨어 개발 경력은 어떻게 되나?

컴퓨터 과학에서 소프트웨어 공학으로 학위를 취득했다. 프로그래밍을 즐기기는 했지만 금융, 마케팅 및 일반 비즈니스 주제 같은 좀 더 넓은 영역에도 흥미가 있었다. 1990년대에는 새로운 소프트웨어 개발 주제를 다루는 강좌가 필요하다

---

19 유르헌의 웹사이트: *https://unfix.com/*

고 생각했기 때문에 강의 자료를 개발하고 제공하는 회사를 창업했다. 나는 금세 싫증을 느끼는 성격이어서 자료 개발은 즐거웠지만, 동일한 강의를 계속해서 전달하는 것은 그리 매력적이지 않았다. 새로운 강좌를 개발하는 동안 다른 사람들을 강의에 참여시켜서 가르치도록 했다.

그다음에는 무엇을 했나?

2000년 한 중견기업의 CIO가 되어 10년간 근무했다. 31명으로 시작했는데 내가 그만두기 전에 200명으로 늘어났다. 당시 나는 당신이 쓴 책을 포함한 모든 애자일 관련 서적을 읽고 스크럼을 우리 부서에 도입했다. 중간 관리자를 향한 애자일의 논지는 '방해하지 말라'였는데, 내 입장을 존중하지 않는 것 같아서 애자일 부서에서 관리자의 역할이 무엇인지 고민하기 시작했다. 이 생각은 2010년에《매니지먼트 3.0》을 출간하는 결과로 이어졌다. 어떻게 된 일인지 마이크 콘이 내 책을 일찍 알게 되어 애디슨 웨슬리 시그너처 시리즈[20]로 출판하자고 제의했고 기꺼이 응했다.

언픽스 조직 모델은 어떻게 진화했나?

앞서 말했듯이 나는 쉽게 지루함을 느끼는 편이라 매니지먼트 3.0 워크숍 사업을 매각하고 다음 큰일을 찾기 시작했다. 학습에 게이미피케이션(gamification)[21] 기법을 활용하는 방법을 연구했고, 조직 설계에 대해서도 살펴봤다. 매니지먼트 3.0의 발전과 마찬가지로 조직은 민첩성을 확장하려고 시도했지만 SAFe와 같은 프레임워크는 너무 구조화되어 있었다. 조직이 확장됨에 따라 애자일의 핵심인 적응성을 잃게 되었는데 언픽스는 이를 해결한다.

---

20 (옮긴이) 애디슨 웨슬리는 마틴 파울러, 켄트 벡 등 유명 개발자 겸 저자의 이름을 내건 시그너처 시리즈를 출간하고 있다. 마이크 콘 시리즈 도서 목록은 다음 주소에서 살펴볼 수 있다: *https://www.informit.com/imprint/series_detail.aspx?ser=4255380*

21 (옮긴이) 게임 요소를 비게임 환경에 적용하여 사용자들의 참여와 관심을 유발하는 기술 또는 전략을 의미한다.

언픽스라는 이름은 어디서 유래했나?

흥미로운 질문이다. 나는 SAFe에 열광하지는 않지만 그들의 마케팅에 감탄한다. 이 이름은 안전(safe)을 유지한다는 그들의 사명을 잘 전달한다.[22] 나는 역동적이고 혁신적이며 탐구하는 사고방식이라는 올바른 신호를 전달할 수 있는 이름을 원했다. 이름에서 'ix'는 혁신(innovation)과 경험(experience)을 나타낸다. 조직의 고정된 부분을 시스템적으로 해체해서 '고칠 수 있다'는 의미를 담고 싶었다. 그림 8.4에서 색상과 웃는 얼굴도 중요하다. 심각한 주제의 심각하지 않음을 의미한다.

언픽스가 어디로 갔으면 좋겠나?

언픽스가 조직을 위한 SAFe나 스포티파이(Spotify)[23] 같은 프레임워크의 대안이 되었으면 한다. 홀라크라시(Holacracy)[24]가 대안으로 언급되기도 하지만 대부분의 사람에게는 다소 생소하고 그 이름도 도움이 되지 않는다. 나는 조직이 빠르게 적응할 수 있도록 조직을 위한 레고 블록을 제공하고 싶다. 조직을 위해 가능한 한 간단하게 만들고 싶다. 가능한 한 가장 단순한 것부터 시작해서 필요에 따라 추가하되 혁신과 적응력을 방해하지 않을 정도로만 추가하고 싶다. SAFe는 그 반대의 접근 방식을 취하여 너무 많은 주제를 추가한 다음 사용자에게 필요하지 않은 것을 '제거'하도록 요청한다(RUP를 기억하나?).

애자일 팀이 성공하려면 팀원들이 애자일 사고방식, 애자일 프로세스, 적절한 기술과 경험을 갖춰야 한다. 여러 팀으로 구성된 조직의 경우 '충분한 구조보다 조금 더 적은 구조'를 추가해야 한다. 유르헌의 언픽스 모델은 이를 달성하기 위한 빌딩 블록 방식을 제공한다. 혼돈의 가

---

22 (옮긴이) SAFe 표기와 영어 단어 'safe'의 철자가 같은 데서 고안된 마케팅이다.
23 (옮긴이) 애자일 방법론의 스케일링 모델로 팀 간 협업, 투명성, 간결함을 강조하여 조직의 규모 확장을 지원한다.
24 (옮긴이) 조직의 위계질서를 없애고 모든 구성원이 동등한 위치에서 업무를 수행하는 제도를 말한다. 경영진을 뺀 나머지는 모두 직급상 수평적으로 같기 때문에 조직 파괴에 가깝다.

장자리에서 균형을 잡을 수 있을 정도의 구조가 필요하지만 그 이상은 필요하지 않다. 언픽스에 대한 직접적인 경험은 없지만, 유르헌과의 대화와 독서를 통해 그가 올바른 길을 가고 있다고 생각한다.

공감하고 적응하는 리더십

경영 이론들이 발전하면서 소프트웨어 개발에 수년간 많은 영향을 미쳤다. 애자일 운동은 이후 변화에 필요한 지지와 리더십을 제공했다. 이 글은 경영 서적이 아니기 때문에 그 길을 선도하는 데 중요한 역할을 한 몇몇 주요한 의견을 선별해서 소개하겠다. 보다시피 우리는 전통적인 지휘-통제, X 이론, 최적화 관점의 관리에서 공감을 불러일으키는 현대적인 리더십-협력, Y 이론, 언픽스, 공감, 애자일, 적응적 리더십으로의 전환을 조심스럽게 이루어 나가고 있다.

　산업화 시대의 조직 구조나 문화로는 혁신을 이룰 수 없다. 리타 맥그래스[McGrath, 2014]는 이 새로운 경영 시대를 공감 기반 시대라고 정의한다.

> 다른 이들도 우리가 새로운 비즈니스 사고와 실천의 시대에 접어들 준비가 되었다고 느끼고 있다. 내 시각에서는, 이는 명령 라인이 아닌 네트워크를 통해 작업이 이루어질 때, '일' 자체에 정서가 가미되어 있을 때, 관리자가 자신과 함께 일하는 사람들을 위한 공동체를 만들 책임을 져야 할 때, 관리는 어떠해야 하는지 답을 찾아내야 한다는 것을 의미한다. 오늘날 관리자들에게 요구되는 것이 실행보다는 공감(실행 이상의, 전문 지식 이상의)이라면 우리는 이런 질문을 해야 한다. 어떤 새로운 역할과 조직 구조가 좋을까? 그리고 성과 관리는 어떻게 접

근해야 할까? 리더가 '기둥'으로서 기능하는 데 필요한 것은 무엇이며, 다음 세대 관리자들은 어떻게 교육되어야 할까? 관리에 관한 모든 질문이 다시 제기되고 있으며 우리는 가능한 한 빨리 답을 찾아야 한다.

트레이시 바우어[Bower, 2021]는 "공감은 긍정적인 관계와 조직 문화에 기여하고 성과를 창출하는 데도 도움이 된다. 공감이 완전히 새로운 기술은 아니지만 그 중요성은 새로운 차원에 이르렀으며, 새로운 연구를 통해 공감이 현재와 미래의 업무에서 개발하고 발휘할 수 있는 리더십 역량이라는 점이 특히 명확해졌다."라고 한다. 공감하는 리더는 다른 사람의 입장이 되어 그들의 생각, 두려움, 승리에 대해 깊이 이해한 바를 알려 줄 수 있다. 공감형 리더의 한 예는 2002년에 내가 켄트 벡과 인터뷰한 내용을 통해 설명할 수 있다.[25]

복잡 적응계 이론에 관심을 갖게 된 계기는 무엇인가?

복잡 적응계 이론에는 세상에서 어떻게 행동해야 하는지에 대해 아주 간단한 설명이 있다. 일련의 규칙을 찾아서 그에 따라 행동하고 결과를 측정하고 규칙을 조정하는 것이다. 이 규칙을 실제로 받아들이면 매우 자유로워진다. 모든 것을 감독할 필요도 없고 모든 기술적 결정을 내릴 필요도 없다. 사실 리더가 기술적인 결정을 내리는 정도에 따라 팀의 역동성을 망칠 수도 있다.

하지만 때때로 사람들은 당신이 결정을 내리기를 원하는데 당신은 이를 거부해야한다.

그렇다! 누군가가 당신의 사무실로 들어와 결정을 요청했다. 당신은 그들에게 "어떤 대안이 가장 좋다고 생각하나요?"라고 물어본다. 그들은 모르겠다고 대답한다. "음, 모르겠다면, 둘 다 시도해 보고 어떤 결과가 나올지 봐야겠군요."라고 대답해

---

[25] 이 부분은 《ASDE》[Highsmith, 2002] 책에 실린 켄트와의 인터뷰를 편집한 것이다.

보라. 그들이 그렇게 많은 시간을 들이고 싶어 하지 않을 때 그냥 하나를 선택하도록 유도하라.

이러한 상황에서 통제 지향적인 관리자는 사람들이 결정을 내리기를 꺼린다는 점을 이용해 관리자가 결정을 내려야 한다는 의견을 강화하는 경우가 많다. 의사 결정을 유보하면 모두가 새로운 운영 방식을 배우는 데 도움이 된다.

그러다가 크라이슬러의 C3 프로젝트에서 나는 훨씬 더 손을 떼려고 노력했다. 기술적인 결정은 하나도 내리지 않으려고 했다.

좋은 환경을 조성하기 위해 노력하고 있었나?

맞다. 론 제프리스와 나는 초기 조건을 설정하고 그 후에 미세 조정만 하려고 노력했다. 영웅은 없었다. 백마를 타고 나타나는 켄트도 없었다. 이건 내게 있어서 가치 체계의 큰 변화였다. 나는 자신감이 있었고 회사에서 가장 뛰어난 객체 전문가였다고 생각했다. 하지만 그것을 의도적으로 포기하고 그런 것이 내게 가치를 부여하지 않는다고 말해야 했다.

이러한 관리 방식의 문제점 중 하나가 사람들에게 성공이 거의 우연처럼 보인다는 점이다.

스탠퍼드 선형 가속기 연구실에서 근무할 때 최고의 관리자를 만났다. 나는 제어실에서 일했다. 이 사람은 히스킷[26]을 만드는 데 모든 시간을 보냈다. 그가 게으르다며 왜 이것저것 하지 않느냐고 모든 사람이 불평했다. 하지만 모든 것이 항상 제시간에 맞춰 이루어졌고 부품이 필요하면 바로 구할 수 있었다. 성격 충돌도 즉시 해결되었다. 난 그때 내가 20대가 아니었다면 그가 정말 완벽하다는 것을 인정하

---

26 1970년대 이후에 태어난 사람들은 조립형 전자 제품 키트로 기억하고 있을 것이다. 라디오와 같은 것을 조립했다.

고 감사했으리라고 항상 생각한다. 그는 모든 것을 완벽하고 원활하게 운영했다. 그래서 그것이 내 코치로서의 미학이다. 내가 모든 일을 완벽하게 한다면 내가 한 일이 팀에 전혀 보이지 않을 것이다. 팀은 "우리가 이것을 했다."라고 말하게 될 것이다.

그건 어려운 일이다. 당신이 생각하는 리더가 총알이 날아다니는데 죽음을 무릅쓰고 산 후안 고지로 돌격한 테디 루스벨트라면[27] 이렇게 운영하는 것은 불가능하다. 자기 조직적인 방식으로 운영되는 팀에 그런 유형의 지도력을 주입하면 조직의 조화가 깨진다.

켄트는 중요한 점을 언급한다. 테디 루스벨트가 산 후안 고지로 돌격하는 모습과 켄트 벡이 함께 일했던 보이지 않지만 성공적인 관리자 스타일 사이의 차이는 크다. 중요한 질문은 다음과 같다. 어떤 것이 더 나은가? '최고'의 리더십 스타일이 있다면 왜 명확하지 않을까? 왜 우리는 지도력에 관한 책들을 계속해서 쏟아 내는 걸까? 사실 단 하나의 최고 스타일은 없다. 관리자들은 기본 가치를 기반으로 조건에 따라 스타일을 바꿔 나가야 한다.

시대 소견

애자일 방법론을 조직에 구현하는 것을 넘어 디지털 트랜스포메이션 시기에 디지털 기업이 된다는 것이 무엇을 의미하는지 탐구했다. 이는 마치 '프라이팬에서 불 속으로 뛰어든다'[28]는 속담과 같았다. 우리는 두 번째, 세 번째 단계의 리더들과 함께 일하던 것에서 CIO, CEO, 맥킨지

---

27 (옮긴이) 미국-스페인 전쟁(1898) 기간 벌어진 전투 중 하나로 테디 루스벨트는 이 전투에서 러프 라이더(Rough Rider)라는 의용군 기병대를 이끌었다. 종전 후 루스벨트는 뉴욕 주지사와 부통령을 거쳐 미국 26대 대통령에 취임했다.
28 (옮긴이) 어려운 상황에서 더 어려운 상황으로 옮겨 가는 것을 비유적으로 나타내는 표현이다.

수준의 전략 컨설팅 회사와 협력하는 단계로 나아갔다.

2010년도 초에 CEO들은 ICT와 디지털 엔터프라이즈 전략에 대해 관심이 높아졌다. 기업 경영진은 디지털 전략을 개발했지만 전략에서 운영 모델로의 전환이 부재하다는 것을 알게 되었다. 이전의 ICT 혁신을 되돌아보면서 그들은 이제 모험적이고 불순응적인 태도를 취해야 할 때라는 점을 분명히 알게 되었다. EDGE, 언픽스, SPARKS[Augustine, 'Business Agility SPARKS']는 이러한 요구에 부응하여 안전하고 전통적인 것을 넘어서는 방법과 방법론을 제시하기 위해 개발되었다.

오늘날 기업은 디지털 트랜스포메이션을 달성하는 것이 아니라 디지털 트랜스포메이션이 되어 가는 것을 추구해야 한다. 달성은 한 단계의 완성을 의미하지만 되어 가는 것은 지속적인 상태를 의미한다. 지난 60여 년 동안 변화의 속도와 유형이 증가함에 따라 조직은 다음과 같은 영역에 대응하여 지속적으로 적응해야 했다.

- 성공의 척도: 성과 측정은 변화를 주도하거나 제한할 수 있다.
- '핵심 역량으로서의 기술': 디지털화에는 비즈니스 기술 파트너십이 필요하다.
- 운영 모델: 전략과 실행을 연결한다.
- 조직 모델: 빠르게 변환 가능한 구조 만들기
- 공감 경영: 디지털 시대에 적합한 경영

이 다섯 가지 아이디어는 '애자일하게 행동하기'를 위한 실천을 지향한다. 9장에서는 리더에게 '애자일'이 무엇을 의미하는지 나타내는 측정 가능한(평가 가능한) 행동을 확인한다.

한동안 출장과 근무 시간을 줄인 후 나는 2021년 초 소트웍스에서 은퇴했다. 하지만 전 동료들과 계속 교류하면서 "한 번 소트워커는 영원한 소트워커"라는 다른 소트웍스 퇴사자들의 말을 이해하게 되었다. 일은 계속되고 여전히 재미있다.

9

미래 준비하기

2022년 아버지의 날[1]에 내 막내딸이 햇볕에 물든 산의 풍경과 "새로운 관점으로 생각하라: 정해진 틀은 필요 없다(Think Outside: No Box Required)."라는 구호가 들어간 밝은 빨간색 티셔츠를 선물해 주었다. 내가 "틀에 박힌 사고에서 벗어나라(think outside the box)."라는 진부한 표현을 별로 좋아하지 않은 이유는 아마도 나 자신이나 다른 사람들을 처음부터 틀 안에 가둬 두는 것을 좋아하지 않아서일 것이다. 나는 앞에 있는 구절은 좋아한다. 그 구절에는 두 가지 의미가 내포되어 있기 때문이다. 바로 다음 야외 모험에 대해 생각하거나 현재의 사고에서 벗어나 생각하는 것이다. 이는 신체와 정신 양면을 포함한다.[2]

2022년 현재, 우리는 변화 속도가 빠를수록 미래를 예측할 확률이

---

1 (옮긴이) 미국에서는 6월 셋째 주 일요일이다. 어머니의 날은 별도로 지정되어 있으며 5월 둘째 주 일요일이다.
2 스탠퍼드 대학교와 컬럼비아 대학교 교수인 심리학자 바버라 트버스키는 언어가 아닌 움직임이 사고의 기초가 된다는 인간 인지 이론을 제시한다.

낮아지는 '뒤죽박죽인 단속 평형 상태'에 놓여 있다. "이러한 상황에서는 우리가 나아갈 길을 탐색하기 위해 다른 방법이 필요하다."[Courtney 외, 1997]. 미래에 생존하고 번영하기 위해서는 미래를 부지런히 준비해야 한다. 윈스턴 처칠이 말한 것처럼 과거로부터 배우는 것도 부지런함의 일부이다.

역사에서 배우지 못하는 사람들은 그 역사를 반복할 수밖에 없다.[3]

나는 처칠의 발언을 이 책의 맥락에 맞게 수정했다.

역사의 역할은 미래를 예측하는 것이 아니라 미래를 대비하는 것이다.

왜 역사일까?

윈스턴 처칠의 역사 지식(그가 쓴 6권으로 구성된 2차 세계 대전사는 노벨 문학상을 수상했다)은 영국의 2차 세계 대전 전략에 큰 영향을 미쳤다. 조지 패튼 장군은 펠로폰네소스 전쟁부터 1차 세계 대전까지 군사사를 열심히 공부했으며, 유명한 역사적 전투의 맥락에서 2차 세계 대전의 전투 계획을 구성했다. 세계사와 군사사에 대한 지식은 처칠과 패튼이 현재의 행동 방침을 결정할 수 있는 역사적 틀을 제공했다.

마찬가지로 저명한 역사학자인 월터 아이작슨[4]은 미래의 유망한 기술이자 위험이 될 수 있는 두 가지 핵심 기술, 바로 정보 기술과 유전자 접합의 역사에 대한 지식을 제공한다. 아이작슨의《스티브 잡스》(2011)와《코드 브레이커》(2021)는 이 두 주제를 다룬 저작이다. 정보 및 유전자 접합 기술과 이를 주도한 선구적인 인물에 대한 역사적 지

---

3   1943년 하원 연설로, 철학자 호르헤 산타야나의 말을 바꾸어 표현한 것이다.
4   (옮긴이) 하버드 대학교에서 역사와 문학을 전공했고 한국에서는 전기 작가로 더 잘 알려져 있다.

식이 없다면 혼란스러운 미래에 대한 준비는 표면적일 수밖에 없다.

『와이어드』의 전 편집자 케빈 켈리는 자신의 웹사이트에 '어떻게 미래를 예측할 것인가'라는 글을 게시하면서 '대부분의 미래학자들은 실은 현재를 예측하고 있다'고 선언했다. 경제, 정치, 건강의 단속 평형 시기를 살고 있다면 미래를 예측하는 것이 무의미해 보인다. 우리는 미래를 예측하고 계획하는 데에서 나아가 어떤 일이 일어나더라도 적응할 수 있는 플랫폼을 구축해야 한다. 소프트웨어 개발의 진화는 이러한 플랫폼의 일부이다. 역사는 날짜, 이름, 장소뿐 아니라 사건이 왜 그렇게 일어났는지 이해하는 데도 도움이 된다. 이를 통해 우리는 현재를 더 잘 이해하고 미래에 더 나은 정보에 기반한 결정을 내릴 수 있다.

그렇다면 60년간의 소프트웨어 개발 여정을 통해 무엇을 배울 수 있었을까? 그 기간 동안 어떤 일이 있었을까? 이러한 발전을 만들어 낸 선구자들에 대해 무엇을 배울 수 있을까? 이러한 사건과 선구자들에 대해 이해하면 미래를 준비하는 데 어떻게 도움이 될까? 과거에 대해 조사하고 글을 쓰면서 나는 나 자신에 대해 무엇을 배웠나?

이 책을 쓰면서 과거의 일들을 기억하고 맥락에 맞게 정리해 보려고 노력했다. 미래를 준비하려면 단순히 애자일 방식과 방법론이 아니라 애자일 사고방식을 확장해야 한다. 단순한 접근 방식과 정해진 답으로는 개인과 조직의 사고방식을 변화시킬 수 없다. 나는 모험심과 순응하지 않는 태도가 이러한 과제를 해결하는 데 도움이 된다고 생각한다.

소프트웨어 개발이 발전하도록 개척한 사람들은 어떤 사람들인가? 이 책을 쓰면서 즐거웠던 점 중 하나는 10년 또는 30년 동안 연락이 끊겼던 동료들과 다시 연결되었다는 점이다. 그들의 삶에 대해 진작 이야기를 나누어야 했다. 그리고 그때나 지금이나 소프트웨어 개발에 대한 그들의 생각은 매우 귀중한 것이었다.

소프트웨어 개발의 역사는 매끄럽지 않고 울퉁불퉁하기 때문에 흥미진진하다. 하지만 먼저 애자일 개발은 앞으로도 계속될까?

애자일 및 민첩성

이제 점점 더 많은 사람이 "애자일이 제 역할을 다했나? 변화가 필요한 시점인가?"라고 묻고 있다.[5] 내 대답은 (1)"애자일에 대한 정의에 따라 다르다."와 (2)"늘 변화가 필요한 시점이다."이다. 사실 우리는 애자일 개발의 미래에 대해 세 가지 측면에서 질문을 던져야 한다. "기존의 애자일 방법이 쓸모없게 되었는가? 애자일 방법론이 쓸모없게 되었는가? 애자일 사고방식은 쓸모없게 되었는가?" 애자일은 비즈니스 문제와 기술이 변화함에 따라 구조화 시대의 접근 방식에서 진화했다. 인터넷과 같은 기술은 속도와 유연성을 요구하는 새로운 비즈니스 모델에 박차를 가했다. 애자일 개발의 진부함에 대한 질문도 시대적 맥락에서 평가해야 한다. 예를 들어 입력에서 출력까지 걸리는 시간이 12~24시간 범위였던 서부 개척 시대에 애자일 방식이 효과가 있었을까?

첫 번째 질문에 대한 답은 기술 및 소프트웨어 개발 플랫폼의 발전을 고려할 때 비교적 간단하다. 애자일 방법 중 일부는 여전히 적절하지만 일부는 그렇지 않다. 35년이 지난 지금도 여전히 유효한 래리 콘스탄틴의 구조화 시대 개념인 결합도와 응집도를 생각해 보라. 자동화는 다른 방법들이 무의미해지는 과정을 가속화할 수 있다. 예를 들어 《리팩터링》(2018)의 저자 마틴 파울러가 자동 리팩터링 도구를 만든다면, 이후 세대 개발자들은 수동 리팩터링을 더는 배우지 않아도 될 수

---

5   예를 들어 [Cagle, 2019]를 읽어 보라.

있다. 개별적인 방법들은 시대의 맥락이 변함에 따라 등장하고 사라질 것이며 애자일 방법으로 인식되지 않을 수도 있다.

방법론은 비즈니스 문제와 기술 혁신에 모두 대응한다. 누군가는 기존 애자일 방법론에다 기술 발전에 대응하는 방법론을 결합한 새로운 방법론을 내놓을 것이다. 그런 사람들은 새로운 이름으로 장르를 만들어 "엑스캘리버 방법론은 새롭고 현대적이며 애자일의 모든 문제를 해결한다. 최신 가상 현실과 인공 지능을 활용해 고품질 소프트웨어를 훨씬 더 빨리 제공할 수 있다."라고 말할 수도 있다. 어쩌면 납품이 너무 빨라져서 켄 오어의 《The One Minute Methodology》(1990)가 다시 유행할지도 모른다. 그렇게 될 것이다. 애자일리스트들이 구조적 개발과 폭포수 개발의 단점을 지적했던 것처럼 엑스캘리버 지지자들도 애자일의 단점을 지적할 것이다.

3장에서 언급한 내용을 반복할 필요가 있다. 소프트웨어 개발의 진화와 혁명을 살펴볼 때 방법·방법론·사고방식은 모두 각 시대의 문제를 해결하기 위해 진화했으며, 당시 기술에 의해 가능하기도 했고 제약을 받기도 했다는 점을 기억할 필요가 있다.

그렇다면 "애자일 사고방식은 쓸모없어진 것인가?"라는 마지막 질문이 남는데, 이는 "민첩성은 쓸모없어진 것인가?"라고도 표현할 수 있다. 이 책에서 다루는 60년 동안 세상, 기술, 비즈니스, 문화, 음악의 변화 속도가 느려졌다고 느낀 적은 언제인가? 내가 보기에 변화는 선형적일 뿐 아니라 기하급수적인 속도로 끊임없이 빨라져 왔다. 애자일하고 적응력 있는 사고방식의 필요성이 절대 변하지 않을 것이라고는 말하지 않겠지만, 가까운 미래에 그런 변화가 일어날 것 같지는 않다.

애자일이 되고자 하는 조직과 개인이 이러한 역사를 통해 얻은 한 가지 결론은 애자일(agile)이 아니라 민첩성(agility)이 목표가 되어야 한다는 것이다. 민첩성은 사고방식이고 애자일은 일종의 방법론이다. 이러한 차별화에 실패한 조직은 규범적인 애자일 방법론에 머물러 있는 반면, 민첩성을 포용하는 리더는 미래에 성공할 수 있는 가장 좋은 기회를 갖게 된다. 기후 변화, 지정학적 불안, 코로나-19, 러시아-우크라이나 전쟁이 강하게 맞물려서 생긴 미지의 불확실성을 고려할 때 우리는 다윈의 '적자생존'이라는 법칙이 '운 좋은 자의 생존'으로 바뀌는 시대에 접어들고 있으며, 이 경우 민첩성만이 우리에게 남은 유일한 전략적 이점이 될 수 있다.

애자일 사고방식을 달성하는 것은 두 가지 이유로 어렵다. 실천하기 어렵고 정의가 명확하지 않다. 누구도 깊이 자리 잡은 사고 모델을 쉽게 바꾸지 않으며, 설령 바꾼다고 해도 그 모델은 유용하지 않을 것이다. 변화는 하루짜리 워크숍만으로는 부족하다. 애자일 사고방식에 관한 책을 쓴 동료인 길 브로자는 "조직과 관리자가 올바른 사고방식으로 애자일 여정을 시작하려고 해도 많은 사람이 변화의 규모와 복잡성을 깨닫지 못한다."라고 말한다.[Broza, 2015, p. xix].

스티브 데닝은 최근 『포브스』 온라인 기사에서 이러한 사고방식을 꼬집었다.

> 애자일 사고방식은 이론가보다는 실무자의 특성이다. 이론적이고 철학이라기보다는 실용적이고 행동 지향적이다. 애자일 사고방식은 일련의 신념을 넘어 진단을 위한 도구이자 행동의 기반이 된다.[Denning, 2019]

스티브의 설명은 괜찮지만 실행 가능한 내용은 아니다.

사고방식은 《Mindset: The New Psychology of Success》의 저자 캐럴 S. 드웩 같은 심리학자들의 관심 주제였다. 드웩은 확고부동과 성장이라는 두 가지 사고방식이 존재한다고 제안하고 각 사고방식이 우리가 학습하고 세상을 인식하고 의사 결정을 내리는 방식에 어떤 영향을 미치는지 설명한다.

사고방식은 신념 체계로 볼 수도 있다. 사람들은 기본적으로 게으르기 때문에 관리자가 '동기 부여'해야 한다고 가정하는 더글러스 맥그리거의 X 이론을 믿는다면, 그 신념이 인사 문제에 대한 접근 방식에 스며들어 있을 것이다. 반대로 사람들이 목적, 숙달, 자율성에 의해 동기를 부여받는다고 믿는다면 인사 관리에 대한 접근 방식은 완전히 달라질 것이다.

사고방식에 대한 좀 더 간단하고 실행 가능한 평가를 찾다가 역사는 사람이 만든 것이므로 역사를 이해하려면 그 사람을 이해해야 한다는 말이 떠올랐다. 하지만 그들에 대해 무엇을 이해해야 할까? 애매한 성격 특성 대신 민첩성을 평가하기 위해 나는 사람들의 행동을 분류했다.

모험심:
- 미지의 영역으로 뛰어드는 용기 있는 목표를 설정한다.
- 위험을 감수하지만 무모하지는 않다.
- 조건이 모호할 때 행동할 수 있다.
- 실망과 두려움을 극복한다.

불순응주의자:
- 사회, 문화 또는 직장 내 규범에 도전한다.

- 규범을 벗어난 상황에서도 자신에 대한 진정성을 갖는다.

적응력:
- 환경적인 입력을 감지하고 관련된 입력을 필터링한다.
- '혼돈의 가장자리'에서 균형을 유지하여 혁신적인 조직 대응을 만들어 낸다.
- 이니셔티브를 신속하게 실행, 조정, 전환하거나 포기할 수 있다.

이러한 영역에서 개인의 행동에 대해 배우면 그들의 민첩성을 평가하는 데 도움이 된다. 이러한 행동을 관찰할 수는 있지만 측정할 수는 없고 평가만 할 수 있다. 등반도 비슷하다. 경로를 결정하고, 언제 움직이고 언제 돌아갈지 결정하는 것은 평가할 수 있지만 측정할 수 없다. 등반 사고와 성공을 이끈 결정에 대한 책들이 많이 출간되어 왔다. 등반자는 등반 동료를 현명하게 선택해야 하는데, 이는 어느 수준에서든 팀 구성원을 평가하는 것과 비슷한 평가이다.

엔지니어, 개발자, 비즈니스 분석가, 비즈니스 시스템 코디네이터, 소프트웨어 개발 관리자, 회계 감독자, 영업 및 마케팅 담당 부사장, 컨설팅 담당 부사장, 제품 관리자, 애자일 프로젝트 관리 이사, 수석 컨설턴트. 경력의 어느 시점에 나는 이러한 직책을 한 번씩 맡았다. 지난 60여 년을 되돌아보니 이 모든 직책에 공통된 요소가 하나 있다는 점을 깨달았다. 각 직책이 매우 힘들었다는 것이다. 기술적인 측면, 대인 관계 측면, 정치적인 측면 등 각기 다른 방식으로 모두 어려웠다.

내가 이 이야기를 꺼낸 이유는 우리가 다른 사람을 쉽게 폄하하는 경향이 있기 때문이다. 개발자는 제품 관리자를, 개발 관리자는 프로젝트 관리자를, 사실상 모든 사람이 고위 경영진을 폄하하기 쉽다. 이러한 경향은 자연스러운 것일 수도 있지만 도움이 되지 않는다. 포틀랜드 모기지 회사 사례에서 말했듯이 교차 기능 팀을 구성하면 팀에 다양성을 가져올 수 있지만, 이러한 팀이 서로 고립되어 잘못된 의사소통을 초래할 수 있다. 나는 이 문제가 다른 사람들이 실제로 무엇을 하는지 이해하지 못하는 데서 비롯된다는 사실을 발견했다.

소프트웨어 개발자를 영업 담당자 입장이 되게 하거나 제품 관리자에게 경영진 역할을 맡겨 보고 태도가 얼마나 빨리 변하는지 확인해 보라. 다른 역할을 맡게 되면 다른 역할 그룹에 대한 생각이 급격히 바뀔 수 있다. 당시 어떤 직책을 맡았든, 내가 맡았거나 맡게 된 공통적인 임무는 서로 다른 그룹 간의 가교 역할을 하는 것이었다. 가장 눈에 띄는 예는 CASE 도구 시절 옵티마에서 맡았던 역할이었는데, 직책은 제품 관리자였지만 내 암묵적인 역할은 두 파벌을 하나로 모으거나 적어도 두 파벌 간의 반목을 줄이는 것이었다. 비즈니스 시스템 코디네이터로 일할 때는 정유 그룹이 공통점을 찾도록 하는 데 앞장섰다. 내 컨설팅 업무에는 항상 그룹을 하나로 모으는 일이 포함되었다. 내가 가장 좋아하는 제리 와인버그의 명언 중 하나는 컨설팅의 제2 법칙이다. "문제가 무엇이든 간에 그것은 결국 사람의 문제다."[Weinberg, 1985, p.5]

나는 이 말이 사실임을 알았기 때문에 고객과 상담하기 전에 이 말을 되새겼다. 거의 항상 사람의 문제이다. "리더십은 사람들이 권한을 부여받을 수 있는 환경을 조성하는 과정이다."[Weinberg, 1986, p. 12]라는 제리의 말이 가장 좋은 조언일지도 모른다.

제리의 인용문과 「애자일 선언」 그리고 내 자신의 경험을 생각하며 다음과 같이 제안한다.

60년간의 경험을 바탕으로 나는 성공의 근원은 사람과 사람 사이의 상호 작용이며, 실패의 근본 원인 역시 사람과 사람 사이의 상호 작용이라고 생각한다.

'핵심 역량으로서의 기술'은 기업 상층부터 하층까지 모든 사람이 우리가 살고 있는 기술 세계를 더 잘 이해하기를 장려한다. 이러한 기술을 실현하려면 소프트웨어 방법, 방법론, 사고방식이 필요하다. 하지만 기술과 소프트웨어 개발의 핵심은 사람과 사람 사이의 상호 작용이라는 사실을 잊어서는 안 된다.

내가 가장 좋아하는 모험 이야기는 에드먼드 힐러리 경의 에베레스트산 최초 등정이나 이탈리아 팀이 이룬 세계에서 두 번째로 높은 산인 K2 최초 등정 이야기가 아니라 1950년 안나푸르나 8000미터 봉우리 최초 등정이라는 잘 알려지지 않은 이야기이다. 모리스 에르조그 (1952)의 등정에 관한 이야기는 산을 찾기 위해 미지의 황야에서 몇 주를 헤매던 일부터, 더 높은 캠프를 연이어 설치하는 힘든 작업, 등반 경로 파악, 정상에 거의 기어올라간 일 그리고 위험한 하산 길에서 일어난 일련의 사고로 인해 탐험이 죽음으로 마무리될 뻔했던 일까지 흥미진진하게 전개된다. 대원들은 동상으로 인해 손가락과 발가락을 잘라내기도 했다.

안나푸르나만큼 어려운 등반에 도전해 본 적은 없지만, 에르조그의 책을 읽으면서 산을 오르고 싶다는 생각이 들었다. 생명을 위협하는 산은 아니었지만 소프트웨어 개발의 산을 오르는 것도 도전이었다. 이러한 소프트웨어 도전 과제는 일련의 모험가들에 의해 극복되었다. 구조화 시대의 톰 더마코, 래리 콘스탄틴, 켄 오어, 애자일 시대의 켄트 벡, 앨리스터 코번, 마틴 파울러, 켄 슈웨이버 그리고 그들의 선도적이며 때로는 대담한 아이디어에 기회를 준 관리자와 임원들에 의해서 말이다.

이 책을 쓰는 것은 내 최근 모험이었다. 로키산맥 국립 공원에서 겨울철 첫 빙벽 등반을 시작했을 때와 비슷한 도전이었다. 나는 어느 순간 다양한 이야기의 상호 작용에 어려움을 겪다가 작가[Irvine, 2018]이자 서던 뉴 햄프서 대학교의 창의적 글쓰기 프로그램 교수진인 내 대녀 에이미 어빈에게 내 고민에 대해 이야기했다. 에이미가 자신의 환경 관련 기사는 여러 이야기를 엮은 이야기라고 설명하는 순간 글쓰기 원칙을 찾았다는 생각이 들었다.

우여곡절 끝에 많은 사람의 도움을 받아 이 책이 탄생했다. 처음 이 책의 아이디어를 동료들에게 제안했을 때 나는 "이것은 내가 생각해 본 것 중 최고의 아이디어이거나 최악의 아이디어일 것"이라고 익살스럽게 말했다. 여러분의 생각은 어떤가?

맺음말

이 책을 쓴 이유

독자들에게 나, 내 동기 부여, 관점, 성격, 내 경력을 형성한 동인에 대해 이야기하면 소프트웨어 개발의 역사를 더 잘 이해할 수 있고 더 재미있게 읽을 수 있을 거라고 생각하며 이 책을 썼다.

가족 다음으로 내 인생의 중심은 경력과 개인적 모험을 추구하는 것이었다. 이 책을 통해 내가 누구인지 그리고 내가 한 일의 전반적인 목적에 대해 조금 이야기했다.

이 책에 대한 내 목표를 다시 한번 되짚어 보겠다.

- 소프트웨어 방법, 방법론, 사고방식의 진화와 혁명을 글로 남기자.
- 소프트웨어 개발의 선구자들을 기억하고 기리자.
- 과거로부터 배워 미래를 준비하자.
- 우리가 겪은 사건을 회상할 수 있는 방법을 우리 세대에게 제공하자.
- 젊은 세대가 놓쳤을지도 모르는 사건들을 엿보게 하자.

또한 손주들이 나에 대해 알고 내 경력에 대해 이해하기를 바랐다. '큰아버지 맥스가 1921년에 그레타와 결혼했다'거나 '1965년부터 1968년까지 ABC 회사에서 소프트웨어 개발자로 일했다'는 단순한 가계도 이상의 것을 알려 주고 싶었다. 가족을 위한 회고록을 쓰면서 내 경력이 60년 동안 소프트웨어와 기술의 엄청난 변화와 궤를 같이하며 그 역사에 한몫을 했다는 사실을 깨달았다. 다른 사람들도 관심을 가질 것 같았다.

중세나 캘리포니아 골드러시에 관한 책이 왜 그렇게 많이 쓰였을까? 역사가들이 과거 사실을 바라보는 독특한 시각을 제공하기 때문이다. 나폴레옹 보나파르트가 프랑스 혁명 기간 동안 두각을 나타낸 프랑스의 군사·정치 지도자였다는 것은 사실이다. 하지만 왜 그렇게 많은 역사가들이 그에 대해 글을 썼을까? 각 역사가마다 독자에게 제공할 수 있는 특정 렌즈 대해 글을 쓰면서 내 이야기가 귀중한 관점을 제공했으면 좋겠다.

내 경력 60년 동안 많은 변화가 있었지만 그중에서도 다양성·형평성·포용성과 관련된 이슈에 있어서는 그 어느 때보다 큰 변화가 있었다. 내가 고등학교, 대학교, 사회 초년생이었던 1960년대에는 소외된 집단의 시민권을 위한 격렬한 투쟁이 있었다. 2022년 동성 결혼이 합법화되고 직장에서 여성의 역할이 확대되는 등의 성과가 있었지만, '흑인의 생명도 소중하다'와 '미투' 운동이 증명했듯이 갈 길은 아직 멀었다. 1962년 내가 농업 및 공학 대학에 입학했을 때 학생 구성은 남성이 95%, 여성이 5%였다. 오늘날 그 대학은 남성이 51%, 여성이 49%이며 포괄적인 다양성·형평성·포용성 프로그램을 운영하고 있다.

역사가 미래를 준비하는 데 도움이 된다면 이 책이나 애자일 전반이 좀 더 포용적인 미래를 준비하는 데 어떤 역할을 할 수 있을까? 한 가지로, 나는 애자일 운동에서 협력적이고 자율적이며 권한을 가진 팀의 통합과 공감형 관리 스타일을 강조하는 점이 다양성·형평성·포용성 목표를 적극적으로 촉진하는 데 기여했으면 한다. 기존에 언제나 소외되어 온 그룹들은 문화를 바꾸는 애자일에 그들의 목소리와 행동을 가져오고 있다. 어떤 변화든지 마찬가지로 구체적인 조치, 체계적인 접근, 사고의 변화가 필요하다. 어떤 변화든지 마찬가지로 사고방식이 가장 중요하다.

다양성은 조직에 여러 가지 이점을 제공한다. 예를 들어 "팀은 66% 의 경우 개인보다 더 나은 의사 결정을 내린다. 연령, 성별, 지역적으로 다양한 팀이 87% 더 나은 의사 결정을 내린다."[1]

2000년대 초 한『컴퓨터월드』칼럼니스트가 동성애자 인권 문제를 지지한다는 이유로 한 독자로부터 비난을 받았는데, 그 독자는 그 칼럼이 기업 세계에서 설 자리가 없다고 주장했다. 내가 지난 10년 동안 소트웍스에 근무한 이유 중 하나는 모든 형태의 다양성을 추구하는 회사의 노력 때문이었다. 1990년대 스타트업 시절부터 창립자이자 오랜 기간 CEO를 역임한 로이 싱햄은 사회 정의 문제를 소트웍스의 구조, 즉 DNA에 포함시켰다. 그 내재된 목소리는 여전히 크게 울려 퍼지고 있다. 2022년에는 임원급 직책의 56%를 여성 및 소외된 성별 그룹 (WUGM)이 차지할 예정이다.[23] 기업, 정부, 종교, 비영리 단체 등 다양성 문제에 대한 침묵이 정당화될 수 있는 곳은 더 이상 존재하지 않는다.

특권을 가진 사람으로서 나는 다양성을 적극적으로 받아들이지 못한 업계에 대해 글을 쓰며 사고의 변화를 요구하는 이들의 목소리에 내 목소리를 더한다. 내 목표는 다양성·형평성·포용성에 대한 인식과 이해를 더 넓히고 변화 과정에서 협력자가 되는 것이다.

목적

서부 개척 시대에는 직업 계획이 간단했다. 큰 회사에 입사하여 65세가 될 때까지 일하고 은퇴하는 것이었다. 다른 길을 택한 사람들은 경

---

1 클로버팝(Cloverpop)의 연구, 'Hacking Diversity with Inclusive Decision Making', *www.cloverpop.com*
2 *https://www.thoughtworks.com/about-us/diversity-and-inclusion/our-people*
3 다른 많은 기업도 비슷한 다양성·형평성·포용성 성공 사례를 보유하고 있다.

력 계획을 세우기가 더 까다로웠다. 나처럼 다른 틈새 분야를 찾는 사람들은 꼼꼼하게 계획하거나 무작위로 직장을 옮기는 등 다양한 스펙트럼에 위치해 있었다. 변화의 속도가 경제의 주요 영역을 뒤집기 시작하자 완벽한 계획을 가진 사람들조차 변칙적인 영역으로 던져졌으며 이에 잘 대비하지 못했다. 나는 내 직업 가이드가 계획이 아니라 목적이라는 것을 이해하는 데 몇 년이 걸렸다. 초기에 생각할 수 있었던 어떤 계획도 현실에서는 이루어 낼 수 없었을 것이다. 필요한 것은 계획이 아니라 목적이었다(기업들이 점차 활용하기 시작한 개념).

체계적으로 정립된 목적을 갖고 이 모든 날을 나아갔다고 말할 수 있으면 좋겠지만 처음부터 레이저처럼 집중하지는 못했다. 내 목적, 내 이유(why)는 변덕스럽게 뒤죽박죽이 되며 발전해 왔다. 그리고 이제 마지막 조각이 막 들어맞았다. 이제 지난 수십 년을 돌아보면 이러한 원동력이나 목적이 드러나고 변화해 왔지만 핵심 아이디어는 변함없이 남아 있다. 나는 이 목적의 여러 측면을 이전 장에서 언급했으며, 이 네 가지 측면은 현재 내 생각을 반영한다.

- 가치 있는 소프트웨어 제공
- 깨달음을 주는 리더십 촉진
- 디지털 기업 성장
- 내 이야기 공유

또는 조금 더 자세히 말하자면 다음과 같다.

고급 소프트웨어, 관리 방법, 방법론, 사고방식을 개발하여 고객 가치를 지속적으로 제공할 수 있도록 지원한다.

이 목적 선언은 내가 원하는 만큼 간결하지는 않지만 고객 가치 제공, 새로운 방법·방법론·사고방식 창출, 단발성이 아닌 지속적으로 제공할 수 있는 높은 기술 품질의 소프트웨어 보장 등 중요한 개념을 전달한다.

현대에 맞는 발전된 리더십 스타일, 즉 직원과 팀이 관료주의적 틀에서 벗어나도록 권한을 부여하는 스타일을 장려한다.

어떤 사람들의 목적은 세상을 더 나은 곳으로 만드는 것이다. 그건 내가 다루고 싶은 것보다 훨씬 큰 목표이다. 나는 내 목적을 도전적이면서도 실행 가능하게 하고 싶어서 범위를 더 좁힐 것이며, 그 범위는 더욱 좁혀져 내가 함께 일한 고객들의 직장 환경과 내 책, 기사, 블로그의 독자들로 한정될 것이다.

적응형 리더십(사고방식)과 새로운 기술(방법)을 통합해 디지털 기업을 성장시킨다.

나는 직장 생활의 마지막 10년 이상을 주로 선임 관리자들, 소트웍스 동료들과 함께 기업의 디지털 트랜스포메이션 작업을 수행하는 데 보냈다. 애자일 소프트웨어 개발 구현을 출발점으로 삼아 민첩성(사고방식)과 기술(방법론)을 통합했다.

내 이야기 공유

최근에 내 글쓰기를 되돌아보면서 이 마지막 목적을 추가했다. 내 모든 책마다 나는 이야기를 더 매력적이고 만족스럽게 만들기 위해 생각할 거리를 덧붙였다. 그런 것들에는 등산에 대한 비유, 선구자들의 인터뷰, 고객 이야기, 비공식적인 개인 의견 등이 있다. 이 책은 이 모든 게 들어 있으며 거기에다 새롭게 개인 경험 이야기도 포함하고 있다. 이것은 한계의 극복과 도전이었다.

내 개인적인 이야기와 경력 목표, 이 책을 쓰게 된 이유를 소개하면서 나는 여러분도 자신의 이야기를 들려주길 바란다. 기후 변화, 지정학적 갈등, 범유행병 보건 문제, 기술 혁신 그리고 이에 수반되는 사회 정의 이슈의 공세는 계속될 것이다. 이러한 불안정한 미래에 적응할 수 있는 사려 깊고 참여적인 새로운 세대의 기술자와 리더가 필요하다. 이러한 리더십은 훌륭한 최신 기술이나 경영 이론에 대한 설명에서 찾을 수 있는 것이 아니다. 개인적인 감동, 개인적인 여정, 개인적인 이야기가 필요하다. 이 책을 쓰면서 나는 기술과 내 개인적인 이야기를 엮어 내야 한다는 도전에 끊임없이 직면했다.

많은 동료들이 내게 개인적인 이야기를 하라고 강권했고 주저하는 나를 다그쳤다. 그들의 말이 옳았다. 나는 여러분에게 개인적인 이야기를 해 보라고 요청한다. 나는 여러분이 무엇을 생각하는지뿐 아니라 여러분이 누구인지 알고 싶다. 9장의 아이디어를 다시 한번 강조한다. "성공의 근원은 사람과 사람 사이의 상호 작용이라고 생각한다." 이 말이 사실이고 그렇게 믿는다면, 우리가 서로를 더 잘 알수록 우리의 상호 작용이 더 좋아질 수 있고, 궁극적으로 우리가 세상에 더 많은 성공과 행복을 가져올 수 있다고 믿는다.

부록: 지난 60년간의 컴퓨팅 성능 향상

수십 년 동안 컴퓨팅 성능 향상은 소프트웨어 개발 방법과 방법론에 막대한 영향을 미쳤다. 1960년대의 천공 카드 입력 및 인쇄 출력부터 오늘날 여러 장치에 연결된 인터넷, 자율 주행 자동차 및 가상 현실에 이르기까지 기술 성능은 소프트웨어 개발자에게 도전적인 과제를 안겨주었다. 이 표는 처리 속도, 외부 스토리지, 연결성, 사람-컴퓨터 인터페이스 네 가지 영역에서 이러한 성능 추세를 보여 준다. 이 표를 작성하는 데 도움을 준 동료 바튼 프리드랜드와 프레디 얀델라이트의 연구에 감사를 표한다. 그러나 정확성에 대한 책임은 전적으로 내게 있다.

서부 개척 시대
(1966~1979)

처리 속도	외부 스토리지[1]	연결성	사람-컴퓨터
kHz에서 MHz까지	랜덤 액세스를 위한 마그네틱 코어	전화 네트워크 활용	사람-컴퓨터 인터페이스 개념이 없었음
인텔 4004(1971[2]): 750kHz[3]	IBM '미노(Minnow)' 플로피 디스크 드라이브(1968): 80KB	벨 103A(1962): 300bit/s[8]	다이나북(1968): 랩톱 개념 제시[10]
인텔 8008(1972): 800kHz[4]		아르파넷(1969): 56Kbps	퐁 아케이드 게임 (1972)[11]
인텔 8080(1974): 3.125MHz[5]	아폴로 유도 컴퓨터 읽기 전용 로프(rope) 메모리[7](1969): 72KB	VA3400[9](1973): 1200bit/s	제록스 알토(1973)[12]
모토로라 68000(1979): 16MHz[6]	1KB 인텔 1103(1974) 집적 회로 메모리		애플 II, PET, TRS-80(1977)[13]

1   *https://www.computerhistory.org/timeline/memory-storage/*
2   *https://www.computerhope.com/history/processor.htm*
3   *https://en.wikipedia.org/wiki/Intel_4004*
4   *https://en.wikipedia.org/wiki/Intel_8008*
5   *https://en.wikipedia.org/wiki/Intel_8080*
6   *https://en.wikipedia.org/wiki/Motorola_68000*
7   *https://en.wikipedia.org/wiki/Core_rope_memory*
8   *https://en.wikipedia.org/wiki/Modem*
9   바딕(Vadic)에서 1973년 초 출시한 모뎀
10 *https://en.wikipedia.org/wiki/Dynabook*
11 *https://en.wikipedia.org/wiki/Pong*
12 *https://en.wikipedia.org/wiki/Xerox_Alto*
13 *https://en.wikipedia.org/wiki/History_of_personal_computers#Apple_II*

구조화 시대
(1980~1989)

처리 속도	외부 스토리지	연결성	사람-컴퓨터
16비트에서 32비트까지	기가바이트를 향한 질주	속도 향상	이동성 향상
인텔 80286(1982): 25MHz[14]	ST506[17](1980): 5MB	이더넷 2.94Mbps (1983)[19]	오스본 1(1981)[22]
			IBM PC(1981)[23]
인텔 80386(1985): 40MHz[15]	시디롬(1982): 550MB	V.22bis[20](1984): 2400bit/s	애플 매킨토시 (1984)[24]
인텔 80386SX(1988): 32비트 40MHz[16]	베르누이 박스[18] (Bernoulli Box, 1983): 최대 230MB	NSFNET T1(1988): 1.544Mbps[21]	휴대용 매킨토시 (1989)[25]

14 *https://en.wikipedia.org/wiki/Intel_80286*
15 *https://en.wikipedia.org/wiki/I386*
16 *https://en.wikipedia.org/wiki/I386#The_80386SX_variant*
17 시게이트에서 출시한 하드 디스크
18 아이오메가에서 출시한 대용량 플로피 디스크
19 *https://en.wikipedia.org/wiki/Ethernet*
20 ITU-T에서 발표한 모뎀 규격
21 *https://www.bandwidthplace.com/the-evolution-of-internet-connectivity-from-phone-lines-to-light-* speed-article/
22 *https://en.wikipedia.org/wiki/Osborne_1*
23 *https://en.wikipedia.org/wiki/History_of_personal_computers#The_IBM_PC*
24 *https://en.wikipedia.org/wiki/Macintosh*
25 *https://en.wikipedia.org/wiki/Macintosh_Portable*

애자일 태동기
(1990~2000)

처리 속도	외부 스토리지	연결성	사람-컴퓨터
MHz에서 GHz까지	kg에서 g으로(소형화)	무선 도입	넥스트(1990)[34]
펜티엄(1993): 60MHz[26]	IBM 9345 하드 디스크 드라이브 (1990): 1GB	NSFNET T3(1991): 45Mbps[29]	IBM 싱크패드 (1992)[35]
인텔 펜티엄 프로 (1995): 200MHz[27]	아이오메가 집 디스크 (1994): 2GB	2G(1991): 40kbit/s(5kB/s)[30]	애플 아이맥(1997)[36]
제온(1998): 400MHz[28]		WWW(1993): 145Mbps[31]	
		802.11 와이파이 프로토콜 첫 등장 (1997): 54Mbps[32]	
		블루투스(1999): 데이터 전송 속도 0.7Mbps[33]	

26 https://en.wikipedia.org/wiki/List_of_Intel_Pentium_processors
27 https://en.wikipedia.org/wiki/Pentium_Pro
28 https://en.wikipedia.org/wiki/Xeon
29 https://www.bandwidthplace.com/the-evolution-of-internet-connectivity-from-phone-lines-to-
    light-speed-article/
30 https://en.wikipedia.org/wiki/Wireless_network#Wireless_networks
31 https://en.wikipedia.org/wiki/Wireless_network#Wireless_networks
32 https://en.wikipedia.org/wiki/Wireless_network#Wireless_networks
33 https://en.wikipedia.org/wiki/Bluetooth#History
34 https://en.wikipedia.org/wiki/History_of_personal_computers#Next
35 https://en.wikipedia.org/wiki/History_of_personal_computers#Thinkpad
36 https://en.wikipedia.org/wiki/History_of_personal_computers#IBM_clones,_Apple_back_into_
    profitability

애자일 시대
(2001~2021)

처리 속도	외부 스토리지	연결성	사람-컴퓨터
단일 칩에서 분산 처리까지, 무어의 법칙은 더 이상 적용되지 않음 인텔 코어 2 듀오 (2006): 1.86GHz[37] 인텔 코어 i7(2008): 2.67GHz[38] 인텔 코어 i9(2017): 2.9GHz[39]	클라우드로 전환 아마존 웹 서비스, 클라우드 기반 서비스 출시(2006): EC2와 S3 최초 1TB 하드 디스크 드라이브(2009)	속도에서 압축까지 블루투스 3.0(2009): 전송 속도 23Mbit/s[40]	터치를 통한 상호 작용 64비트 컴퓨팅 (2003)[41] 애플 아이팟 터치 및 아이폰(2007)[42]: 터치폰 도입 시리(2010)[43]: 음성 명령 Xbox 키넥트(2010)[44]

37 https://en.wikipedia.org/wiki/Intel_Core#Core_2_Duo
38 https://en.wikipedia.org/wiki/List_of_Intel_Core_i7_processors
39 https://en.wikipedia.org/wiki/List_of_Intel_Core_i9_processors
40 https://www.androidauthority.com/history-bluetooth-explained-846345/
41 https://en.wikipedia.org/wiki/History_of_personal_computers#64_bits
42 https://en.wikipedia.org/wiki/IPhone
43 https://en.wikipedia.org/wiki/Siri
44 https://en.wikipedia.org/wiki/Kinect

인용 문헌

Anthes, G. H. (2001, April 2). Lessons from India Inc. *Computerworld*, 40-43. www.computerworld.com/article/1438334/lessons-from-india-inc.html

Appelo, J. (2010). *Management 3.0: Leading agile developers, developing agile leaders*. Boston, MA: Addison-Wesley. 한국어판《매니지먼트 3.0: 새로운 시대, 애자일 조직을 위한 새로운 리더십》(조승빈 옮김, 2019)

Arthur, W. B. (1996). Increasing returns and the new world of business. *Harvard Business Review*, 74(4), 100.

Augustine, S. (n.d.). Business agility SPARKS: Seven SPARKS to build business agility. http://businessagilitysparks.com/

Austin, R. D. (1996). *Measuring and managing performance in organizations*. New York, NY: Dorset House.

Bach, R. (1970). *Jonathan Livingston Seagull*. New York, NY: Macmillan. 한국어판《갈매기의 꿈》

Bayer, S., and J. Highsmith. (1994). RADical software development. *American Programmer*, 7, 35-41.

Beck, K. (2000). *eXtreme programming explained: Embrace change*. Boston, MA: Addison-Wesley. 한국어판《익스트림 프로그래밍: 변화를 포용하라》(김창준·정지호 옮김, 2006)

Bharadwaj, A., O. A. El Sawy, P. A. Pavlou, and N. V. Venkatraman. (2013). Digital business strategy: Toward a next generation of insights. *MIS Quarterly*, 37(2), 471-482.

Blackburn, S., L. LaBerge, C. O'Toole, and J. Schneider. (2020, April 22). Digital strategy in a time of crisis. *McKinsey Digital*. www.mckinsey.com/capabilities/mckinsey-digital/our-insights/digital-strategy-in-a-time-of-crisis

Boehm, B. (1988, May). A spiral model of software development and enhancement. *IEEE Software*, 21(5), 61-72.

Booch, G. (1995). *Object solutions: Managing the object-oriented project*. Reading, MA: Addison-Wesley.

Brooks, F. (1975). *The mythical man-month: Essays on software engineering*. Reading, MA: Addison-Wesley. 한국어판 《맨먼스 미신: 소프트웨어 공학에 관한 에세이》(강중빈 옮김, 2015)

Brower, T. (2021, September 19). Empathy is the most important leadership skill according to research. *Forbes*. www.forbes.com/sites/tracybrower/2021/09/19/empathy-is-the-most-important-leadershipskill-according-to-research/?sh=70cc6a9b3dc5

Brown, S. L., and K. M. Eisenhardt. (1998). *Competing on the edge: Strategy as structured chaos*. Boston, MA: Harvard Business Press.

Broza, G. (2015). *The agile mind-set: Making agile processes work*. CreateSpace Independent Publishing Platform.

Cagle, K. (2019, August). The end of agile. *Forbes*. www.forbes.com/sites/cognitiveworld/2019/08/23/the-end-of-agile/?sh=2c2e74132071

Carr, N. G. (2003, May 1). IT doesn't matter. *Harvard Business Review*. https://hbr.org/2003/05/it-doesnt-matter

Christensen, C. M. (1997). *The innovator's dilemma: When new technologies cause great firms to fail*. Boston, MA: Harvard Business School Press. 한국어판 《혁신기업의 딜레마》(이진원 옮김, 2020)

Collier, K. (2012). *Agile analytics: A value-driven approach to business intelligence and data warehousing*. Boston, MA: Addison-Wesley.

Constantine, L. (1967, March). A modular approach to program optimization. *Computers and Automation*.

Constantine, L. (1968). Segmentation and design strategies for modular programming. In T. O. Barnett and L. L. Constantine (Eds.), *Modular programming: Proceedings of a national symposium*. Cambridge, MA: Information & Systems Press.

Constantine, L. (1968, February). The programming profession, programming theory, and programming education. *Computers and Automation*, 17(2), 14-19.

Constantine, L. (April 1968-January 1969). Integral hardware/software design [Ten-part series]. *Modern Data Systems*.

Constantine, L. (1968, Spring). Control of sequence and parallelism in modular programs. *AFIPS Conference Proceedings*, 32, 409ff.

Constantine, L., and J. F. Donnelly. (1967, October). PERGO: A project management tool. *Datamation*.

Constantine, L., W. P. Stevens, and G. Myers. (1974). Structured design. *IBM Systems Journal*, 13(2), 115-139. Reprinted in special issue, "Turning Points in Computing: 1962-1999." (1999). *IBM Systems Journal*, 38(2&3); P. Freeman and A. I. Wasserman (Eds.). (1977). *Software design techniques*, Long Beach, CA: IEEE; and E. N. Yourdon (Ed.). (1979). *Classics in software engineering*, New York, NY: Yourdon Press.

Constantine, L., and E. Yourdon. (1975). *Structured design*. New York, NY: Yourdon Press.

Courtney, H., J. Kirkland, and S. P. Viguerie. (1997). Strategy under uncertainty. *Harvard Business Review*, 75(6), 67-79.

DeMarco, T. (1978). *Structured analysis and system specification*. New York, NY: Yourdon Press.

DeMarco, T. (2001). *Slack: Getting past burnout, busywork, and the myth of total efficiency*. New York, NY: Dorset House.

DeMarco, T., and T. Lister. (1987). *Peopleware: Productive projects and teams*. New York, NY: Dorset House. 한국어판 《피플웨어》(박재호·이해영 옮김, 2014)

Denning, S. (2018). *The age of agile: How smart companies are transforming the way work gets done*. New York, NY: Amacom.

Denning, S. (2019, August 13). Understanding the agile mindset. *Forbes*. www.forbes.com/sites/stevedenning/2019/08/13/understanding-the-agilemindset/?sh=2eff46145c17

Drucker, P. (1954). *The practice of management*. New York, NY: Harper Business.

Dweck, C. (2006). *Mindset: The new psychology of success*. New York, NY: Random House.

Edmondson, A. C. (2002). *Managing the risk of learning: Psychological safety in work teams*. Cambridge, MA: Division of Research, Harvard Business School.

Fitzpatrick, M., I. Gill, A. Libarikian, K. Smaje, and R. Zemmel. (2020, April 20). The digital-led recovery from COVID-19: Five questions for CEOs. *McKinsey Insights*. www.mckinsey.com/capabilities/mckinsey-digital/our-insights/the-digital-led-recovery-from-covid-19-five-questions-for-ceos

Fowler, M. (1999). *UML distilled: A brief guide to the standard object modeling language*. Reading, MA: Addison-Wesley.

Fowler, M. (2018). *Refactoring: Improving the design of existing code*. Boston, MA: Addison-Wesley. 한국어판 《리팩터링》(이복연 옮김, 2020)

Fowler, M., and J. Highsmith. (2001, August). The Agile Manifesto. *Software Development Magazine*, 28-32.

Friedman, T. L. (2016). *Thank you for being late: An optimist's guide to thriving in the age of accelerations*. New York, NY: Farrar, Straus and Giroux.

Gane, C., and T. Sarson. (1980). *Structured systems analysis: Tools and techniques*. Hoboken, NJ: Prentice Hall.

Gell-Mann, M. (1995). *The Quark and the Jaguar: Adventures in the Simple and the Complex*. New York, NY: Macmillan.

Gilb, T. (1988). *Principles of software engineering management. Vol. 11*. Reading, MA: Addison-Wesley.

Goldratt, E. (1984). *The goal: A process of ongoing improvement*. Great Barrington, MA: North River Press.

Goldratt, E. (1997). *Critical chain*. Great Barrington, MA: North River Press.

Gould, S. J. (2002). *The structure of evolutionary theory*. Cambridge, MA: Harvard University Press.

Guo, X. (2017, July 20). The next big disruption: Courageous executives. *Thoughtworks Insights.* www.thoughtworks.com/insights/blog/next-big-disruption-courageous-executives

Haeckel, S. H. (1999). *Adaptive enterprise: Creating and leading sense-and-respond organizations.* Boston, MA: Harvard Business Press.

Heath, C., and D. Heath. (2007). *Made to stick: Why some ideas survive and others die.* New York, NY: Random House.

Herzog, M. (1952). *Annapurna.* Boston, MA: E. P. Dutton and Company.

Highsmith, J. (1987, September). Software design methodologies in a CASE world. *Business Software Review*, 36-39.

Highsmith, J. (1998). Order for free. *Software Development*, 80.

Highsmith, J. (2000). *Adaptive software development: A collaborative approach to managing complex systems.* New York, NY: Dorset House.

Highsmith, J. (2000, August). Retiring lifecycle dinosaurs. *Software Testing & Quality Engineering*, 22-30.

Highsmith, J. (2001). History: The Agile Manifesto. htttp://agilemanifesto.org/history.html

Highsmith, J. (2002). *Agile software development ecosystems.* Boston, MA: Addison-Wesley.

Highsmith, J. (2009). *Agile project management: Creating innovative products.* Boston, MA: Addison-Wesley.

Highsmith, J. (2013). *Adaptive leadership: Accelerating enterprise agility.* Boston, MA: Addison-Wesley.

Highsmtih, J., and A. Cockburn. (2001, September). Agile software development. *IEEE Computer*, 120-122.

Highsmith, J., L. Luu, and D. Robinson. (2020). *EDGE: Value-driven digital transformation.* Boston, MA: Addison-Wesley.

Highsmith, J., M. Mason, and N. Ford. (2015, December). The implications of tech stack complexity for executives. *Thoughtworks Insights*. www.thought works.com/insights/blog/implications-tech-stack-complexity-executives

Hock, D. (1999). *Birth of the Chaordic Age*. San Francisco, CA: Berrett-Koehler.

Holland, J. H. (1989). *Emergence: From chaos to order*. Reading, MA: Addison-Wesley.

Holland, J. H. (1995). *Hidden order: How adaptation builds complexity*. Reading, MA: Addison-Wesley.

IBM Corporation. (2010). Capitalizing on complexity. www.ibm.com/down loads/cas/1VZV5X8J

Irvine, A. (2018). *Desert cabal: A new season in the wilderness*. Salt Lake City, UT: Torrey House Press.

Isaacson, W. (2011). *Steve Jobs*. New York, NY: Simon & Schuster. 한국어판 《스티브 잡스》(안진환 옮김, 2015)

Isaacson, W. (2021). *The code breakers: Jennifer Doudna, gene editing, and the future of the human race*. New York, NY: Simon & Schuster. 한국어판 《코드 브레이커》(조은영 옮김, 2022)

Johnson, G. (1996). *Fire in the mind: Science, faith, and the search for order*. New York, NY: Vintage Books.

Katzenbach, J. R. (1992). *The wisdom of teams: Creating the high-performance organization*. Boston, MA: Harvard Business Review Press.

Kelly, K. (2022, June 17). How to future. www.llrx.com/2022/06/how-to-future/

Kerievsky, J. (2005). *Refactoring to patterns*. Boston, MA: Addison-Wesley. 한국어판 《패턴을 활용한 리팩터링》(윤성준·조상민 옮김, 2011)

Kerievsky, J. (2023). *Joy of agility: How to solve problems and succeed sooner*. Dallas, TX: Matt Holt.

Kidder, T. (1981). *The soul of a new machine*. Boston, MA: Little, Brown.

McGrath, R. G. (2013). *The end of competitive advantage: How to keep your strat-egy moving as fast as your business.* Boston, MA: Harvard Business Review Press.

McGrath, R. G. (2014, July 30). Management's three eras: A brief history. *Harvard Business Review*, 2-4. https://hbr.org/2014/07/managements-three-eras-a-brief-history

McGrath, R. (2019). *Seeing around corners: How to spot inflection points in business before they happen.* Boston, MA: Houghton Mifflin.

McGregor, D. (1960). *The human side of enterprise.* New York, NY: McGraw-Hill.

McMenamin, S., and J. Palmer. (1984). *Essential systems analysis.* New York, NY: Yourdon Press.

Orr, K. (1981). *Structured requirements definition.* Topeka, KS: Ken Orr and Associates.

Orr, K. (1990). *The one minute methodology.* New York, NY: Dorset House.

Pink, D. H. (2011). *Drive: The surprising truth about what motivates us.* New York, NY: Penguin.

Ries, E. (2011). *The lean startup: How today's entrepreneurs use continuous innovation to create radically successful businesses.* New York, NY: Crown Business. 한국어판 《린 스타트업》(이창수·송우일 옮김, 2012)

Royce, W. W. (1970). Managing the development of large software systems. In *Proceedings of IEEE WESCON*, 8, 328-338.

Schwab, K. (2016, January 14). The fourth Industrial Revolution: What it means, how to respond. *World Economic Forum.* www.weforum.org/agenda/2016/01/the-fourth-industrial-revolution-what-it-means-and-how-to-respond/

Schwaber, K. (1996, March 31). Controlled chaos: Living on the edge. *Cutter IT Journal.* http://static1.1.sqspcdn.com/static/f/447037/6485970/1270926057073/Living+on+the+Edge.pdf?token=0d8FV9%2FHU

Schwaber, K., and J. Sutherland. (1995). Scrum development process. In *Proceedings of the Workshop on Business Object Design and Implementation at the 10th Annual Conference on Object-Oriented Programming Systems, Languages, and Applications (OOPSLA'95).*

Senge, P. M. (1990). *The fifth discipline: The art and practice of the learning organization*. Sydney, Australia: Currency.

Siebel, T. M. (2019). *Digital transformation: Survive and thrive in an era of mass extinction*. New York, NY: RosettaBooks.

Smith, P. G., and D. G. Reinertsen. (1997). *Developing products in half the time: New rules, new tools*, 2nd ed. New York, NY: John Wiley & Sons.

Smith, S. M. (2000). The Satir change model. In G. M. Weinberg, J. Bach, and N. Karten (Eds.), *Amplifying your effectiveness: Collected essays*. New York, NY: Dorset House.

Takeuchi, H., and I. Nonaka. (1986). The new new product development game. *Harvard Business Review*, 64(1), 137-146.

Tate, K. (2005). *Sustainable software development: An agile perspective*. Boston, MA: Addison-Wesley.

Thoughtworks. (n.d.). Lens two: Evolving the human-machine experience. *Thoughtworks Insights*. www.thoughtworks.com/insights/looking-glass/lens-two-evolving-the-human-machine-experience

Thoughtworks. (2018, October). The word that took the tech world by storm: Returning to the roots of agile. *Thoughtworks Perspectives*. www.thoughtworks.com/en-us/perspectives/edition1-agile/article

Waldrop, M. M. (1993). *Complexity: The emerging science at the edge of order and chaos*. New York, NY: Simon and Schuster.

Weill, P., and S. Woerner. (2018, June 28). Why companies need a new playbook to succeed in the digital age [Blog post]. *MIT Sloan Management Review*. https://sloanreview.mit.edu/article/why-companies-need-a-new-playbook-to-succeed-in-the-digital-age/

Weinberg, G. M. (1971). *The psychology of computer programming*. New York, NY: Van Nostrand Reinhold. 한국어판《프로그래밍 심리학》(조상민 옮김, 2014)

Weinberg, G. (1985). *The secrets of consulting: A guide to giving and getting advice successfully*. New York, NY: Dorset House.

Weinberg, G. (1986). *Becoming a technical leader: An organic problem-solving approach.* New York, NY: Dorset House. 한국어판《테크니컬 리더》(조승빈 옮김, 2013)

Weinberg, G. (1992). *Software quality management: Vol. 1: Systems thinking.* New York, NY: Dorset House.

Weinberg, G. (1994). *Software quality management: Vol. 3: Congruent action.* New York, NY: Dorset House.

Weinberg, G. M. (2001). *An introduction to general systems thinking* (Silver Anniversary ed.). New York, NY: Dorset House.

Weinberg, G. M. (2006). *Weinberg on writing: The Fieldstone method.* New York, NY: Dorset House.

Wheatly, M. (1992). *Leadership and the new science.* Oakland, CA: Berrett-Koehler.

Yourdon, E. (1972). *Design of on-line computer systems.* Upper Saddle River, NJ: Prentice-Hall.

Yourdon, E. (2001, July 23). Can XP projects grow? *Computerworld, 28.*

참고 문헌

Greenleaf, R. K. (2002). *Servant leadership: A journey into the nature of legitimate power and greatness*. Mahwah, NJ: Paulist Press.

Grint, K. (2022, January). Wicked problems in the Age of Uncertainty. *Human Relations*, 75(8). https://doi.org/10.1177/00187267211070770

Highsmith, J. (1981). Synchronizing data with reality. *Datamation*, 27(12), 187.

Highsmith, J. (1987, September). Software design methodologies in a CASE world. *Business Software Review*, 36-39.

Highsmith, J., A. Cockburn. (2001, September). Agile software development. *Computer*, 120-122.

Kanter, R. M. (1983). *The change masters*. New York, NY: Simon & Schuster.

Kanter, R. M. (2001). *E-volve!: Succeeding in the digital culture of tomorrow*. Boston, MA: Harvard Business School Press.

Kernighan, B. (2019). *UNIX: A history and a memoir*. Kindle Direct Publishing. 한국어판 《유닉스의 탄생: 세상을 바꾼 운영체제를 만든 천재들의 숨은 이야기》 (하성창 옮김, 2020)

Larson, C. (2003). Iterative and incremental development: A brief history. *Computer*. www.craiglarman.com/wiki/downloads/misc/history-of-iterative-larman-and-basili-ieee-computer.pdf

Tversky, B. (2019). *Mind in motion: How action shapes thought*. London, UK: Hachette UK.

찾아보기